그림과 함께 읽는
서양문화의 역사 Ⅰ

THE HUMANITIES IN WESTERN CULTURE by R. Lamm

Copyright ⓒ 2004, by The McGraw-Hill Companies, Inc.
All rights reserved.
Translation copyright ⓒ 2007 by Sagoonja
Korean translation rights arranged with McGraw-Hill Companies, Inc.,
New York, USA through Eric Yang Agency, Korea.

이 책의 한국어판 저작권은 에릭양 에이전시를 통한
McGraw-Hill Companies, Inc.사와의 독점 계약으로 한국어 판권을
도서출판 사군자가 소유합니다. 저작권법에 의하여 한국 내에서
보호를 받는 저작물이므로 무단 전재와 무단 복제를 금합니다.

THE HUMANITIES IN
WESTERN CULTURE

그림과 함께 읽는
서양문화의 역사 I

옮긴이 이희재
서울대학교 심리학과를 졸업했고 성균관대학교 독문학과 대학원을 수료했다. 현재 영국에서 번역을 하고 있으며, 주요 역서로는 《문명의 충돌》《마음의 진화》《몰입의 즐거움》《소유의 종말》《지적 사기》 등이 있다.

그림과 함께 읽는
서양 문화의 역사 I
고대편

개정 초판 발행 2007년 5월 21일
개정 2쇄 발행 2018년 12월 3일

지은이　로버트 램
옮긴이　이희재
펴낸이　유 중

펴낸곳　도서출판 사군자
등　록　1999년 4월 23일 제1-2484호
주　소　서울시 마포구 동교로 27길 12 동교씨티빌 201호
전　화　323-2961
팩　스　323-2962
E-mail　sagoonja@netsgo.com

가격 20,000원
ISBN 978-89-89751-27-4　　04920
ISBN 978-89-89751-26-7　　(전4권)
파손된 책은 서점에서 바꿔드립니다.

그림과 함께 읽는
서양문화의 역사 I

고대편

로버트 램 지음
이희재 옮김

사군자

 제1부 강을 끼고 나타난 고대의 문명들

- 읽기 전에   10

제1장 초기 문화의 등장

선사 시대   17
메소포타미아 : 강들 사이의 땅   20
수메르 시대   24
아카드 시대   35
신수메르 시대   37
구바빌로니아   38
아시리아 제국   40
칼데아(신바빌로니아) 제국   44
페르시아 제국   48

제2장 이집트 : 파라오의 땅

한 민족, 한 언어   57
신왕(新王)   60
고왕국   65
중왕국   71
신왕국   74

제2부 그리스 : 서양 문명의 발상지

제3장 에게해의 유산

키클라데스 문화 90
미노아 문명 92
미케네 문명 105

제4장 초기 그리스 : 이상적 삶의 준비기

그리스 본토의 지리 115
영웅 시대의 그리스 종교 116
의고기 125
아테네의 부상 128
그리스 사상 137

제5장 아테네의 황금기 : 이상적 삶의 완성

아테네의 번영 151
극장 155
페리클레스 시대 167
아테네의 비판자들 181

제6장 그리스, 헬레니즘 시대

플라톤 195
아리스토텔레스 206
그리스가 남긴 철학적 유산 211

제7장 그리스 예술

그리스 문명 221
기하학 시대 222
의고 시대 224
고전 시대 238
헬레니즘 시대 269
음악 275
시와 음악 280
무용 282

 제3부 로마 : 국제적인 문화

제8장 천년 제국 로마

로마의 전설과 가치관　289
공화국　295
제국　306
로마의 종교와 철학　310
로마의 업적　322
그리스와 로마의 가치관　328
로마의 이상　337

제9장 로마의 예술과 건축 : 대도시의 예술

에투루리아 문명　345
로마의 미술　350

 유대교와 기독교

제10장 별과 십자가

선택받은 민족   383
그리스도교   397
그리스도교의 영향   403

제11장 그리스도교 예술

로마의 카타콤   408
그리스도교의 상징   411
그리스도교 조각   414
콥트 미술   417
콘스탄티노플 시대   418
라벤나와 비잔틴 세계   421
콘스탄티노플   428
2차 황금시대   433

읽기 전에

40년 전 여러 명의 저자들에 의해 《개인의 자유를 향한 탐색》이라는 제목으로 나온 이 책의 10판을 읽는 독자 여러분을 환영한다. 원래의 제목은 7판까지는 그대로 유지되다가 그 다음부터는 필자가 유일한 저자로 남았고 제목도 《서양 문화의 역사》로 바뀌었다.

이 책은 예술이라는 이름으로 묶을 수 있는 모든 분야, 곧 문학, 회화, 음악, 조각, 사진, 건축, 영화, 철학을 통합적으로 다룬다. 엄밀한 의미에서 철학은 예술이 아니지만 웬만한 철학 사상 치고 개별 예술 안으로 일관성 있게 스며들어 있지 않은 경우가 드물어서 철학도 함께 짜넣지 않을 수 없었다. 이 책에서 인문학의 구성 요소들—철학과 각종 예술—은 따로 구분된 전문 분야로 제시되는 것이 아니라 인간이 펼쳐온 창조적 활동의 서로 연계된 다양한 표현들로 소개된다. 더욱이 이것들은 과학, 기술, 경제, 정치에서 이루어진 중요한 발전의 맥락 안에서 검토된다. 요컨대 이것은 사람들에 대한, 그리고 앙드레 말로의 말처럼 "인간 조건을 딛고 선 예술의 궁극적 승리"에 대한 책이다.

어떻게 우리가 지금의 자리에 서게 되었는가를 더 잘 이해하기 위해서 우리는 메소포타미아, 이집트, 그리스, 로마에서 오늘에 이르기까지의 문화적 유산을 집중적으로 분석했다. 이 책 어디에서나 과거의 업적들은 박물관의 소장품이 아니라 복잡다단한 삶 앞에서 사람들이 끈질기게 내보였던 반응의 살아 있는 증거로 다뤄진다. 이런 업적들은 이제 우주를 이해하려는 우리 노력의 밑바탕을 이루고 있다.

이 책은 연대순으로 배열되었고 전체 네 권은 모두 아홉 부로 나뉘어 있다. 예술가들은 본능적으로 자기 당대의 문제에 반응했으므로 각 부의 앞머리에서 그 시대의 사회적, 과학적, 종교적, 철학적 분위기를 개괄적으로 짚었다. 이 책에서 핵심을 차지하는 것은 1차 자료, 다시 말해서 예술 작품 그 자체다. 희곡, 시, 단편소설, 장편소설, 수많은 미술 작품과 음악 작품이 여기에 해당한다. 지도와 연대표도 덧붙였다. 이 책은 강의를 위한 교재로도 알맞지만 혼자서 읽기에도 부담이 없도록 꾸며졌다.

문화는 모두 남다른 개성이 있고 그래서 어느 문화든 연구할 만한 가치가 있지만 이 책은 특히 서양 문명의 발전과 그것이 미국 문화에서 어떤 자리를 차지하고 있는가를 탐구하는 데 초점을 맞추었다. 서양 문명은 다른 어느 문명보다도 다양한 문화들에서 영향을 받았다. 서양 문명은 외부 사상과 외부로부터의 영향에 대해 남들보다 더 열려 있었다. 서양 문화는 메소포타미아, 이집트, 그리스, 로마, 게르만 문화의 유산만 물려받은 것은 아니다. 서양 문화는 수천 년 동안 이 세상에 존재한 모든 문화의 영향을 받고 작용을 받으면서 확대되었다고 해도 과언이 아니다. 다양한 기원을 가진 서양 문화를 공부하는 것은 이 지구상에서 가장 다양한 문화들로 이루어져 있는 미국에서 특히 남다른 의미를 갖는다. 식민지 시대부터 미국은 수많은 이민자들을 받아들였다. 정치적 망명지로 이곳을 선택했건 더 나은 생활을 찾아서 이곳에 왔건 지구 전역에서 수많은 사람들이 모여들었고 앞으로도 모여들 것이다. 일찍이 문화의 '용광로'라고 불리기도 했지만 아닌

게아니라 미국은 풍요하고 독특한 문명을 만들어냈다. 조상이 누구이건 간에 미국인이라는 사실에는 어떤 특이한 점이 있다.

수많은 비서구 국가 출신의 이민자들은 인구 분포를 빠르게 변화시키면서 서구의 문화적 유산을 공부해야 할 필요성을 절감시킨다. 결국 이민자들이 서구 문명에 매력을 느끼는 것은 교육을 받고 직업을 구할 수 있는 기회가 많고 생활 수준이 높기 때문인데 이것은 서구 국가들의 정치, 경제, 과학이 발전했기 때문이다. 하지만 새로운 이민자들이 자신들의 문화를 포기해야 하는 건 아니다. 절대로 그렇지는 않다. 국제적 교류가 활발해지는 시대일수록 다른 문화들에 대한 공부를 게을리해서는 안 된다. 하지만 미국에서 태어났건 최근에 미국에 이민을 왔건 학생들은 우선 서구 문명의 유산을 잘 이해한 다음에 다른 문화를 공부하는 것이 훨씬 유익할 거라고 나는 믿는다. 서구 문명이라는 준거틀을 세우고 나서 전세계의 다양한 문화를 공부하는 것이 가장 실용적이고 효율적인 방법일 것이다. 왜냐하면 서구 문명의 영향을 받지 않은 문화는 현실적으로 존재하지 않기 때문이다.

이 새로운 판은 내용과 체제가 모두 크게 바뀌었다. 문화 전반을 다루는 책은 끊임없이 변하는 세상에 적응하는 살아 있는 기록이라야 한다. 과거에 대해 새로운 사실들도 계속 쏟아져나오고 오늘날의 세계도 정신 못 차릴 정도로 획획 달라지고 있기 때문에 현실의 전모를 파악한다는 것은 정말이지 힘에 부치는 일이다.

이 책에서 가장 많이 달라진 것은 흥미로운 사상, 다른 문화의 영향, 의미심장한 사건에 초점을 맞추어 별도의 칸에 실었다는 것이다. 사진과 지도의 수도 많아졌고 질도 좋아졌다. 그리스 음악에 관한 장은 예술과 철학에 관한 장에 집어넣었다. 예술 작품과 귀금속에 대한 설명도 자세해졌다. 중세를 다룬 단원에서는 이슬람 예술에 대한 자료를 덧붙였고 중요한 작가이며 여성 운동의 선구자였던 크리스틴 드 피장의 글을 추가했다. 특히 예술과 문학에서 주목할 만한 업적을 남긴 여성들의 작품을 전보다 많이 소개하는 데 주력했다. 마지막 장의 문헌에는 아르헨티나, 프랑스, 그리스, 이스라엘의 시와 단편소설을 실었다. 그리스도교, 유대교, 이슬람교만이 아니라 현대 사회에서 점점 비중이 높아지는 힌두교, 불교, 선불교 같은 중요한 종교도 새롭게 소개했다. 종교적 신념의 다양성은 현대인의 삶과 문화를 더욱 다양하게 만들어주고 있다.

변하지 않은 것은 글의 수준이다. 교수, 서평자, 편집자, 그밖의 수많은 관련 당사자들로부터 수없이 많은 조언을 듣고 나서 저자는 학생들의 수준에만 맞추어 글을 쓰는 것은 누구에게도 도움이 되지 않는다는 결론을 내렸다. 김빠진 글은 학생은 물론 교사와 식자층 일반을 무시하는 것이다. 필요한 부분은 표현을 명료하게 다듬었다. 본문 중간중간의 제목과 소제목도 글의 내용을 명확하게 담아낼 수 있도록 뜯어고쳤다. 전체적으로 저자는 그리스인이 교훈과 재미를 동시에 주는 드라마를 요구했던 점을 염두에 두면서 정확하면서도 흥미진진하고 알기 쉬운 책을 만들려고 노력했다.

이 책은 어렵고 추상적인 개념을 다루기 때문에 내용이 그리 만만하다고 볼 수는 없다. 하지만 중요한 것은 이 책이 부단히 변하는 복잡한 세계에서 펼쳐지는 삶을 어떻게 준비하고 알차게 꾸려나가는 것인가 하는 본질적 문제를 표현하고 있다는 사실이다.

로버트 램

제1부

강을 끼고 나타난 고대의 문명들

선사 시대 (연대는 대부분 추정치)

구석기 시대
기원전 40,000   30,000-20,000 빌렌도르프의 비너스, 오스트리아
기원전 18,000   18,000-15,000 후기 빙하 시대
               13,000 라스코 동굴, 프랑스

중석기 시대
기원전 10,000   10,000 화살의 발명, 밀과 보리 재배

신석기 시대
기원전 8000   8,000 동물의 사육, 농경, 도예, 직조, 영구 가옥, 정착촌, 요새, 전쟁의 발전

메소포타미아 | 이집트

| 기원전 5000 | 5000 서부와 북부의 셈족과 동부 출신인 비셈족이 섞임
3500-3000 수메르 원문자(原文字) 시대. 유입한 수메르 인과 토착민의 융합. 문자의발명 | 5000-3100 선(先)왕조 시대
4200 태양력 발명
3500 종교의 발전 : 태양 숭배
3100-2700 1, 2왕조. 상형문자와 중앙집권제의 발전 |

청동기 시대
기원전 3000   3000-2350 수메르 왕조   2686-2181 고왕국, 3-6왕조
               2700 우루크 왕 길가메시의 통치   고도의 제정일치, 중앙집권 : 예술의 발전
               2500 우르 1왕조   2590-2514 피라미드 시대
               2350-2100 아카드 시대   2260-2130 제1중간기, 7-10왕조
               2050-1900 우르 3왕조(신수메르 시대),   2134-1786 중왕국, 11-12왕조. 팽창과 번영,
               라가시의 구데아   원숙한 예술

기원전 2000   2000 길가메시 이야기   1780-1550 제2중간기. 힉소스, 13-17왕조
               1900-1500 바빌로니아 1왕조   1570-1085 신왕국(제국), 17-20 왕조
               1792-1750 함무라비 법전   1379-1362 아케나톤(아마르나 시대)
               1500-1100 카시트 시대, 현상 유지   1085-664 탈제국 시대, 21-25왕조
               1076-612 아시리아 제국
               884-859 아수르나시르팔 2세, 수도 님루드
               722-709 사르곤 2세, 수도 코르사바드
               669-626 아수르바니팔, 수도 니네베

철기 시대
기원전 1000   625-539 칼데아(신바빌로니아)제국   670 아시리아의 이집트 정복
               604-562 네부카드네자르 2세   663-525 사이스 시대, 26왕조 : 문화적 르네상스
               586-539 바빌로니아에 묶인 유대인   525 페르시아의 이집트 정복
               539-331 페르시아 제국   525-343 페르시아 왕들, 이집트 27-30 왕조
               539-530 키루스 대왕.   343-332 페르시아 왕들
               521-485 다리우스 1세   332 알렉산드로스 대왕의 이집트 정복
               (490-479 페르시아의 그리스 침공)   332-311 마케도니아 왕들
               485-465 크세르크세스 1세   311-30 프톨레마이오스 왕가
               331 알렉산드로스 대왕의 페르시아 정복   51-30 클레오파트라 7세

기원전 1

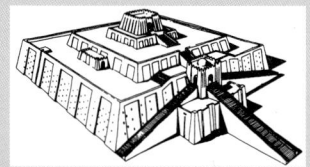

우르의 지구라트[계단식 피라미드 신전]
재건. 수메르의 우르 3왕조.
기원전 약 2150-2050년.
높이 약 27.4m

이집트 원기둥.
왼쪽부터 싹, 꽃잎, 야자잎, 파피루스 봉오리, 갈대 다발, 연꽃.

제1장
초기 문화의 등장

선사 시대

고고학자들은 문자가 발명되기 이전의 시대를 나눌 때, 사용된 무기나 도구에 따라 석기 시대, 청동기 시대, 철기 시대로 무미건조하게 분류했다. 석기 시대를 다시 세 단계, 즉 구석기 시대, 중석기 시대, 신석기 시대로 세분하기도 한다. 구석기 시대는 기원전 약 4만년경 원인(原人)으로부터 진화한 '호모 사피엔스'(생각하는 사람)가 네안데르탈인을 몰아내면서 시작되었다.

인류사는 호모 사피엔스와 함께 시작되었다. 호모 사피엔스는 구석기 시대 동안 예술을 발명하고, 중석기 시대 동안 밀과 보리를 재배했으며, 신석기 시대 동안 문자 언어와 문명을 발전시켰다. 우리가 구석기 시대 예술이라고 부르는 것은 오늘날 주로 스페인의 알타미

1.1 **질주하는 황소들의 방**. 라스코, 프랑스 몽티냐크 지방. 기원전 13,000년경. 석회암벽 채색화. 황소 한 마리 길이는 4.5m. 베를린 예술역사 사료관.

라 동굴과 남부 프랑스에 있는 라스코 동굴 등지에서 발견되었다. 1940년 처음 발견된 이후 21년 동안이나 일반인에게 공개되지 않았던 라스코 동굴은 오염원을 수반하는 방문객의 발길이 미치지 않아 지금도 놀라우리만큼 생생한 그림들을 간직하고 있다.

질주하는 황소들의 방(1.1)은 웅장한 그림들로 가득 차 있지만 왜 이런 그림들이 그려졌는지를 아는 사람은 없다. 선사 시대의 예술가들은 동물을 부각시키거나 틀에 가두려는 시도를 하지 않았고 예전에 그려진 그림에 덧칠을 하는 것도 아랑곳하지 않았던 것 같다. 이 방 안에 서 있으면 신비로운 체험을 하게 된다. 벽화를 곰곰이 살피는 동안 아득한 옛날에 이 그림을 그렸던 사람들의 창조력이 살아 숨쉬는 듯한 느낌이 든다.

라스코 벽화보다 더 오래전에 만들어진 것이 이른바 빌렌도르프의 비너스(1.2)다. 이것은 인간의 모습을 담은 현존하는 최초의 예술품이다. 다산(多産)을 상징하는 것으로 보이는 이 고대의 작은 석상은 얼굴은 무시한 채 여성의 신체적 특성을 과장하고 있다. 이것은 임신과 모성의 중요성을 포괄적으로 암시하는 듯하다.

1.2 **빌렌도르프의 비너스**. 저지(低地) 오스트리아. 기원전 30,000-20,000년경. 석회암. 높이 11.4cm. 빈 자연사박물관.

여성을 표현한 이런 석상은 지금까지 수백 개나 발견되었지만 남성의 것은 하나도 발견되지 않았다는 사실은 이것이 다산의 상징이라는 가설의 설득력을 높여준다. 원시인의 모성 종교를 표현했음직한 석상에다 '비너스'라는 이름을 붙인 것은 물론 억지에 가깝지만, 한편으로는 그것이 오히려 현대인에게는 와닿는 이름인지도 모른다.

선사 시대의 인류 역사를 이해한다는 것은 이만저만 어렵고 복잡한 작업이 아니고 좌절감이 또한 크다. 고고학자와 인류학자는 유물을 발견하고 유적을 발굴하는 동안에도 늘 "왜?"라는 질문에 답해야 한다는 강박관념에 젖어 있다. 왜 사람들은 동굴 벽에 그림을 그렸을까? 왜 벌거벗은 여자의 몸을 조각으로 표현했을까? 스톤헨지(1.3)는 왜 지어졌고 그곳에 살던 사람들은 왜 몇백 년 동안이나 계속 그것을 지었을까? 스톤헨지는 신석기 시대의 성지인 것 같은데, 그렇다면 어떤 목적에 쓰였을까? 어떤 신을 섬기는 곳이었을까? 스톤헨지가 하지에 맞추어 배열되었다는 사실은 이곳을 설계한 사람들

1.3 **스톤헨지.** 영국 샐리즈버리 평원. 기원전 2200-1400년경. 암석.
원지름 29.6m. 가장 큰 거석의 높이 4.1m.

에게 일정한 천문학 지식과 수학 실력이 있었음을 암시한다. 그 기량은 어느 정도였을까? 그것은 제관들만이 가진 기량이었을까? 아니, 제관들은 과연 존재했을까?

고대의 예술품에서 제기되는 의문은 끝이 없지만 그 의문을 풀어 나가는 과정은 한없이 매력적이다. 신석기 시대가 도래하고 문자와 문명이 탄생하는 시점에 이르러서야 우리는 비로소 하나둘 해답을 얻기 시작하겠지만 그 경우에도 많은 설명은 미진하고 추측의 차원에 머물 수밖에 없을 것이다.

메소포타미아 : 강들 사이의 땅

서구 문명의 뿌리는 중근동 지방 여러 곳에서 확인된다. 가령 팔레스타인의 예리코, 남부 터키의 카탈 휘위크, 남부 메소포타미아의 수메르 지역 같은 곳을 말한다. 메소포타미아는 그리스어로 '강들 사이의 땅'이란 뜻이다. 새로운 생활 방식은 이들 지역에서 모두 발전했지만 우리는 수메르 지역을 집중적으로 살필 것이다. 수메르가 신석기 문화 중에서 가장 오래 전부터 심도 있는 연구가 이루어진 곳이기 때문이다.

기원전 8000년을 전후하여 티그리스강과 유프라테스강(지도 1.1)의 비옥한 유역에서 일련의 혁신이 서서히 이루어졌다. 그것은 도예, 직조, 영주 가옥(천막이 아닌), 조직적 공동체, 곡물과 물품의 거래, 달력, 수학, 그리고 특히 문자의 등장을 말한다. 이 놀라운 혁신의 원동력은 무엇이었을까?

문화의 근본: 농업

답은 한마디로 농업이다. 수천년 동안 유목민족들은 사냥을 하고 먹을 수 있는 식물과 과일을 채집하면서 계절을 좇아 이동하는 생활을 했다. 세월이 흐르면서 차츰 종족 번식의 수수께끼가 풀렸고 씨앗과 발아, 짝짓기와 임신 사이의 관련성이 파악되었다. 그래서 파종, 수확, 목축이 시도되었고, 이것은 필요한 양보다 많은 식량을 사람들에게 안겨주었다. 잉여 식량이 쌓이면서 수렵과 채집에 의존하던 모든 사회가 예외없이 겪어야 했던 불안한 생존 방식에서 벗어날 수 있게 되었다. 농부들도 가뭄, 홍수, 태풍으로 인해 늘 피해를 보긴 했지만 그래도 자연의 변덕에 속수무책으로 놀아나는 유목민들보

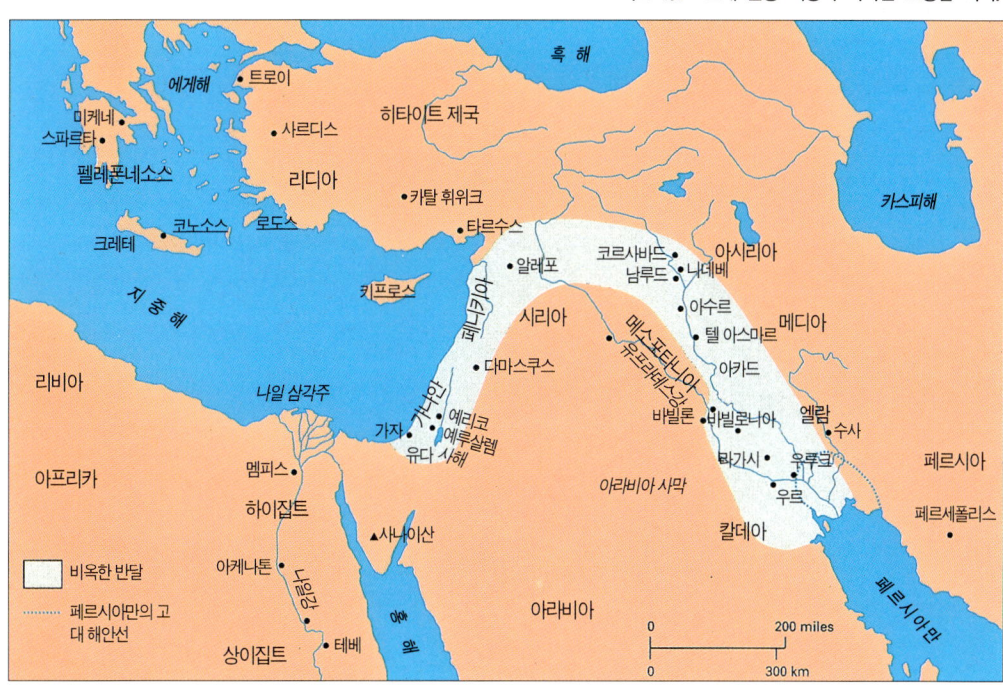

지도 1.1 고대 근동 지방과 비옥한 초승달 지역.

1. 초기 문화의 등장

다는 사정이 한결 나았다.

　석기 시대에도 사람들은 농사를 짓는 틈틈이 수렵과 채집을 계속 했던 것 같다. 그러다 기원전 8000년부터 일부 메소포타미아의 종족들이 영주 촌락에 정착했다. 그들은 이제 자신들의 가축과 곡물에 전적으로 의존하게 되었다. 유목민을 기근으로부터 구해주었던 혁신들이 이제는 농경 사회에 족쇄를 채웠다. 그렇지만 과거의 생활 방식으로 돌아갈 수는 없었다. 기술의 발전은 돌아설 수 없는 외길로 사회를 몰고가는 법이었다. 요즘 사람들이 말과 우마차, 느려터진 증기기관차, 9인치 흑백 화면의 시대로 되돌아가는 것을 상상이나 할 수 있겠는가.

　정착 농업 공동체의 성립은 '문화'의 서막을 알리는 신호였다. 문화라는 말은 서양에서는 원래 땅을 일군다는 뜻으로 쓰였다. 메소포타미아의 공동체들이 번영하면서 그들은 신석기 시대의 유목민을 능가하는 고도의 문명을 발전시켰다. 사회적으로 전달되는 행동 양식, 믿음, 제도, 예술, 그밖의 수많은 인간의 창조물들이 문화라는 이름에 걸맞게 뿌리내렸다.[01] 이 모든 것은 사람들이 한곳에 정착하여 땅을 일군 데서 나온 결과였다.

　새로운 농업 공동체의 등장은 어떤 변화를 낳았을까. 더이상 이동 생활을 하지 않는 사람들은 우선 영주 가옥이 있어야 했다. 도자기를 비롯하여 각종 살림 도구도 필요했고 가옥 구조도 실내 생활 위주로 꾸며져야 했다. 경작지는 '내 땅'과 '네 땅'으로 구분되었고 적절하게 표시되고 측정되고 기록되었다. 이것은 측량술과 지도, 수학, 문자의 발전으로 이어졌다. 개인이 소유한 땅이 피해를 입지 않도록, 마

---

[01] 문화의 개념은 1871년 영국의 인류학자 에드워드 B. 타일러에 의해 "지식, 신념, 예술, 윤리, 법, 관습, 그리고 사회의 일원으로서 인간이 획득하는 그밖의 모든 능력과 습관"으로 정의되었다. 유전적으로 부여받은 행동과는 달리 문화에 포함되는 것은 어디까지나 학습된 행동이다.

을과 마을은 곡식을 재배하기보다는 훔치는 길을 택한 사람들로부터 스스로를 방어해야 했다. 그래서 공동 조직이 발전했고 요새와 방어벽이 건설되었다.

농사는 봄철의 홍수가 가져다주는 비옥한 토사에 크게 의존했으므로, 농사를 잘 짓기 위해서는 홍수를 예측하고 측정하고 기록해야 했다. 이것이 나중에는 홍수를 통제하고 이용하는 수준으로 발전했다. 그 과정에서 달력이 개발되었고 하늘의 뜻을 알기 위해 천체를 연구하게 되었으며 댐과 물레방아가 발명되었고 관개 시설이 도입되었으며 문자와 기록이 더욱 정교하게 발달했다.

농부들은 농사를 지어 거두어들인 여분의 곡식을 모자란 곡식과 맞바꾸게 되었고, 곡물 교환이 성행하면서 나중에는 이것이 곡식은 물론 가축과 집에서 만든 수공품까지 사고파는 어엿한 상거래로 발전했다. 상업 활동이 활발해지면서 새로이 부각된 농업, 수공업, 상거래 시장을 안정시키기 위한 법체계가 필요해졌다. 물품의 거래는 돈이 한곳으로 몰릴 때 효율적으로 이루어기 마련이다. 그래서 차츰 금융 중심지가 형성되었다. 이것은 다시 상업의 발전을 자극했다. 상업이 발전하면서 마을은 읍이 되었고 읍은 도시가 되었으며, 더욱 발전한 도시국가들은 주변의 농촌 지역들과 공생 관계를 맺었다.

수메르에서는 도시국가들의 느슨한 연합체로 정치력과 경제력이 집중되면서 사상 최초로 넓은 지역을 다스리는 왕조가 들어섰다. 수메르는 페르시아만 북서쪽에서 시작되어 지중해 해안선을 휘감고 내려와 거의 이집트까지 뻗은 비옥한 초승달 지역의 동쪽을 차지하고 있었다(지도 1.1). 이곳은 정착 지역이었지만 한편으로는 사람들과 사상들이 밀물처럼 흘러들었다 썰물처럼 빠져나가면서 문명을 살찌우기도 하고 어지럽히기도 한 통행로 가운데 하나였다.

수메르 시대-기원전 3000~2350년

수메르에서, 그리고 엇비슷한 시기에 이집트에서 왜 고도의 문명이 시작되었는지는 아무도 모른다. 선사 시대에는 두 곳 모두 훨씬 넓은 문화권의 일부였다. 메소포타미아는 처음에는 북부 시리아와 구별되지 않았고 남부 메소포타미아(수메르)는 페르시아와 연결되어 있었다(지도 1.2). 마찬가지로 이집트도 인접한 리비아, 누비아, 그리고 어쩌면 수단과도 초기 선왕조 문화를 공유하고 있었다. 그러다가 문화가 폭발적으로 발전하면서 이집트와 수메르는 인접 지역과 분명한 선을 그으면서 역사의 무대에 당당히 올라섰다.

지도 1.2 초기 메소포타미아.

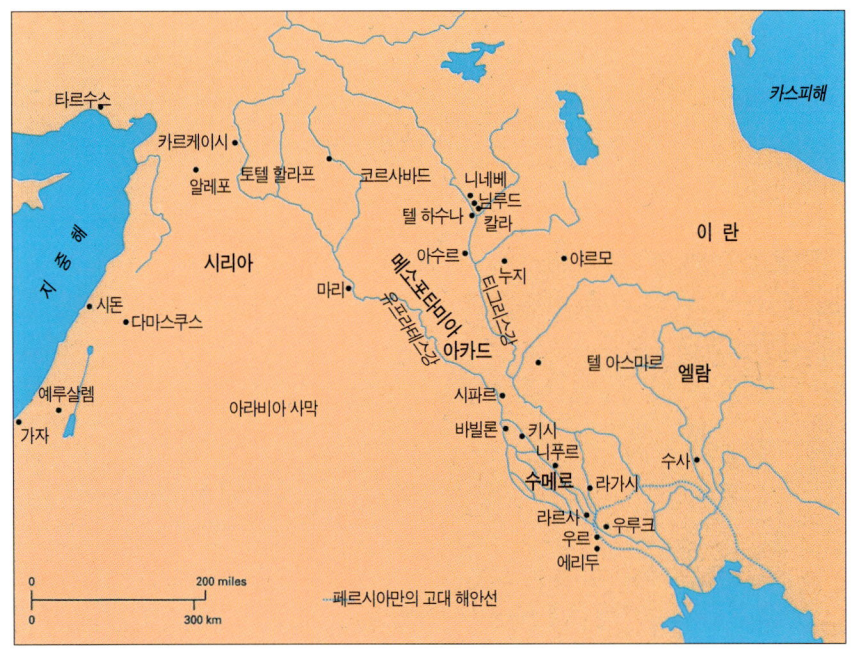

수수께끼가 더욱 꼬이는 것은 수메르인의 기원 또한 불분명하기 때문이다. 기원전 4500년경 티그리스강과 유프라테스강 유역으로 이동한 수메르인들은 그곳의 선주민들과 섞였고 기원전 3000년 무렵에는 지배 계급으로 올라섰다. 이들이(혹은 인접한 수바르인들이) 세계 최초의 기록 언어인 설형 문자('쐐기' 문자) 체계를 발명한 것으로 알려졌다. 설형문자는 당초 생명을 가져다주는 홍수가 언제쯤 찾아올 것인지를 알리는 단서를 제공하던 천체의 운행과 강물의 움직임을 기록하는 데 사용되었다.

초기 종교

매년 되풀이되는 강물의 범람을 예측하기 위해서만 별들을 관찰한 것은 아니었다. 대부분의 원시 종교들은 홍수, 태풍, 지진 같은 자연현상이 일어나는 원인을 눈에 보이지 않는 신들에서 찾았다. 좀더 발전한 문화들은 우주를 창조하고 지배하는 초인적 힘을 파악할 수 있는 실마리를 얻기 위해 천체를 연구했다. 수메르인의 신앙 세계에는 태풍, 대홍수, 지진, 그리고 끊임없는 외적의 침입처럼 일상 생활을 위협하는 재난에 대한 불안이 반영되어 있다. 적대적 세계에서 어떻게 해서든 살아남아야 한다는 지상 과제 앞에서 자연히 그들의 종교는 매우 자기중심적이고 현실적인 성격을 띨 수밖에 없었다.

메소포타미아의 신들은 불멸의 막강한 존재로 떠받들어졌지만 인간과 크게 다를 바 없었다. 그들은 경박하고 이기적이고 호전적이었고 때로는 좀스럽고 유치하기까지 했다. 신들 사이에는 위계 질서가 있었는데 이렇게 해서 체계성을 가진 다신교가 최초로 등장한다. 안

(또는 아누)은 하늘의 신이며 모든 신의 우두머리였다. 엔릴은 '숨의 하나님', 즉 공기의 신이었다. 이난나(또는 이니니)는 '천체의 여왕'이며, 금성, 달의 신의 딸, 아누의 배우자였다. 그녀의 이름은 나중에 이슈타르로 바뀌었다.

이 모든 신들은 유목 사회의 신들에서 유래했다. 유목 사회는 남자가 지배하는 사회였다. 그것은 남자가 체구도 크고 힘도 셌기 때문이었다. 다산의 여신이 으뜸가는 자리를 차지했을 거라고 예상할지 모르지만 남자들은 유목 생활이 농경 공동체로 바뀌었어도 자신들의 지배력을 유지했다. 다산의 여신은 유목 사회를 거치지 않았던 미노아의 농경 사회에서만 지배적 위치에 올랐다.

이 까다로운 신들의 속뜻을 읽어내는 것이야말로 신앙인들의 최우선 관심사였다. 여기서 점성술이 등장했고 이것은 나중에 천문학으로 발전했다. 기도와 주문, 마술을 통해 수메르 사람들은 신들을 즐겁게 만들려고 애썼고, 적어도 신들이 아량과 관용을 베풀 수 있게 만들려고 노력했다. 신들은 어려운 처지의 개인을 도왔지만 죽음 앞에서는 결코 돕지 않았다. 남성이 지배하는 사회에서는 대체로 죽음에 대비하는 자세를 수용했다. 그것은 여성과 남성이 사실상 똑같이 협조하고 똑같은 책임을 지는 미노아 문명같이 삶을 긍정하는 문화와 다른 점이었다. 수메르에서는 즐겁게 사는 것보다는 신을 기쁘게 하는 것이 더 바람직한 삶의 자세였다. 그것은 윤리적 행동을 발달시키거나 고무하는 것과는 거리가 먼 인생관이었다.

왕은 신들을 섬기는 사람들의 우두머리였고 지상에서 신들을 대변하는 존재였다. 왕은 신들이 모든 것을 관장하며 신성한 공동체의 몫으로 남겨둔 방대한 지역에 신들이 살고 있다는 전제 아래 나라를 다스렸다. 신전이 들어선 땅에서는 집단 노동이 이루어졌지만 도시의 나머지 구역은 사유지로 분할되었다.

  신들은 하늘에 있었으므로 신들에게 드리는 예배도 높은 언덕이나 산에 자리잡은 신전에서 이루어져야 했다. 인간이 가까이 가면 갈수록 신의 만족은 커지며 그렇게 되면 무력한 인간이 신으로부터 괴롭힘을 당할 가능성도 줄어들 거라고 그 당시 사람들은 믿었다.

수메르의 예술과 건축

  강 유역을 둘러싼 드넓고 평탄한 사막은 산은 고사하고 언덕 하나 없었으므로 수메르인들은 신전을 지을 만한 마땅한 장소가 없었고 건물을 짓는 데 쓸 만한 석재도 찾을 수 없었다. 그들은 햇볕에 말린 진흙 벽돌로 거대한 인공 언덕을 만들어 이 문제를 해결했다. 이 지구라트는 기단과 기단이 비스듬한 경사로로 연결된 탑이었다.

  우르의 지구라트(16쪽의 연표 참조)는 신수메르 시대에 건설되었다. 이것은 지금까지 알려진 지구라트 중에서 가장 오래된 것을 그림으로 복원한 것인데, 세상에서 가장 오래된 도시로 알려진 우루크에 지어졌다. 우르의 지구라트는 각각 100개의 계단을 가진 세 개의 층계로 구성되었는데 이 층계들은 제1기단에서 모인다. 다른 층계들은 제2기단으로, 거기서 다시 신전이 마련된 제3기단으로 연결된다.

  우르 왕비의 우아한 황소머리 리라(현악기의 일종)는 화려하고 사치스러웠던 궁정 생활을 암시한다(1.4). 나무와 현들만 복원한 것이고 금으로 장식된 버팀목, 라피스라줄리(메소포타미아에서 많이 쓴 군청색의 보석) 수염이 달린 황소머리, 네 개의 이야기 그림은 원래 모습 그대로다. 메소포타미아 왕권의 일관된 상징으로 나타나는 수염 달린 황

1.4 황소머리 리라.
푸아비 왕비묘(이라크 우르). 수메르. 기원전 2685년경. 나무에 금, 라피스라줄리, 조가비를 박아넣었음. 높이 43.2cm. 필라델피아 펜실베니아 대학 유니버시티 박물관.

1.5 숫염소와 꽃나무(다산의 신에게 공양하는 자세).
이라크 우르. 수메르. 기원전 2500년경. 나무에 금, 은, 라피스라줄리, 조가비, 붉은석회암을 입혔음. 높이 50.8cm. 런던 대영박물관.

소는 마치 리라 연주를 열심히 듣는 것처럼 눈을 부릅뜨고 있다.

야릇하고 매혹적인 〈숫염소와 꽃나무〉(1.5)는 재질을 깎아내지 않고 덧붙여서 만든 뛰어난 조각이다. 수염 달린 황소처럼 빈틈없고 생동감 넘치는 염소는 상징적 나무의 장식 가지를 뚫어져라 쳐다본다. 이것은 남성이 발산하는 성욕의 전통적 표상이며 다산의 상징으로 보면 된다.

수메르인들은 개성 있는 예술과 건축을 남겼을 뿐 아니라 문자, 법, 종교의 발전에도 중요한 공헌을 했다. 또 수학, 과학, 공학의 발판을 마련했다. 산수 분야에서는 곱셈과 나눗셈, 제곱근과 세제곱근을 창안했다. 그들은 10진법에 바탕을 둔 수학과 60진법을 사용했는데, 1분을 60초로 한 시간을 60분으로 처음 정한 것이 바로 수메르인들이었다. 기하학 분야에서도 그들은 60진법을 바탕으로 원을 360도로 표현했다.

길가메시 서사시

수메르인이 남긴 문학 작품에서 가장 중요한 것은 〈길가메시 서사시〉다. 이것은 이름과 개성을 가진 주인공이 등장하는 세계 최초의 문학이다. 또 죽음의 발견이 처음으로 기록된 글이기도 하다. 길가메시의 동시대인들은 죽음은 또다른 존재의 형태일 뿐이라는 단순한 사고에 갇혀 있었지만 길가메시는 죽음은 모든 것의 소멸을 의미한다고 굳게 믿었다. 원래는 수메르인에 의해 씌어졌다가 아카드인의 개작을 거쳐 바빌로니아인의 손으로 지금과 같은 형태로 완성된 〈길가메시 서사시〉는 신들로부터 벌을 받게 된 방탕한 왕의 이야기다.

길가메시는 반은 역사적 실존 인물로, 반은 전설상의 인물로 여겨지고 있다. 오만불손한 왕을 혼내기 위해 신들은 기골은 장대하지만 생각은 단순한 엔키두라는 동물을 만들어낸다. 엔키두가 길가메시와 만나기 전에 신들은 엔키두에게 매춘부를 보내 사랑을 나누는 기술을 배우게 한다. 이 인간적인 과정을 통해 엔키두는 잔인한 본성을 이겨내고 세상을 살아가는 지혜를 얻는다. 신들이 의도한 대로 엔키두와 길가메시는 싸움을 벌이지만 무승부로 끝나고 길가메시는 깊이 깨달은 바가 있어 엔키두를 친구로 맞아들이고 위험이 도사리고 있는 모험의 길을 함께 떠난다. 엔키두는 신들의 노여움을 사게 되고 길가메시의 품에 안겨 죽는다. 이제 길가메시는 삶과 죽음의 의미를 혼자서 깨달아야 한다.

그러나 이야기는 여기서 끝나지 않는다. 전설적인 대홍수의 영웅 우트나피슈팀이 영생의 비밀을 알고 있다는 소문을 들은 길가메시는 그가 있는 곳을 찾아낸 뒤 다시 그 영웅이 들려준 것과 똑같은 가시

달린 불로초를 기어이 찾아내고야 만다. 값진 발견으로 마음이 들뜬 길가메시는 근처의 물웅덩이에서 목욕을 하면서 자축한다. 바로 그 순간 "뱀 한 마리가 불로초의 냄새를 맡고 물에서 나와 불로초를 채 간다. 뱀은 돌아가면서 허물을 벗는다."

해마다 허물을 벗는다고 해서 불멸의 동물로 여겨지던 뱀은 길가메시로부터 영생을 훔쳐간다. "그러자 길가메시는 털석 주저앉아서 흐느낀다. 눈물이 하염없이 흐른다." 이것은 삶은 희망차고 행복하고 밝아 보이지만 실상은 그렇지 않다고 믿었던 메소포타미아 사람들의 우울한 예감을 여지없이 확인시켜주는 돌이킬 수 없는 치명적 상실이었다. 결국 쓰라린 경험을 통해 삶은 허무로 끝난다는 진리가 드러난다.

그 다음은 대홍수를 묘사한다. 그것은 기원전 2900년 무렵 메소포타미아를 휩쓴 유명한 물난리였을 수도 있고 창조 신화일 수도 있는데 아무튼 여기에는 창세기 6장에서 8장까지 묘사된 홍수와 일맥상통하는 흥미로운 대목들이 있다. 그도 그럴 것이 "성서에 나오는 이야기들은 길가메시 서사시의 일부 내용에 바탕을 두고 있기 때문이다. 칼데아의 우르로부터 아브라함의 손에 이끌려 온 수메르인, 바빌로니아인, 아시리아인에 의해서, 아니면 바빌로니아에서 살아야 했던 유대인의 입을 통해서 이 경험들이 전해졌을 것이다."[02]

---

[02] 필립 위너 책임편집, 《사상사 사전 Dictionary of the History of Ideas》, 3권. 출전: 제임스 프리처드 엮음, 《구약 성서와 관련된 고대 근동의 문헌들 Ancient Near Eastern Texts Relating to the Old Testament》

문헌 1 길가메시 서사시(열한번째 서판에서)

우트나피슈팀은 길가메시에게 자기가 어떻게 해서 신들의 계시를 받게 되었는지를 털어놓는다.

　이 집을 허물고 배를 짓거라!
재산을 버리고 생명을 찾을지어다.
세속의 물건을 포기하고 영혼을 깨우거라!
그 배에다 생명 있는 모든 것들의 종자를 실어라.
네가 지을 배는 크기가 맞아야 한다.
폭과 길이는 같아야 한다.
닷새째되는 날 나는 배의 기본틀을 짰다네.
바닥은 운동장만했고,
높이는 어깨에서 손끝 길이의 백 곱이 넘었고,
네모 반듯한 갑판의 한 변도 어깨에서 손끝 길이의 백 곱은 넘었지.
나는 윤곽을 정하고 배를 짜나갔어.
갑판은 여섯 개로 했으니까,
밑바닥까지 해서 모두 일곱 부분이 되었지.
밑바닥은 다시 아홉 군데로 나누었어.
소화전도 군데군데 박아넣었고.
노를 끼워넣을 구멍도 만들었고 양식도 넉넉히 준비했지.
황소를 잡아서 사람들을 먹였고,
날이면 날마다 양을 잡았다네.
포도즙에다 적포도주에다 기름에다 백포도주에다 일꾼들 배불리 마시라고 철철 퍼주었지.
잔칫날이 따로 없었어.
이레째 되던 날 드디어 배가 완성되었다네.
배를 띄우기가 워낙 힘들어서,
하는 수 없이 밑바닥에 깐 널판지를 위아래로 움직여서,
몸통의 3분의 2를 물에 집어넣었지.
물건이란 물건은 모조리 실었어.
은이란 은은 모조리 실었어.
금이란 금은 모조리 실었어.
살아 있는 생명은 모조리 실었지.

내 온 식구와 친척까지 모두 배에 태웠어.
들판의 가축들, 들판의 짐승들,
온갖 기술자들까지 빠짐없이 태웠지.
나는 날씨의 변화를 유심히 살폈다네.
차라리 눈을 감고 싶을 만큼 불길한 하늘이었지.
나는 배에 올라타서 입구를 판자로 막았어.
새벽녘이 되자
수평선에서 먹구름이 솟아오르더군.
하루 온종일 남녘 바다에서 폭풍이 휘몰아쳤어.
폭풍이 갈수록 기승을 부리면서
산들은 물에 잠기고
사람들은 가랑잎처럼 떠다녔지.
아무도 동료를 볼 수 없었어.
하늘에서 보아도 사람의 자취는 없었고.
대홍수에 혼비백산한 신들은
겁이 나서 가장 높은 아누의 하늘[08]로 올라갔다네.
강아지처럼 움츠러든 신들은
외벽에 쪼그려 앉았지.
이슈타르는 아기를 낳는 여인처럼 울부짖었어.
신들의 애인이었던 이슈타르는 꾀꼬리 같은 목소리로 흐느껴 울더군.
"아, 그 시절이 진흙으로 변하다니,
내가 신들의 모임에서 악마에게 말하지만 않았어도,
그런 말도 안 되는 짓만 하지 않았어도,
내 사람들을 싸워서 없애라는 지시를 내리다니,
내 손으로 낳은 사람들인데!"
낮이 여섯 번 지나고 밤이 여섯 번 지나도
비바람은 계속되었고
남녘의 폭풍은 대지를 휩쓸었다네.
일곱째 날이 되자 기세등등하게 홍수를 몰고온 남녘의 태풍도 잠잠해졌지.
바다는 고요해졌고 태풍은 잦아들었고 물난리도 그쳤어.
나는 날씨를 보았다네.
평온함이 찾아들었지만,
사람들은 이미 진흙으로 돌아간 지 오래였어.
사방은 납작한 지붕처럼 평평했지.
뱃문을 여니까 햇살이 얼굴에 쏟아지더군.

나는 고개를 숙인 채 주저앉아 흐느꼈네.
눈물이 하염없이 흘러내렸어.
나는 드넓은 바다에서 해안선을 찾아나섰다네.
모두 열네 구역에서 산봉우리가 하나씩 솟아 있었어.
배는 니시르 산에서 멎었지.
니시르 산은 배를 단단히 붙잡고 한 치의 움직임도 허락하지 않았다네.
하루가 지나고 이틀이 지나도 니시르 산은 배를 단단히 붙잡고 한 치의 움직임도 허락하지 않았어.
사흘이 지나고 나흘이 지나도 니시르 산은 배를 단단히 붙잡고 한 치의 움직임도 허락하지 않았어.
닷새가 지나고 엿새가 지나도 니시르 산은 배를 단단히 붙잡고 한 치의 움직임도 허락하지 않았지.
이레째 되던 날,
나는 비둘기 한 마리를 풀어 보냈어.
비둘기는 떠났지만 곧 돌아오더군.
쉴 곳을 찾지 못해 돌아온 것이었어.
나는 다시 제비 한 마리를 풀어 보냈어.
제비는 떠났지만 곧 돌아왔다네.
쉴 곳을 찾지 못해 돌아온 것이었어.
나는 다시 까마귀를 풀어 보냈지.
까마귀는 떠나서는, 물이 한결 줄어든 것을 보고,
먹고, 선회하고, 까악까악 울더니만, 돌아오지 않았네.
그래서 나는 사방팔방으로 모두 풀어주고
제물을 바쳤다네.
산꼭대기에서 제삿상에 올릴 술을 부었어.

03 메소포타미아의 우주관에서 가장 높은 하늘.

우르의 버팀목

이른바 〈우르의 버팀목〉은 우르의 왕실 묘지에 있는 한 무덤에서 발견되었다(1.6). 이 두 개의 판목은 악기의 앞판과 뒷판이지만 천궁도(天宮圖)에 나오는 대로 윗판과 아랫판으로 배치했다. 윗판은 '전쟁'을 묘사한 판인데 맨 위 그림에는 왕이 마차에서 내려 포로들을 둘러보고 있다. 가운데 그림에는 육중한 망토를 걸친 창기병들이 오른쪽에 보이는 적 패잔병들과 마주 서 있다. 마지막 그림에는 네 대의 전차가 쓰러진 전사들의 시체를 밟고 달린다. '평화'를 그린 아랫판에서는 연회 장면이 돋보인다. 신하들은 왕과 같이 흥겨운 음악(맨 오른쪽에 악사가 있는 것으로 보아)을 들으면서 술을 마시는 중이다. 가운데 그림에는 하인들이 동물을 끌고 물고기를 들고 가는데 이것

1.6 **우르의 버팀목.**
수메르 2왕조 초기.
기원전 2600-2400년경.
역청 바탕에 조가비, 붉은석회암, 라피스라줄리를 박았음.
높이 20.3cm. 런던 대영박물관.

은 신분이 낮은 궁정 사람들을 위한 식사 준비를 묘사한 듯하다. 맨 아래 그림에 보이는 것은 전리품인 것 같다.

아카드 시대-기원전 2350~2150년

최초의 수메르 시대는 북쪽에서 내려온 셈족 계열의 야만족 아카드인의 침공으로 도시국가들이 무너지면서 막을 내렸다. 아카드인의 일부는 한때 수메르인의 용병이었을 가능성이 높다. 아카드인은 군사력에 바탕을 둔 신성 군주제라는 새로운 개념을 도입했고, 따라서 무엇보다도 자유 농민을 보호하는 데 역점을 두었던 수메르의 사회 질서는 무너지고 말았다.

사유지의 규모는 점점 커졌고 이런 사유지들 사이의 경쟁이 치열해지면서, 빚에 쪼들리던 농민은 농노로 전락했다. 그것은 가진 자와 못 가진 자의 영원한 싸움이었다. 새로운 지배자들은 전과 똑같은 불평등을 고착시켰다. 그것은 농민들이 도탄에 빠지는 악순환 속에서 지배자들만 바빌로니아인, 아시리아인, 페르시아인으로 바뀌는 과정이었다. 아카드 시대의 강력한 통치자는 사르곤 대제였다. 그는 무력 정복으로 역사상 가장 먼저 이름을 드날린 군주였다. 니네베에서 출토된 청동 두상(1.7)의 주인공은 사르곤 대제일 가능성이 높은데 이 새로운 양식의 조각은 군주의 위엄과 힘

1.7 두상.
니네베(이라크)에서 출토.
아카드. 기원전 2350-2150년경. 청동.
높이 30.5cm. 바그다드 이라크 박물관.

을 과시한다. 땋은 머리로 이마를 감싸서 트레머리로 모은 것은 수메르의 전통 양식을 그대로 계승한 것이다. 사르곤은 절대 권력을 휘둘렀다. 아카드인은 수메르의 예술과 삶의 질을 더욱 발전시켰지만 수메르인에게 자신들이 야비한 이민족이 아니라 혈족임을 제대로 인식시키지는 못했다.

사르곤과 그의 후계자들은 자신들을 수메르와 아카드의 왕으로 부르기까지 했지만 수메르인은 '외세'의 지배에 분을 삭이지 못했고 결국 주권을 되찾아갔다. 아카드의 붕괴를 낳은 중요한 요인은 오랜 가뭄에 뒤따른 화산 폭발이었다. 수세기 동안 이어진 가뭄으로 이집트에서 아카드, 인도에 이르기까지 드넓은 옥토가 사막으로 변했다.

고대인의 술

기원전 3500년경에 쐐기 문자로 적힌 수메르의 점토판에는 '곡식주'를 빚는 방법이 나와 있다. 맥주를 누가 처음 발명했는지는 아무도 모르지만 수메르인(또는 이집트인?)이 보리 낟알을 발아시켜 효소를 내고 이 효소가 다시 녹말을 발효당으로 변화시키는 이른바 누룩 띄우기를 처음으로(기원전 6000년경) 시도한 듯하다. 수메르와 바빌로니아의 점토판에 맥주가 빈번히 등장하는 것으로 보아 메소포타미아 사람들은 맥주를 즐겼으며 그들이 마시던 맥주의 종류도 무척 다양했음을 알 수 있다. 무려 열아홉 가지나 되는 맥주의 이름이 나열되어 있다. 닌카시는 술의 여신으로 알려져 있는데, 이런 남성 주도적 사회에서 맥주나 포도주 같은 중요한 음료를 어떻게 여신이 지배하게 되었는지 궁금하다.

신수메르 시대 -기원전 2050~1900년

기원전 2100년쯤 아카드 왕조가 무너지고 나서 라가시라는 도시를 다스리던 구데아가 수메르를 통일하여 수메르 문화를 중흥시켰다. 구데아의 상은 약 스무 개가 남아 있는데 이로 보아 그는 인기 있는 왕이었거나 자기 선전에 능한 사람이었던 것 같다. 아니면 둘 다였는지도 모른다.

구데아의 상(1.8)에 수메르의 조각가들이 쓴 재료는 아주 단단한 섬록암이었다. 지금까지도 많은 조각품이 남아 있는 것은 그렇게 단단한 돌을 썼기 때문이 아닌가 싶다. 어느 상을 보아도 왕은 아주 경건하고 지혜로운 인물로 그려져 있다. 차분한 평정의 이미지를 드러내려는 세심한 손길이 느껴진다.

성서에 따르면 이 시대가 쇠해가던 무렵에 아브라함이 칼데아 땅의 수메르 도시 우르에서 유대인을 이끌고 지금의 팔레스타인 지방인 가나안 땅으로 가서 그곳을 차지했다고 한다. 유대인의 집단 이주는 바빌로니아의 수메르 침공에서 촉발되었는지도 모른다.

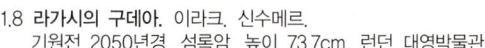

1.8 **라가시의 구데아.** 이라크. 신수메르.
 기원전 2050년경. 섬록암. 높이 73.7cm. 런던 대영박물관.

1. 초기 문화의 등장

구바빌로니아 —기원전 1900~1500년

수메르인과 아카드인은 수메르의 중흥기에도 내내 공존했지만 계속되는 반목으로 이 지역은 분열될 대로 분열되어 있었다. 덕분에 바빌로니아인은 이렇다 할 저항 한 번 받지 않고 가볍게 이 지역을 점령할 수 있었다. 서로 합심해서 진짜 외세의 침공을 쳐부수기에는 수메르인과 아카드인 사이에 가로놓인 골이 너무 깊었다.

아라비아 사막에서 온 유목민 바빌로니아인은 자신들의 왕도인 바빌론을 중심으로 강력한 국가를 세웠다. 유프라테스강 중류의 마리라는 유적지에서는 방이 300여 개나 되는 거대한 궁전이 발굴되었고 궁전 문서실에서는 수천 개의 서판이 발견되었다. 가장 중요한 업적을 남긴 왕은 함무라비(기원전 약 1792-1750년)였다. 그는 수메르와 아카드의 영토를 강력한 바빌로니아 왕국에 편입시켰다.[04]

메소포타미아 문화에 두드러진 특징이 있다면 땅을 소유한 상인과 농민의 수가 많았다는 것이다. 언제 분란이 일어날지 모르는 상황에서는 재산권과 무역, 그밖의 상행위를 보장하는 구조가 요구되었다. 전에도 법적 기준은 마련되어 있었지만 페르시아만에서 지중해에 이르는 지역(1.9)을 하나의 법으로 묶은 함무라비 법전처럼 실용적이지는 못했다. 다소 시적인 서장과 종장을 가진 이 법전의 본문은 계약 파기, 절도, 토지 임차, 음주 제한, 상업, 결혼과 이혼, 상속, 입양, 치료, 건축, 가축·일꾼·노예의 고용에 관한 282개의 규정으로 이루어져 있었다. 세금에 관한 규정이 없는 것은 다소 뜻밖이다.

---

04 구바빌로니아는 뒤늦게 언급되었다. 다음 왕국은 신바빌로니아라고 부른다.

과거의 법전들과 마찬가지로 함무라비 법전의 기본 원칙은 '보복률'이었다. 이것을 유대인은 "눈에는 눈, 이에는 이"라고 표현했다. 그 당시의 부족적 관습과 정의를 추구하는 좀더 계몽된 규정이 결합된 함무라비 법전은 피해자들을 '똑같은 보복'이 아니라 벌금과 금전적 보상으로 구제하는 길을 부분적으로 허용하기도 했다. 함무라비 법전은 상당한 효력이 있었다.

함무라비는 법전의 서장에서 "바빌로니아의 장엄한 이름을 선언하고 이것의 위세가 온 우주에 미친다는 것을 선포"하고 나서 "나의 백성들에게 질서를 가져다주고 그들을 악마와 사악한 자들로부터 해방시키고 약자를 강자의 억압으로부터 지켜주는 것이 짐의 책무"라면서 백성을 위한 자신의 정성을 요약했다. 이것은 자화자찬에 가깝긴 하지만 고귀한 가치를 담은 말들도 있다. 체제의 질서, 사회의 보호, 법 앞에서의 만인 평등은 모든 사회가 소중히 여겨야 할 덕목이다.

1.9 함무라비의 석비(상단).
이라크. 바빌로니아. 기원전 1760년경. 현무암. 높이 2.24m. 파리 루브르 박물관. 법전은 석비 하단에 새겨져 있다. 법전 위에서 왕은 인간에게 법을 내리는 존재로 여겨졌던 태양신 샤마시 앞에 서 있다.

아시리아 제국 -기원전 1076~612년

유유자적한 유목민(이란 출신의 카시트족)이 바빌로니아를 기원전 1500년부터 1100년까지 비교적 관대하게 통치하고 나서 훨씬 호전적인 세력이 북쪽에서 등장했다. 역사에 기록된 최초의 군국주의 국가 아시리아는 한 왕의 표현에 따르면 '세계의 지배자'로 근동 지방에서 가장 강력하고 무자비한 제국이 되었다.

아시리아의 예술과 건축은 왕을 위한 것이었다. 군주는 귀신 같은

지도 1. 3 아시리아 제국.

1.10 아수르바니팔의 사자 사냥
니네베의 아수르바니팔 궁전. 아시리아. 기원전 668~630년경. 석고. 높이 58.4cm. 런던 대영박물관.

사냥꾼, 용맹무쌍한 전사로 미화되었다. 그 의도는 아시리아의 막강한 군사력에 저항하는 적들에게 만용을 부리지 못하도록 겁을 주려는 데 있었다. 님루드(고대에는 칼코)에 있는 아수르나시르팔 2세(기원전 883-859년, 이하의 연도는 재위 기간을 가르킨다)의 거대한 궁전은 티그리스강에서 나일강까지, 페르시아만에서 터키까지 뻗어 있던 요새 국가의 행정 중심부였다(지도 1.3). 이 궁전은 방들이 안뜰을 에워싼 메소포타미아의 전통 양식으로 지어졌는데 왕들이 사냥하고 전투 벌이는 모습을 새긴 정교한 부조(1.10의 장면과 흡사한)로 장식된 궁전 벽은 폭력과 죽음이 교차하는 세계를 적나라하게 드러낸다.

궁전 입구의 좌우 양쪽에는 머리는 사람이고 몸통은 날개 달린 황소의 거대한 상이 부조와 환조로 깎여 있다(1.11). 악귀를 쫓아내는 역할을 하는 황소는 앞에서 보면 가만히 서 있지만 옆에서 보면 움직이고 있다. 다리가 하나 더 달려 있어서 걸어가는 듯한 착각을 낳는다. 이런 세밀한 묘사, 육중한 날개, 거대한 체구가 상승 효과를 낳아 무적의 아시리아를 상징하는 가공할 힘을 만천하에 과시했다. 아시리아의 군대와 아수르나시르팔 2세의 통치 방식은 두려움의 대상이었다. 일단 적의 도시를 점령하면 아시리아 군은 살아남은 주민들을 한곳에 모은 다음 손발을 잘라서 죽을 때까지 광장 한복판에 쌓아두었다.

사르곤 2세(기원전 721-705년)의 재위기에 아시리아의 혁신적 조각가들은 신과 왕과 영웅의 활력에 넘치는 단신상(單身像)을 만들어 냈다. 길가메시를 묘사한 듯한 그림 1.12의 '수호신'은 인상적이고 위압적인 괴력의 거대한 상징이다. 피정복민들은 새로운 주인 앞에서 공포심을 느껴야 했다.[05]

사르곤 2세의 재위기에 아시리아 제국은 전성기를 맞았다. 대량 살육이 적의 완강한 저항을 초래하는 경우가 잦아지자 아시리아는

1.11 날개 달린 인두(人頭) 황소.
이라크 님루드. 아시리아 아수르나시르팔 2세 재위기. 기원전 883-859년. 줄무늬대리석. 높이 3.15m. 런던 대영박물관.

---

[05] "아시리아인들은 흉포하고 잔인하며 규율이 잡혀 있었다. 그들의 잔인성은 어느 정도는 계산된 행동이었다. 그들은 현실의 적과 잠재된 적에게 공포를 주고자 했다. 아시리아인들은 자신들의 잔악함을 자랑스럽게 여겼던 것이다." 도널드 케이건 등, 《서구의 유산 The Western Heritage》

1.12 영웅의 수호신(길가메시).
이라크, 아시리아.
사르곤 2세 재위기. 기원전 722-705년. 줄무늬대리석.
높이 4.23m. 파리 루브르 박물관.

점령지의 주민들을 제국 전역에 분산시키는 쪽으로 정책을 바꾸었다. 이스라엘의 부족들을 뿔뿔이 흩어놓은 장본인이 바로 사르곤 2세였다.

이스라엘을 점령한 뒤 얼마 안 가서 아시리아의 국력은 기울어갔다. 기원전 689년에 있었던 센나케리브의 바빌론 약탈과 기원전 670년의 이집트 정복은 물불을 안 가리고 돌진하던 아시리아가 마지막으로 거둔 주요한 전과였다. 기원전 612년 바빌로니아, 메디아, 팔레스타인의 공조가 효력을 발휘하여 아시리아는 결정적으로 타격을 입었고 주요 도시는 남김없이 파괴되었다. 왕도였지만 니네베도 예외는 아니었다. 그것은 장엄한 몰락이었다. 어떤 고대 제국도 그토록 삽시간에 그토록 철저하게 무너져내리지는 않았다. 칼로 흥하는 자는 칼로 망하리라는 성서의 말을 입증하듯 아시리아 제국은 하루아침에 사라지고 말았다.

제 1 장 초기 문화의 등장

1. 초기 문화의 등장 **43**

칼데아(신바빌로니아)제국 —기원전 625~539년

칼데아인은 셈 계통의 사막 부족으로 시리아 일대에서 온 듯하다. 그들은 나중에 메디아와 동맹을 맺어 아시리아를 격파하는 데 기여하는데, 동맹을 맺기 훨씬 전부터 바빌론 일대에 정착하고 있었다. 새로 재건된 바빌론은 메소포타미아 문화의 마지막 보루였지만 주로 수메르의 오랜 전통들이 수집되고 보존된 화려한 박물관에 지나지 않았다. 찬란했던 옛 시절을 되새기면서 바깥 세계와는 담을 쌓고 지낸 바빌로니아에서 혁신이 이루어지기란 사실상 불가능에 가까웠다.

네부카드네자르 2세(기원전 605-562년)가 즉위하면서 거대한 기념 건축물과 잇따른 군사 원정을 통해 수메르와 아시리아의 영화를 되찾으려는 시도가 이루어졌다. 그 과정에서 바빌로니아는 점점 강해졌다. 정력적이고 지혜로운 장수였던 네부카드네자르는 기원전 586년 이집트인을 팔레스타인에서 몰아내고 예루살렘을 정복한 다음 수많은 유대인을 바빌론으로 추방했다. 예레미아는 허약하고 신의가 모자란 이집트와 힘을 합치는 것보다는 차라리 적에게 항복하는 것이 유리하다는 계산으로 바빌로니아와의 관계 개선을 권했다. 그러나 유대인들은 그의 현명한 권고에 따르지 않고 반란을 일으켰다. 아니나 다를까, 그들은 참담한 패배를 당했다. 유다의 왕은 장님이 되었고 그의 자식들과 귀족들은 살해당했으며,

> 바빌로니아 왕의 근위대장 네부자라단이 예루살렘에 입성하여 예배당과 왕궁과 예루살렘 안의 모든 집을 불살랐다. —예레미아 52:12-13

예레미아(52:27-30)에 따르면 4,600명의 유대인이 바빌로니아 포수(捕囚, 기원전 586-538년)의 고초를 겪었다. 예레미아는 "유다가 고스란히 다른 땅으로 옮겨졌다"고 말했지만 포로로 붙잡혀 간 것은 주로 기술을 가진 장인들이었다. 대부분의 하층민은 그대로 남아 민족의 전통을 이어나가려고 애썼다.

네부카드네자르는 바빌론에다 웅장한 건물을 계속 지었다. 그 중에는 높이 90미터의 거대한 지구라트도 있었는데 엔테메나키(하늘과 땅의 바탕이 되는 신전)라고 불렸던 이 건물이 성서에 나오는 바벨탑이었을 가능성이 있다. 그가 메디아 출신의 왕비를 위해 지은 공중정원은 고대 세계의 불가사의 가운데 하나로 손꼽혔다.

유약 바른 벽돌을 쌓아 세운 이슈타르 문(1.13)의 도안은 더욱 휘황찬란하다. 동물을 묘사하는 메소포타미아인의 탁월한 솜씨는 이 기념물에서 유감없이 발휘되었다. 사자, 황소, 기린 비슷한 동물로 장식된 이 문은 화려한 수도로 이어지는 중앙 행진로의 끝에 서 있었다. 방대한 영토와 화려한 도시들을 거느리고 있었음에도 불구하고 바빌로니아 제국은 아주 취약했다. 기원전 562년 네부카드네자르가 죽은 뒤부터 바빌로니아 제국의 몰락은 가속도가 붙어, 성서에 따르면 기원전 539년 벨샤자르의 죽음과 함께 바빌로니아도 멸망한다. 성서학자들은 벨샤자르가 과연 실존 인물이었는지 이름조차 제대로 확인 못하고 있지만 그의 서거를 묘사한 구약의 대목은 왕실의 쇠락과 바빌론의 급격한 몰락을 실감나게 그린다.

벨샤자르 왕이 잔치를 베풀고 만조백관을 불러 함께 술을 마신 일이 있었다. 벨샤자르는 술기가 오르자 선왕 네부카드네자르가 예루살렘 성전에서 약탈해온 금잔, 은잔을 내오라고 하였다. 왕은 고관들과 왕비

1.13 이슈타르 문(복원).
바빌론. 네부카드네자르 2세 재위기. 칼데아.
기원전 604-562년. 유약 벽돌. 높이 14.6m.
베를린 국립박물관.

들, 후궁들과 함께 그 잔으로 술을 마시고 싶었던 것이다. 예루살렘에 있는 하느님의 집에서 약탈해온 금잔이 나오자 왕은 그 잔으로 고관들과 왕비들, 후궁들과 함께 술을 마셨다.

이렇게 술을 마시면서 금, 은, 청동, 쇠, 나무, 돌로 만든 신상들을 찬양하는데, 갑자기 사람의 손가락들이 나타나서 왕궁 벽의 판 위에다 글자를 썼다. 왕은 그것을 보고 새파랗게 질렸다. 그는 머리가 아뜩해지고 팔다리가 후들거리고 무릎이 덜덜 떨렸다.

이윽고 다니엘이 불려나와 …… 왕에게 아뢰었다. "저는 임금님께 저 글을 읽어드리고 뜻을 풀이하여 드리겠습니다. 저기 쓴 글자들은 메네, 메네, 테켈, 그리고 파르신입니다. 그 뜻은 이렇습니다. 메네는 하느님께서 왕의 나라 날수를 세어보시고 마감하셨다는 뜻입니다. 테켈은 왕을 저울에 달아보시니 무게가 모자랐다는 뜻입니다. 파르신은 왕의 나라를 메디아와 페르시아에게 갈라주신다는 뜻입니다." 칼데아의 왕 벨사자르는 그날 밤으로 살해되었다.

— 다니엘 5:1-6, 13, 17, 25-28, 30

내분과 쇠잔, 타락으로 인해 바빌론은 페르시아 정복군에게 이렇다 할 저항을 할 만한 기력이 없었다. 아시리아 제국은 싸우다가 멸망했지만, 25세기 동안 면면히 이어진 메소포타미아 왕국들의 대미를 장식한 바빌로니아는 통곡 한번 못해보고 스러졌다.

페르시아 제국 – 기원전 539~331년

페르시아인은 카스피해의 동쪽으로부터 페르시아만 북부와 동부의 고원 지대로 흘러들어왔다. 그들은 더 북쪽에 살았던 메디아인과는 먼 친척뻘이었던 듯한데 메디아인처럼 인도-이란어를 썼다.[06] 키루스 대왕(기원전 539~530년)의 탁월한 영도력 아래 메디아를 흡수한 페르시아는 전설적인 인물 크로이소스가 통치하던 리디아 왕국 쪽으

지도 1.4 페르시아 제국

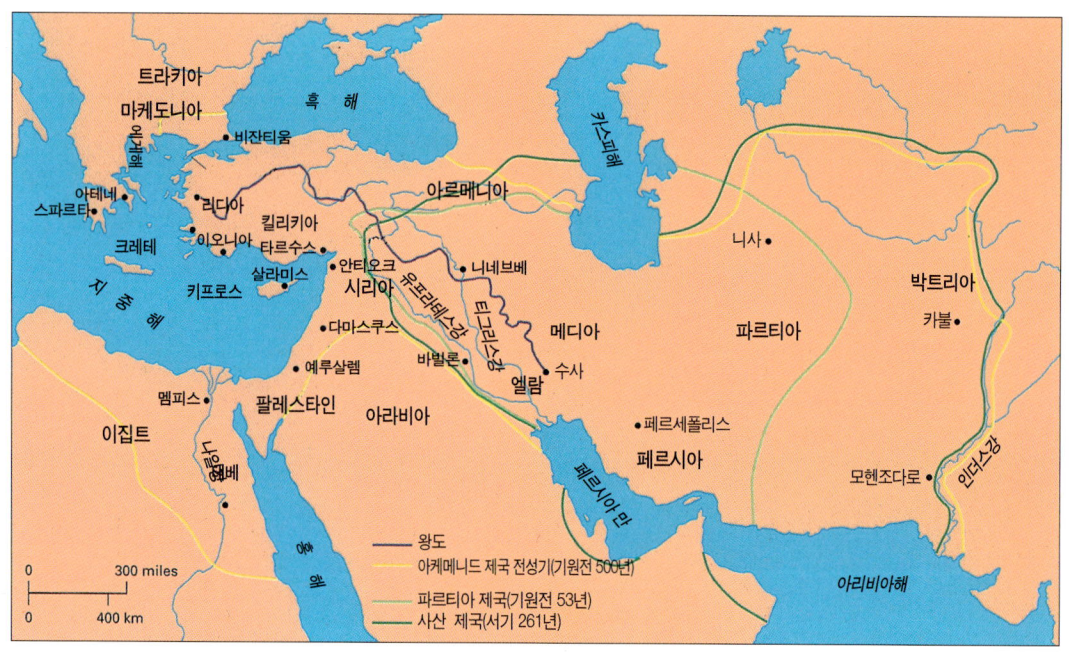

[06] 약간의 예외는 있지만 현대의 거의 모든 유럽인들은 유라시아(우크라이나나 그 동쪽 지역)로부터 청동기 시대의 정복자들이 가지고 온 고대어에서 유래한 언어들을 쓰고 있다. 인도-이란어는 유럽, 이란, 북인도에서 쓰이는 다양한 언어들을 포괄한다. 여기에는 그리스어, 라틴어, 산스크리트어, 페르시아어, 켈틱어, 게르만어가 포함된다. 이란이라는 이름(서기 600년 이후로 사용되었는데)은 '아리아의 땅'을 뜻한다.

로 진출했다.

크로이소스는 페르시아에 선제 공격을 가하기 위해 이미 이집트, 스파르타와 동맹을 맺어놓고 있었지만 과연 성공할지 확신할 수가 없어 델피의 신전에서 조언을 구했다. 그리스의 역사가 헤르도토스(기원전 484~425년)에 의하면 그는 리디아의 공격이 대군을 궤멸시키리라는 예언을 들었다. 그 예언은 적중했지만 정작 궤멸당한 것은 크로이소스의 군대였다.

기원전 525년 키루스의 아들 캄비세스가 이집트를 정복하면서 페르시아 제국은 급격히 팽창하여 나중에는 그리스에서 히말라야 산맥까지, 남부 러시아에서 인도양까지 뻗어나갔다. 그것은 지금까지 역사에 등장했던 어떤 제국보다도 가장 광대한 제국이었다(지도 1.4).

나중에 로마가 그러는 것처럼 페르시아도 정복된 민족들이 자기들 고유의 관습과 법, 종교를 지킬 수 있도록 허용했다. 가령 유대인은 야훼신을 모실 수 있었고 바빌론에서 발이 묶여 있던 유대인들은 예루살렘으로 돌아가도 좋다는 허락이 떨어졌다. 그러나 대부분의 유대인은 그대로 바빌론에 눌러살았다. 실용적인 페르시아인에게 그런 관용은 매우 분별 있는 선택이었다. 덕분에 정부는 주민들을 쓸데없이 괴롭히지 않으면서 제국의 변방에서까지도 공물을 거두어들일 수 있었다.

페르시아가 남긴 위대한 업적의 하나는 거미줄처럼 깔린 제국의 도로망이었다. 그것은 로마의 도로망이 등장하기 전까지는 세계 최고 수준의 도로 체계였다. 왕도라고 불렸던 이 길은 페르시아만에서 소아시아까지 2,580킬로미터나 뻗어 제국의 주요 도시였던 수사와 사르디스를 이어주었다. 파발꾼들의 중계를 거쳐서 '어명'이 왕도의 이쪽 끝에서 저쪽 끝까지 도착하는 데는 일 주일도 채 안 걸렸다. 헤

1.14 **다리우스와 크세르크세스의 대궁궐**. 이란 페르세폴리스. 페르시아. 기원전 500년경. 돌.

로도토스에 따르면 "살아 있는 것 중에서 이 페르시아의 파발꾼처럼 빠른 것은 없다. 눈도, 비도, 더위도, 또는 밤의 어둠도 이 전령들이 맡은 구간을 신속하게 주파하는 데는 전혀 걸림돌이 못 된다."(《역사》)

페르시아 왕은 아시리아의 왕처럼 공포 정치를 앞세우지는 않았지만 여전히 절대 군주였다. 하늘을 찌를 듯한 그의 위세는 귀족들에게 권위를 약간 넘겨주었기 때문에 그나마 다소 부드러워 보였다. 편견이 개입될 수밖에 없었던 그리스인의 시각에서 보자면 키루스, 다리우스, 크세르크세스는 동양의 전제 군주였으며 페르시아 군은 힘은 세지만 아둔한 집단이었다. 페르시아 제국은 매우 자유롭고 인도적이었다고 주장하는 사람도 있지만 오랜 역사 동안 제국 곳곳에서 일어난 반란들은 왕중왕이라고 불렸던 페르시아 왕의 멍에가 얼마나 무거웠는지를 반증한다.

페르시아 문화는 로마 문화처럼 파생적이고 절충적인 성격이 강했다. 독창적으로 기여할 만한 문화를 갖지 못했던 페르시아인은 메소포타미아, 이집트, 리디아, 팔레스타인, 그리스의 미술과 건축을 모범으로 삼았다. 그들은 바빌로니아와 아시리아의 돌출단과 테라스 건축 양식을 모방했고, 아시리아의 날개 달린 황소와 바빌로니아의 유약 바른 벽돌도 받아들였다. 기둥들은 이집트 풍으로 세웠지만 장식 홈과 주두(柱頭)는 그리스 풍으로 꾸몄다. 무엇보다도 그들의 건축은 현세적이었다. 그들의 새로운 종교인 조로아스터교는 사제, 의식, 상, 신전 따위를 요구하지 않았으므로 그들은 그 대신 심혈을 기울여 웅장한 왕궁을 지었다.

페르세폴리스에 있던 다리우스와 크세르크세스의 대궁궐(1.14)은 알렉산드로스 대왕에 의해 파괴되었지만 이 거대한 건물의 폐허만 보아도 원래의 규모가 어느 정도로 컸는지 능히 짐작이 간다. 옆 페이지의 사진은 알현실 앞의 동쪽 계단을 찍은 모습이다. 왼쪽에 크세르크세스 문이 있다. 대강당은 넓이가 23.2제곱미터였다. 궁궐 안에는 1만 명이 들어갈 수 있었고 원래는 100개의 기둥이 서 있었다. 기둥 하나의 높이는 12.2미터였고 모두 밝게 칠해져 있었다. 메소포타미아에서 기둥을 내부 장식으로 쓴 것은 이 건물이 처음이었다.

1.15 사자-기린 나팔잔. 페르시아. 기원전 5세기. 금. 높이 17.1cm. 뉴욕 메트로폴리탄 미술관.

이집트의 예를 어느 정도 모방하긴 했지만 그리스 양식에 더 가까운 이 기둥들을 설계하고 건설한 것은 그리스의 기술자들이었던 것 같다. 꼭대기의 주두는 사자, 황소, 사람 머리를 가진 황소의 상반신이 새겨져 있다. 밑의 부조는 부동자세를 취한 페르시아 근위병들의 모습을 보여준다. 그것은 돌로 된 근위병이었다. 여기서는 아시리아의 영향이 분명히 느껴지지만 궁전 어디에도 적군이나 무력한 짐승을 도살하는 아시리아 왕의 흉포한 모습은 찾아볼 수 없다. 페르시아의 왕들은 아시리아의 왕들처럼 공포 분위기를 조성하기보다는 드넓은 제국을 깔끔하고 효율적으로 통치하고 싶어했다.

페르시아의 문화는 아주 세련된 문화였다. 사자와 기린을 상상 속에서 조화시킨 독창적인 모습의 나팔잔은 상류층의 생활이 얼마나 호사스러웠는지를 단적으로 보여준다(1.15). 자세히 보면 혀, 이빨, 예리한 발톱, 미세한 머리술 하나하나가 너무나 선명하고 정교하다. 8자처럼 생긴 어깨 근육과 튤립 모양의 앞다리 근육은 페르시아의 전통 양식이라 할 수 있다.

페르시아의 마기

영어 단어 '매직'은 마기에서 온 말이다. 마기는 조로아스터교에서 사제에 해당하는 직위였다. 인도의 브라만처럼 가장 높은 신분에 속한 마기는 의식을 거행하는 사람이었다. 마기는 '신의 일에 정통한 자'라는 의미로 쓰이던 말이다. 마기는 사제와 기록관의 역할을 동시에 한 것으로 보인다. 한 부족의 일파가 바빌론으로 이주했는데 그들은 천궁도를 만들거나 점을 치거나 해몽을 하는 데 일가견이 있었다. 그들은 요즘 식으로 말하자면 점성술사로 차츰 인정을 받았다. 마태복음서에는 아기 예수를 경배하러 온 '동방박사'로 세 명의 페르시아인 마기가 등장한다.

조로아스터교

　찬란한 페르시아 문화의 가장 큰 업적은 새로운 종교를 탄생시킨 것이다. 조로아스터(페르시아어로는 자라투스트라)라는 이름의 예언자는 전통 민중 종교의 개혁자이면서 새로운 신앙의 창조자였다. 기원전 7세기 무렵(660년?)에 태어난 그를 일부 학자들은 윤리적인 일신교를 처음으로 내건 인물로 평가한다. 반면 어떤 학자들은 조로아스터교가 윤리적이었다는 데는 동의하면서도 그것은 어디까지나 다신교였다고 주장한다. 누가 옳을까? 증거를 파고들면 부분적인 해답은 얻을 수 있겠지만 모든 종교가 그렇듯이 궁극적인 설명은 해석자 개개인의 몫으로 남겨질 수밖에 없다.

　조로아스터가 남긴 책으로 유일하게 인정받고 있는 《가사》에서 조로아스터는 진리와 성령의 원리, 이 세상이 탄생하기 전부터 존재했던 창조의 말, 모든 생명을 낳았고 모든 생명에게, 특히 인간에게 상서로운 말, 그것이 곧 아후라 마즈다(오르마즈라고도 했다)라고 선언했다. 사람들이 싸움을 통해 선의 참뜻을 깨달을 수 있도록 성령의 쌍둥이, 곧 사악한 아리만이 만들어졌다. 아리만이 아후라 마즈다에 의해 만들어졌는지 아니면 아후라 마즈다의 쌍둥이로 동시에 만들어졌는지는 불확실하다. 그래서 학자들의 의견도 일원론과 이원론으로 갈라져 있다. 아무튼 조로아스터교에서는 모든 생명을 선과 악, 진리와 오류, 빛과 어둠의 대립으로 보았다.

　원래 조로아스터교는 의식, 사제, 신전이 들어설 자리가 없는 개인 종교였다. 금욕이나 수도원의 은둔 같은 극단적 수행보다는 현실에서 실천하는 도덕적 생활이 중시되었다. 윤리적 삶은 정의로운 사회가 궁극적으로 악으로부터 해방되는 것을 적극적으로 실현하는 데 기여했다.

정교한 종말론의 체계는 심판을 위해 죽은 자들을 부활시키는 샤오시안, 즉 구세주가 올 것이라고 예언했다. 정의로운 사람은 천국으로 무사히 들어가고 사악한 사람은 육체적으로 죄값을 치르기 위해 지옥으로 들어간다고 보았다. 조로아스터교 성전의 어떤 대목에는 정의로운 자는 노래의 집에서 거주하고 정의롭지 못한 자는 허위의 집에서 살아야 한다고 적혀 있다.

조로아스터교에 따르면 선과 악의 갈등은 영원히 계속되는 건 아니다. 결국은 아후라 마즈다가 아리만을 누른다. 허위의 집에서 살도록 저주받은 사람이라 할지라도 거기서 영원히 살아야만 하는 것은 아니다. 아후라 마즈다가 궁극적으로 승리를 거두고 아리만이 격파되면 아리만의 추종자들을 철저하게 '갱생시키는' 혹은 교화시키는 '프라스카르트'가 등장한다.

조로아스터교라는 새로운 신앙은 일반인이 수용하기에는 너무 버거웠다. 시간이 흐르면서 조로아스터교의 추상적 관념은 축소되고 원래 조로아스터교가 뿌리뽑으려고 애썼던 제물과 예배, 매개자인 사제의 역할이 중시되었다.

고대 메소포타미아에서 다산의 여신이었던 이슈타르가 만신전에 복귀하여 새로운 페르시아의 신으로 추앙되었던 빛의 신 미트라와 어깨를 나란히 하게 되었다. 그리하여 다신교와 허울좋은 격식에 저항하여 일어난 종교는 어느새 자신이 근절하려고 애썼던 옛 종교의 특성들을 받아들이는 처지가 되었다. 하지만 페르시아 통치자들의 지원을 쉽게 얻을 수 있었기 때문에 새로운 신앙은 차츰 메소포타미아, 소아시아, 이집트로 교세가 확장되었다.

조로아스터교의 새롭고 참신한 특성은 훗날의 종교 운동에서 되살아났다. 조로아스터교는 알렉산드로스 대왕의 파괴적인 중동 정벌에서 간신히 살아남았다가 다시 1,000년 뒤인 7세기에 이슬람 세력의 페르시아 정복으로 거의 빈사 상태에 이르렀다. 조로아스터교는 이슬람의 박해를 피해 인도로 대거 이주한 페르시아인들에 의해 그곳에서 학문적인 파리시교로 되살아났다. 인도에서는 지금도 페르시아인의 후예들이 조로아스터교(파리시교)를 믿고 있다.

제2장

이집트 : 파라오의 땅

한 민족, 한 언어

　진정한 의미에서 최초의 민족국가(한 민족, 한 언어)였던 이집트는, 전란과 분란을 일삼던 메소포타미아의 도시국가들보다 훨씬 더 일관성 있고 통일성 있게 발전했다. 이집트와 메소포타미아의 지형과 기후는 사실상 극과 극이었다. 메소포타미아의 도시들은 자연적 방어물이 전혀 없는 강과 강 사이의 드넓은 평야 위에 그대로 노출되어 있었다. 반면에 이집트는 북쪽에서는 지중해가 막아주었고 남쪽에서는 거대한 폭포와 산이, 동쪽과 서쪽에서는 인적 미답의 사하라 사막이 막아주었다. 폭이 16킬로미터, 길이가 1,200킬로미터에

연회. 테베의 네타문 묘(부분). 기원전 1400년경. 채색 회반죽. 인물의 키 63.5cm. 런던 대영박물관.

달했던 이 좁은 띠 모양의 비옥한 땅은 '나일강의 선물'이었다. 그리스의 역사가 헤르도토스가 이집트를 '나일강의 범람에 의해 덮이는 모든 곳'으로 정의하고, 이집트인을 '나일강의 물을 마시는 모든 사람'으로 정의할 만도 했다(지도 2.1).

나일강 유역에서는 1년에 수확을 두 번 할 수 있었다. 고대 세계에서 이렇게 농업 생산성이 높은 땅은 찾아볼 수 없었다. 97퍼센트가 사막인 땅에서 거둔 수확량이 어떻게 다른 모든 지역을 압도할 수

지도 2.1 고대 이집트.

있었을까? 그 해답은 청나일과 백나일의 물을 한 몸에 안고서 남쪽에서 북쪽으로 흐르는 거대한 강에서 찾을 수 있다. 아프리카 대륙 남쪽 깊숙이 자리한 호수들에서 발원하는 백나일은 식물이 부식된 비료 성분을 푸짐하게 담고 있었다.

아비시니아(에티오피아) 고원에서 흘러나오는 청나일은 역시 곡식이 자라는 데 없어서는 안 될 칼륨 성분이 풍부한 토양을 실어날랐다. 이 우연한 조화는 거의 완벽에 가까운 유기질 비료를 만들어냈

다. 헤르도토스는 부러움을 금치 못해 "그들은 이 세상의 그 어떤 민족보다도 힘들이지 않고 들판의 곡식을 거두어들인다"고 말했다. 기후는 건조했고 맑은 날이 주로 이어졌으며 메소포타미아 사람들이 시달렸던 지진, 사나운 태풍, 대홍수 같은 자연 재해가 일어나는 경우는 지극히 드물었다. 정확한 주기에 따라 물이 넘치고 빠졌던 거대한 나일강 유역은 안심하고 농사를 짓기에 더없이 좋은 곳이었다. 자연히 이집트인들은 자연의 법칙과 그들이 살아 있는 신으로 받들었던 파라오(왕)의 법을 영원불변한 것으로 여겼으며, 찬란하고 풍요로운 현세의 삶이 내세에서도 그대로 이어진다고 믿었다.

미이라 제작

미이라에 대한 이집트인의 집착은 사람이 죽어도 '카'라는 생명의 원리는 파괴되지 않는다는 믿음에서 비롯되었다. 카는 일단 사람이 죽으면 몸을 떠나지만 몸이 제대로 미이라로 만들어져서 더 나은 내세를 맞이할 준비가 이루어지면 언제라도 몸으로 돌아온다고 이집트인들은 믿었다. 미이라를 처음 거론한 사람은 헤르도토스지만 구약의 창세기에도 미이라는 언급된다. '미이라'는 타르 혹은 역청을 뜻하는 페르시아어 '무미아이'(또는 '뭄미야')에서 온 말이다. 타르와 비슷한 검은 수액을 미이라의 겉에 발랐기 때문이다.

완벽한 미이라는 다음 단계를 거쳐 만들어진다. (1) 코로 뇌를 뽑아낸다. (2) 심장과 콩팥은 제자리에 두고 옆구리를 째서 허파와 각종 내장을 제거한다. (3) 몸을 소금물에 재운다. (4) 향신료와 아랍고무로 속을 채운 몸을 《사자의 서》가 적힌 파피루스와 행운을 비는 부적과 함께 붕대로 겹겹이 싸맨다. 70일에 걸친 제작이 끝나면 미이라에 마술을 불어넣는 복잡한 장례식이 거행된다. 그 마술은 인간에게 알려진 모든 질병을 이겨내는 처방을 낳았다. 중세의 유럽 의사들은 미이라 가루를 만병통치약으로 여겼다.

약사들도 이집트의 미이라를 수입해서 (아마포 붕대까지 통째로) 가루로 빻은 다음 중환자들에게 먹였다. 발빠른 상인들은 미이라의 공급이 달리자 '고대' 미이라를 아예 제작했다. 이 희한한 치료법은 16세기에 들어와서야 금지되었다.

신왕(神王)

기나긴 역사 동안 이집트는 신정국가를 고수했다. 백성들은 만물의 기원으로 여겨졌던 파라오를 자신들의 삶과 안전과 번영을 보장해주는 살아 있는 신으로 떠받들었다. 나일강의 지배자인 파라오가 만복의 근원인 것은 당연했다. 이집트인에게 잘 산다는 의미는 풍요와 안락을 누리는 데 그치지 않고 바르게 행동하며 사는 것이었다. 자연히 그들은 질서, 진리, 정의, 공정의 원리에 집약된 '마아트'라는 신의 의지를 헤아리면서 살려고 노력했고 도덕적으로 바르게 살아가면 죽은 다음에도 잘 살 수 있다고 믿었다. 죽음, 미이라, 무덤은 이집트인이면 누구나 가장 큰 관심을 가진 문제였다. 그렇다고 해서 그들이 병적으로 죽음에 집착한 것은 아니었다. 오히려 정반대였다. 안락과 번영, 온화한 기후는 옥좌에 앉아 세상이 탈없이 돌아가도록 보살피는 파라오와 함께 이집트인의 삶을 멋스럽고 한없이 보람차게 만들어주었다. 이집트인이 죽음에 관심을 가졌던 것은 삶을 사랑한 때문이었고 죽은 다음에도 그 삶이 비슷한 형태로 이어지기를 바랐던 때문이었다.[01]

메소포타미아에서는 삶이 훨씬 불안정했다. 그러다 보니 죽음 이후에 대한 어렴풋한 희망보다는 현재의 생활에 무게가 두어졌다. 내세는 더 나은 삶에 대한 희망보다는 (더 많은 문제에 직면하는) 위협으로 다가왔다. 반면에 이집트인의 삶과 종교는 하나로 어우러져

---

01 초기 이집트인들은 사막의 유목민이었기 때문에 남성이 지배하는 사회였고 생존과 죽음의 현실에 늘 맞닥뜨려야 했다. 그러나 농경 사회로 바뀌어 생활에 여유가 생기면서 이집트인들의 인생관은 점차 삶을 긍정하는 쪽으로 바뀌었다. 주도권을 쥔 것은 여전히 남성이었지만 신왕국 시대가 되면 여성도 재산을 소유하고 상속할 수 있었고 이혼을 요구할 수 있었으며 공직자인 남편의 일을 대신 맡을 수도 있었다.

있었다. 강력한 일신교의 요소가 사랑과 사회적 평등에 대한 진정한 관심과 어우러져 있었다. 현세 지향적이었던 그리스인답게 헤르도토스는 "그 어떤 인종보다도 훨씬 더, 과도하리만큼 종교적"이었다고 이집트인을 꼬집었다. 반면 다신교였던 메소포타미아의 종교는 실용적이고 자기중심적이었다. 그것은 다신교가 근본적으로 안고 있던 문제점과도 무관하지 않았다. 어떤 신이 나를 고약하게 여길 때 다른 신들의 심기를 건드리지 않고 그 신의 노여움을 어떻게 풀 수 있을 것인가 하는 문제 앞에서 윤리적 처신은 뒷전으로 밀려나고 자기 이익이 우선시될 수밖에 없었다. 따라서 메소포타미아 문화에서는 본질적으로 법이 중심이었던 반면 이집트 문화에서는 기본적으로 윤리가 중심이었다. 함무라비 법전은 법이 중심이었던 사회의 자연스러운 결과였다. 신정국가인 이집트에서는 법전이 따로 필요하지 않았다. 그렇지만 사회적 경제적 신분 이동의 기회는 메소포타미아의 왕국들에서 더 많았다.

메소포타미아인은 햇볕에 말린 진흙 벽돌로 지구라트와 신전, 궁전을 지었고 메소포타미아 예술의 목적은 주로 왕의 위엄을 높이기 위한 것이었다. 이집트인은 무덤, 신전, 신왕들의 모습을 새긴 조각을 돌로 만들었다. 돌은 손쉽게 구할 수 있었고 잘 부서지지 않아 영원하고 완전한 이집트인의 세계를 상징하기에는 안성맞춤이었다. 완전성을 유지하고 우주의 몰락을 막기 위해서는 전통적 믿음과 정치제도, 문화를 고수해야 한다고 그들은 믿었다. 따라서 파라오는 살아 있는 신이었고 왕국은 영원불변의 왕권이 뻗어나가는 곳이었다. 인간은 늘 변했지만 고양이 같은 동물은 변하지 않는 자연계의 일부분이라는 이유로 숭배의 대상이 되었다. 예술은 주로 신성한 목적으로 만들어졌기 때문에 거대하고 장엄했으며 일상 생활을 뒷받침한 의식들도 대부분 규모가 컸다. 이집트인이 품었던 신앙의 본질은 3000년 동안 그대로 유지되었고 그들이 확립한 예술 양식과 형식의 원리도 그 오랜 세월 동안 달라지지 않았다.

고대 세계에서 이집트인들만큼 자신들의 공통된 개성을, 특히 평정을 잃지 않는 선한 심성을 한결같이 이어간 민족은 없었다. 헤르도토스도 지적했지만 그들은 "자신들의 민족적 관습을 고수했고 외래의 습속을 받아들이지 않았다." 스스로에 대해서 또 자신들의 터전에 대해서 그들은 확신을 가지고 있었고 거기에는 그럴 만한 근거가 있었다. 그들은 "내가 이제까지 역사 속에서 만나본 그 어떤 사람들보다도 기술력이 뛰어났다"고 말한 것도 헤르도토스였다.

이집트인은 자신들의 종교에 대해서도 강한 확신을 품었다. 생명을 주는 고귀한 태양신의 이름은 레(또는 라)였다. 아몬 또는 아몬레라고 부르기도 했다. 식물을 자라게 하는 자연의 힘을 상징하던 여러 신들은 오시리스 하나로 통합되었다. 오시리스는 원래 나일강의 신이었다가 나중에 지하세계의 신이 되었다. 오시리스 숭배는 자연종교로 시작되었다. 일설에 따르면 자비로운 통치자였던 오시리스는 사악한 형제 세트에게 살해되었다. 세트는 오시리스의 몸을 토막냈다. 오시리스의 아내이며 누이였던 이시스는 토막난 오시리스의 몸을 맞춰서 다시 살려냈다. 부활한 신은 왕국을 되찾았고 나중에는 지하세계로 내려가 죽은 사람들을 심판했다. 오시리스의 유복자였던 머리가 매처럼 생긴 호루스는 어른이 되어 세트를 죽임으로써 아버지의 원수를 갚았다.

왜 나일강이 봄철에 범람하는지를 설명하는 신화는 차츰 살이 붙으면서 오시리스의 죽음과 부활로 개인의 불멸성을 약속하는 내용으로 심화되었다. 그것은 신이 다시 일어선 것처럼 보통사람도 죽음을

제 2 장

이집트 — 파라오의 땅

2.1 **나르메르 왕의 화장판**. 삼각주를 장악한 나르메르 왕. 히에라콘폴리스. 선왕조 시대. 기원전 3100년경. 점판암. 높이 63.5cm. 카이로 이집트 박물관.

이겨낼 수 있으리라는 희망을 주었다. 호루스가 세트에게 결국 승리하는 대목에서 사람들은 선은 악을 이기며 파라오는 전능하다는 교훈을 얻었다.

이런 전설들은 그리스인들이 성각문자(聖刻文字)라고 이름붙인 그림과 소리부호의 조합을 통해 대대로 전승되었다. 이 성각문자를 읽을 수 있는 사람만이 사제 계급이라는 높은 신분에 오를 수 있었다. 기원전 5000–3100년을 선왕조 시대라고 하는데 이때는 아직 중앙정부가 들어서지 않아 이집트 문화는 느리게 발전했다.

기원전 3100년경에 시작된 제1왕조 때[02] 하이집트(나일강 삼각주)와 상이집트(나일강 삼각주에서 제1폭포까지 1130킬로미터에 이르는 강유역) 두 왕국은 나르메르 왕에 의해 통일되었다. 나르메르는 '메기'란 뜻이지만 백성들은 그를 두 땅의 첫번째 왕이라고 해서 메네

---

02 기원전 300년경 이집트의 사제이며 역사가였던 세벤니토스의 마네토는 이집트의 역사를 서른 개 왕조로 나누었다. 나중에 일부 부정확한 사실이 밝혀지기는 했지만 이집트학에서는 아직도 마네토의 분류를 따른다.

스라고 불렀다. 히에라콘폴리스('매의 도시'를 뜻하는 그리스어)라는 고대 도시에서 발견된 화장판(化粧板 2.1)은 메네스가 쓰러진 적의 머리채를 붙잡고 그 밑에 그려진 두 사람처럼 막 죽이려는 모습을 보여준다. 오른쪽 위를 보면 파피루스 덤불에 앉은 매가 흙에서 자라나는 것처럼 보이는 사람의 머리에 이어진 밧줄을 잡고 있다. 흙, 머리, 파피루스는 농사를 상징하고 하이집트를 상징한다. 이어진 밧줄은 메네스에 의한 두 나라의 통일을 상징한다. 이 시기에 벌써 얼굴과 다리는 옆모습을 그리고 눈과 상반신은 앞모습을 그리는 이집트 미술의 기본 양식이 정착되었음을 알 수 있다.

고왕국 -기원전 2686~2181년, 3~6왕조

이집트의 처음 두 왕조는 거의 알려지지 않았지만 제3왕조에 관한 기록은 많다. 학자들은 이집트의 역사를 크게 나눌 때 맨 처음 굵직한 부분에 해당하는 고왕국이 이때 시작되었다고 본다. 그러나 짧지만 인상적이었던 고왕국 피라미드 시대의 웅장한 무덤들이 본격적으로 들어선 것은 제4왕조부터였다.

기원전 5세기 당시에 벌써 2,000년이나 된 스핑크스와 거대한 피라미드들을 보았을 때 헤르도토스는 그 어마어마한 규모와 유서 깊

2. 2 **기자의 스핑크스.** **고왕국 제4왕조.** 기원전 2540-2514년. 길이 256m, 원래 높이 23m.
쿠푸의 대미라피드. 고왕국 제4왕조. 기원전 2590-2568년. 원래 높이 147m.

2.3 **대신 헤시라의 초상.** 사카라에 있는 헤시라의 묘. 고왕국 제3왕조. 기원전 2750년경. 나무. 높이 1.15m. 카이로 이집트 박물관.

은 역사에 압도당했다(2.2). 몸집은 사자이고 머리는 카프레 왕인 스핑크스는 현존하는 거상 중에서도 크기가 가장 크며 왕권의 거대한 상징물이다. 스핑크스는 돌을 쌓아 만든 것이 아니라 퇴적암 덩어리를 깎아서 만들었다. 스핑크스를 깎고 남은 막대한 양의 돌은 스핑크스의 발톱 밑에 있는 태양 신전을 짓는 데 쓰인 것으로 추정된다. 나머지 돌은 다시 카프레 왕의 피라미드에 들어갔을 것이다. 스핑크

2.4 **미케리누스와 왕비.**
기자 출토, 고왕국 제4왕조.
기원전 2599~2571년. 쥐색 편암.
높이 1.38m. 보스턴 미술관.

스는 왕권의 수호자인 호루스로서 카프레를 표현한 것으로 여겨진다. 태양 신전은 하늘신 호루스에서 태양신 아몬레로 넘어가는 과도기에 해당하는 건물이다.

5.27 헥타르의 면적에 들어선 쿠푸의 대피라미드는 넓이가 231제곱미터, 부피가 자그만치 27,700,000입방미터다. 세 개의 주요 피라미드 중에서[03] 가장 큰 이 피라미드는 하나의 무게가 2톤이나 되는 돌덩어리 25만 개를 쌓아 만들었다. 피라미드와 신전, 모조 왕궁으로 이루어진 이 피라미드 단지는 장례 의식을 거행하던 곳이었으며 영원한 왕궁이었다. 하늘로 치솟은 피라미드의 모양은 왕권과 삼라만상의 질서를 이어주었고 우주가 만들어질 때 사용되었던 태고의 흙더미를 표현한 것이었다.

피라미드를 이렇게 거대하게 만든 데는 죽은 왕과 함께 묻혀 내세로 가야 할 보물이 도굴꾼들의 손에 넘어가는 것을 막으려는 의도도 있었을 것이다. 하지만 거대한 피라미드는 눈에 확 띠는 표적이 되어 모두 다 털렸다. 파라오의 무덤들을 은폐하고 위장하고 혹은 보호하려는 시도들이 뒤에 이루어졌지만 그 역시 수포로 돌아갔다. 오직 투탄카멘의 보물만이 그런 대로 온전하

---

03 피라미드는 모두 80기에 이른다.

게 남았다. 피라미드 시대는 4세기가 조금 못 되는 기간 동안 이어졌다. 그것은 이집트의 시간 관념으로는 짧은 기간이었다. 피라미드를 제외한 이집트의 예술과 건축은 이집트의 기나긴 역사 동안 전통 양식과 형식을 일관되게 이어갔다.

나르메르의 화장판(2.1)에 나타난 인체 비율은 〈대신 헤시라의 초

2.5 앉은 기록관.
사카라 출토. 고왕국 제5왕조.
기원전 2500년경. 채색 석회암.
높이 53.3cm. 파리 루브르 박물관.

상〉(2.3)에서 다듬어졌다. 세부 묘사가 더 정교해졌고 넓은 어깨와 좁은 엉덩이, 기품 있게 치켜든 머리는 영웅적 분위기를 연출했다. 몸통과 눈의 양식화된 정면 묘사와 얼굴과 다리의 측면 묘사는 문자 그대로 수천 년 동안 실효성을 잃지 않은 고전적 전범으로 발전했다. 비율은 세월이 흐르면서 달라질지 모르지만 관행은 그대로 남는다. 이집트 미술의 인체 배치에서는 신체의 중요한 부위들은 가장 뚜렷하고 쉽게 파악되는 각도에서 묘사되었다. 이집트의 예술가들은 눈에 실제로 보이는 모습이 아니라 자기들이 (마음의 눈으로) 아는 모습을 표현했다. 더욱이 구체적 배경을 드러내지 않고 2차원 형상들을 대담하게 전면에 포진시킴으로써 그들은 이집트 예술의 영원한 성격을 강조했다.

왕의 위엄을 묘사할 때도 이집트 조각은 잔잔하고 영속적인 평온함을 인상적으로 묘사하여 왕권이 영원하다는 것을 강조했다. 〈미케리누스와 왕비〉의 상(2.4)은 모든 이집트 인물상 조각들에 공통된 특성을 나누어 갖고 있다. 이집트 조각은 불멸의 부동성이 두드러지게 강조되는데 정면이나 양 측면에서 똑바로 보았을 때 가장 잘 파악된다. 신이며 동시에 왕인 통치자가 모든 것을 장악하고 있음을 상징하는 이 부동성은 사람과 자연을 지배하는 불멸의 법칙에 대한 이집트인의 믿음을 구체적으로 표현한 것이다.

이집트 인물상의 또 한 가지 특징은 형상을 마치 네모난 상자 안에 서 있는 것처럼 사각형으로 묘사한다는 것이다. 그래서 차분한 부동성이 더욱 살아난다. 또 굳이 손을 대지 않아도 되는 돌은 그대로 살려두었기 때문에 형상이 더욱 딱딱하게 느껴진다. 가령 근육이 팽팽한 팔과 꽉 움켜진 주먹은 얇은 막 같은 돌에 의해 인물과 붙어 있다. 여기서 모계로 흘러가는 재산을 보유한 여왕은 남편의 허리를 꼭 안고 왼팔에 손을 살짝 얹었는데 이것은 권력이 파라오에게 넘어가는 것을 상징한다.

  파라오처럼 신분이 높은 사람들은 전통에 따라 표현했지만 그렇지 않은 사람들은 좀더 현실적으로 표현했다. 이름이 알려지지 않은 한 기록관의 유명한 인물상(2.5)은 3차원 묘사의 전통을 고수하고 있지만 파라오에서 느껴지는 신성한 권위는 찾아보기 어렵다. 그래서 더욱 현실감이 있다. 특히 뚫어지게 무언가를 응시하는 눈 부분이 살아 있다. 예술가는 전통을 계승하면서도 기존의 형식을 뛰어넘어 이런 강한 이미지를 창조했다.

중왕국 －기원전 2135~1786년, 11~12왕조

고왕국과 중왕국 사이에는 후세 사람들에 의해 제1중간기(기원전 2260－2130년, 7－10왕조)라고 불린 완충기가 있었다. 그렇게 안정되고 보수적인 이집트였지만 5세기가 넘도록 평화와 번영을 누리기는 어려웠던 모양이다. 확대일로를 걷는 관료제, 사제들의 권한 강화, 지방 관리들의 반역은 중앙 정부의 권위를 약화시켰다. 한 세기가 넘도록 내란의 위기, 정치적 불안정(역사가 마네토의 우스갯소리에 따르면 제7왕조는 70일 동안 70명의 왕이 등극했다), 사막 야만족들의 침입이 끊이지 않았다.[04]

하지만 그 다음의 네 왕조가 이어지는 동안 이집트는 정치적 안정을 되찾았고 다시 평화와 번영을 누릴 수 있었다. 정치적으로는 지방 분권화가 상당한 수준으로 이루어졌고 강력한 중산층이 존재한 데다 중앙 정부도 허약하긴 했지만 안정되어 있었으므로 제12왕조는 이집트인들이 지금까지 이룩한 체제 중에서 민주 국가에 가장 가까운 모습을 띠고 있었다. 고대 세계에서 가장 생활 수준이 높았던 것도 바로 중왕국 시대의 풍요로운 사회였다.

중왕국 시대의 주요한 예술 형식들은 고왕국 시대의 규범을 따르면서도 재료를 더욱 세련되고 원숙하게 다루는 기법을 터득했다. 이 기법은 이집트의 힘과 영향력이 최후로 발휘되었던 신왕국으로 계승되었다. 카위트 왕비의 석관(2.6)에서 왕비는 오른손에 쥔 잔을 입술

---

[04] 제1중간기도 제2중간기도 메소포타미아의 정치적 격동만큼 혼란스럽거나 파괴적이지는 않았다. 그것은 잔잔한 바다의 파문 같은 것이었지만 고요한 바다에서 사는 데 워낙 익숙해 있던 이집트인들에게는 상당히 고통스러웠을 것이다.

2.6 **카위트 왕비의 석관.**
부분. 데이르-엘-바리(테베) 출토. 중왕국 제11왕조.
기원전 2100년경. 백색 석회암. 카이로 이집트 박물관.

2.7 **펜던트가 달린 목걸이.**
중왕국 시대
제12왕조. 기원전 1880년경. 금, 홍옥수, 라피스라줄리, 터키옥, 녹색 장석, 자수정, 석류석.
길이 80cm. 뉴욕 메트로폴리탄 미술관.

에 갖다 대고 왼손은 거울을 든 채 왕좌에 앉아 있다. 시녀가 왕비의 가발 타래를 묶는 동안 하인은 마실 것을 따르고 있다. 두 사람 사이에 새겨져 있는 성각 문자는 하인이 왕비의 건강을 기원하는 말이다. 구성은 산만하지 않고 시원스럽다. 우아한 선은 가발을 씌우는 시녀의 능숙한 손놀림을 한눈에 보여주는 듯하다. 중요한 사람을 더 크게 그리고 원근법은 무시하는 전통이 그대로 살아 있다.

이 시대에는 장식 예술도 무르익었다. 보석 가공은 문명과 함께 싹튼 가장 오래된 장식 예술의 하나였다. 이미 7000년 전부터 이집트와 메소포타미아에서는 보석을 가공했다. 정교한 보석을 만드는 것은 대대로 이집트인의 장기였지만 중왕국 시대의 보석세공사들은 선배들의 솜씨를 뛰어넘었다.(2.7) 이 절묘한 목걸이는 금, 라피스라줄리(보라), 홍옥수(빨강), 터키옥(옥색)으로 만들었다. 펜던트는 금을 넣은 녹색 장석과 라피스라줄리를 홍옥수로 강조했다. 마주보는 매들은 하늘의 신 호루스를 상징하며, 무릎을 꿇은 처녀는 '이집트 최고의 보석'의 주인인 것으로 보인다. 이 목걸이는 세시스트리스 2세(기원전 1897-1878년)가 딸인 시트-하토르-유네트 공주에게 준 것이다.

화장술

중동 문화는 일찍부터 화장품을 알았지만, 이집트도 고대 세계의 이름난 화장품 수출국이었다. 이집트 여성들은 검댕에 안티몬을 이겨 만든 화장먹을 눈썹, 속눈썹, 눈꺼풀에 발랐다. 중동에서도 이 화장품은 인기를 얻었다. 화장먹은 눈을 예쁘게 해주었을 뿐 아니라 파리와 따가운 햇살로부터 눈을 보호해주었다(화장품을 얹어서 바르는 화장판은 부조로 장식된 제례용 화장판에 영감을 주었다). 머리, 손톱, 손바닥, 발바닥을 물들이는 데 사용된 것은 헤나라는 식물이었다. 이집트인은 수입품을 포함한 다양한 원료를 써서 향수, 크림, 로션을 만들었다. 연지와 립스틱, 목욕 오일, 이빨을 다듬는 연마재는 상류층에서 남녀 모두 애용했다. 원료로는 아몬드, 올리브, 참기름, 백리향, 오레가노, 장미수, 사프란, 몰약, 유향, 그리고 인도에서 수입된 감송이라는 향초가 주로 사용되었다.

고대 이집트에서 향기라는 단어는 항상 '신들의 향'을 의미하는 형태로 결합되었다. 이것은 향기가 종교적 기능을 갖고 있었음을 말해준다. 중동에서 널리 쓰이던 화장품 원료들은 처음에는 종교 의식의 일부로 쓰이다가 나중에 세속화한 것이다.

신왕국(제국)-기원전 1570~1085년, 18~20왕조

중왕국을 무너뜨린 혼란은 과거의 제1중간기보다 더 심했고 또 오래 갔다. 이것이 제2중간기였다(기원전 1780-1550년, 13-18왕조). 제2중간기는 힉소스(이집트어로 '외국의 지배자'란 뜻)인의 침공과 함께 시작되었다. 시리아-팔레스타인 계열의 힉소스인은 결과적으로 이집트 제국이 등장할 수 있는 발판을 마련해주었다. 힉소스의 지배에 대해서는 거의 알려진 것이 없지만 그들은 자신들을 반기지 않는 이집트인에게 말과 전차를 가져다준 것으로 보인다. 또 이집트의 호전적 대응에도 불구하고 문화는 안정되어 있었다. 가장 심각한 것은 심리적 상처였다. 힉소스라는 일개 야만족의 침입에 무너졌다는 사실은 이집트인의 자존심을 구겨놓았다. 그러나 힉소소는 이집트가 거대한 제국으로 발돋움할 수 있는 촉매 역할을 톡톡히 했다.

신왕국의 파라오들이 처음부터 영토에 굶주리고 명예에 사로잡힌 것은 아니었다. 외래 문물을 혐오했고 특히 외세의 지배를 염려한 그들은 처음에는 적의 침입에 대비한 일종의 완충 지대로 주변 지역을 점령해나갔다. 그러던 것이 나중에는 정복 자체가 목적이 되어버렸다. 영토 확장을 통해 파라오의 힘과 이름을 떨칠 수 있었고 더 많은 세금을 거두어들일 수 있었던 것이다.

신왕국의 통치는 고왕국보다도 억압적이었다. 파라오의 지배는 국가의 통합성이라는 기초 위에서가 아니라 무력에 의해 이루어졌다. 파라오는 이제 통치자 개인을 가리키는 말이 되었다('파라오'는 '거대한 집'이란 뜻으로 원래는 궁전을 의미했다). 지방 세력은 전에 없이 약해졌고 파라오는 드넓은 제국을 확실히 장악할 수 있었다.

신전과 참배

이집트의 신전은 고대 세계에서는 처음으로 순전히 돌로만 지어진 건물이었다. 또 다른 문화들에서는 규모가 작은 집에만 쓰였던 기둥과 들보 건축술이 처음으로 큰 건물에 활용되었다. 이 두꺼운 기둥들을 거느린 위풍당당한 신전들은 파라오의 재산과 신의 전능함을 구체화한 상징이었을 뿐 아니라 신을 모시는 사제들의 권위도 드높여주었다. 카르나크에 있는 아몬 신전(2.8)은 아몬의 왕좌였으며 종

2.8 **숫양의 길과 아몬 신전. 카르낙**. 신왕국. 기원전 20세기(그러나 건설된 것은 주로 기원전 16–12세기).

교 의식의 본산이었다. 이 신전은 나일강에서 바로 정문으로 들어갈 수 있었는데 양의 머리를 한 스핑크스가 양쪽에 도열한 길을 따라 죽 가면 탑문이 나왔다. 그것은 태양신 아몬-레가 움직이는 길이었다. 134개의 기둥이 늘어선 대강당 하나만으로도 이 신전은 이집트에서 가장 규모가 큰 신전이었고 고대 세계에서 가장 거대한 예배당이었다.

 신권과 왕권을 상징하는 이집트의 신전은 이집트에서 모든 힘의 근원이었던 나일강의 평평한 기슭 위에 주로 건설되었다. 나일강 서안에 자리잡은 테베의 석회암 절벽 아래 세워진 핫셉수트 여왕의 장례전(2.9와 15쪽)은 탁월하게 설계된 건물군으로서 아마 이집트에서는 나일강을 배경으로 삼지 않고 설계된 유일한 신전일 것이다. 이

2. 9 핫셉수트 여왕의 장례전(센메트). 테베 데이르-엘-바리. 신왕국. 제18왕조. 기원전 1480년경.

것은 이집트를 처음으로 통치한 여성을 기념하기 위해 지은 건물이었다. 그 전에도 이집트를 다스린 여왕이 한두 명 있었는지는 모르지만 확실한 기록은 남아 있지 않다. 웅장한 배경 속에서 건물의 장엄미를 더욱 부각시키기 위해 설계자인 센메트는 상부의 안뜰을 암벽으로 밀어넣어 건물 뒤의 어마어마한 크기의 암벽이 일종의 거대한 자연 피라미드처럼 보이게 만들었다.

 이 신전은 핫셉수트 여왕만큼이나 특이하다. 투트모세 2세와 결혼한 그녀는 왕이 젊은 나이로 죽자, 사위인 투트모세 3세의 섭정이 되었다. 핫셉수트는 왕을 뒷전으로 밀어내고 22년 동안 실질적으로 이집트를 확고하게 통치했다. 오늘날 투트모세 3세는 이집트의 나폴레옹으로 일컬어지지만, 그가 이집트 제일의 전략가로서 올라선 것

2.10 **아몬-무트-콘수 신전.**
룩소르. 람세스 2세의 대궁전. 신왕국. 제18 왕조. 기원전 1390-1260년경. 사암. 기둥 높이 9.1m.

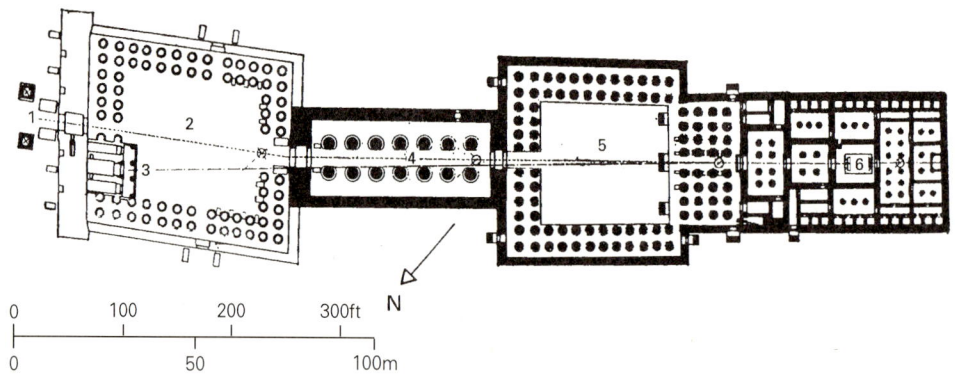

2. 11 **아몬-무트-콘수 신전의 평면도**. 룩소르.
(1)입구 (2)제1안뜰 (3)옛날 성소 (4)열주랑 (5)제2안뜰 (6)아몬, 무트, 콘수의 성소.

은 핫셉수트가 죽은 다음이었다.

　원형이 많이 허물어졌는데도 아몬-무트-콘수 신전(2.10)은 이집트 종교 건축물의 정수를 보여준다. 신전은 안으로 들어갈수록 신성해지는 구조로 설계되었다. 정문(2.11의 1)으로 들어가면 육중한 돌기둥들이 좌우로 늘어선 공간이 나오고 이것은 제1안뜰(2.11의 2)로 이어졌다. 기둥의 높이가 22.6미터나 되는 열주랑(2.11의 4)을 지나면 일반 참배자들은 격리된 제2안뜰(2.11의 5)로 모였고 더이상은 앞으로 갈 수 없었다. 다만 건물 안쪽의 성소에 그늘을 드리운 기둥들의 숲 앞에서 탄성을 지를 뿐이었다. 성소는 제관들만이 드나드는 곳이었다. 막강한 권한을 누렸던 제관들은 그곳에서 아몬과 그의 아내 무트, 아들 콘수의 신전을 관리했다.

아멘호텝 4세

　아멘호텝 4세(기원전 1379-1362년, 뒤에 아케나텐으로 개명)는 제관들의 막강한 힘을 우려했다. 거기에는 그럴 만한 이유가 있었다.

중왕국 말기와 신왕국 초기에 최고의 윤리적 수준에 도달했던 이집트의 종교는 아멘호텝의 시대에는 이미 타락할 대로 타락해 윤리적 기초는 미신으로 축소되고 주술이 기승을 부렸다. 그 결과 제관들의 힘이 두드러지게 강화되었다.

그들은 민중의 공포심을 악용했다. 종교를 타락시킨 것은 제관의 힘을 키우기 위한 수단인지도 몰랐다. 아무튼 제관들은 죽은 사람의 심장을 보고 그 사람의 됨됨이를 판정하는 오시리스를 현혹시킬 수 있다는 부적을 팔기 시작했다. 또 죽은 사람을 손쉽게 하늘나라로 이끈다는 처방전도 팔았다. 이렇게 사람들에 의해 구입된 기도문들을 모아놓은 것이 바로 《사자의 서》다. 선행과 양심은 누구도 거들떠보지 않는 세상이 되었다.

아멘호텝 4세는 정면 승부를 걸었다. 그는 제관들을 신전에서 몰아내고 그들의 재산과 소유물을 몰수했으며, 그동안 섬겨온 신들의 이름을 온 나라에서 쓸어버리라고 명령했다. 그런 다음 아멘호텝 4세는 아텐이라는 새로운 신을 섬기라고 백성들에게 지시했다. 아텐은 아득한 옛날에 태양을 부르던 이름이었다. 아울러 아텐의 뜻을 헤아릴 수 있는 사람은 파라오뿐이니 오직 자신만을 받들라고 요구했다. 그는 이름을 아멘호텝(아몬은 흡족하다)에서 아케나텐(아텐을 이롭게 하는)으로 바꾼 데 이어, 텔 엘-아마르나(지도 2.1)라는 처녀지에다 자신의 수도인 아케타톤('아텐의 지평선')을 짓도록 명령했다. 전통적 예술 양식은 잠시 뒷전으로 밀려나고 아마르나 양식으로 알려진 경쾌한 자연주의가 부각되었다. 아마 이집트 조각품 중에서 가장 많이 알려졌을 아케나텐의 부인인 네프레테테 왕비의 두상(2.12)은 우아하고 아리따운 여인을 묘사했다. 이것은 이상화된 모습이었을 가능성이 크지만 아무튼 아마르나 양식의 대표작이다. 아텐 숭배는 세계 최초의 일신교였을까? 아텐도 물론 신이긴 했지만 이미 아몬-레가 삼라만상의 신으로 섬겨지고 있었다. 그런 믿음은 아케나텐의 아버지인 아멘호텝 3세의 시대에 벌써 단단히 뿌리내렸다. 이것은 아케나텐의 개혁이 그의 적수들이 주장하듯이 전격적으로 이루어진 것은 아님을 보여준다.

아케나텐의 속뜻은 무엇이었을까? 그는 새로운 종교를 만들려던 것이었을까, 아니면 이집트의 종교를 다시 장악하려던 것이었을까? 확실히 그는 아몬-레의 제관들을 몰아냈고 자신만이 아텐을 대변할 수 있고 아텐에게 말할 수 있다는 주장을 앞세워 완전한 지배력을 행사했다. 모든 기도는 '아텐의 어여쁜 자식'인 파라오에게 올려야만 했다. 그 당시에 만들어진 햇무리상을 보면 파라오와 왕비만 햇살을 받는다. 왕은 곧 태양신이라고 보았던 고왕국 시대의 생각으로 사실상 되돌아간 셈이었다. 이름만 달라졌을 뿐이었다.

2.12 **네프레테테 왕비의 두상.**
신왕국, 제18왕조, 기원전 1370년경.
채색 대리석. 높이 50.8cm.
베를린 국립박물관.

전통적으로 이집트의 재정 수입은 지방의 묘, 대규모 신전, 왕실의 몫으로 갈라졌다. 그런데 이제는 전능한 파라오가 수입을 독차지하여 새로운 종교와 새로운 도시에 쏟아부었다. 아텐을 섬기는 사당과 왕궁으로 설계된 아케타톤은 초고속으로 건설되었고 당연히 막대한 비용이 들어갔다. 천문학적 자금을 대기 위해서는 온 나라의 자원을 왕과 왕이 섬기는 신의 개인 금고로 만드는 수밖에 없었다.[05]

아케나텐의 죽음은 세상의 변화를 알리는 신호탄이었다. 세상이 빠르게 변할 수밖에 없었던 것은,

아케나텐이 주도한 종교적 개혁의 경제적 여파가 엄청난 사회적 혼란을 낳았기 때문이었다. 그래서 그가 죽자마자 사회는 하루아침에 예전의 질서로 돌아갔다. 그 처절한 고통의 기억에 후세 사람들은 아케나텐이라면 치를 떨었다.[06]

아마르나의 자연주의 양식은 아케나텐의 사위인 투탄카멘(기원전 1347-1338년)과 함께 막을 내렸다. 투탄카멘은 겨우 9년 동안 이집

2.13 **투탄카멘과 왕비의 좌.**
왕들의 계곡 출토. 뒷면 일부. 신왕국.
제18왕조. 후기 아마르나 시대.
기원전 1352년경. 나무에 금은박,
납유리 상감. 카이로 이집트 박물관.

---

05   I.E.S. 에드워즈 등 엮음, 《케임브리지 고대사 *The Cambridge Ancient History*》.
06   같은 책.

2. 이집트 : 파라오의 땅 **81**

트를 다스린 평범한 왕이었지만 그의 무덤에서는 어마어마한 보물이 쏟아져나왔다. 1922년에 발견된 이 무덤은 부장품이 비교적 온전하게 남아 있어 투탄카멘을 이집트 왕실의 대명사로 만들어주었다. 2.13은 젊은 왕과 왕비의 모습을 화려한 채색에 담았다. 인물들의 손발을 유연하며 사사롭고 정겨운 분위기로 묘사한 것은 아마르나 양식에서는 드물게 나타나는 것이다. 꼭대기에 햇무리가 있는 것으로 보아 이 무렵 아몬-레가 원래의 자리를 되찾은 것으로 추측된다.

투탄카멘의 황금관(2.14)은 탁월한 금세공술의 표본으로서 아마 가장 널리 알려졌을 것이다. 관을 이루는 황금의 무게는 모두 204킬로그램이었다. 관 뚜껑에는 열아홉 살에 죽은 젊은 왕이 섬세하게 묘사되어 있다. 아마르나 양식이 얼마나 우아하고 화려했는지를 알 수 있다.

아마르나 시대에 대한 예술적 반발은 아케나텐에 대한 적개심으로 보아 능히 짐작이 가는 일이었다. 그래서 장식을 중시하는 신왕국의 양식과 중왕국의 고전적 양식이 밀려나고 고정된 형식을 중시하는 12세기 전의 고왕국 양식으로 돌아갔다. 이집트의 국력이 점점 기울어가는 기원전 1085년 이후까지도 이 양식은 그대로 유지되었다. 기원전 30년이 되자 이집트는 쿠시트, 아시리아, 페르시아,

2.14 **투탄카멘의 황금관. 왕들의 계곡 출토.** 신왕국. 제18왕조. 후기 아마르나 시대. 기원전 1352년경. 황금 바탕에 홍옥수, 라피스 라줄리, 터키옥. 카이로 이집트 박물관.

알렉산드로스 대왕에게 잇따라 패배하면서 로마의 중요한 속주로 전락했다. 그러나 국력이 기울었다고 해서 1600년이라는 장구한 기간의 눈부신 성취가 빛이 바래는 것은 아니다. 어떤 민족도 이집트인보다 더 오래되고 탁월한 기록을 남기지 못했다.

제2장 이집트 — 파라오의 땅

멀지 않은 과거

기원전 3000년이나 4000년으로 거슬러올라가는 문명들은 낯설고 기이하며 우리가 사는 세계와는 무관한 것처럼 보일지도 모른다. 그렇지만 우리가 그 문명들과 공유하는 것이 있다는 데 생각이 미치면 그런 이질감은 수그러든다. 가령 호모 사피엔스가 이 지구상을 활보한 수십만 년의 세월에 견주면 6000년 전은 극히 최근이라고 할 수 있다. 그때의 발명품을 생각해보자.

그것은 지중해, 이집트, 중국, 마야에서 각각 독자적으로 등장한 문자 언어다. 번역이 가능한 문자 언어야말로 함무라비, 핫셉수트, 공자, 부처, 율리우스 카이사르, 클레오파트라, 모하메드, 엘리자베스 1세, 윌리엄 셰익스피어, 에이브러햄 링컨, 마거릿 대처 같은 다양한 인물들을 하나로 이어주는 공통의 끈이다. 이들은 모두 기록된 역사와 전세계에 존재하는 문자 문화들을 연결하는 하나 이상의 문자 교신 수단을 쓰고 있다.

제2부

그리스 :
서양 문명의
발상지

그리스 (연대는 대부분 추정치)

	사람과 사건	예술과 건축	문학	철학과 과학
청동기 시대 기원전 3000-1100	3000-2000 초기 헬라도스 (본토) 문화 : 에게의 초기 키클라데스 문화 2000-1700 미케네인 그리스 진출 2000-1100 크레테의 미노아 문명 1550-1100 미케네 문명 1260-1150 트로이 전쟁	3000-2000 헬라도스와 키클라데스 소입상. 1700-1380 미노아 후기 궁전기 : 프레스코, 도자기, 보석	1750-1600 미노아 선형 A 문자 1600-1100 미노아-미케네 선형 B문자	
암흑 시대 기원전 1100-900	1100-800 도리아인의 본토 침입 1100-950 이오니아인 소아시아로 이동 900-도리아인 에게해와 소아시아로 이동	1100-900 문자의 상실		
기하학기 기원전 900-700	800 귀족정이 왕정을 압도하기 시작 776 제1회 올림픽 경기	900-750 가구, 직물, 유리, 소입상, 주로 도자기	750-700 호메로스 : 일리아드와 오디세이	
의고기 기원전 700-480	750-550 도시국가들의 식민지 개척 621 드라코 법전(아테네) 600 주화 도입 594 솔론의 헌법 개혁과 경제 개혁 546-527 피시스트라토스 : 아테네의 위대한 개혁가 546 페르시아의 소아시아 그리스 정복 507 클레이스테스의 민주 헌법 490 1차 페르시아 침공 : 마라톤 전투	660 최초의 등신상 620-500 아테네의 흑회식 도자기 600 초기 도리아 신전 580-500 쿠오로스와 코레 figures 530-400 아테네의 적회식 도자기	700 헤시오도스 : 신통기 600 사포 : 서정시 이솝 : 우화	탈레스 636-546 이오니아 철학자 아낙시만드로스 610-546 이오니아 철학자 피타고라스 582-507 철학자, 수학 헤라클레이토스 535-475 이오니아 철학자
고전기 기원전 480-400	480-479 2차 페르시아 침공 : 테르모필라이, 살라미스, 플라타이에아 전투 460-430 에테네의 황금시대(페리클레스 시대) 431-404 펠로폰네소스 전쟁	490-430 페이디아스(조각가) : 파르테논 신전 장식 480-470 초기 고전주의의 담백한 양식 : 〈크리티오스 소년〉과 〈델피의 전차수〉 480-407 미론 : 〈디스코볼루스〉 460 〈포세이돈〉의 청동조각 447-405 아크로폴리스 건축 : 파르테논, 프로필라에아, 아테나의 니케 신전, 에레크데이온 430 폴리클레이토스 : 조각가이며 canon의 창시자	아리스퀼로스 525-456 극작가 : 〈오레스테이아〉 소포클레스 496-406 극작가 : 〈안티고네〉, 〈오이디푸스〉 헤르도토스 484-425 '역사의 아버지' 에우리피데스 480-406 극작가 : 〈메데아〉, 〈트로이의 여인들〉 투키디데스 471-380 〈펠로폰네소스 전쟁사〉 아리스토파네스 450-380 극작가(희극) : 〈뤼시스트라타〉	엠페도클레스 495-435 철학자, 과 프로타고라스 481-411 소피스트 소크라테스 469-399 '아테네의 골치덩이' 철 히포크라테스 460-377 의사 데모크리토스 460-362 원자론 플라톤 427-347 철학자, 작가, 교
후기 고전기 기원전 400-323	395-340 그리스 동맹국간의 전쟁 384-322 데모스테네스 : 아테네의 웅변가며 정치가 338 카에로네아 전투 : 마케도니아의 필리포스가 도시국가 장악 336-323 알렉산드로스 대왕의 지배와 정벌	350 젊은 폴뤼클레이토스의 에피다우로스 극장 340 아테네의 프락시텔레스(조각가) : 〈크니도스의 아프로디테〉 4세기경 뤼시푸스(조각가) : 〈아폭쉬오메노스〉	크세노폰 434-355 역사가이며 장군	399 소크라테스의 재판과 죽음 387 플라톤이 아카데미 창설 아리스토텔레스 384-322 철학자, 교육자. 루케움 창
헬레니즘 시대 기원전 323-30	323-30 전제 정치가 득세 148 마케도니아가 로마의 속주로 됨 146 로마의 코린트 함락 86 술라의 아테네 공격	230-220 〈죽어가는 갈리아〉 190 〈사모트라케의 니케〉 180 제우스의 제단, 페르가몬 174 올림피아의 제우스 신전 착공 120 〈멜로스의 아프로디테〉	메난드로스 342-291 새로운 희극 작가 300 알렉산드리아 도서관 건립	에피쿠로스 342-270 철학자 제노 335-263 스토아 철학자 유클리드 300년경 수학자, 물리학자 아르키메데스 289-212 수학자 에라토스테네스 276-195 수학자, 천문학자

제3장
에게해의 유산

    역사가들은 서양 문명을 튀어나오게 한 거대한 도약을 흔히 '그리스의 기적'이라고 부른다. 기적이라는 말에는 설명할 수 없다는 뜻이 숨어 있지만, 그리스인들이 높이 평가한 가치가 무엇이었는지를 살핌으로써 우리는 그들이 이룩한 위대한 업적을 조금은 이해할 수 있을 것이다. 그리스인들은 개인주의, 합리주의, 정의, 아름다움, 탁월함의 추구를 높이 평가했고 그 덕분에 놀라운 문명을 창조했다.
    이집트와 메소포타미아에서 본 것처럼 기후와 풍토, 지리는 문화에 특별한 영향을 미치는데 그리스도 예외가 아니었다. 초기의 에게 문화는 그 자체로도 중요한 것이었지만 나중에 그리스가 성장하는 기틀을 마련했다는 데 더욱 각별한 뜻이 있다. 에게 문화는 세 가지가 있었다. 하나는 에게의 섬들로 이루어진 키클라데스 문화, 또 하나는 크레테의 미노아 문화, 마지막이 그리스 본토의 미케네인들이 이룩한 후기 헬라 문화였다. 이 문화들은 모두 해양성 기후를 누렸기 때문에 육지로 에워싸인 중동의 농경지에 비해 활기가 넘쳤다. 섬에서 살건 본토에서 살건 에게의 민족들은 풍부한 농산물, 온화한 해양성 기후라는 확실한 자산이 있었고 무엇보다도 쉽게 바다로 나아갈 수 있었다. 에게해에는 섬이 천 개나 있었으므로 뱃사람들의 시야에서 뭍이 사라지는 일은 없었다(항해술이 발전하지 못한 당시로서는 이것은 무시못할 요소였다). 본토에 사는 사람들도 두세 시간만 나가면 바다를 볼 수 있었다. 바다는 에게 문화의 운명을 결정지었고 나중에는 그리스 고전 문화의 성격을 규정지었다(지도 3.1).

그리스는 가파른 산들을 방패처럼 거느린 좁다란 계곡, 날렵한 해안선, 에게해에 점점이 흩어진 수많은 섬들로 이루어져 있었다. 나일강 유역을 지배한 파라오처럼 하나의 땅덩어리를 통치해야 하는 것이 아니었다. 에게해의 섬들은 또 메소포타미아를 자주 유린하던 지독한 대륙성 기후의 영향권에서도 벗어나 있었다. 에게 사람들에게 바다는 문명을 살찌우는 일종의 거름이었다. 온화한 기후, 침공으로부터의 안전성, 풍부한 어장, 다양한 무역로와 여행로를 모두 제공한 것이 바다였다. 외국의 항구를 자주 드나들면서 다양한 사상과 관습이 살아 숨쉬는 드넓은 세계를 경험한 선원, 상인, 여행자는 대부분 자신들의 터전을 떠난 적이 없던 근동 지방의 사람들보다 더 보편적인 가치관을 갖게 되었다.

모든 문화에 공통적으로 나타나는 몇 가지 상수가 있는 것 같다. 항구는 중심 도시로서의 성격을 갖기 마련이며 도시는 농촌 지역보다 진취적이고 개방적이다. 여기서 아주 일관된 함수 관계가 성립한다. 항구에서 멀리 떨어져 사는 사람일수록 변화와 새로운 사조에 더 저항한다는 것이다. 반면에 선원, 상인, 여행자는 농부처럼 주로 한 곳에 머물러 사는 사람들보다 색다른 관습이나 혁신적인 이념을 더 잘 받아들인다. 이런 요인들을 모두 감안하면 에게 문명이 그토록 높은 수준에 올라선 것은 조금도 놀라운 일이 아니다.

키클라데스 문화 – 기원전 3000~2000년

크레테 북쪽의 에게해에는 키클라데스라는 한 무리의 섬들이 있다. 이 섬들은 아폴로와 그의 쌍둥이 누이 아르테미스가 태어난 신성한 땅을 '사이클'처럼 둘러싸고 있다고 해서 그런 이름이 붙여졌다. 이곳에서는 소규모의 신석기 문화가 번영했지만 주목할 만한 작은 대리석상 몇 개를 제외하면 지금 남아 있는 유물은 거의 없다. 사각형으로 각이 져 있는 이 상들은 현대 미술이 아닌가 하는 착각이

지도 3.1 고대 그리스.

들 정도로 추상적 단순성이 두드러진다. 두상도 있지만 여자의 누드 입상이 주종을 이루었는데 하얀 고급 대리석으로 만들었다. 작은 것은 17센티미터에서 큰 것은 등신대까지, 크기도 다양한 이 상들은 에게해 전역의 무덤에서 골고루 발견되었다.

가장 먼저 만들어진 조각들은 다산의 여신을 묘사한 것으로 대개 배가 불룩하고 가슴이 풍만하지만(1.2 참조) 키클라데스의 조각들은 거의가 처녀처럼 날씬한 것이 성적 매력마저 은근히 풍긴다(3.1). 코는 예외없이 뚜렷이 섰고 눈과 입 주위에는 안료를 바른 자국이 남아 있다. 여성상은 거의가 가슴 밑으로 팔짱을 꼈다. 키클라데스의 문자 기록이 남아 있지 않기 때문에 이 예술적 관행이 무엇을 의미하는지는 아무도 모른다. 예술가는 자신이 감각으로 받아들인 것을 추상의 단계로 끌어올린 듯하다. 여기 묘사된 것은 구체적 인물이 아

3.1 **키클라데스의 작은 입상.**
기원전 2500년경. 대리석. 높이 55.9cm.

니라 신석기 문화와 구석기 문화에서 떠받들던 대지의 여신이었는지도 모른다.

키클라데스의 상들과 미노아, 미케네 문명이 발견되고 겨우 한 세기가 흐른 지금, 우리는 그리스 문화에 끼친 이들의 확실한 영향이 무엇인지 아직은 제대로 모른다. 증거가 부족하기 때문에 자신 있게 말할 수는 없지만 지리적 근접성으로 미루어볼 때 남달리 호기심이 강한 그리스인들이 에게 문명들에 대해 상당히 알고 있었으리라는 추측은 간다.

미노아 문명-기원전 2600~1100년

> 포도주처럼 검붉은 바다 한복판에 있는 이 세계에서 가장 큰 섬들의 하나가 크레테이다. 땅이 드넓고 물자가 넉넉하고 인구가 많은 이곳에는 아흔 개의 도시가 있고 여러 언어가 섞여서 쓰인다. 그 아흔 개 도시 중의 하나가 크노소스이다. 제우스는 이곳에 사는 위대한 미노스 왕을 9년에 한 번씩 몸소 맞아주었다. ㅡ호메로스 《오디세이》

그리스에 처음 정착한 민족은, 우리의 지식으로 판단하자면, 미노아인이었다. 미노아라는 이름은 크레테 섬에서 살면서 그 섬을 통치했던 전설 속의 왕 미노스에서 유래했다. 미노아인은 순수 '그리스' 혈통은 아니었을 것이다. 그들의 언어는 인도-이란 어족과 관련이 없는 듯하다(현존하는 '선형 A' 미노아 문자는 아직도 해독이 안 된 상태다). 기원전 6000년경 크레타를 점령한 농경 민족은 터키에서 카탈 휘위크 문화를 건설한 사람들이었을 가능성이 매우 높다. 미노아 문화는 기원전 2600년경부터 1100년 무렵까지 이어졌고 전성기는 기원전 2000년부터 1800년까지였다. 이 시기에 크노소스, 파이르토스, 말리아, 자크로스 같은 화려한 신전이 들어섰다.

선형 A 문자가 아직까지 수수께끼로 남아 있는데도 우리가 미노아 문명에 대해 많이 아는 것은 영국의 고고학자 아더 에반스(1851-1941) 일행의 발굴 덕분이다(앞서 말한 신전 네 곳에서는 아직도 활발한 발굴 작업이 이루어지고 있으며 크레테 섬과 테라 섬 몇 곳에서도 탐사는 계속되고 있다). 에반스의 크노소스 발굴과 복원을 통해 우리는 아열대 해양성 기후와 비옥한 농경지의 덕도 보았지만 무엇보다도 전쟁을 몰랐기 때문에 번영을 누렸던 풍요롭고 세련된 문화를 만나게 되었다. 미노아인에게는 적대 세력이 없었으므로 전쟁은 필요하지도 않고 바람직하지도 않다고 보았던 것 같다. 그들이 세운 무역 제국은 무력 침공으로 확보한 전리품과 영토보다 훨씬 높은 생산성을 자랑했다. 그들의 무역선은 농산물과 가공품을 지중해 전역으로 싣고 갔다가 다양한 문화의 생산물을 싣고 크레테로 돌아왔다. 미노아인은 그리스인과 페니키아인이 등장하기 전까지는 지중해에서 최고 가는 상인들이었다.

종교

미노아의 종교는 자연 숭배 중심이었다. 특히 농경 사회의 핵심을 이루던 탄생, 죽음, 재생의 주기가 강조되었다. 가장 중요한 신은 고대 유럽으로 불려지는 곳[01]에 들어섰던 평화로운 신석기 사회들에서 유래한 대지의 여신이었다.[02] 실권은 대지의 여신을 지상에서 대변한 여왕이 쥐고 있었다. 인간의 모습을 한 대지모(大地母)가 바로 여왕이었다. 모권 사회도 아니고 부권 사회도 아니었던 이 독특한 사회를 굳이 정의하자면 책임을 공유하는 연립 정부라는 표현이 무난할 듯하다.

한 저명한 건축사가는 신전들의 터와 방위에서 일관성이 나타나는 것으로 보아도 미노아 사회가 대지의 여신을 숭배했다는 것을 알 수 있다고 지적한다.[03] 중요한 신전은 모두 계곡의 품에 안기듯 들어서 있었다. 신전의 남북 축은 원뿔에 가까운 모양의 언덕 혹은 도톰한 언덕을 가리켰고 더 멀리로는 움푹 파인 틈(말안장)이나 한 쌍의 봉우리를 가리켰다. 이 한 쌍의 봉우리는 가슴에 해당했고 틈은 여자의 음부에 해당했다. 어느 유적에서나 확인되는 이런 방위는 특히 크노소스와 말리아에서 두드러지게 나타났다.

---

01 리언 아이슬러, 《성배와 칼날 : 우리의 역사와 미래 The Chalice and the Blade : Our History, Our Future》

02 마르야 짐부타스, 《옛 유럽의 여신과 신 Goddesses and Gods of Old Europe》. 남동부 유럽과 에게 해, 아드리아해의 섬들에는 약 3000개의 신석기 유적이 있는데 이 중에는 기원전 7500년으로 거슬러 올라가는 것도 있다. 이들의 이 평화로운 농경 사회는 키클라데스, 크레테, 레스보스의 에게 문명들에게 영향을 주었을 것이다.

03 빈센트 스컬리, 《지구, 신전, 신들 The Earth, The Temple, and the Gods》

제3장 에게해의 유산

미노아의 여성들

지금까지 나타난 증거로 보아 미노아 사회에는 여성을 종속적 지위로 묶어두는 법이나 관습이 없었다. 미노아 사회에서는 여자가 결혼할 때 가져온 지참금은 여자가 관리했으며 남편도 아내의 허락 없이는 그것을 쓸 수 없었다. 남편이든 아내든 똑같이 이혼할 수 있는 권리가 있었다. 또 남편의 부정을 증명할 수 있는 아내는 같이 사는 동안 남편의 소유로 넘어간 재산을 되찾을 수 있었다. 고대 세계에서는 보기 드물게 남녀가 이처럼 평등을 누릴 수 있었던 원인으로 대지의 여신이 누렸던 권위를 꼽기도 하지만 그것만으로는 충분한 설명이 못 된다. 미노아는 해양 문화였기 때문에 바다로 나간 남자들은 오랫동안 집을 비워야 했다. 뱃사람의 아내말고 누가 부부의 공동 재산을 더 잘 지킬 수 있었겠는가?

신전

얼마 전까지도 고고학자들은, 크노소스의 유적을 주도적으로 발굴한 아더 에반스 경이 자신이 발견한 것은 왕궁이며 다른 유적에서 나온 주요 건물들도 왕궁이라고 주장한 것에 대체로 동의했다. 그러나 그 뒤에 나온 증거를 보면 이 건물이 신전이었음을 알 수 있다. 애초에 그런 실수가 빚어진 것은 호메로스가 《오디세이》에서 미노스 왕에 대해 말한 내용을 에반스가 그대로 믿었기 때문이었다. 슐리만은 호메로스를 연구해서 트로이를 발견했지만 호메로스는 (그리고 그리스의 끈질긴 전설들은) 고대 크레테에 대해서는 허위 단서를 흘렸다. 왕이건 여왕이건 통치자가 있었을 개연성은 있지만 아무도 장담할 수는 없다. 거대한 신전 몇 곳에서 왕의 처소로 간주될 만한 방이 나타났을 뿐 왕궁은 아직까지 하나도 발견되지 않았다.

이집트의 성소들과는 달리 미노아의 신전은 3층에서 5층짜리 건

3.2 **크노소스의 미궁(관세청)**. 크레테. 기원전 1930년에 지어진 뒤 기원전 1380년 화재 후 버려졌다.

물이었고 그 안에는 수백 개의 작은 방, 구불구불한 복도와 계단, 화려한 벽화로 발랄하게 장식된 벽, 상수도, 욕조, 낮은 층까지 자연 조명을 전달한 수많은 채광창이 있었다. 신전은 종교의 중심지였을 뿐 아니라 방대한 무역 제국의 행정 중심지였다.

가장 유명한 신전은 크노소스의 미궁이다(3.2). 그 전체 규모는 에반스의 부분적 복원을 통해 겨우 추측만 할 수 있을 뿐이다. 잔해만 남은 이 건물은 궁전의 북쪽 끝에 서 있다. 에반스는 이것을 관세청이라고 불렀다. 북쪽에서 바다를 통해 도착한 방문자들의 신원을 확인하는 중요한 관문으로 보았기 때문이다. 활활 타오르는 듯한 기둥

제3장 에게해의 유산

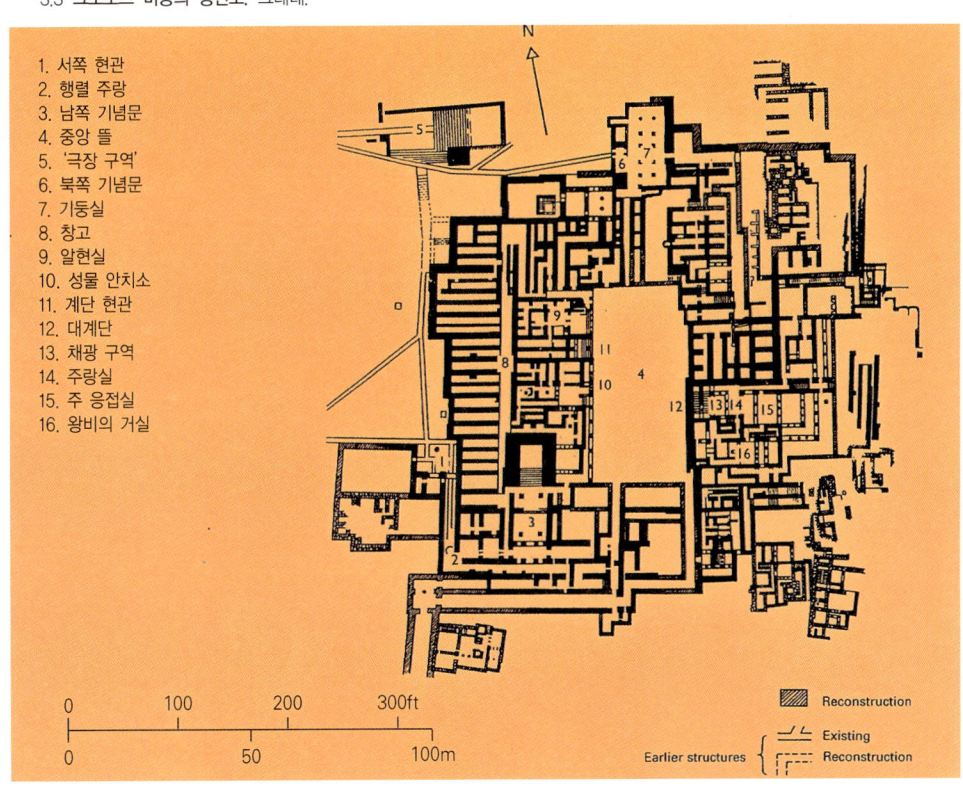

3.3 **크노소스 미궁의 평면도**. 크레테.

1. 서쪽 현관
2. 행렬 주랑
3. 남쪽 기념문
4. 중앙 뜰
5. '극장 구역'
6. 북쪽 기념문
7. 기둥실
8. 창고
9. 알현실
10. 성물 안치소
11. 계단 현관
12. 대계단
13. 채광 구역
14. 주랑실
15. 주 응접실
16. 왕비의 거실

3.4 **크노소스 미궁의 어전. 크레테.**

들은 목재였는데 아마 나무 줄기를 상징했던 것 같다. 여러 개의 층과 구불구불한 복도, 헤아릴 수 없이 많은 방(3.3)은 자연스럽게 미노스의 미궁 전설로 발전했다. 그것은 왕비와 황소 사이에서 태어난 반은 사람이고 반은 황소인 미노타우르라는 괴물의 전설이다. 왕비 파시파에가 괴물을 낳자 미노스는 궁전 지하실에 그 괴물을 가두었다. 땅을 뒤흔드는 포효는 사나운 괴물이 내지르는 소리라고 전설은 전하지만 사실 그것은 크레테 섬을 주기적으로 강타한 지진이었을 것이다.

에반스는 1층에 있는 한 작은 방을 미노스의 어전(3.4)이라고 불렀다. 여기에는 줄무늬대리석으로 된 등받이가 높은 왕좌가 있었고 세 개의 벽(왕좌가 있는 벽을 포함해서)에는 벤치가 붙어 있었다. 독수리 머리에 사자의 몸통을 가진 상상의 동물은 유적에 일부 남아 있는 그림을 바탕으로 복원한 것이다. 왕좌 맞은편의 주랑은 이 친밀하고 소탈한 장소에 신선한 공기와 빛을 던져주는 확 트인 안뜰과 이 방을 구분한다. 미노아 종교의 여성 지향성과 상당한 수준의 남녀 평등을 감안하면 이 왕좌에 반드시 왕이 앉았으리라는 법도 없고, 어쩌면 왕비가 이 자리를 차지했을지도 모른다. 혹은 둘이 번갈아 가면서 앉았

3.5 **크노소스 미궁에 있는 왕비의 거실(복원). 크레테.** 기원전 1600–1400년경.

을지도 모르고, 아니면 제사장이나 제관이 이 자리의 주인공이었는지도 모를 일이다.

　에반스가 왕비의 거실이라고 부른 방의 벽 장식은 특히 우아하다. 모든 뱃사람들의 친구로 전설에 등장하는 돌고래 다섯 마리(3.5)가 젖은 회벽에 그려진(프레스코) 바다에서 신나게 헤엄치고 있다. 채광창을 통해 환하게 밝혀지는 이 거실의 문틀에는 담청색의 꽃무늬가 그려져 있고 그 옆에 붙은 욕실에는 욕조가 있다.

인도인의 문명 생활

　기원전 2500년경 인도의 모헨조다로 시의 모든 집에는 하수도망이 깔려 있었다. 돌로 된 관을 통해 각 가정에서 배출된 오물은 시내 주요 도로와 나란히 뚫린 뚜껑 덮인 수로를 따라 도시에서 멀리 떨어진 하수처리장으로 운반되었다. 주방과 실내 화장실이 달린 욕실에서 나온 쓰레기는 청소부들이 실어 날랐다. 중앙 하수로에는 요소요소마다 점검을 위한 출입구가 있어서 효율적인 관리가 이루어졌다. 뒤에 미노아와 로마에도 효율적인 하수 시설이 만들어졌지만 유럽의 도시에는 (그로부터 몇천 년이 흐른) 17세기에 들어와서야 제대로 된 하수도망이 깔렸다.

미노아 예술

메소포타미아나 이집트의 예술과는 판이하게 달랐던 미노아의 예술은 농업의 이모저모를 중시했고 동물과 곤충 같은 자연계의 모습을 재현하는 데 역점을 두었다. 남성이 지배하던 동방의 문화에서는 전쟁과 수렵을 주로 표현했지만 미노아에서는 이런 주제는 아주 드물었다.

미노아인이 살아가면서 맛보았던 삶의 환희를 발랄하게 묘사한 그

3.6 **뱀의 여신.**
크노소스 미궁 출토. 크레테.
기원전 1600년경. 높이 44.5cm.
크레테 헤라클리온 고고학박물관.

림들은 대체로 엄숙하고 삭막했던 다른 문명들의 그림들과 한눈에 구별된다. 동방의 문화들은 생존 그 자체가 투쟁의 연속이었던 유목민들로부터 나온 것이었지만 미노아 문화는 유목 경험이 없는 안락한 농경 생활에서 나온 것이었다.

신성한 군주가 없는 문화는 굳이 거대한 기념상을 세울 만한 절박한 이유가 없었고 또 실제로 그런 것은 만들어지지 않았다. 작게 만들어진 미노아 조각의 전형을 보여주는 것이 바로 〈뱀의 여신〉(3.6)이다. 이것이 제관이었는지 여신이었는지 왕비였는지는 분명치 않다. 이 조각은 여신 숭배와 관련이 있는 듯하다. 미노아 종교에서 뱀은 재생을 뜻하는 중요한 상징물이었다. 이 소상의 딱딱한 앞면에서는 이집트의 영향이 물씬 풍기지만 치켜올린 팔과 머리 위에 올라탄 동물은 분위기를 밝고 명랑하게 만들어준다. 당시 여자들은 일반적으로 겹을 이룬 치마에 꼭 끼는 상의를 입었고 가슴을 드러냈기 때문에 요즘 눈으로 보면 숭배의 대상 치고는 너무 야한 느낌이 들 수 있다.

기원전 2400년경 미노아인은 금세공 기술을 터득했다. 장신구를 만드는 데는 늘 금이 쓰였다. 금은 녹이 슬지도 않고 불에 타지도 않았기 때문이다. 게다가 희귀했고(그래서 비쌌고) 모양을 쉽게 변형할 수 있었으며 무엇보다도 아름다웠다. 미노아에서 나온 가장 유명한 보석의 하나로 꼽을 수 있는 것이 황금벌 펜던트(3.7)다. 둥근 벌집의 양쪽에 자리한 벌 두 마리가 벌집 위에 꿀 한 방울을 떨어뜨리고 있다. 특히 인상적인 것은 벌집의 정교한 알갱이들이다. 금으로 된 구형의 미세한 알갱이들이 바탕을 이루는 금과 결합되어 있다. 이 고대 기술은 알갱이와 바탕면에 결합선을 남기지 않고 매끄럽게 처리했는데 이것은 금세기에 들어와서야 다시 발견된 까다로운 기술이

3.7 **황금벌 펜던트**. 말리아 신전의 크리솔라코스 묘 출토. 크레테. 기원전 1600년경. 높이 4.5cm. 크레테 헤라클리온 고고학박물관.

3.8 **영양**. 그리스 테라 출토. 기원전 1500년경. 프레스코. 높이 2.5m. 아테네 국립 고고학박물관.

다. 미노아의 장인들은 보석과 인장을 정교하게 새기기 위해 돋보기를 사용했다.

테라 섬에 있는 또 하나의 미노아 유적인 아크로티리는 수에즈 운하를 건설하는 데 쓰일 속돌을 캐는 과정에서 1860년대에 처음 발견되었고 1967년부터 광범위한 발굴 조사가 이루어졌다. 화산재에 묻혀 있던 이 유적은 미노아의 폼페이인 셈이었다. 아크로티리의 높은 생활 수준은 크레테 섬과 비교해도 결코 뒤지지 않았다. 가령 〈영양〉의 프레스코(3.8)는 기법이나 수준에서 크노소스에서 발견된 프레스코와 비슷하다.04 영양의 몸통을 에워싼 꼬불꼬불한 리본은 마치 우아한 칠보 세공을 한 듯한 착각마저 불러일으킨다. 리드미컬한 곡선과 시원스러운 내부 공간의 대비는 원숙한 동적 긴장미를 연출한다. 테라 유적의 발굴은 또 이것이 전설상의 아틀란티스일지도 모른다는 논란을 불러일으켰다. 플라톤에 따르면 그곳의 종말은 "어마어마한 지진과 홍수와 함께 찾아들었다. 단 하루 낮밤의 재앙으로 …… 아틀란티스 섬은 바다 깊숙이 가라앉고 말았다."

미노아인들은 테라의 참사를 겪은 뒤 재건에 나섰지만 기원전 1450년경 매우 거칠고 호전적이었던 미케네인이 그리스 본토로부터 크레테 섬을 침공했다. 크레테가 꺾이자 미케네가 에게해의 맹주로 올라섰다.

---

04 크노소스에서 아더 에반스 경이 복원한 건물은 '너무 억측'이라는 비판가들의 지적이 아크로티리에서 계속된 발굴에 의해 상당한 설득력을 얻게 되었다.

······· 공포의 화산

크레테에서 북으로 120킬로미터 떨어진 테라 섬에서 지름 16킬로미터, 높이 1,372미터의 거대한 화산이 터져 섬 전체를 4미터 두께의 속돌로 덮었다. 30년 동안 가벼운 활동을 계속 해오다가 다시 폭발했을 때는 지중해 일대에 그 굉음이 울려퍼질 정도였고 아크로티리를 비롯한 섬 전체를 61미터 두께의 화산재가 덮었다. 이 마지막 폭발 때 어마어마한 양의 속돌, 화산재, 바위가 분출하는 바람에 지반이 약해지면서 원뿔 모양의 화산 자체가 함몰했다. 바다는 지독하게 뜨거운 분화구를 덮치면서 최후의 일격을 가했고 분화구에서 뿜어나온 해일의 높이는 90~120미터에 이르렀다.

크레테 섬에 있었던 미노아인의 정착지는 대부분 북쪽과 동쪽 해안선에 있었기 때문에 이 거대한 해일은 생활의 터전을 쓸어버렸다. 테라의 화산 폭발은 기원전 1500년에 일어난 것으로 알려져 있지만 최근에 와서 이것을 뒤집는 연구 결과가 나왔다. 테라에 남아 있는 식물을 방사성 탄소로 연대 측정한 결과나 나이테의 비교 연구, 그린란드의 빙하에 묻혀 있는 화산재를 분석한 결과에 따르면 테라의 화산은 기원전 1628년에 폭발했다고 보는 것이 온당하다.[05]

---

05 테라의 화산재가 그린랜드에서도 발견되었다는 것은 화산 폭발의 강도가 1883년 8월 27일에 터진 크라카토아 화산보다 더 컸을 가능성을 시사한다.

미케네 문명 – 기원전 1600~1100년

　기원전 1900년경부터 북유럽의 부족들이 서서히 그리스로 침투해 들어왔다. 1600년 무렵에는 침입자들이 그리스 본토를 모두 차지하게 되었다. 펠레폰네소스라는 커다란 반도도 예외는 아니었는데 미케네는 바로 이곳에 들어섰다. 미케네의 대왕은 요새 같은 왕궁을 지었다. 미노아인은 호전적이었던 미케네인과 결국 맞닥뜨릴 수밖에 없었다. 크레테 섬은 미케네인에게 정복되었지만 말이 정복이었지 미케네인은 오히려 미노아의 문화를 흡수하기에 바빴다.

　미케네인이 남긴 문화적 흔적은 선형 A 문자를 몰아낸 선형 B 문자 정도가 고작이었다. 1953년 마이클 벤트리스라는 고고학자가 선형 B 문자로 적힌 점토판을 발견하면서 그리스어를 말하는 진정한 그리스인은 미케네인이었고 그리스 신화에 등장하는 하늘의 신들을 숭배한 것도 미케네인이었다는 사실이 밝혀졌다. 미노아인이 믿었던 대지의 여신은 비중은 약해졌지만 자연의 주기적 재생을 상징하는 데메테르와 페르세포네로서 그리스 신화에서 여전히 살아남았다. 그리스는 남성이 지배한 이 미케네 사회의 유산을 이어받았고 또 그 유산이 통일의 기초가 되었다. 헬레니즘의 전통은 트로이 전쟁으로 집약되며 이 전쟁은 나중에 호메로스가 쓴 서사시들의 주제가 되는데, 트로이 전쟁을 주도한 나라가 바로 미케네였다.

호메로스의 서사시

이제 그들 앞에 아가멤논 왕이 나타났다. 그는 일찍이 헤파이스토스가 심혈을 기울여 만든 지휘봉을 들고 있었다. 그 지휘봉은 헤파이스토스가 지상의 제우스인 크로노스의 아들에게 준 선물이었다. 크로노스의 아들은 이것을 영민한 길잡이 헤르메스에게 주었다. 헤르메스는 이것을 다시 전차를 잘 몰기로 유명한 펠롭스에게 넘겼고, 펠롭스는 아트레우스에게, 아트레우스는 양치기 티에스테스에게 주었다. 티에스테스는 이것을 수많은 섬들과 아르고스 전체의 왕이요 지배자였던 아가멤논에게 바쳤다.

—호메로스 《일리아드》

불과 한 세기 전까지만 하더라도 고대의 에게해 지역에 대해서 사람들이 아는 것은 그리스 신화와, 호메로스가 썼다는 《일리아드》와 《오디세이》에 담긴 내용이 고작이었다. 트로이의 헬렌도, 아킬레스도, 아가멤논도, 미케네도, 심지어는 트로이 자체도 호메로스의 풍부한 상상력에서 나온 허구라고 전문가들은 말하고 있었다. 그러다가 1871년 독일의 부유한 상인이며 고고학자였던 하인리히 슐리만(1822-1890)이 터키 북서부에서 트로이를 발견했다고 발표하여 세계는 깜짝 놀랐다. 슐리만은 《일리아드》를 면밀히 분석하여 트로이가 있었을 법한 곳을 알아냈던 것이다. 나중에 그는 미케네에서 아가멤논의 것으로 추정되는 궁전의 위치를 알아내기도 했고 미케네 일대에서 수많은 값진 예술품들을 발견했다.

미케네인은 작은 독립 왕국들을 이루고 살았다. 왕은 화려한 장식이 있고 요새처럼 견고한 궁전에서 살았다. 왕 밑의 관리들은 농지를 감독하고 세금을 거두고 종교 행사를 주관했다. 필요할 때는 왕 대신 국사를 돌보기도 했다. 모든 왕들은 평등했지만 그래도 미케네의 대왕을 존중해야 한다는 공감대가 마련되어 있었다. 《일리아드》

에도 나오지만 아킬레스가 아가멤논에게 대들었듯이 작은 나라의 왕이 큰 나라의 왕에게 덤빌 수도 있었다. 큰 나라라고 해서 우격다짐으로 작은 나라들을 밀어붙일 수는 없었다.

미케네는 주로 그리스의 섬들과 소아시아를 오가면서 무역을 했지만 미케네의 영향력은 지중해 곳곳으로 뻗어 있었다. 금, 상아, 직물, 향신료를 현지의 생산물과 물물교환하는 방식이었다. 여러 왕궁에서 발견된 수많은 황금 장식물과 잔을 보면 미케네가 얼마나 부강한 나라였는지를 알 수 있다. 미케네는 메소포타미아처럼 딱딱하지는 않았지만 남성 중심의 사회였고 호메로스의 시에 드러나 있듯 명예와 용기를 중요시했다. 그리스인들은 인간의 가치와 존엄성은 완전한 자기실현에서 찾을 수 있다고 믿었다. 그것은 주로 전쟁터에서 이루어졌고 때로는 죽음을 수반하기도 했다. 그러나 음유시인들의 노래와 이야기를 통해 그들의 이름과 업적은 두고두고 칭송되고 기억되었다.

그리스인이 (예나 지금이나) 우러러보는 또 하나의 기질은 잔꾀와 약삭빠른 머리다. 교활한 오디세우스는 이런 기질을 유감없이 보여준다. 오디세우스는 마침내 자기 고향인 이타카 왕국으로 돌아왔을 때 거지로 변장 하고 뭍을 밟았다. 여기서 아테나는 그의 거짓말을 알아차리고 그리스 특유의 반응을 보인다.

"아무리 영악한 악당도 그대의 꾀는 당해내지 못하겠구나! 신인데도 이렇듯 벅차니 말씀이야. 오디세우스, 이 고집센 친구야, 그대는 누가 속임수의 천재가 아니랄까봐서 꽁수 피우는 그 버릇을 못 버리고 고향에 돌아와서도 아무리 그게 좋기로서니 잔재주와 거짓말을 접어두려 하지 않는구나. 허나, 이제는 그만두시게. 그대나 나나 머리 굴리는 데는 도가 트지 않았는가. 인간의 세계에서 그대만큼 탁월한 정치인과 웅변가가 어디 있으며, 신들 중에서 나만큼 재주 많고 수단 좋은 신이 또 어디 있으랴."

그리고는 이렇게 덧붙인다.
"그대는 정말 틈을 보이지 않는구나." 아테나는 말했다. "그러니 그대가 역경에 처했을 때는 그냥 두고볼 수가 없어. 그대는 너무나 기품 있고 너무나 지혜롭고 너무나 침착하구나."

요즘 사람들 같으면 자신의 목적을 이루기 위해서 속임수를 밥먹듯이 쓰는 그런 사람을 선뜻 존경하고 싶은 마음은 들지 않을 것이다. 그리스 고전기에도 극작가인 소포클레스는 그런 기질을 혐오하여 〈필록테테스〉라는 연극에서 오디세우스를 비열한 인물로 묘사했다. 그러나 영웅 시대의 그리스인들에게 그것은 자기실현의 또 다른 본보기였다. 만약 오디세우스가 자신의 뛰어난 머리와 잔꾀를 써먹지 않았다면 그는 머저리 취급을 받았을 것이다.

왕성

지금은 폐허가 되었지만 미케네에 있는 대왕의 성은 원래 규모가 엄청났다. 전설에 따르면 이 왕성을 짓는 데 들어간 거대한 돌들을 나른 것은 키클롭스라는 이름을 가진 신화상의 외눈박이 거인족이었다. 험준한 산을 등지고 넓은 구릉 위에 들어선 이 요새는 산봉우리 바로 밑의 부분만 남아 있다. 시도 때도 없이 도리아인의 침공을 받앉던 그리스 본토에서 요새는 반드시 필요했다. 아주 효율적으로 지어진 이 요새의 입구는 높은 성벽이 삼면을 막아주었다(3.9). 이 육중한 문 위에는 널찍한 돌이 얹혀 있고 그 위에는 다시 지금은 머리가 없지만 부조로 만들어진 두 마리의 사자가 크레테를 장악한 미케네의 힘을 상징하듯 미노아 기둥의 좌우에 버티고 있다.

미케네 문명의 발굴로 고고학자들을 놀라게 한 슐리만은 다시 미케네에서 왕묘들을 발굴하여 세상을 흥분시켰다. 왕묘에서는 값진 보

3.9 **사자문**.
미케네 요새, 그리스.
기원전 1250년경.
석회암. 높이 2.9m.

석, 정교하게 장식된 무기, 황금으로 된 데드마스크가 나왔는데 슐리만은 이 가면 중 하나가 아가멤논의 것이라고 주장했다(3.10). 그러나 얼마 안 가서 이 미케네 사람은 호메로스의 서사시에 등장하는 왕들보다 몇 세기 전에 살았던 인물이라는 사실이 밝혀졌다. 주인공이 누구였건 이 미케네의 가면은 당시 사람들이 금속을 두드려 사물을 형상화하는 데 얼마나 솜씨가 뛰어났는가를 보여준다. 데드마스크(와 무기, 보석)는 지체 높은 사람이 죽었을 때 그가 생전에 누리

3.10 왕묘에서 나온 장례 가면.
그리스. 기원전 1500년경. 금박. 높이 30.5cm. 아테네 국립 고고학박물관.

던 지위에 어울리는 물건들을 함께 묻던 이집트의 관습을 미케네인이 자기들 나름으로 변용시켰음을 보여준다.

슐리만이 미케네의 왕묘에서 발견한 청동검(3.11)은 미케네의 장인들이 미노아의 금속 가공술을 활용했음을 드러내는 놀라운 예다. 청동은 부식되었지만 금, 은, 니엘로(은, 납, 구리, 황을 섞어 만든 흑색 합금)는 거의 말짱하다는 것을 한눈에 알 수 있다. 니엘로 바탕에 금과 은의 형상을 박아넣은 다음 예리하게 새겼다. 점점 좁아지는 공간에 알맞게 형상들을 절묘하게 배치했다.

미케네의 지배는 기원전 1200년에서 1000년 사이에 끝났지만 그 원인이 무엇이었는지는 아무도 모른다. 미케네의 영웅들은 역사의 무대에서 자신들의 임무를 완수하고 나중에 서구 역사가 낳은 두 편의 가장 위대한 시라 할 수 있는 호메로스의 영웅 서사시 《일리아드》와 《오디세이》에서 불멸의 존재로 살아남았다.

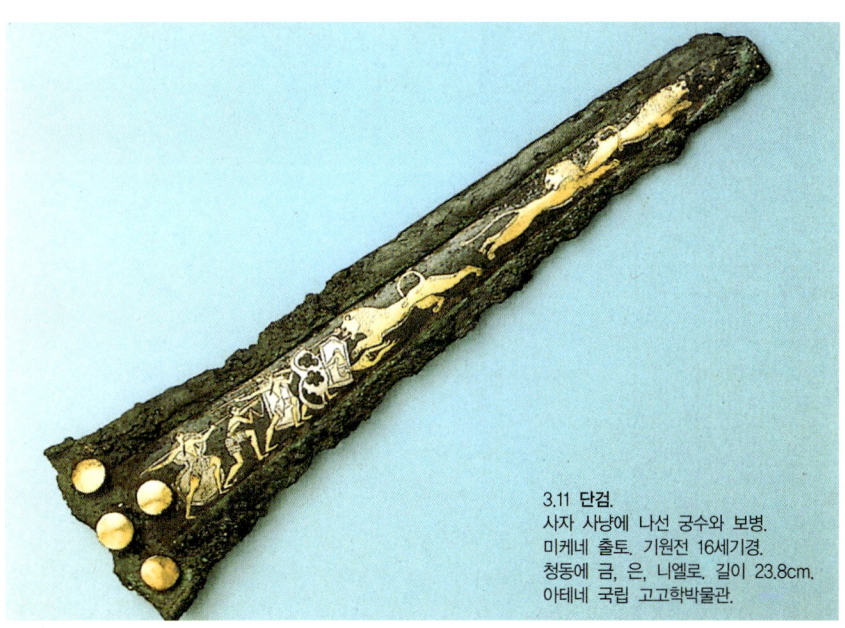

3.11 단검.
사자 사냥에 나선 궁수와 보병.
미케네 출토. 기원전 16세기경.
청동에 금, 은, 니엘로. 길이 23.8cm.
아테네 국립 고고학박물관.

3. 에게해의 유산 **111**

제4장
초기 그리스 :
이상적 삶의 준비기

기원전 5세기 그리스인의 삶, 특히 아테네인의 삶은 다른 곳과는 비교하기 어려운 독특한 개성이 있었다. 무엇보다도 인상적인 것은 사회 계급의 울타리를 벗어나지 않는 범위에서 개인들이 가장 큰 자유를 누릴 수 있도록 허용하는 정치 제도 안에서 시민들이 개개인의 능력을 발휘할 수 있었다는 점이다.

개인들이 자신의 가능성을 최대한 발현할 수 있었다는 것은 그리스 사회가 그만큼 각박하지 않고 여유가 있었다는 사실을 반증한다. 그렇지만 그리스는 사람들에게 탁월함을 추구하도록 압박을 가하면서 뛰어난 업적을 앞장서서 평가한, 아주 경쟁이 치열한 사회였다.

올림피아의 제우스 신전. 아테네. 기원전 174년-서기 131년.

이 장에서는 그리스 사회가 성립기부터 기원전 480년경까지 발전한 과정을 더듬는다. 초점은 당연히 아테네에 맞추어진다. 가장 뛰어난 성취가 이루어진 곳이 아테네였고, 그리스 전역에서 만들어진 사상들이 공개적으로 활발히 논의되고 논박된 곳도 아테네였기 때문이다. 그리스는 서양 문명의 정수가 화려하게 꽃을 피운 곳이며 생기발랄하고 귀가 따가울 만큼 토론을 즐겼던 문화였다.

처음부터 밝혀두지만 그리스라는 나라는 고대 세계에는 없었다. 다만 공동의 언어와 종교, 유산을 가지고 스스로를 헬레네스라고 불렀던 사람들이 있었다. 그들은 각각 독특한 정부 형태를 가진 도시국가들에서 살았다. 도시국가들은 메소포타미아나 이집트와는 달리 일정한 지리적 경계선 안으로 묶기가 곤란하다.

그리스 본토(지도 3.1 참조)는 발칸 반도의 끄트머리에 있으면서 좁은 지협을 사이에 두고 펠로폰네소스라는 거대한 육지와 이웃하고 있었다. 펠로폰네소스는 그리스의 심장부였다. 기원전 1100년과 800년 사이에 북쪽에서 도리아인이 치고내려오자 본토에 거주하던 이오니아인들은 에게해의 아시아 쪽 해안선과 주변 섬들로 대거 이동하여 그리스의 찬란한 문화 중심지를 이룩했다.

해안으로 밀려온 이오니아인은 페르시아 제국을 몹시 불안하게 만들었다. 그리스 본토의 토질이 갈수록 나빠지자 기원전 7세기와 8세기에는 다시 많은 도시국가들이 너도나도 식민지 개척에 나섰다. 그래서 비잔티움(당시는 콘스탄티노플, 지금은 이스탄불)에서 지중해 서해안에 이르기까지 여러 곳에 그리스의 도시들이 들어섰다. 중요한 도시로는 시칠리의 시라쿠사, 이탈리아의 시바리스, 파에스툼, 프랑스의 마르세유를 들 수 있다. 멀리 떨어져 있었고 자주 충돌하기도 했지만 이 도시들은 헬레네스라는 일체감을 느낄 수 있는 문화

(유산, 종교, 언어)를 공유하고 있었다. 헬레네스는 자기네가 '바바리안(그리스인이 아닌 야만족)'과 다를 뿐 아니라 더 우월하다고 생각했다. 그런 믿음이 있었기 때문에 다양성 속에서도 통일성이 나올 수 있었고 그리스 민족의 위대한 업적이 나올 수 있었다.

그리스 본토의 지리

섬들의 기후는 비교적 온화했지만 본토는 그리 살기 편한 땅은 아니었다. 산줄기가 가로막고 있어 지역간의 교류는 무척 힘들었다. 또 부식이 많이 된 산악 지형이라 제대로 농사지을 땅을 찾기도 힘들었다. 북쪽으로 올라가면 넓고 기름진 들판이 있었지만 남쪽에 비해 식물 생장에 필요한 일조량이 모자랐기 때문에 산자락에서 양이나 염소를 키우거나 벌을 치는 것이 고작이었다. 얼마 안 되는 농경지는 산과 산 사이로 흐르는 강의 유역에 있었고 그곳에서는 주로 올리브와 포도를 재배했다. 처음 마을이 들어선 곳도 바로 이곳이었고 이런 마을들이 모여 나중에 도시국가로 발전했다. 기후는 메소포타미아보다는 포근했지만 살기 좋은 곳은 아니었다. 북쪽에서 밀려 내려오는 겨울의 폭풍은 거센 비를 몰고 왔고 고지대에서는 폭설이 내렸다. 덥고 건조한 여름을 이겨낼 수 있었던 것은 바다가 늘 곁에 있었기 때문이었다. 바다는 그리스인의 생활에서 빼놓을 수 없는 기본 조건이었다. 아테네, 아르고스, 코린트 같은 주요 도시들은 모두 항구였다. 바다에서 멀리 떨어진 도시는 없었다. 심지어 스파르타도 바다와 가까운 거리에 있었다.

이런 요인들이 합쳐져서 그리스인의 개성이 만들어졌다. 척박한 땅에서 살아가는 사람들은 영리하고 창의적이어야 살아남을 수 있다. 자연자원이 보잘것없을 때는 물건을 만들기라도 해야 먹고 살아갈 수 있다. 다른 문명들과는 달리 그리스의 도시국가들에는 장인과 예술가가 농부보다 많았다. 또 바다로 쉽게 나갈 수 있었기 때문에 굳이 농사를 짓지 않아도 뱃일을 하거나 장사를 (경우에 따라서는 해적질도) 할 수 있었다. 무역은 시야를 터준다. 상인들은 물자나 재화만 교환하는 것이 아니라 사상까지도 고향으로 가져오기 때문이다. 민족성이라는 것은 지리와 기후만으로는 설명되지 않는 측면이 물론 있지만 이런 요인들이 헬레네스의 개성을 만드는 데 기여한 것은 분명하다.

영웅시대의 그리스 종교

수많은 신들이 등장하는 그리스의 종교는 복잡하면서도 매력적이었다. 아주 단순하게 말하자면 그리스 종교는 신화에 나오는 신과 여신으로 자연력을 설명했다. 가령 포세이돈은 바다의 풍랑을 낳는 폭풍과 땅을 뒤흔드는 지진을 다스렸다. 조금 높은 수준에서는 인간의 복잡미묘한 욕망과 갈망을 상징하는 신들도 있었다. 이를테면 아테나는 지혜와 문명의 여신으로서 현실의 문제에 대한 통찰력을 상징했다.

그리스 종교는 사실의 차원과 추상의 차원을 모두 능수능란하게 다루었던 그리스인의 남다른 능력과 개성을 보여준다. 제우스는 힘의 원리를 대변할 때는 추상적 존재지만 한편으로 여자라면 사족을 못 쓴다. 아프로디테는 아름다움에 대한 사랑에서 모성애와 육체적 사랑에 이르기까지, 사랑의 모든 측면을 망라하는 상징적 존재였지만 한편으로는 제우스 뺨치는 바람둥이다. 이 종교에는 인간이건 인간을 넘어선 존재이건 '계시자'가 없었다. 예수, 모하메드, 부처 같은 존재가 없었다. 탈무드, 바이블, 코란 같은 성서도 없었다. 그리스 종교는 그리스 각지에서 다채롭게 전승된 신화들을 중심으로 발전했다. 풍부한 상상력을 자랑하는 신화들이다 보니 내용도 천차만별이었고 신들의 역사와 본질을 명쾌하게 써놓은 정본 같은 것은 존재하지 않았다. 헤시오도스가 《신통기》에서 신들의 이야기를 그나마 체계적으로 써놓았다. 사실 그리스 종교—그리스의 모든 신화—만큼 창조력이 넘치는 신화적 기록은 역사상 찾아보기가 힘들다.

다음은 신들의 계보를 아주 간단히 정리한 것이다.

태초에 허공, 덩어리, 어둠의 카오스가 있었다. 이 카오스로부터 하늘나라를 다스리는 우라노스와 지구를 다스리는 여신 가이아가 나타났다. 둘 사이에서는 거인족이 태어났는데 이 거인족은 지진과 같은 자연의 거대한 변화를 책임졌다. 거인족인 크로노스는 아버지에게 반기를 들고 역시 지구의 여신이었던 누이 레아를 아내로 삼았다. 이 두 신으로부터 우여곡절 끝에 올림포스의 신들이 생겼다. 문제는 자식들 가운데 하나가 자신을 몰아내리라는 예언을 크로노스가 알았다는 데 있었다. 그것을 막기 위해 크로노스는 자식이 태어나는 족족 삼켜버렸다(크로노스는 모든 것을 삼켜버리는 시간에 해당한다).

그리스 판테온

제우스는 두 형제와 함께 크로노스를 몰아내고 올림포스 산에서 신들의 나라를 건설한다. (괄호 안에 있는 것은 로마신이지만 그것은 그리스 신과 정확히 일치하지는 않는다. 그리스인과 로마인은 여러 모로 달랐지만 각자의 신을 대하는 태도에서도 많이 달랐다.)

제우스(주피터) 신들의 우두머리이며 천둥의 신. 힘의 논리와 호색을 상징.
헤라(주노) 마음고생이 심했던 제우스의 아내. 결혼과 안정된 가정의 여신.
포세이돈(넵튠) 바다와 지진의 신.
데메테르(세레스) 제우스의 누이로 농업의 여신. 페르세포네의 어머니이며 다산의 상징.
하데스(플루토) 저승의 신. 절반은 땅 위에서 살고(봄과 여름) 절반은 땅 밑에서 사는(가을과 겨울) 페르세포네와의 결혼으로 자연 신화에 연결되었다. 죽음 자체를 상징하는 신은 타나토스다.
팔라스 아테나(미네르바) 지혜, 전쟁, 예술, 기술의 여신. 아테네의 수호여신으로 문명생활을 상징한다.
포이보스 아폴로(솔) 티탄족 크리오스와 포에베 사이에서 태어난 딸 레토와 제우스가 낳은 아들. 태양신, 궁수, 음악가, 진리, 빛, 치유의 신. 지성미의 원리를 대변한다.
아르테미스(디아나) 아폴로의 누이. 달과 수렵의 처녀신.
아프로디테(비너스) 사랑과 육체미의 여신. 제우스와 디오네의 딸이란 설도 있고 파도에서 솟아나왔다는 설도 있다.
헤파이스토스(불칸) 영웅들의 갑옷과 제우스의 벼락을 만들어준 불구의 대장장이 신. 아프로디테에게 어지간히 속아넘어간 남편.
헤르메스(머큐리) 아틀라스의 딸 마이아와 제우스의 아들. 제우스의 전령으로 팔방미인. 상업, 무역, 여행, 도둑의 신.
아레스(마르스) 제우스와 헤라의 아들. 전쟁의 신.
헤스티아(베스타) 제우스의 처녀 누이로 가정의 여신.

디오니소스(바쿠스) 제우스와 여인 세멜레 사이에서 태어난 아들. 가을에 죽고 봄에 재생하므로 데메테르처럼 다산의 원리와도 연결되고 페르세포네처럼 자연 신화와 연결되기도 한다. 고대 그리스의 유명한 비밀 종교의식이었던 엘레우시스 비밀 의식은 이 세 신을 모두 섬겼고 디오니소스 축제는 광란과 도취의 술판이었다. 축제 기간중에는 연극도 공연되었으므로 디오니소스는 연극의 신도 되었다. 그는 아폴로가 나타내는 지성의 원리와 대비되는 황홀경의 원리를 대변한다.

그밖의 올림포스 신들

에로스(큐피드) 아프로디테와 헤파이스토스의 영원한 아이. 화살을 지닌 사랑의 요정.
판(판) 헤르메스의 아들. 염소 같은 뿔에 발에는 굽이 달린 삼림의 신. 피리 연주자.
네메시스 복수의 여신.
헤베 청춘의 여신. 신들에게 술을 따르는 역할.
이리스 무지개의 여신. 때로는 신들의 전령 노릇도 했다.
휴멘 아프로디테와 디오니소스의 아들. 결혼 피로연의 신.
미의 여신들 : 아글라이아(당당), 에우프로시네(명랑), 탈리아(진수성찬). 행복한 생활을 상징하며 항상 짝을 이루었다. 그리스인이 생각한 행복한 삶이 무엇이었는지를 알 수 있다.
아홉 명의 뮤즈 학문과 예술의 요정들. 클리오(역사), 우라니아(천문학), 멜로포메네(비극), 탈리아(희극), 테르피시코레(무용), 칼리오페(서사시), 에라토(사랑시), 폴리힘니아(거룩시), 에우테르페(서정시).
복수의 여신들 티시포네, 메가에라, 알렉토. 양심의 가책을 상징하며 가해자를 매섭게 응징했다.
운명의 신들 클로토는 삶의 실을 자았다. 라케시스는 이것을 무늬로 짜서 어떤 종류의 삶이 될 것인지를 결정했다. 아트로포스는 실을 끊어서 삶을 종식시켰다.

레아는 제우스를 구해서 크레테로 보내고 제우스는 그곳에서 어른이 된다. 제우스는 예언대로 반란을 일으키고 거인족들의 도움을 받아 아버지를 타르타루스의 어두운 동굴에 가둔다. 제우스는 크로노스가 토해낸 데메테르, 헤라, 하데스, 헤스티아, 포세이돈 중에서 헤라를 아내로 맞이한다. 여기서 태어난 것이 아폴로, 아프로디테, 아르테미스 같은 신이다.

신들에 관한 이야기의 주제는 무궁무진하다. 제우스는 온갖 여자들의 꽁무니를 좇는다. 술독에 빠져 사는 신이 있는가 하면 어떤 신들은 자기들끼리 싸우면서 세월을 보낸다. 총애하는 인간도 신마다 제각각이어서 가령 아테나는 오디세우스를 끔찍이도 아낀다. 자기가 보살피는 인간이 성공하도록 다른 신의 허를 찌르고 모략을 꾸미기도 한다. 그런 신들을 도대체 어떻게 우러러받들 수 있었을까?

그리스인의 특성을 제대로 이해하려면 그리스의 종교를 이해해야 한다. 충만한 삶에 대한 그리스인의 열정은 그리스의 종교와 맞물려 있다. 그리스인은 자신들의 모습대로 신들을 창조했다. 콜로폰의 크세노파네스(기원전 6세기)는 이 점을 강조하면서 만약 소, 말, 사자에게 손이 있어서 사람처럼 그림을 그릴 줄 안다면 자신들의 신을 각각 소, 말, 사자로 그릴 것이라고 주장했다. 흑인은 검은 신을 숭배할 것이고 트라키아인은 눈이 검고 머리가 빨간 신을 섬길 것이라고 그는 덧붙였다.

신들은 막강한 힘을 가졌고 언제까지나 젊음과 아름다움을 유지하면서 영생을 누린다는 점에서 인간이 감히 넘볼 수 없는 종족으로 여겨졌다. 신의 성격은 인간과 비슷했지만 더 높은 범주에 들어가 있었다. 사람처럼 아테나나 아폴로도 늘 그런 것이 아니라 어쩌다가 지혜와 기품을 드러냈지만 사람과는 차원이 달랐다. 사람은 때때로 욕정에 눈이 멀지만 제우스는 그 도가 훨씬 심했다. 하지만 또 막강한 힘이 있었기 때문에 뜻을 못 이루는 일은 좀처럼 없었다. 헤파이스토스도 숙련된 기술자처럼 물건을 잘 다루었고 프로메테우스도 사람처럼 꾀가 많고 날쌨다. 그러나 신의 기술, 지혜, 욕정은 인간이 도저히 따라잡을 수 없는 먼 자리에 있었다. 그리스인에게 죽음은 곧 어두운 망각이었지만 신들은 한없는 아름다움과 끓어오르는 젊음과 거칠것없는 힘을 영원토록 누렸다.

신들의 상징적 역할

종교의 현실적 모습을 알아보기 전에 우리는 신들이 떠맡았던 상징적 역할을 살펴야 한다. 힘의 원리를 대변하는 제우스는 도덕에 구애받지 않았다. 인간 사회에서 힘이나 권력이 도덕에 구애받지 않는 것처럼. 그 반대편에 있는 것이 헤라였다. 결혼과 가정의 질서를 대변하는 헤라는 벼락을 일으키는 힘을 다스리고 길들이려고 부단히 노력했다. 아테나와 아폴로는 수준 높은 예술과 지성미에 대해 그리스인이 가졌던 이상을 대변한다. 아프로디테는 성적 기교를 바람직한 삶의 건전한 요소로 보았던 그리스 문명이 열렬히 받들었던 여신이다. 신의 지위로 올라선 장인 헤파이스토스의 묵직한 비중에서도 알 수 있듯이 뛰어난 기술력도 높이 평가받았다. 여행과 교역, 무역(그리고 노략질)이 중시되었던 그리스 사회에서는 또 이것을 다스리는 헤르메스라는 신까지도 있었다.

그리스 역사를 통틀어서 아레스는 한 번도 좋은 소리를 들어본 적이 없다. 그는 폭력과 파괴의 대변자였지만 그것을 상쇄할 만한 미덕은 갖추지 못했다. 황홀경의 신 디오니소스는 그리스 신화의 특이성을 보여주는 중요한 신이다. 합리성의 미덕과 이성의 잣대를 중시한 그리스인이었지만 한편으로는 인간의 비합리적인 모습들을 날카롭게 의식하면서 그것들을 아주 존중했다. 깊은 곳에서 솟아오르는 그런 욕구들은 잘 이해되고 인식되어야 하며 조심스럽게 다루어져야만 한다고 믿었다.

그리스인은 자연과 인간을 구분하지 않았다. 물리적 세계도 윤리적 세계도 모두 자연의 법칙에 따라서 움직인다고 보았기 때문이다. 유한한 목숨을 가진 인간뿐 아니라 신들까지도 그리스인이 '아난케'(당위)라고 부르는 원리의 규제를 받았다. 개인적이면서 우주적인 힘을 가리키는 이 말은 과학과 종교에 두루 걸쳐 있는 개념이었다.

미케네 시대 이후로 신들을 경배하는 공식 행사는 언제나 축제였다. 동물을 희생양으로 바치고 고깃덩어리를 불에 태웠다. 나머지는 구워서 행사를 진행한 사람들이 먹었다. 신들에게 바치는 포도주를 먼저 붓고 나서 신나게 마셔댔다. 축제는 이렇게 시작되었다. 신들도 손님으로 참석하여 인간과 똑같이 음식을 먹고 축제를 즐겼다고 그리스인은 믿었다.

인간 중심의 문화

인간 중심의 가치가 그리스에서 무르익을 수 있었던 데도 그리스 종교만의 독특한 성격이 작용했다. 그리스 종교에서 제관은 종신직이 아니었을 뿐 아니라 제관이라는 계층도 존재하지 않았다. 그리스에서는 이집트와는 달리 제관이 사람들에게 이래라 저래라 할 수 없었다. 그리스의 종교 의례는 요즘 눈으로 보면 짜임새도 없고 이렇다 할 원칙도 없는 것처럼 보이기까지 한다. 분명한 것은 그리스에는 사상의 자유가 있었다는 점이다. 나중에 살펴보겠지만 정치 조직에서도 그리스인은 전제 군주에게 억압당하지 않았다. 억압당했다 하더라도 그 기간은 오래 가지 않았다. 따라서 그리스인은 종교와 정치 양면에서 모두 사상의 자유를 최대한으로 누리면서 부단히 질문을 던지고 새로운 실험을 했다. 시끌시끌하고 불안정하긴 했어도 인간 중심의 빛나는 가치들이 무르익을 수 있었던 원동력은 이런 사상의 자유였다.

지역마다 특색은 조금씩 있지만 그리스 종교의 일반적 원칙은 고대 그리스 전역에서 지켜졌다. 배웠다는 사람들은 조금 달랐지만 일반인들은 신과 신탁을 믿었기 때문에 국가적으로 중요한 결정을 내릴 때는 어김없이 거기에 의존했다. 델피에 있는 아폴로의 제관들이나 예언자들의 말은 수수께끼로 되어 있어서 듣는 사람이 해석하기 나름이었지만 신탁 그 자체에 대한 사람들의 믿음은 조금도 흔들리지 않았다.

신과 인간의 이 놀라운 상호 관계에서 개인의 운명을 결정한 힘은 무엇이었을까? 앞서와 마찬가지로 우리는 영웅 시대가 끝나고 몇 세기가 흐른 다음에 그것을 글에 담았고 스스로도 확실한 답을 모른다고 믿었던 호메로스에게 의존할 수밖에 없다. 평범한 개인이건 영웅이건 사람에게는 누구나 '모이라'라는 삶의 그림이 있어 각자는 그것을 완성하게 된다는 막연한 믿음이 그리스인에게는 있었다. 영웅의 삶을 조각그림 짜맞추기에 비유한 셈이지만 문제는 그림이 언제 완성될 것인지를 개인은 알 수 없었고 또 설령 완성되었다 하더라도 본인은 그것을 모르고 넘어갈 수 있었다는 데 있었다.

사람은 누구나 자유의지, 우연, 신의 개입이라는 세 가지 힘의 영향을 받았다. 이 힘들이 한데 어우러지면서 때로는 충돌도 하면서 삶의 방향을 결정지었지만, 죽음으로 한 사람의 그림이 마무리되기 전까지는 확실한 것은 하나도 없었다(소포클레스의 《오이디푸스 왕》은 이 문제를 깊이 있게 다룬다). 인간의 한계를 넘어 오만불손하게도 신의 영역을 넘본 사람은 그 누구든 신들로부터 응징을 받곤 했다. 그렇지만 신들도 전지전능하지는 않았다. '아난케'라고 하는 '당위' 또는 자연의 법칙은 신들도 어찌지 못하는 강력한 힘이었다.

영웅 시대에는 대체로 개인의 성격은 개인의 운명이었다. 사람들은 자기들이 원래 그렇게 생겨먹었기 때문에 저질렀던 행위의 결과를 담담히 받아들였다. 아킬레스는 자신의 예언된 운명을 피하려고 애쓰다가 짧은 생을 마감했다. 그는 개인적 명예를 중시한 사람이었다. 그런가 하면 오디세우스는 싸울 때는 과감했지만 말주변에 능하고 속임수를 잘 쓰는 약삭빠르고 영악한 그리스인으로 공사다망하게 살면서 장수를 누렸다.

의고기 -기원전 750~500년경

앞 장에서도 살펴보았지만 미케네 문화는 북쪽에서 도리아인이 밀고내려온 기원전 12세기부터 기울기 시작했다. 미케네인의 친척뻘이었던 도리아인도 그들대로 사정이 있었다. 자신들의 땅이 침략을 당했기 때문에 살 길을 찾아 어쩔 수 없이 그리스 본토로 내려온 것이었다. 그 침략은 모든 것을 뒤엎었고 그 후 '암흑 시대'가 이어지는 바람에 문화적 발전은 거의 이루어지지 않았다.

기원전 8세기가 되자 이 암흑 시대는 어느새 의고기로 넘어가 있었다. 이 무렵의 시대상은 헤시오도스가 쓴 《노동과 나날》이라는 시에 잘 묘사되어 있다. 보에오티아 지방의 농부였던 헤시오도스는 한때는 시 경연대회에서 상을 타기도 했지만 하는 일마다 불운의 연속이었던 것 같다. 헤시오도스가 본 것은 해도해도 일은 끝이 없고 그래봐야 돌아오는 것은 별로 없는 앞이 꽉 막힌 암울한 삶이었다. 대토지를 가진 귀족은 소농을 쥐어짜느라 혈안이 되어 있었다. 정의를 집행하는 책임은 귀족에게 있었지만 그들은 엄청난 뇌물을 먹고 판결을 내렸다. 신을 우러러받드는 마음가짐은 늘 한결같았지만 헤시오도스는 보상이나 정의 따위는 아예 기대하지 않았고 또 받지도 못했다. 헤시오도스 같은 서민은 그렇게 힘겨운 삶을 살아가야 했다.

호메로스가 서사시를 쓴 것도 기원전 8세기 후반이었다. 헤시오도스는 자기가 겪었던 삶과 시대를 묘사했지만 호메로스는 아득한 옛날 미케네 시대의 영웅들이 펼쳤던 파란만장한 이야기를 그렸다. 호메로스가 어떤 시인이었고 그가 어떤 삶을 살았는지에 대해서 우리는 거의 모른다. 컴퓨터 분석을 한 결과 《일리아드》는 우리가 호메로스라고 부르는 단 한 명의 시인이 썼다는 사실이 확인되었다. 《오디세이》라는 모험 이야기의 분석 결과는 이보다는 덜 확실하지만 이 작품도 아마 호메로스가 썼을 것이다. 그러나 누가 썼느냐는 사실 중요하지 않다. 이 서사시들은 그리스가 남긴 가장 소중한 유산이다. 그리스인의 이상, 야만족에 대한 우월감, 개인적 명예에 대한 강한 욕망이 이 작품들 안에 잘 드러나 있다. 이 서사시들은 그리스인에게는 가장 중요한 종교적 문헌이었다고 보아도 과언이 아니다. 학생은 누구나 이 시들을 외웠다. 축제에서도 시합에서도 이 시들이 노래되고 낭송되었다. 그 시들은 호메로스 개인이 창작한 것이 아니라 오랜 세월에 걸쳐 음유시인들이 노래하고 낭독한 것을 한 천재 시인이 박진감 넘치는 서사시로 변형한 것이었다. 《일리아드》와 《오디세이》는 그리스인의 마음에 생기와 영감을 불어넣어주었다.

정치경제적 변화

헤시오도스가 고생한 시대로 돌아가자. 먼저 무력과 엉큼한 계략으로 가난한 농민들의 땅을 강탈한 토지 귀족이 문제였다. 땅을 빼앗는 가장 효과적인 방법은 농민에게 돈을 빌려주는 것이었다. 당시에는 자기의 몸을 담보로 해서 돈을 꾸었기 때문에 빚을 갚지 못한 농민은 땅을 빼앗길 뿐 아니라 노예가 되었다. 하지만 가장 큰 문제는 인구를 먹여살릴 땅이 크게 부족하다는 것이었다.

부족한 토지를 확보하기 위해 도시국가들은 앞다투어 원정대를 보내 지중해 곳곳에 그리스 식민지를 세웠다. 자연히 그리스의 세력권

제4장 초기 그리스 — 이상적 삶의 준비기

은 넓어졌고 도시들 사이의 교역도 증가하여 식민지로부터 엄청난 부가 쏟아져들어왔다. 그리스의 장인들이 만들어낸 물건이 남아돌면서 하층 계급도 수직으로 신분 상승을 할 수 있었다. 그리스인은 자기들에게 필요한 것보다 훨씬 많은 물건을 생산함으로써 경제의 규모를 키웠고 체육, 교육, 철학과 과학의 탐구, 아고라에서 가지는 토론에 참여할 수 있는 여유를 갖게 되었다. 무역과 제조업을 등에 업고 상인들은 도시에서 영향력을 키워나갔다. 귀족이 지배하는 도시에서 농민들은 힘을 못 썼지만 새로운 상공업자들은 감히 무시 못할 정치적 실세로 떠올랐다.

잇따른 정치 변화에서 먼저 눈길을 끄는 것은 '참주'의 부상이다. 참주라고 하면 군사 독재를 연상하게 되지만 헬레네스 사람들에게 그것은 '왕'을 부르는 또 하나의 호칭이었다. 권력을 쥔 참주는 권좌에서 밀려나지 않는 한 절대군주로 군림했다. 권위를 유지하려면 지지 기반이 넓어야 했기 때문에 참주는 민심을 잃지 않기 위해서라도 정치, 사법, 경제 분야에서 개혁에 나서지 않을 수 없었다(민심을 잃은 참주는 처형당하거나 추방되기도 했다). 따라서 역설적이지만 참주의 통치는 발빠른 개혁으로 이어졌다. 그리고 이 개혁의 토대 위에서 아테네를 비롯한 여러 도시 국가들은 민주주의로 나아갈 수 있었다.

아테네의 부상

이제부터 우리는 아테네에서 이루어진 정치적 발전을 집중적으로 살핀다. 아테네가 그리스의 도시국가들 중에서 두각을 나타낼 수 있었던 것은 일찍부터 네 명의 개혁가가 대대적 혁신에 나섰던 덕이었다. 기원전 6세기 아테네의 권력 구조는 특이했다. 주로 경제적 지위에 의해 결정된 세 집단이 권력을 놓고 불평등한 싸움을 벌였다. 세력이 큰 집단부터 나열하면 대토지 귀족, 성장하는 상공업자, 손바닥만한 땅을 부쳐먹으며 간신히 연명하는 가난한 농민이었다. 여기에다 혈연으로 얽힌 네 개의 문벌까지 가세하는 바람에 정치판은 더욱 복잡하게 꼬였다. 문벌은 그 안에 속한 개인들의 삶을 꽁꽁 묶어놓았음은 물론 국가 정치마저도 장악했다. 네 문벌이 권력을 누리는 동안 문벌의 전통은 정치와 경제를 지배했다.

개혁가들

가장 먼저 개혁을 실천에 옮긴 전설적 인물은 드라콘이었다. 그는 처음으로 법전을 만들어 그리스가 자유를 향해 큰 걸음을 내딛을 수 있는 길을 터준 참주였다. 헤시오도스 같은 사람들은 불만이 대단했다. 왜냐하면 그가 생각하기에 법을 아는 것은 귀족 재판관들뿐이었는데 그들이 재판 과정에서 자기들 멋대로 법을 날조하는 것 같았기 때문이었다. 소송에 연루된 일반 시민이 기댈 사람은 재판관뿐이었는데 재판관은 소송 당사자의 경제적 지위, 집안, 뇌물 액수에 따라서 판결을 내리기 일쑤였다. 드라콘의 법전은 아주 엄했지만(많은 범죄가 사형 언도를 받게 되어 있었다) 이 법이 책으로 공개되면서 누구나 자신의 법적 권리를 알 수 있게 되었다는 점에서 만인에게 보편타당하게 적용되는 정의의 기준을 제공한 셈이었다. 비록 가혹한 법이었지만 만천하에 공개되었기 때문에 신분과 특권에 좌우되지 않는 합리적인 정의의 제도가 발전할 수 있었던 것이다.

두번째 개혁가는 솔론(기원전 640-558년경)이었다. 솔론 하면 지혜로운 입법자를 떠올릴 정도로 그는 법의 역사에 커다란 발자취를 남겼다. 드라콘처럼 귀족 집안에서 태어난 솔론은 여행을 많이 다니면서 차츰 부상하던 중간계급의 과감한 상업 활동에 남다른 관심을 갖게 되었다.

솔론은 토지 소유의 불평등성과 채무 노예제도의 잔인성을 뼈저리게 인식하고 먼저 돈을 못 갚아 노예가 된 사람들을 해방시키는 개혁을 단행했다. 솔론은 극단으로 흐르는 것을 경계했다. 내친 김에 대규모 사유지들을 쪼개서 농민들에게 분배하라는 압력을 받았지만 솔론은 교육을 못 받은 하층계급만을 믿고 그런 과감한 조치를 내릴 수는 없다고 판단했다. 하지만 그는 모든 사람이 정치에 참여할 수 있는 길을 열어놓았다. 중요한 행정직은 귀족이나 상인만 맡을 수 있게 했지만 배심원은 신분이 낮은 사람도 맡을 수 있게 했다. 공직만큼 무게는 없었지만 배심원 경험을 통해 사람들은 사회적 행위의 기본틀을 배워나갔다.

솔론은 행정을 주관하는 400인회를 만들어 시민이 책임을 맡을 수 있는 영역을 크게 넓혀놓았다. 변화에 대한 보수파의 저항이 만만치 않을 것이고 미봉책에 불과하다는 비판이 급진파 진영에서도 쏟아져

나오리라는 것을 미리 예상한 솔론은 모든 개혁안들은 앞으로 10년 동안은 그대로 실행되어야 한다고 못박았다.

솔론은 가벼운 주화를 만들어 무역과 상업을 장려했다. 그는 또 실력 있는 장인들을 아테네로 끌어들였다. 특히 도공들이 환영을 받았다. 도자기는 아테네의 주력 산업이었고 가장 비중이 큰 수출품이었기 때문이다. 농업에만 의지하던 아테네는 솔론의 개혁 덕분에 자연에 의존하지 않은 생산품에서 나오는 막대한 부를 가진 도시국가로 발전할 수 있었다.

피시스트라토스(기원전 605-527년경)는 기원전 546년부터 죽을 때까지 아테네를 다스린 세번째 개혁가였다. 그는 솔론도 손을 대지 못했던 대규모 사유지를 해체하여 땅을 못 가진 농민에게 분배했다. 투표권과 참정권은 경제적 지위에 따라 정해졌으므로 이 개혁은 정치의 기반을 넓혔고 솔론의 개혁을 통해 이미 사회 활동에 참여하고 있던 사람들에게는 국가 행정을 맡을 수 있는 더 큰 기회를 주었다.

피시스트라토스는 또 대규모 공공 사업을 벌여 고용을 늘렸을 뿐 아니라 무엇보다도 예술가들을 적극적으로 후원했다. 그는 당시 가장 뛰어난 시인-음악가였던 시모니데스와 아나크레온을 영입하여 호메로스의 시를 정확한 판본으로 펴내는 임무를 처음으로 맡겼다. 어쩌면 이것이야말로 피시스트라토스가 남긴 가장 위대한 업적일지도 모른다. 시민들은 이런 시를 배우고 행사장에서 이런 시가 낭독되는 것을 들으면서 특정한 문벌의 일원이 아니라 '아테네 시민으로서의' 일체감과 유대감을 느꼈다. 아테네의 참주들은 의식적으로든 무의식적으로든 사람들을 민주주의로 이끌어나갔고 또 사람들에게 더 많은 책임을 부여함으로써 민주 사회에서 적극적으로 참여할 수 있는 자질을 길러주었던 셈이다.

민주 정부

클레이스테네스의 개혁으로 민주주의는 마침내 현실이 되었다. 그는 오랫동안 아테네의 정치를 쥐고 흔들어온 네 귀족 문벌의 특권적 지위를 박탈했다. 그 대신 열 개의 새로운 '부족'을 만들었는데 이것은 혈연이 아니라 지연으로 묶인 공동체였다. 그는 도시를 데메라는 시구(市區)들로 나누고 이 인위적 단위들을 새로운 정치 구조의 바탕으로 삼았다. 시구는 해안 구역(운송과 해양무역에 종사하는 사람들의 거주지), 도시 자체, 외곽의 농촌 지역으로 나뉘었다. 한 경제 집단이 한 부족을 지배하는 일은 있을 수 없었다. 도시국가를 구성하던 열 개 부족 자체가 새로 도입된 시구에 의해 만들어졌기 때문이다.

클레이스테네스는 각 부족에서 50명씩을 뽑게 해서 솔론의 400인회 대신 500인회라는 새로운 정치 조직을 만들었다. 기존의 400인회는 전통 있는 네 문벌의 입장을 대변해왔기 때문에 그는 정부에 대한 400인회의 장악력을 분쇄하기로 결심했다. 인위적으로 만들어진 부족은 수많은 후보자 명단 중에서 500인회에 나갈 50명을 투표로 선출했다. 부적격자는 후보자 명단에서 아예 빼버렸지만 일단 후보자 명단에 오른 시민은 행정직에 있는 시민 못지않게 유능한 것으로 간주되었다. 행정부는 매년 500인회에서 선출된 열 명의 장군으로 된 위원회가 책임을 맡았고 그 총책임자인 최고사령관 역시 500인회에서 선출되었다.

아테네인은 정치적 자유에 적응해야만 했다. 독재자의 지배를 받을 때 사람들은 순응하고 움츠러들고 그저 살아남기에 급급하다. 모든 전제정치의 가장 큰 해악 가운데 하나는 반대파만이 아니라 생산성과 창조성까지도 짓눌러버린다는 것이다. 자유는 도전과 기회를 제공하지만 압제는 부정으로 일관한다. 헤르도토스는 아테네에서 벌어진 상황을 다음과 같이 간명하게 묘사했다.

자유는 누가 뭐래도 숭고한 것이다. 오랫동안 참주들의 통치를 받았으며 이웃 나라 사람들보다 결코 더 용맹무쌍하다고 볼 수 없는 아테네인들조차도 멍에를 박차고 나온 순간 그 누구도 부인 못할 일인자가 되지 않았는가. ―《역사》

페르시아의 침공

아테네의 정치 제도가 착실히 발전하는 동안 막강한 페르시아 제국은 소아시아에 있던 그리스 도시들이 자꾸 반항을 하는 바람에 속을 끓이고 있었다. 아테네는 페르시아의 다리우스 왕에게 공물을 바치기를 거부한 이오니아의 그리스인들을 옹호했다. 반항자들에게 본때를 보이고 막 일어서던 아테네의 민주주의에 굴욕을 안길 수 있는 기회만 노리던 페르시아 왕에게 그것은 더없이 좋은 침략의 구실이었다.

서양 문화의 운명을 결정지은 기원전 490년의 어느 날, 페르시아는 그리스 본토를 침공했다. 아테네 북쪽에 있던 마라톤 들판에서 전제국가 페르시아의 강력한 군대는 수적으로 압도적 열세에 있던 아테네 군대와 맞섰다. 밀티아데스 장군이 이끈 그리스 군은 꾀 많은 오디세우스처럼 페르시아 군을 보기좋게 농락했다. 새벽녘의 기습 공격을 받고 엄청난 타격을 입은 페르시아 군은 배가 있는 곳으로 돌아갈 수밖에 없었다. 헤르도토스의 기록에 따르면 페르시아 군은 6,000여 명이 죽은 반면 그리스 군의 사상자는 무시해도 좋을 정도로 적었다. 자유인들이 아시아의 유목민을 격퇴하면서 역사의 물줄기가 바뀌었다. 마라톤에서 아테네까지 약40킬로미터를 달렸던 전령 피디피데스는 도저히 믿기지 않는 승전보 이상의 상징성을 갖는다. '야만족'에 대한 문화적 우위와 헬레니즘에 대한 그리스인의 자부심은 하늘 높은 줄 모르고 치솟았다.

복수심에 불타는 페르시아인들이 2차 침공을 준비하는 동안 아테네인들은 아티카의 라우리움 산에서 새로 발견된 은광을 캐고 있었다. 여기서 나온 은은 아테네의 국고를 살찌웠다. 아테네의 최고사령관인 테미스토클레스는 델피로 사람을 보내 페르시아와 어떻게 싸워야 하는지를 신 앞에 물었다. 그러자 '나무 벽'으로 방어해야 한다는 말이 여제관의 입을 통해 나왔다. 오디세우스 못지않게 영특했던 테미스토클레스는, 아테네는 강한 해군력으로 자기 방어를 해야 한다고 믿고 아테네 사람들에게 '나무 벽'은 곧 배를 의미한다고 설득했다. 풍부한 은은 강한 해군을 만드는 데 도움이 되었다. 아테네는 강한 해군을 등에 업고 무역 강국으로서 더욱 확고한 입지를 굳히게 되었다.

기원전 480년의 페르시아 침공은 엄청난 규모였다. 500만 대군이 몰려왔다는 헤르도토스의 기록은 분명히 과장된 것이지만 아무튼 어마어마한 숫자였을 것이다. 막강한 해군을 거느리고 그리스 남쪽에 도착한 페르시아 육군은 테르모필라이 고개에서 처음으로 교전을 벌였다. 여기서 페르시아가 이겼지만 그리스의 저항도 만만치 않았다. 이 비좁은 고갯길에서 300명의 스파르타 병사(이때는 아테네와 군사동맹을 맺고 있었다)가 레오니다스 왕의 지휘 아래 페르시아 대군을 맞아 당당히 싸웠다. 어서 항복하지 않으면 일제히 활을 쏘아 하늘을 가려버리겠다는 위협을 하자 레오니다스는 그럼 스파르타 병사들은 그늘 아래서 싸울 것이라고 태연하게 응수했다. 그리스 전쟁에서 흔히 벌어진 일이지만 한 변절자가 페르시아 군에게 산을 넘어가는 별도의 통로를 알려주는 바람에 스파르타 군은 적에게 포위되고 말았다. 그러나 승산이 거의 없는 상황에서도 그들은 끝까지 싸우다가 모두 장렬히 전사했다. 이 영웅적인 스파르타인들의 무덤에 새겨진 아주 압축되고 절제된 비문에 그들의 정신이 잘 나타나 있다.

> 지나가는 길손이여, 가서 스파르타 사람들에게 말해 주오,
> 그들의 법을 사수하다가 우리, 이곳에 누워 있노라고.
> —케오스의 시모니데스

한편 해안선을 따라 내려가던 페르시아 해군은 그리스 해군과 폭풍우에 시달리긴 했지만 아테네 동맹군의 해군을 수적으로 압도하고 있었다. 페르시아 해군이 아테네 부근의 살라미스 만으로 접근하는 동안 페르시아 육군은 아테네 함락을 노리고 거침없이 진격하고 있었다. 테미스토클레스는 아테네와 아티카 전체를 포기하고 모두 살라미스 섬으로 집결시킨 다음 단 한 번의 해전으로 결판을 내는 도박에 나섰다. 그는 계략을 꾸며 페르시아 함대를 살라미스 만으로 끌어들였다. 비좁은 살라미스 해역에서는 대규모 함대가 오히려 불리했다. 제대로 작전을 펼 수가 없었다. 살라미스 해전에서 기동력이 우수한 그리스의 작은 배들은 페르시아 해군에게 한 수 가르쳐주었다. 그리스의 압승이었다. 육지에서는 전쟁이 1년을 더 끌었지만 플

라타에아 전투에서 스파르타가 승리를 거두면서 페르시아의 위협은 사라졌다.

그리스의 승리는 누구도 예상하지 못한 것이었다. 당시 페르시아는 이집트, 지중해 동부 전역, 그리고 다시 동쪽으로 인도까지 지배하던 강대국이었다. 그런데 수적으로도 열세였을 뿐 아니라 페르시아 병사만큼 잘 먹지도 못했던 그리스 병사들이 거대한 제국을 무찌른 것이다. 그리스인들은 자신들이 소중히 여겼던 자유, 명예 의식, 도시국가에 대한 사랑이 결정적 승인이었다고 판단했고, 그들의 판단은 정확했다. 소수의 귀족이 실세로 군림하는 과두정치는 여전히 계속되었지만 페르시아 전쟁에서 승리를 거둔 이후 아테네에서 민주주의는 누구도 거스를 수 없는 대세로 자리잡았다. 자유는 신통력을 가진 사상으로 숭상되었다.

서양 세계에서 이 고대의 전쟁은 대단히 막중한 의미를 갖는다. 오늘날 서양인들이 소중히 여기는 가치관의 내용과 형식은 따지고보면 개인의 가치에 중심을 두었던 그리스의 전통이 면면히 이어져 내려온 결과이기 때문이다. 만약 그리스가 졌더라면 지금의 서양은 판이하게 다른 세계가 되었을 것이다.

헤로도토스, '역사의 아버지'

고대 지중해 세계와 페르시아 전쟁에 대한 우리의 지식은 역사가 헤로도토스의 《역사》에서 주로 나온 것이다. 기원전 550년부터 479년까지 동서의 대립에 주로 관심을 두었던 헤로도토스는 페르시아 제국과 지중해 민족들의 종교, 관습, 지리, 역사를 생생하고 자세하게 기록했다. 그는 역사적 사건의 목격자(필요하다면 그 후손)를 직접 만나고 수많은 나라를 직접 찾아가서 통찰력 있고 재기 발랄한 책을 썼다. 그의 매혹적인 역사책은 그리스가 살라미스와 플라타에아에서 페르시아에 승리를 거두는 기원전 480년과 479년에 끝난다. 그 승리 덕분에 서양 세계의 자유도 살아남을 수 있었다.

그리스 사상

우주의 본질에 대한 체계적 성찰은 그리스인의 독보적 성과였다. 이집트인은 한 해의 농사를 좌우하는 봄철의 나일강 범람이 언제 일어날지를 예측하기 위해 천체를 관측했다. 바빌로니아의 점성가들은 하늘의 별을 관찰한 기록을 바탕으로 지상에서 벌어질 일을 나름대로 예언했다. 그렇지만 사물의 본질을 성찰하는 순수한 사유는 그리스에서만 나타났다. 그리스인이 자유롭게 생각할 수 있었던 것은 강압적 교리나 원칙, 사제 계급이 존재하지 않았던 그리스 종교의 비교적 느슨하고 권위주의적이지 않은 성격과 무관하지 않을 것이다.

지금 우리가 상상하는 것과 비슷한 우주를 처음으로 생각한 사람들은 그리스인이었다. 그들의 사상은 생기발랄한 회의주의가 특징이다. 한번은 헤르도토스가 이집트를 여행하다가 신전으로 안내받았다. 그 신전에서는 제관들이 신에게 매일 밤 음식을 바치고 있었다. 다음날 아침이면 음식은 사라지고 없었다. 이집트 사람들은 이것이 바로 신이 존재하는 증거라고 헤르도토스에게 말했다. "나는 신을 보지 못했소." 헤르도토스는 말했다. "신상 밑바닥에 쥐들이 득시글거리더군요." 이런 식으로 생각하는 사람을 어떻게 안 좋아할 수 있겠는가.[01]

---

[01] 제임스 트레필, 《우주의 이면: 우주를 탐구하는 과학자 The Dark Side of the Universe : A Scientist Explores the Cosmos》

게다가 철학은 개인주의, 정의, 아름다움, 진리 같은 가치를 소중히 여기는 명석한 사회에서 가장 잘 이루어질 수 있는 합리적이고 매우 개인적인 활동이다.

그들 이전에도 또 그들 당대에도 더 풍요하고 웅장한 문명은 있었다. 그러나 오직 그리스인만이 '사유했다'. 그것도 열심히, 부지런히, 인간의 용어로 사유했다. 그들은 '야만족들'에 의해 사방팔방 포위되었다고 생각했다. 그들이 생각한 야만족은 합리적으로 살아가지 않는 사람들이었다. …… 니체는 그들은 주변으로부터만이 아니라 자신들 내부로부터도 야만주의의 가공할 위협을 부단히 느꼈다고 말했지만 아마 정말로 그랬을 것이다. 니체는 또 그들의 문명은 힘들이지 않고 저절로 성장한 것이 아니라 팽팽한 긴장으로 유지되었던 용기 있는 노력의 산물이라고 말했다. 그들은 광인들의 세계에서 광기라는 질병에 전염될 가능성에 항상 노출되어 있던 '소수의 정상인'으로 자위할 때가 많았을 것이다.[02]

아테네의 수준 높은 문명에도 다른 모든 문명들처럼 결함은 있었고 지금도 그렇다. 합리성과 인간의 높은 가치를 존중한 사회가 소크라테스 같은 철학자를 처형했다. 아테네의 번영을 사실상 뒷받침한 것은 노예제였다. 하지만 아득한 그 옛날 노예제에 의존하지 않는 사회는 지중해 일대에는 없었다. 아테네는 남녀 평등이 이루어지지 않은 사회였지만 그건 다른 고대 사회들도 마찬가지였고 오늘날에도 남녀 평등이 보장된 사회는 얼마 되지 않는다. 아테네에서도 남

---

02   길버트 하이어트, 《정복되지 않는 인간의 마음》

자의 지배는 여자를 희생시켰다. 민주주의를 내건 사회에서 여자는 아무런 지위도 인정받지 못했다. 그렇지만 여자들은 자유롭게 태어났고 소수이긴 하지만 뤼시스트라타라는 희극의 여주인공처럼 자기주장을 강하게 내세우려면 내세울 수도 있는 분위기였다. 고대 사회들 중에서는 유일하게 아테네는 공개적으로 자신의 결함을 돌아보고 자신의 업적을 비판할 줄 알았다.[03]

물론 그리스에서만 사상가가 나온 것은 아니었다. 부처를 낳은 인도, 공자를 낳은 중국을 비롯해서 세계의 수많은 문화에서 중요한 사상이 나왔다는 것은 누구도 부인할 수 없다. 그러나 그리스인은 우주에 대해서, 또 인간이 우주와 맺는 관계에 대해서 '체계적으로' 사유했다. 그 체계적 사유에서 나온 것이 바로 철학이었고 우리가 살아가는 세계에 대한 객관적 지식을 추구하는 것을 본분으로 삼는 순수 과학이었다. 앞의 인용문에 나온 '소수의 정상인'이라는 표현은 그래서 중요하다. 그 몇 안 되는 사람들이 인간 사회를 근본적으로 변혁시켰던 것이다.

이오니아의 철학자들

철학자-과학자들이 처음 나타난 곳은 이오니아 지방의 밀레투스라는 도시였고 그들을 이끈 사람은 탈레스(기원전 636-546년)였다.

---

[03] 미국의 철학자 찰스 테일러는 고대 그리스에서 귀족 중심의 정치관이 인간의 존엄성을 보편적으로 존중하는 방향으로 발전한 것은 고대 그리스인들이 비록 명확히 표현하지는 않았지만 여자와 노예의 인간다움을 차츰 인정하는 과정에서 내부적 갈등을 겪으면서 심화된 이해의 폭을 드러낸다고 주장한다. 다시 말해서 그리스의 일부 지식인들은 남성은 참여하고 여성은 배제되는 아테네 민주주의의 역설적 성격을 잘 깨닫고 있었다는 것이다. 찰스 테일러, 《자아의 원천: 근대적 정체성의 형성 Sources of the Self: The Making of the Modern Identity》

그들이 알아낸 답보다는 그들이 물었던 질문이 더 중요하다. 그 질문들은 두고두고 후세 사람들도 던지게 되는 물음이었기 때문이다. 그렇지만 우주에 대한 우리의 지식이 넓어짐에 따라서 답은 바뀌기 마련이다.

이오니아(혹은 밀레투스) 학파의 철학자들을 늘 괴롭힌 문제는 왜 그들을 둘러싼 모든 것이 항상 변하는가 하는 것이었다. 흙은 식물로 변했고 식물은 동물로 변했다. 어디를 보아도 존재의 한 형태가 다른 형태로 운동하는 모습을 볼 수 있었다. 그들은 존재의 모든 형태들을 설명하는 기본 물질이 분명히 있으며 변화의 과정은 이 기본 원소의 변형에 지나지 않는다고 믿었다. 탈레스가 처음 던진 질문은 우주를 구성하는 이 기본 원료가 도대체 무엇인가라는 것이었다.

탈레스는 이 기본 원소가 물이라고 보았다. 물은 모든 생명이 살아가는 데 꼭 필요한 것이었기 때문이다. 물은 또 데우면 기체(수증기)로 변하고 얼리면 고체(얼음)로 변했다. 이런 것들은 정교하지 않은 우리의 감각 기관으로도 확인할 수 있었지만 우리 감각에 나타나지 않는 다른 변화와 변형은 물 속에서 일어난다고 보았다. 다른 철학자들은 탈레스가 처음으로 개척한 사색의 물줄기를 따라가면서 기본 물질은 흙이나 공기라고 주장했다. 탈레스의 이론이 틀렸다는 것은 별로 중요하지 않다. 중요한 것은 그가 던진 질문이었다. 오늘날 우리는 대부분의 사람들이 우주와 그 안에 있는 모든 것에 대해 호기심을 가지는 것을 지극히 당연하게 받아들인다. 그러나 과학적, 철학적 탐구 방법을 가장 먼저 고안한 것은 실은 그리스인이었다.

탈레스 이후 그리스인들은 근거 있는 추정을 무엇보다도 중요시했다. 그것은 초자연적 힘에 의존하지 않았다는 점에서 철저한 자연철학이었다. 가령 바빌로니아의 창조 신화에서는 이 세계는 한때는 모두 물이었는데 마르두크라는 신이 골풀로 돗자리를 만들고 그 옆에다 먼지를 쌓은 다음 그것으로 메마른 땅을 만들었다고 설명한다.

탈레스는 마르두크를 빼버렸다. 그 역시 만물은 한때 전부 물이었다고 말했다. 하지만 그는 대지를 비롯한 모든 것은 마치 나일강의 삼각주에 진흙이 쌓이는 자연 현상처럼 물에서 만들어진 것이라고 생각했다. 관찰된 사실들을 '마르두크를 끌어들이지 않고서도' 하나의 그림 안으로 수미일관하게 모아들였다는 점에서 그것은 놀라운 첫걸음이었다.[04]

히포크라테스(기원전 460~377년) 밑에서 배운 그리스의 한 의사는 간질(당시에는 신성한 병이라고 불렀다)이라는 수수께끼의 병에 대해서 이렇게 썼다.

이 병은 하나도 신성할 게 없어 보인다. 이것은 다른 병들처럼 자연적 원인을 가지고 있다. 사람들이 신성하다고 생각하는 것은 이 병을 이해하지 못하기 때문이다. 그렇지만 이해하지 못하는 것을 무조건 신성시 한다면 이 세상은 신성한 것들로 메워질 것이다.[05]

역시 이오니아 출신으로 탈레스의 제자였던 아낙시만드로스(기원전 611-547년경)가 던진 물음도 중요했다. 아낙시만드로스는 기본 요소로부터 어떻게 구체적 사물이 등장하는가를 물었다. 그의 답변은 불완전하고 모호해 보일지 모르지만 그의 동시대인이나 후학 중

---

04 벤저민 패링턴, 《그리스 과학 Greek Science》
05 벤저민 패링턴, 《그리스 과학》

에서 그보다 더 과학적으로 정확한 답을 내놓은 사람은 드물었다. 그가 생각한 기본 재료는 물, 흙, 공기 같은 물질이 아니라 '무한자'라는 것이었다. 무한자는 우리의 감각에는 들어오지 않는 존재의 형식이었지만 만물에 스며들고 만물을 둘러싼다. 아낙시만드로스는 나무, 살아 있는 동물, 모든 구체적 사물처럼 우리 눈에 보이는 모든 형태는 이 무한자로부터 '떨어져 나온' 것이라고 주장했다. 우리의 감각에 들어오는 모든 물질의 형태는 감각이 닿지 못하는 '무한자'로부터 나와서 얼어붙었다가 결국은 형태를 잃고 다시 무한자로 돌아간다는 것이었다.

이오니아의 에페소스 출신이었던 헤라클레이토스(기원전 535-475년경)는 탈레스와 아낙시만드로스의 철학을 더욱 심화시키면서 또 하나의 중요한 질문을 던졌다. 무엇이 변화의 과정을 이끌어가는지를 물었던 것이다. 모든 구체적 형태들은 기본 원소에서 나온 것이라는 데는 헤라클레이토스도 동의했다. 그러나 느릅나무에서는 늘 느릅나무가 나오지 악어는 나오지 않는 것처럼 우주의 변화가 하나의 질서 안에서 이루어지려면 그것을 지배하는 어떤 힘이 있어야 한다고 그는 믿었다.

헤라클레이토스는 '있음'은 불가능하다고 주장했다. 우주는 고정된 것이 아니라 끝없는 흐름이기 때문이다. '있음'은 불가능했고 오직 '됨'만이 가능했다. 사람은 똑같은 강물에 두 번 발을 담글 수 없다는 유명한 말도 그가 했다. 강물은 겉보기에는 똑같아 보일지 모르지만 강물에서 발을 뺐다가 다시 재빨리 집어넣는 사이에 강물은 변했고 강둑도 변했다. 똑같은 건 있을 수 없다. 우주는 시간 속에서 창조된 것이 아니라 무한한 옛날부터 있었고 앞으로도 무한한 흐름을 이어갈 거라고 헤라클레이토스는 말했다. '지금'과 '지금' 사이에도

제4장 초기 그리스 — 이상적 삶의 준비기

 우주는 흐르고 바뀌고 달라진다. 똑같아 보여도 똑같지가 않다.
 헤라클레이토스가 생각한 기본 원소는 불이었다. 장작불에서 솟아오르는 불꽃을 30분쯤 지켜본 사람은 "나는 30분 동안 저 불꽃을 바라보았다"고 말할 것이다. 불꽃은 변함없어 보일지 모르지만 불꽃을 이루면서 연소하는 기체는 단 한 순간도 똑같지 않다. 이것이 헤라클레이토스가 생각한 우주였다. 하지만 그런 우주에는 구심력이 있어야 한다. 어떤 질서와 방향성이 없으면 마음은 끝없이 변화하는 세계에서 살아가면서 당혹스러움을 느끼기 때문이다. 헤라클레이토스는 로고스가 그런 역할을 한다고 보았다. 로고스는 그리스어로 '말'을 뜻한다.[06]
 성서도 그리스어로 씌어진 요한 복음서를 보면 "태초에 말씀이 있었다"는 문장으로 시작하는데 이때 쓰인 단어가 바로 로고스였다. 헤라클레이토스에게도 그랬지만 요한에게도 그것은 단순한 '말' 이상의 의미가 있었다. 헤라클레이토스가 생각한 로고스는 세계에 스며들어 있고 만물을 구성하는 불꽃 같은 원소가 쉴새없이 변하는 것을 이끌어가는 위대한 지혜였다. 만물이 어떤 모습이어야 하고 어떤 얼개라야 하는지를 '아는' 이 지혜야말로 수수께끼 중의 수수께끼였다. (하나의 단풍잎은 이 세상에 있는 다른 모든 단풍잎들과 구별되면서도 첫눈에 그것이 단풍잎이라는 것을 알아볼 수 있게 하는 특성을 도대체 어떻게 가질 수 있는 것일까? 그것은 자신이 지녀야 할 얼개를 어떻게 '아는' 것일까?)
 로고스가 지배하는 헤라클레이토스의 우주론은 사람들이 생각과 말로 끊임없이 변화하는 세계에 질서를 부여하는 방식에도 관심을

---

[06] 로고스는 '말하다'라는 뜻의 그리스어 동사 '레고'에서 온 말이다. 처음에는 '연결된 담론'이라는 뜻으로 쓰였지만 나중에는 '논증', '비율', '이성', '부분', '합리적 담론' 등의 의미로 쓰였다.

기울인다. 이때의 로고스는 '이성'이나 '합리적 담론'으로 옮길 수 있다. 자연과 로고스는 같은 것으로 여겨지지만 헤라클레이토스의 로고스는 자연적 질서의 전부가 아니라 자연의 모든 합리적 구조를 가리킨다. 자연의 모든 생물이 이성(로고스)을 갖고 있지는 않기 때문이다. 무수히 많은 예가 있지만 가령 소는 우주에 대해 합리적으로 떠벌릴 수 없는 것이 좋은 예다.

이오니아 철학은 언제나 같으면서도 변화무쌍한 것, 하나이면서 동시에 여럿인 원소를 설명하려고 시도할 때는 충분히 합리적인 것처럼 보인다. 그러나 이오니아 철학에 기본적으로 깔려 있는 전제는 항구적 변화이며 이오니아 철학이 내리는 모든 결론은 오감의 증언에 바탕을 두고 있다. 우리는 세상에서 벌어지는 현상과 늘 바뀌는 만물의 모습을 보고 듣고 맛보고 느끼고 냄새맡는다. 만물을 이루는 기본 원소에 대한 추구는 곧 '진짜로 있는 것'에 대한 탐구를 뜻한다.

하지만 우리는 전혀 다른 노선을 받아들일 수도 있다. 가령 진짜로 있는 것은 항상 변할 수는 없다는 입장을 밝힐 수도 있다. 오직 영원불변한 것만이 진짜로 있는 것이라고 주장할 수도 있다. 더욱이 우리의 감각은 믿을 수 없을 때가 많다. '같은' 것에 대해서도 감각이 우리에게 다른 보고를 한다는 것을 우리는 안다. 가령 온도계로 재면 온도가 일정하게 나오는 물도 그 물을 만지는 우리 손의 온도에 따라 뜨겁거나 차갑게 느껴질 것이다. 그래서 진리의 길잡이로서 믿고 따를 수 있는 것은 감각과는 무관한 '사유 과정'뿐인지도 모른다. 이것이 바로 자신이 만든 측정 장치의 도움을 얻으면서 어디까지나 감각에 들어온 것만을 신뢰하는 과학자와, 오직 마음을 통해서만 진리에 이를 수 있다고 생각하는 순수 철학자의 차이다. 그 차이는 그리스 사상에서도 일찍부터 나타났다.

피타고라스

피타고라스(기원전 582-507년경)는 가장 독창적이고 흡인력 있는 그리스 철학자의 한 사람이다. 사모스 섬 출신의 이오니아계 그리스인이었던 그는 남부 이탈리아의 크로토나에 자신의 종교 공동체를 세워 상당한 영향력을 발휘했다. 다른 철학자들이 만물의 궁극적 뿌리는 물, 무한자, 불이라고 말한 것과 똑같은 의미에서 피타고라스는 만물의 근원이 '수'라고 가르쳤다. 피타고라스는 수는 단순한 기호 이상이고 모든 물질은 본질적으로 수의 성격을 가지며 우주 안의 모든 관계는 수로 표현할 수 있다고 믿었다. 태양이 지구 둘레를 돈다는 지구중심설을 처음으로 반박한 이 그리스 철학자는 불덩어리로 된 중심부의 고정점 주위를 도는 행성으로 지구의 지위를 격하시켰다.

'진짜로 있는 것'을 탐구하던 피타고라스가 거듭 돌아온 곳은 수학적 관계의 보편성이었다. 가장 유명한 피타고라스의 정리를 보자. 직각삼각형에서 빗변의 제곱은 다른 두 변의 제곱을 더한 것과 같다는 것이 피타고라스의 정리이다. 삼각형의 모습이 아무리 달라져도 $AB^2+AC^2=BC^2$은 불변의 공식이다. 유클리드 기하학에서 이 관계는 사람들에 의해 발견되기 전에도 참이었지만 그것을 알아줄 사람이 사라질 아득한 미래에도 참일 것이다. 아무런 실체가 없고 사람들의 생각으로부터도 독립된 '이데아'의 관념이 여기서 나타난다. 물리적인 것의 밑바탕에는 이런 수학적 관계가 깔려 있다. 피타고라스는 순수 수학을 창안하여 수학적 증명 방법을 발전시켰을 뿐 아니라 어떤 대상의 본질은 구조와 형식에 있다고 주장하여 엘레아 철학의 기초를 깔았다. 특히 플라톤에게 끼친 피타고라스의 영향은 대단히 막중하다.

피타고라스는 수학과 화음의 관계를 처음으로 밝혀내기도 했다. 그는 진동하는 현에서 나오는 소리는 현의 상대적 길이에 따라 달라진다는 것을 깨달았다. 음악에서 터득한 이런 통찰을 바탕으로 그는 행성들의 관계를 규명하는 이론을 개발했다. 피타고라스는 하늘의 천체들이 중심의 불을 중심으로 동쪽에서 서쪽으로 질서 정연하게 원운동을 한다고 생각했다. 자연(행성들)과 수(음정들)는 합치한다고 그는 믿었다. 자연의 예측 가능성은 따라서 진동하는 현의 음정처럼 음악적이며 수레바퀴처럼 돌아가는 천체들의 호는 '우주의 화음'을 연주했다.

피타고라스는 사변적이면서도 현실적인 사람이었다. 그는 크로토나에 자신의 생각을 구체화한 신앙 공동체를 세웠다. 이 신앙 공동체의 생활 방식은 지적, 정치적, 윤리적 성격도 있었지만 바탕은 철학이었다. 작은 공동체들은 더 큰 공동체 안에서 그 나름의 역할을 맡았으며 하나하나의 공동체는 사회적, 종교적 단위였을 뿐 아니라 과학을 연구하는 단위 집단이기도 했다. 재산은 모두의 것이었으며 음악과 수학은 사회 생활에 필수불가결한 요소였다. 남녀를 차별하지도 않았다. 피타고라스의 남녀 평등 사상은 고대 유럽과 미노아 문명의 대지모 숭배 전통이 계승된 것인지도 모른다.

남녀가 평등하다면 누가 책임을 질 것인가? 피타고라스 학파에 속한 철학자였던 루카니아의 아에사라는 《인간의 본성에 대한 책》에서 그 문제를 설명했다. 그녀는 여자들은 가정에서 '하모니아'(질서와 정의; '음악'으로 옮길 수도 있다)를 만들어내야 할 책임이 있고 남자들은 도시에서 똑같은 책임을 갖는다.

정의롭고 조화로운 도시가 있으려면 그 도시를 이루는 가정들도 정의롭고 조화로워야 한다. 따라서 사회적 정의는 집안에서 정의롭고 조화로운 개인들을 키우는 여자의 손에 달려 있다. 피타고라스의 사상에서 여자는 사회적 정의의 주변에 머물러 있지 않고 사회적 정의를 가능케 하는 존재다.[07]

요즘 사람들은 이것을 진정한 남녀 평등으로 받아들이지 않겠지만 당시만 하더라도 이것은 그리스의 다른 도시국가들보다 크게 앞선 생각이었다.

피타고라스는 또 영혼의 윤회를 믿은 것으로도 유명하다. 영혼은 거룩하고 복된 천국의 이상적 존재로 올라서기 위해 안간힘을 쓰는 동안 여러 번의 생을 거친다. 이상에 도달하려면 순결해야 하고 지적 활동에 힘써야 하고 육체적 쾌락을 넘어설 줄 알아야 한다. 탄생과 탄생의 순환 고리에서 영원히 벗어날 때만 구원이 찾아든다.

모든 생명에 형제애를 느꼈던 피타고라스 사람들은 음악과 과학으로 마음을 정화할 수 있다고 믿었고 약과 운동으로 몸을 정화할 수 있다고 믿었다. 그들은 사람들이 언제나 화기애애하고 조화롭게 살아갈 수 있는 인간적 사회를 추구했다. 하지만 결국 그들은 기존의 종교적 전통이 위협받는다는 위기 의식과 적대감을 느꼈던 이웃 부족들에게 살해당하든가 공동체를 떠날 수밖에 없었다.

---

07 메리 엘렌 웨이드, 《여성 철학자들의 역사; 1권: 고대의 여성 철학자들, 기원전 600년–서기 500년 *A History of Women Philosopheres; Vol. 1: Ancient Women Philosophers, 600 BC–Ad 500*》

명예심

테르모필라이 전투가 있은 직후,

아르카디아의 탈영병 몇이 페르시아 군에 투항했다. 그들은 살아갈 방도가 없어 일자리를 구해야 하는 가난한 사람들이었다. 페르시아 군은 그들을 왕 앞으로 데리고 갔다. 그리고 통역을 거쳐 그들에게 그리스 사람들이 무엇을 하고 있느냐고 물었다. 아르카디아인들은 대답했다.
"그들은 올림픽 대회를 열어서 운동 경기와 전차 경주를 보고 있습니다."

"무슨 상을 놓고 겨루는가?"
"이긴 사람은 올리브 화환을 받습니다."
돈이 아니라 올리브 화환을 상으로 준다는 말을 듣고……
트리탄타에크메스는 그들 앞에서 탄복을 금치 못했다.
"세상에, 마르도니우스 장군, 그대가 우리 군사를 이끌고
맞서 싸우는 이 사람들의 자세는 참으로 놀랍구려.
돈이 아니라 명예를 놓고서 서로 겨룬다니 말이야!"

제5장
아테네의 황금기 :
이상적 삶의 완성

아테네의 번영

> 세상에는 경이로운 것이 많고 많지만 사람보다 경이로운 존재가 또 있을까.
> – 소포클레스

기원전 461년의 아테네는 정말로 살맛나는 도시였음에 틀림없다. 아테네는 번영을 구가했고 강했으며 당시에는 아무도 눈치채지 못했지만 황금기로 접어들고 있었다. 기원전 460년에서 430년까지 이어

돌에 새긴 연극 가면. 터키 에페소스 출토. 기원전 400년경. 석회암. 높이 91.4cm. 에페소스 극장에는 25,000명이 들어갈 수 있었다.

진 이 눈부신 시대에 예술가, 작가, 정치가, 철학자는 개인의 가치에 바탕을 두었으며 진리, 미, 정의에 대한 헌신에 바탕을 둔 사회를 풍요롭게 일구었다. 그것은 완벽한 사회는 아니었지만, 그리고 완벽한 사회와는 거리가 멀어도 한참 멀었지만, 아무튼 완벽을 추구한 사회였다. 신들과 감히 경쟁하기를 원했던 도시국가의 넉넉한 품안에서 잠시나마 삶의 가능성은 마음껏 기지개를 폈다.

아테네 사람들은 아마 고대 세계에서 가장 말하기를 좋아하는 사람들이었을 것이다. "인간이 고안한 가장 절묘한 도구의 하나"(길버트 하이어트)라는 찬사를 받았던 정교한 언어를 등에 업고 그들은 태양 아래 있는 모든 것에 대해 이야기하고 토론하고 논쟁하고 의논했다. 정치와 사회, 사랑을 논했고 특히 철학을 논했다. 지식인들은 관념의 세계에 매료되었다. 항구적 변화에 대한 헤라클레이토스의 신념을 따르는 사람들이 있었는가 하면 현실은 피타고라스가 말한 것처럼 숫자의 관계로 표현될 수 있다고 주장하는 사람들도 있었다. 이 열띤 토론에 새롭게 가세한 것이 바로 남부 이탈리아의 번창한 그리스 식민지였던 엘레아 출신의 철학자들이었다.

파르메니데스가 이끌었던 엘레아 학파는 '있음'은 불가능하며 우주는 오직 항구적인 '됨'의 상태에 있다고 설파한 헤라클레이토스의 가르침을 받아들이지 않았다. 그들은 진짜로 있는 것은 영원불변해야 한다는 생각에서 출발했다. 그 말을 뒤집으면, 존재하는 상태가 항상 바뀌는 것은 진짜 있는 게 아니라는 명쾌한 논리였다. 그들은 또 이오니아 철학자들이 오감에만 의존해서 진리를 발견하려 했다고 비판했다. 엘레아 학파는 감각은 믿을 수 없는 것이라고 주장했다. 감각이 못 미더운 것이라면 진리의 길잡이를 어디서 구해야 한단 말인가? 엘레아 철학자들은 마음이 그런 확실한 길잡이가 될 수 있다고 단언했다. 그들은 피타고라스 같은 기하학자들이 알아낸 진리를 예로 들면서 마음은 감각의 도움 없이도 진리에 도달할 수 있다는 자신들의 이론을 옹호했다. 이 철학자들은 피타고라스와 생각이 비슷했고 피타고라스와 플라톤을 잇는 일종의 징검다리 역할을 했다.

물질에 대한 철학적 성찰은 아테네의 철학자 레우키푸스와 그의 제자 데모크리토스에 와서 한껏 무르익었다. 물질 세계를 이해하기 위해 이오니아 철학자들의 견해를 종합한 데모크리토스는 결국 20세기에 들어와서야 검증이 된 세계의 이론을 내놓았다. 데모크리토스는 오로지 강력한 머리만으로 그리스 원자론의 기틀을 세웠다. 데모크리토스에 따르면 모든 물질은 원자라는 아주 작은 입자들로 구성되어 있다. 원자들은 공간 속에 존재하면서 '필연성'에 따라 결합하고 분리된다. 물질과 에너지는 엄격하게 보존되었다. 즉 원자의 수는 항상 일정하게 유지되었다. 구성만이 달라질 뿐이었다. 현대의 핵물리학에서도 물질과 에너지는 엄격히 보존되는 것으로 밝혀졌지만 원인과 결과를 잇는 필연성의 자리에 확률이 대신 들어와 있다. 원자는 물론 존재하지만 원자 중에는 다시 쪼개지거나 융합될 수 있는 것이 있다.

아테네의 지식인들은 관념의 세계에 매료되었지만 일반 시민들은 눈에 보이는 세계와 그 안에서 자신들이 맡는 역할에 더 흥미가 있었다. 그들은 페르시아 전쟁을 승리로 이끈 뒤의 대단히 낙관적인 분위기에서 살았다. 자유 시민들은 민주주의 사회에서 제약 없는 무한한 기회를 누릴 수 있었다. 페르시아는 아테네 시를 모두 불살라버렸기 때문에 그들은 자부심 있는 아테네 시민답게 아테네를 재건할 절호의 기회를 맞이했다. 성장과 발전의 가능성은 도처에 숨어 있었지만 누군가가 앞장서서 방향 제시를 해야만 했다. 자유 사회에서 인간의 정신을 끌어올리기 위해 아테네인들은 그리스의 특유한 시설이었던 극장에 우선적으로 눈길을 돌렸다.

극장–그리스의 발명품

그리스인은 비극, 희극, 감상극, 무언극, 발레, 미술, 연기술, 분장술, 무대 장치, 극장 건물을 모두 창안했다. 이 모든 것은 기원전 534년경에 벌어진 아테네의 디오니소스 대축제 기간에 공식적으로 처음 무대에 올려진 비극과 함께 시작되었다. 이 공연을 이끌었던 배우가 바로 테스피스였다. 테스피스라는 이름은 배우를 뜻하는 보통명사로 쓰인다. 다산과 술의 신이며 아테네의 수호신이었던 디오니소스를 기념하여 해마다 열렸던 두 개의 종교 제전 중에서 특히 중요한 행사는 디오니소스 대축제였다(종교 행사에서 세속극이 발전해 나온 흥미로운 경우가 두 번 있었다. 그리스와 중세 기독교 교회에서 그런 일이 있었다).

엄격히 말해서 연극은 문학의 일부지만 그리스의 연극은 훨씬 폭이 넓다. 시, 음악, 무용을 포괄하고 진리, 아름다움, 자유, 정의의 본질 같은 다양한 주제를 다루었던 그리스의 연극은 눈부신 문명 세계의 모든 영역을 표현했다고 해도 과언이 아니다. 극장은 교육, 계몽, 오락의 기능을 중심적으로 맡았다. 그러나 아무리 교육적이고 계몽적인 내용을 담고 있는 연극이라 하더라도 재미가 없고 지루하면 자존심이 강한 그리스 사람들은 배겨내질 못했다. 한마디로 윤리적 열정과 오락을 하나로 묶은 것, 그것이 바로 그리스 연극이었다.

국가는 심사위원의 선출에서 자금 지원, 배우의 선정, 제작까지 축제의 전 과정을 책임지고 진행했다. 소액의 입장료 수입으로 제작비의 일부를 충당했지만 너무 가난해서 표를 살 돈도 없는 사람들은

'관람 기금'에서 표를 공짜로 사주었다. 그러나 정부가 맡은 일차적 책임은 극장 부지의 선정, 설계, 건설, 유지 등이었다.

극장과 공연

따뜻한 기후 덕분에 그리스인들은 야외에서 보내는 시간이 많았다. 자연히 극장도 확 트인 자연에 들어섰는데 관객석은 완만한 언덕을 따라 비스듬히 올라가면서 무대를 에워쌌다. 극장은 세웠다기보다는 언덕을 깎아내서 만든 것이어서 주변 환경과 잘 조화를 이루었다. 합창무용단(코러스)은 언덕 아래의 평평한 바닥에 마련된 원형의 공간(오케스트라)에서 공연을 했다(합창무용단은 마치 한 명의 배우처럼 여겨졌다). 오케스트라 뒤에는 길고 낮은 건물(스케네)이 객석과 마주보고 있었다. 건물 양끝에는 방이 하나씩 있었고(분장실과

5.1 **에피다우로스의 극장**. 기원전 350년경. 그리스의 전형적 극장 구조이며 13,000명이 들어갈 수 있었다.

창고) 방과 방 사이에 단(무대)이 있었다.

극장은 도시국가의 모든 시민에게 중요한 곳이었으므로 규모도 그에 걸맞게 컸다. 에피다우로스 극장(5.1)의 관객석은 13,000석, 아테네 극장은 18,000석, 에페소스 극장(터키)은 무려 25,000석이었다. 이 반원형 극장은 무대에서 위로 50줄이나 올라간 객석에서도 배우들의 목소리가 들릴 정도로 음향 조건이 뛰어났다. 남자역은 모두 그 인물의 성격이 두드러지게 묘사된 커다란 가면을 썼다. 폭력 같은 자극적인 행동은 주로 무대 밖에서 일어난 다음에 관객에게 보고되었지만 아리스토파네스의 희극에서는 그 원칙이 지켜지지 않았다. 한 편의 연극에는 많으면 열두 명의 합창무용단이 등장했는데 이 합창단은 배우의 연기에 다양하게 반응했다. 연극 한 편에는 하나의 무대가 사용되었지만 '메카네'라는 기중기 비슷한 기계 장치가 있어서 신의 역할을 하는 배우들을 실어날랐다. 연극의 종막에서 뒤얽힌 사건을 해결하는 역할을 바로 이 기계에 탄 신이 했다.

그리스 연극에서는 음악의 비중이 아주 컸다. 이 독특한 혼합극과 비슷한 예술은 지금도 찾아보기 어렵다. 오페라도 아니었고 음악극도 아니었던 그리스의 연극은 그 중간선에서 움직였다. 아울로스(혀를 대는 리드가 두 군데 있는 지금의 오보에 비슷한 피리)의 심금을 울리는 애잔한 소리에 맞추어 영창과 노래와 무용을 했던 합창무용단도 상당한 역할을 했다. 연극의 신 디오니소스의 악기였던 아울로스는 논평할 것은 논평하고 강조할 것은 강조하면서 연극의 속도와 분위기를 잡아나갔다.[01]

---

[01] 그리스 연극은 반주 음악이 소실되었기 때문에 더이상 원형 그대로는 공연되지 않는다. 오랜 세월이 흐르는 동안 대본을 베끼고 또 베끼던 사람들은 악보를 빠뜨리기 시작했다. 악보를 베껴도 해독할 수가 없었다. 대사는 후세로 전해졌지만 음악은 영원히 사라지고 말았다.

단일 무대, 남자들로만 된 배역, 가면, 합창, 음악, 무용, 무대 뒤의 폭력은 모두 관객으로 하여금 상상력을 한껏 발휘하도록 자극한 요소들이었다. 극작가는 상상력을 마음껏 발휘할 수 있었을까? 혹은 국가의 후원 때문에 제대로 할 말을 못 하는 제약이 있지는 않았을까? 이런 문제를 그리스인이 어떻게 다루었는가 하는 것은 연극의 지위와 영향력을 가늠할 수 있는 척도가 된다.

아테네인들은 종교와 관련해서는 약간의 제약을 받았지만 무대는 전혀 검열을 받지 않았다. 연극 무대는 민주주의의 광장이었다. 사상의 자유로운 표현과 논란을 낳는 주제들을 공표하는 데서 희열을 느꼈던 사회는 극작가에게 쓰고 싶은 것은 마음대로 쓸 수 있는 자유를 보장했다. 극작가, 특히 희극 작가들은 정치인, 철학자, 시민 지도자, 심지어는 다른 극작가들을 공격했다. 아테네에서도 부패, 위선, 탐욕, 정치, 전쟁 같은 것들이 주로 만만한 표적이 되었다. 우리는 마음만 먹으면 언제든지 극장을 찾을 수 있지만 그리스인이 극작가의 예술성과 기지, 지혜를 마음대로 즐길 수 있었던 것은 아니었다. 아테네에서는 1년에 축제가 두 번, 그러니까 디오니소스 대축제와 리나에아 축제밖에 열리지 않았다. 그래서 누구나 축제를 손꼽아 기다렸고 또 축제가 시작되면 열심히 참가했다. 당대 최고의 사람들이 하는 말을 축제가 아니면 또 언제 들을 수 있었겠는가? 사람들의 관심도로 보면 이 두 축제는 지금의 월드컵 열기에 비교할 만하지만 영향력 면에서는 중요한 차이가 있었다. 연극 공연이 끝나면 무대에 올려졌던 주제, 사상, 논의를 놓고 열띤 토론과 논쟁이 1년이 넘도록 이어졌다. 한 명의 작가가 전 국민을 상대로 자신의 뜻을 전하는 데 연극만큼 좋은 수단은 없었다.

제5장

아테네의 황금기 — 이상적 삶의 완성

아이스킬로스 — 기원전 525~456년

그리스에서 공연된 연극은 상당수가 없어졌지만 남아 있는 작품들을 보면 서양 역사에서 가장 위대한 세 명의 비극 작가는 모두 그리스인이었음을 알 수 있다. 그들은 비슷한 시대에 모두 아테네에 살았던 사람들이었다. 가장 먼저 활동한 작가는 아이스킬로스였다. 아이스킬로스의 생애와 작품은 그리스 문화, 특히 아테네 문화가 발전하는 데 커다란 기여를 했다. 그는 연극 경연대회에서 상까지 받은 이름난 극작가였지만 무덤 비석에는 (본인의 요구에 따라) 마라톤 전투에서 싸운 병사로만 소개되어 있다.

귀족 집안에서 태어난 아이스킬로스는 전통적 사상과 열렬한 급진적 사상을 종합했다. 아이스킬로스는 극작가가 아니라 설교자라고 비판하는 사람도 있었지만 그의 작품은 아테네 시민의 윤리적 수준을 끌어올리려는 의지를 예외없이 드러낸다. 그는 극작가로서 타고난 감각을 지닌 사람이어서 마땅한 극의 형식이 없을 때는 새롭게 고안했다. 그 전까지의 연극은 합창단과 한 명의 말하는 배우가 이끌어나갔다. 아이스킬로스는 말하는 배우를 한 명 더 집어넣어 경쟁하는 가치관들의 대화와 갈등, 극적 해결을 실감나게 묘사했다.

아이스킬로스는 90편의 작품을 썼지만 지금 남아 있는 것은 일곱 편이다. 그 중에서 오레스테스의 이야기를 다룬 3부작 〈오레스테이아〉를 여기서 살펴보겠다. 이 3부작은 〈아가멤논〉, 〈제주(祭酒)를 바치는 여인들〉, 〈자비로운 여신들〉로 이루어져 있는데 이들은 마치 한 작품 안의 세 장처럼 함께 논의된다. 이 이야기들은 전통, 공포, 복수에 바탕을 둔 정의의 체계가 자유로운 사회의 법정에서 가려지는 정의의 체계로 발전하는 과정을 보여준다.

〈아가멤논〉, 클리템네스트라의 복수

〈아가멤논〉은 살인과 간통, 복수의 드라마다. 트로이 전쟁을 승리로 이끈 아가멤논이 미케네로 돌아온다. 아가멤논의 부인 클리템네스트라는 10년 전 아가멤논이 트로이 원정을 떠나면서 여신 디아나를 달래기 위해 딸 이피게네이아를 희생양으로 바친 것을 잊지 못하고 복수를 다짐하며 남편을 기다린다. 트로이의 예언자 카산드라를

아트레우스 가문

대부분의 그리스 가문들처럼 그 뿌리는 제우스로 거슬러올라간다. 인간이지만 제우스의 아들이었던 탄탈로스는 신들의 만찬에서 불로불사의 술과 음식을 함께 먹을 수 있었다. 그런데 신들의 통찰력을 시험하기 위해 자기 아들 펠롭스로 요리를 만들어 내놓는다. 격노한 신들은 탄탈로스를 하데스한테로 보내 평생 허기와 갈증을 겪도록 만든다. 신들에게 불손한 것은 가장 무거운 죄였다. 이 집안에 내린 저주는 펠롭스의 아들 대까지도 이어졌다. 아트레우스의 동생인 티에스테스는 형수 아에로페를 유혹하는데 이에 격분한 아트레우스는 동생의 네 아들 가운데 셋을 죽여서 고기 요리로 만들어 동생에게 먹인다. 〈오레스테이아〉 3부작에서 아이스킬로스는 이 저주의 악순환을 극으로 만들었다.

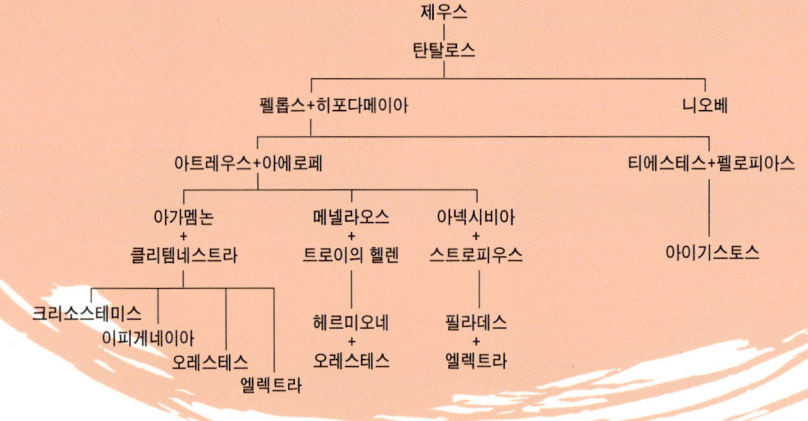

생포하여 전차에 태우고 함께 성으로 돌아온 아가멤논을 클리템네스트라와 그녀의 정부 아이기스토스가 맞이한다. 왕비는 오만한 남편에게 너무 귀한 것이어서 신들에게나 어울리는 붉은 카펫 위를 걸어 사자문을 거쳐 들어오라고 부추긴다. 연극은 클리템네스트라가 남편과 트로이의 예언자를 살해한 직후 공포에 떠는 신하들을 도도하게 몰아내는 장면으로 끝난다(왼쪽 팁 참조).

이 연극은 무엇을 의미할까? 무엇보다도 기억에 남는 것은 그물의 이미지다. 붉은 카펫은 그물이라고 불렸는데 아가멤논은 목욕을 하다가 이 그물에 갇혀버려 도망도 못 가고 맞아죽는다. 아이스킬로스는 낡은 전통주의, 운명에 대한 믿음, 복수를 정의로 여기는 생각을 모두 이 그물로 나타냈던 것 같다. 원로들로 구성된 합창단도 자만이나 자만을 낳는 재물, 온갖 혁신을 비난하면서 자신들 또한 그물 안에 갇혀 있음을 보여준다. 합창단은 전통적 가치에 속박되어 있었지만 만약 왕궁 문을 무너뜨렸다면 자유와 그들 사이에 놓인 장벽도 허물어뜨릴 수 있었을 것이다. 카산드라는 원로들을 움직이려고 애쓰지만 카산드라 자신도 그물에 갇혀 있다. 자신을 기다리는 운명을 알면서도 카산드라가 궁으로 들어가려 하자 원로들은 죽음을 조금이라도 미루는 것도 작은 승리라고 충고하지만 카산드라는 나의 시간이 왔다고만 말한다.

이 연극에 나오는 모든 인물 중에서 클리템네스트라 혼자만 자유로운 인간으로서 행동하는 듯하다. 그녀는 아트레우스 집안에 떨어진 저주에 치를 떨지만 원로들은 오히려 잠시나마 마음의 부담을 덜 뿐이다. 하지만 클리템네스트라의 행동은 파괴적이다. 그것은 문명사회가 도저히 받아들이기 어려운 자유의 남용이다. 따라서 <아가멤논>의 끝부분에 가서 우리는 인간이 처한 두 가지 조건과 마주한다. 삶의 길잡이를 전통에서 찾는 원로들과 자유를 마구잡이로 누리면서 사회를 파괴하는 클리템네스트라. 남은 두 연극에서 작가는 한쪽을 풀어주고 한쪽을 억누르는 수밖에 없다.

〈제주를 바치는 여인들〉

2부에 해당하는 〈제주를 바치는 여인들〉은 무엇보다 복수와 정의의 주제를 부각시키기 위한 중간부로서의 성격이 강하다. 아폴로는 오레스테스에게 어머니와 정부를 죽여 아버지의 원수를 갚으라고 지시한다. 아폴로의 명령은 진보적 의식을 가진 새로운 세대의 신들이 가지고 있던 정서를 대변한다는 점에서 흥미롭다. 그렇지만 피를 나눈 가족을 죽이는 사람은 죽을 때까지 복수의 여신들에게 쫓겨다녀야 한다는 부족의 오랜 율법이 있다. 오레스테스는 모순을 낳는 두 요구 사이에서 고민한다. 어머니를 죽여도 저주받고 어머니를 죽이지 않아도 저주받아야 하는 것이다. 결국 오레스테스는 어머니를 죽인다. 그리고 연극 끝부분에서 복수의 여신들로부터 공격을 받고 무대 밖으로 밀려난다.

〈자비로운 여신들〉

해묵은 갈등은 마지막에 가서야 해소된다. 아르고스의 시골에서 어둠과 함께 시작되었던 3부작은 오레스테스가 정의의 심판을 받는 아테네 시의 청명한 하늘 밑에서 마무리된다.

합창단(3부에서는 복수의 여신들이 이 역할을 맡는다)은 자기네 같은 늙은 신들이 겪은 수모와 망신을 개탄한다. 만일 오레스테스가 무사하다면 아이는 제 부모를 마음대로 죽일 것이고 그렇게 되면 복수의 여신들은 이 나라를 고사시킬 수밖에 없을 것이라고 예언한다. 그러자 아테나가 이 일은 보통사람들이나 한 명의 신이 판단하기에는 너무나 중대한 문제라고 선언하면서 자기가 책임지고 해결하겠다고 나선다.

아테나는 시민들로 배심원을 구성하여 사건의 전말을 양측으로부터 소상히 듣게 한 다음 평결을 내리게 한다. 그것은 절묘하고 합리적인 해법이었다. 시간이 흐르면서 합리적이고 객관적인 판단의 기초가 되는 법이 차근차근 쌓여가리라는 점에서 배심원에게 판단을 맡긴 것은 그 전까지의 재판보다 진일보한 발상이었다.

피고측 변호인으로 나선 아폴로는 증거를 제시하며 그 증거를 바탕으로 아테나는 아레오파구스라는 법정을 세워 정의를 심판하는 최고 기관으로서의 책무를 부여한다. 아테나가 이때 한 연설은 아무리 여러 번 인용되어도 지나치지 않다. 모든 사람을 위한 자유와 정의를 과연 어떻게 이루어낼 수 있는가를 이렇게 잘 집약해놓은 표현은 고대와 중세는 물론 현대에도 잘 찾아보기 어렵다.

> 사람들 안에는 법과 타고난 두려움이 있어
> 밤이건 낮이건 악을 가까이 하지 않을 터이나,
> 법으로 장난을 치게 해서는 안 되고
> 맑고 달콤한 샘을 지키게 만들어야 한다.
> 내 그대들에게 경고하노니
> 삶에서 공포를 내몰 것이 아니라
> 독재와 무정부 사이의 중간선을 추구하여라.
> 그리하면 그대들은

제 5 장 아테네의 황금기 — 이상적 삶의 완성

이 세상 어느 민족도 갖지 못하였고
그 누구도 감히 넘보지 못할 자유의 보루를
대대손손 누리게 되리라.

배심원들의 표가 똑같이 반으로 갈리자 아테나는 한 표를 던져 오레스테스에게 무죄를 선고했다. 연극이 아직 3분의 1이나 남은 상태에서 오레스테스는 곧바로 모습을 감춘다. 이 작품의 주인공은 따라서 오레스테스가 아니라 '정의'의 이상이다. 연극 막판에 가서 복수의 여신들은 지혜와 설득의 여신 아테나의 끈질긴 노력 덕분에 자비로운 여신들로 탈바꿈한다. 아테나는 아테네를 지키는 수호자로서의 새로운 역할이 명예와 존경을 가져다줄 것이라고 그들을 설득했다.

이 3부작이 갖는 보편적 의미를 생각해보자. <아가멤논>에서 원로 합창단이 대변하는 일반인들은 뒤만 바라보다가 그저 앞을 바라보는 것만으로 자유로워진다. 그들은 더이상 전통과 미신의 그늘에서 움직이지 않는다. 이제부터 하나의 사건은 증거에 따라서 심판되고 인간이 쌓아올린 법에 의해서만 판단될 것이기 때문이다.

<자비로운 여신들>이 제시하는 명제는 사람은 자신의 행동 기준을 세워야 하며 남들의 자유를 훼손하지 않도록 자유의 상한선을 정해야 한다는 것이다. 이것은 클리템네스트라와 같은 사람들에게도 적용된다. 그들의 행위는 똑같은 재판정에서, 똑같은 기준에 따라 심판될 것이다. 그렇게 하는 것이 개인과 국가 모두에게 유익하다는 생각을 시민들이 갖도록 권장한 나라가 바로 황금기의 아테네였다.

한 가지만 더 지적하자. 복수의 여신들은 공포가 먹혀드는 분위기에서 세력을 떨쳤으므로 아이스킬로스가 옹호하는 새로운 질서와는 양립하기 어려운 존재로 여겨질지도 모른다. 그러나 아테나는 어느

정도의 공포는 여전히 필요하다고 주장한다.

자유로운 사회에서 살아가는 인간의 본성과 행동을 낙관하면서도 아이스킬로스는 사람들은 이기심에 따라 행동하며 매수와 탐욕은 뿌리뽑기 어려운 인간의 현실이라는 사실을 누구 못지않게 잘 알고 있었다. 이런 성향에 제동을 걸기 위해서라도 처벌에 대한 본능적 두려움은 그대로 살려두어야 했다. 순전히 머리에서 나오는 준법 의식보다는 마음에서 느끼는 공포감이 행동을 제약하는 데 훨씬 효과적이었다. 복수의 여신들이 자비로운 여신으로 환골탈태한 것은 일종의 양심이 탄생한 것이라고 해석하는 사람들도 있다. 이때의 양심은 사회의 안전과 번영에 대한 관심 속으로 약간의 공포를 끌어들인 윤리적 양심이라 할 수 있다. 고대 그리스인은 어느 문화보다도 사람을 있는 그대로 진솔하게 이해할 줄 알았다.

아테네 시민들은 아이스킬로스의 연극에 나타난 드높은 이상주의와 아테네와 아테네 시민의 번영을 진심으로 갈구한 그의 애국심을 존경했다. 짧지만 감동적인 그의 비문은 젊은 희극 작가 아리스토파네스가 썼다.

평생을 너그럽게 살았고,
저승에 가서도 그렇게 살 사람.

제 5 장

아테네의 황금기 — 이상적 삶의 완성

우승자들

일반적으로 그리스인, 특히 아테네인은 대단히 비판적이고 경쟁심이 강한 사람들이었다. 장인 정신을 뜻하는 '아레테'는 도자기에서 신전, 음악에서 체육까지 모든 분야에서 요구되었다. 델피에서는 육상, 시, 음악 분야의 실력자들이 겨루는 피디아 대회가 열렸는데 우승자에게는 월계수 화환을 주었고 우승자의 얼굴을 조각에 새겨주었다. 이 치열한 경쟁 사회에서 극작가들이라고 해서 실력을 겨루는 대회가 없었겠는가?

극작가들은 두 수준에서 경쟁을 벌였다. 누구든지 작품을 낼 수 있었지만 끝까지 남은 세 작품이 사흘 동안의 축제 기간에 공연되었다. 오전에는 비극 3부작(하나의 주제로 묶이는 세 편의 희곡)이 공연되었고 오후에는 희극 한 편이 무대에 올려졌다. 모두가 학수고대하던 공연 마지막 날에는 두 명의 심사위원이 비극 작가와 배우, 희극 작가와 배우, 합창단의 시상 내역을 발표했다. 우승자는 담쟁이 화환을 받았으며 1등과 2등은 다음 축제 때 작품을 발표할 수 있는 기회가 자동적으로 주어졌다. 그리스의 관습에 따라 우승자의 이름은 돌에 새겨졌다.

페리클레스 시대 -기원전 495~429년

다른 두 명의 중요한 비극 작가 소포클레스와 에우리피데스는 페리클레스가 통치하던 아테네의 황금기에 활동했다. 따라서 두 작가를 논하기 전에 먼저 페리클레스 시대를 알아보는 것이 순서겠다.

아테네의 민주주의는 불세출의 영웅 페리클레스의 탁월한 지도력 아래 전성기를 맞이했다. 그는 기원전 461년 처음 군사위원장으로 선출된 이래 잠시 공직에서 물러났던 2년을 제외하고는 아테네의 황금기에 종지부를 그은 펠로폰네소스 전쟁(기원전 431-404년) 발발과 동시에 창궐한 전염병으로 죽을 때까지 줄곧 아테네를 통치했다.

당시 아티카(아테네와 그 인근 지역을 포함한 지명)의 인구는 약 23만 명으로 추산된다. 이 가운데 4만 명은 자유 시민 남자였는데 바로 이들이 민주주의에 참여할 수 있는 실제 투표권을 가진 사람들이었다. 4만 명이었던 여자는 기껏해야 2류 시민에 머물러 있었다. 5만 명은 외국인이었고 노예는 10만 명이었다. 아테네의 민주주의는 이 4만 명의 남자들만 누렸다는 사실을 잊어서는 안 된다. 나머지 자유민(아테네의 여자들)은 들러리였고 노예는 아예 사람 대접을 못 받았다.

그럼에도 불구하고 그런 소수의 시민 집단에서 불과 한 세기 동안에 문학사에 길이 남을 한 명의 위대한 희극 작가, 세 명의 뛰어난 비극 작가, 2,500년 동안 서양 문명의 틀을 세우는 데 기여한 두 명의 철학자가 나왔다는 것은 기적에 가까운 일이다. 그들의 건축, 조각, 도자기, 시가 두고두고 끼친 영향은 아무리 강조되어도 지나치지 않다. 그들이 만들어낸 음악과 그림은 영영 사라져버렸다. 아테네 사람들이 음악을 최고의 예술로 여겼고 조각이 그림보다 열등하다고 믿었던 점을 감안하면 이것은 정녕 안타까운 일이 아닐 수 없다.

무엇보다 중요한 것은 이 영광의 세기를 살았던 사람들이 개인의 자유를 중시하면서도 국가 전체의 번영을 도외시하지 않는 모범적 삶을 살았기 때문에 그 후 서양 세계에서 줄곧 동경의(때로는 열띤 모방의) 대상이 되었다는 사실이다. 그것은 아이스킬로스의 연극이 지향하던 삶의 모습이기도 하다. 《그리스인의 경험》을 쓴 C. M. 바우어러는 그리스인이 추구한 이상을 간결히 요약한 적이 있다. "사람은 정치적 효용이나 힘 같은 추상적 관념에 자신의 고결성을 희생시키는 것이 아니라 자신의 고결성을 완전히 살리면서 스스로를 잃지 않을 때 국가에 가장 크게 이바지할 수 있었다."

정치적 효용이나 힘 같은 추상적이고 일반적인 관념은 자기 스스로를 정의하는 데 수많은 시간과 노력을 기울인 문화에게는 저주나 다를 바 없었다. 그리스인은 자신이 나아가야 할 세상을 꿈꾸었다는 점에서 이상주의자로 대접받기에 손색이 없다. 하지만 그들은 예리한 눈과 냉철한 정신으로 자기들의 모습과 자기들의 문화를 직시할 줄 알았다. 그들은 정의, 자유, 미, 사랑의 본질을 철학적으로 물었다. 지극히 추상적인 질문이었지만 그들은 지금 이곳의 구체적 현실에서 답을 찾으려고 했다. 가령 정의는 법정에서 에누리없이 구현되어야 했다. 정의가 없으면 불의가 판을 친다. 더 높고 순수한 형식의 정의를 우리가 머릿속에 그릴 수 있다면 그것은 법정에서도 실현되어야 한다. 불의는 "드높은 정의의 잠재력이 제대로 실현되지 못해서"—이것은 얼마나 판에 박힌 문구인가—나타나는 것이 아니었다. 법정에서 구현되지 않은 정의는 정의가 아니었다.

제5장 아테네의 황금기 — 이상적 삶의 완성

　이런 식의 이상주의적 실용주의는 그리스인이 가졌던 미의 관념에서도 드러난다. 무엇이 아름다움인가에 대한 어느 정도의 합의가 이루어졌으면 그 다음에는 마땅히 구체적인 도자기, 그림, 시, 건물, 노래, 조각 등에서 미를 찾아내야 한다. 미는 어떤 대상이 실제로 가지고 있는 아름다움의 크기만큼 존재한다. 불완전한 세계에서 완전한 미를 추구한다는 것은 현실적으로 이루기 어려운 목표라는 것을 그리스인은 잘 알았지만 그럼에도 그들은 물러서지 않았다. 그리스인이 결코 버리지 않았던 고집은 최고가 되려는 장인 정신이었다.

　합리적이고 공정한 민주주의 체계가 상당히 정착되어 있던 페리클레스 시대에는 이렇다 할 정치적 변화는 일어나지 않았다. 사람들의 관심은 자연히 개인과 사회의 삶의 질을 어떻게 끌어올릴 것인가 하는 문제로 쏠렸다. 페리클레스와 그의 동시대인들은 자유와 정의, 미를 일관되게 추구해온 아테네가 이 세상에서 가장 앞선 나라라고 생각했다. 페리클레스는 물자와 사상이 교류되는 시장(아고라)을 재구축함으로써 사상의 자유로운 교환을 장려하고 아크로폴리스에 새로운 신전들을 건설함으로써 도시를 아름답게 만드는 일에 역점을 두었다. 많이 허물어졌지만 이 고대의 신전들은 지금도 아테네의 황금기를 상징한다. 아크로폴리스에는 아테네 사람들이 추구한 미의 세계가 아직도 아로새겨져 있다.

　페리클레스 시대에는 개인적 목표와 국가적 번영 사이의 불안한 균형이 개인주의의 확대 쪽으로 조금 기울었다. 아테네 시민으로서의 의식, 다른 도시국가들에 대한 배려 의식이 전보다 약해졌다. 그런 의식은 아테네의 국제 관계에서 가장 먼저 두드러지게 나타났다. 아테네는 (페르시아와 싸우기 위해 결성된) 델로스 동맹을 사실상 아테네 제국으로 변질시켰고 델로스 섬에 있던 국고를 아테네로 옮겼다. 아크로폴리스의 신전 건축 자금은 이 국고에서 나왔다. 자연히 동맹국들은 격렬하게 항의했다. 그러자 아테네는 동맹국들을 지켜준 것은 아테네이므로 동맹국들의 돈을 쓸 수 있는 권리도 아테네에게 있다고 오만하게 대응했다.

강대국을 자처한 아테네는 점점 독재로 기울었다. 마라톤 전투에서 무르익고 아이스킬로스의 연극에서 칭송되었던 국가와 신들에 대한 지난날의 존경심은 자기중심적 개인주의로 퇴색했다. 이런 변화는 데모크리토스 같은 원자론자들이 등장하면서 시작(혹은 고착화)되었는지도 모른다. 데모크리토스는 완전한 유물론을 주장하면서 모든 변화를 순전히 우연의 탓으로 돌렸다. 그는 신들의 정신적 측면마저도 부정했다. 미래를 예측할 수도 없고 길잡이 역할을 하거나 영감을 주는 신들도 존재하지 않는 이 우연한 원자의 세계에서 유일하게 기댈 수 있는 현실은 물질적 쾌락이었다.

소피스트들은 원자론자들로부터 암시를 받고 아테네의 유력한 사상가들로 떠올랐다. 그 수장격인 프로타고라스는 "인간은 만물의 척도"라는 강령을 내건 철학자였다. 그 표현 자체는 오래 전부터 아테네의 지식인들이 옹호해온 인간적 가치의 중심성을 하나의 구호로 다시 풀어 쓴 것에 지나지 않았다. 그러나 문제가 있었다. 인간이 척도라는 데는 아무 문제가 없었다. 그러나 개인이 잣대가 되면 누가 무엇을 하든 괜찮다는 뜻이 되고 잣대는 개인의 수만큼 많을 수 있었다. 후대의 소피스트들은 실제로 이런 입장을 밀고나가서 가령 법이란 것은 단순히 의견들을 모아놓은 데 지나지 않는다고 주장했다. 다른 의견을 가진 사람은 자신의 소신대로 행동해도 좋다는 뜻이었다. 이것은 당연히 무정부 상태로 이어지기 마련이었다. 종교에 대해서 프로타고라스는 이렇게 말했다. "신들에 대해서 나는 그들이 신인지 신이 아닌지 그들의 본질이 무엇인지 전혀 모른다."

소피스트 철학은 오랜 전통과 신들에 대한 무비판적 숭배에 건강한 의문을 처음으로 던졌다는 점에서 큰 의미를 갖는다. 그러나 완전한 상대주의는 사회의 응집력을 해치고 모든 사고와 행동을 단순한 취향의 문제로 만들어버릴 수 있다. 국가의 번영과 개인의 번영 사이의 미묘한 균형은 확실히 개인 쪽으로 기울어갔다. 소포클레스와 에우리피데스의 작품에는 이런 철학적 배경이 있다.

소포클레스–기원전 496~406년

페리클레스와 같은 시대를 살았던 소포클레스는 장군이며 제관이며 아테네 역사상 가장 유명한 극작가였다. 그는 123편의 작품을 썼고 모두 열두 번이나 우승을 한 것으로 알려져 있다. 소포클레스는 2등 밑으로는 내려간 적이 없다. 지금까지 전해지는 작품은 일곱 편인데 여기서는 그 중 〈오이디푸스 왕〉을 검토한다.

〈오이디푸스 왕〉은 아버지 살해, 근친상간, 자살, 자기파괴의 이야기다. 그리스의 비극 중에서 이 작품이 가장 널리 알려진 것은 아리스토텔레스가 《시학》에서 이것을 비극의 표본으로 다룬 것과 무관하지 않을 것이다. 이 작품은 비극을 규정하는 고전적 요소를 빠짐없이 가지고 있다. 치명적인 성격상의 결함 때문에 나락으로 굴러떨어지는 고귀한 신분의 인물, 시간(하루 동안)과 공간(테베의 왕궁 밖)의 일치, 관객에게 불러일으키는 공포와 연민의 감정, 최후의 정화 혹은 카타르시스가 모두 있다. 카타르시스는 하나의 행동이 피치못할 결론까지 이르렀을 때 느끼는 감정으로 정의할 수 있겠다. 관객은 연민과 공포의 감정을 카타르시스를 통해 해소하면서 평화롭게 남는다. 비록 비극적이지만 결말은 옳다. 아무것도 덧붙이거나 보탤 것이 없다.

연극이 시작되자 무서운 전염병이 테베 시를 휩쓸고 있다. 델피의 신탁에 따르면 이 전염병은 라이오스 왕을 죽인 살인범을 잡아내 처벌해야만 없어진다. 관습에 따라 전왕의 왕비 요카스타와 결혼한 현왕 오이디푸스는 살인범을 찾아내 테베를 구하겠노라고 맹세한다. 그가 이 맹세를 하기 전에 이미 두 개의 예언이 있었다. 그 중 하나는 요카스타와 라이오스가 들었는데 두 사람 사이에서 태어난 아들이 아버지를 죽이고 어머니와 결혼하리라는 예언이었다(오른쪽 팁 참조). 아들이 태어나자 라이오스는(요카스타의 동의 없이) 키타에론 산의 산비탈에 내다버린다. 또 하나의 예언은 코린토스에서 왕의 아들로 성장한 오이디푸스의 귀에 들어온 것으로 그가 장차 아버지를 죽이고 어머니와 결혼하리라는 내용이었다. 오이디푸스는 그런 운명에서 벗어나기 위해 코린토스를 떠난다. 그런데 세 개의 길이 하나로 만나는 곳에서 노인 한 명과 그의 두 종과 말다툼을 벌이게 된다. 분을 못 이긴 오이디푸스는 그들을 죽여버린다. 하인 한 명만 간신히 목숨을 건져 도망간다. 테베로 간 오이디푸스는 "아침에는 네 발로 걷고 낮에는 두 발로 걷다가 밤에는 세 발로 걷는 게 무엇이냐?"는 스핑크스의 수수께끼를 풀어 테베를 구한다. 정답은 "사람"이었다. 감격한 테베 시민들에 의해 왕으로 추대된 오이디푸스는 요카스타와 결혼하여 네 명의 자식을 얻는다.

연극은 아이러니 그 자체다. 관객은 오이디푸스가 찾는 살인범이 오이디푸스 자신이며 그가 살인범에게 퍼붓는 저주가 그 자신에게 돌아오리란 걸 안다. 예상된 사건은 기어이 일어난다. 요카스타는 자살하고 오이디푸스는 자신의 눈을 찌른 다음 망명의 길을 떠난다.

비극은 신탁이 들어맞고 방랑하는 왕에게 신들이 정당한 응징을 가하는 것으로 끝난다. 전체적으로 보면 이 극에는 뚜렷한 훈계가 있다. 신들은 전능하며 그에 합당한 존경과 명예를 누려야 한다는 것이다. 그렇다면 오이디푸스는 이 우주적 드라마에서 일개 졸 아니면 자기파괴의 대리인에 지나지 않는 것일까? 오이디푸스의 운명은 아테네 시민들에게 경종을 울린 것이었을까?

테베를 세운 카드모스 가문

시드온 왕에게는 에우로파라는 딸이 있었는데 황소로 변장한 제우스가 그녀를 납치하여 본인의 동의 아래 크레타로 데려갔다. 이곳에서 에우로파는 미노스와 라다만티스의 어머니가 된다. 시드온 왕은 딸을 찾으러 아들들을 보냈다. 아들 중 하나인 카드모스가 델피의 신탁에 도움을 청한다. 델피의 여제관은 이제 에우로파는 잊어버리고 새로운 도시를 세우라고 조언하면서 암소를 따라가다가 그 암소가 처음으로 쉬는 곳에다 테베를 세우라고 지시한다. 처음에 그는 용을 죽여야 하는데 아테나는 그 용의 이빨을 땅에 뿌리라고 명령한다. 그러자 무장을 한 전사들이 땅에서 솟아올라서 서로 죽고 죽이다가 겨우 다섯 명만 살아남는다. 이 다섯 명의 전사와 함께 카드모스는 테베를 건설하고 다섯 딸과 외아들을 두었다. 카드모스는 선한 사람이었지만 그의 후손들에게는 불행이 잇따랐다. 특히 오이디푸스와 안티고네의 고생이 심했다.

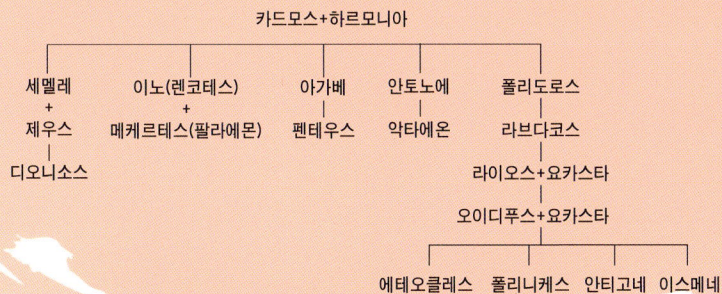

제 5 장 아테네의 황금기 – 이상적 삶의 완성

일반적으로 그리스 비극은 주인공이 어떤 행동을 해도 잘못으로 빠지는 그런 상황에서 벌어진다. 아가멤논은 딸을 죽이지 않으면 자신의 말을 뒤집는 셈이 된다. 오레스테스는 어머니를 죽이지 않으면 아폴로에게 거역하는 셈이 된다. 오이디푸스는 진실을 발견하지 않으면 자기 나라가 망하는 꼴을 지켜보아야 한다. 주인공이 엉겁결에 잘못을 저질렀건 잘해 보려다가 오히려 일이 꼬이게 되었건 천벌을 정당화시키는 또 다른 잘못이 빚어진다. 값비싼 염료로 물을 들여 오직 신들을 위해서만 깔았던 자줏빛 카펫 위로 걸어가던 아가멤논을 보자. 그 오만불손한 거동은 신들의 분노를 살 수밖에 없었다. 그것은 신을 능멸하는 행위였다.

고대 그리스에서 자부심은 일종의 미덕이었다. 최고를 추구하는 장인 정신은 인상 깊은 성취를 올렸고 이것은 당사자의 자존심을 높여 주었다. 자신이 이루어낸 결과에 대해 자부심을 느끼는 것은 자연스러운 현상이었다. 자신의 업적을 통해 어떤 식으로든 모든 사람이 덕을 보았기 때문이다. 하지만 스스로에 대한 자부심은 그것과는 다른 문제였다. 그런 종류의 허영심은 한 사람을 끌어올리면서 많은 사람들을 초라하게 만들기 때문이다. 다른 사람들에게 허영보다 더 큰 피해를 주는 것이 바로 오만불손함이었다. 〈오이디푸스 왕〉을 자세히 읽으면 오이디푸스가 진리의 유일한 탐구자로 자처하면서 남들에게 우월감을 느끼는 대목이 많이 나온다. 오이디푸스는 그의 치명적 결함인 공명심 때문에 테이레시아스와 크레온을 공격했다가 본전도 못 건졌고 테베의 미래는 자기 손에 달려 있다고 스스로를 과신했다.

치명적 결함을 안은 왕의 비극적 결말은 아테네 시민들에게 던지는 경고였을까? 〈오이디푸스 왕〉은 펠레폰네소스 전쟁이 시작될 무렵에 만들어졌지만 대다수의 아테네 사람들을 수렁으로 몰아넣은 것

제5장 아테네의 황금기 ─ 이상적 삶의 완성

은 아테네 제국이라는 전쟁의 대의였다. 수십 년 동안 아테네는 경제적으로건 정치적으로건 경쟁 관계에 있던 나라들을 희생시키면서 부와 권력을 축적했다. 권력은 부패하기 마련이고 권력처럼 끊기 어려운 마약은 없다는 말은 제국의 막강한 힘에 환호했던 아테네의 시민들에게도 적용되어야 할 만고불변의 진리였다. 아테네의 우위를 확신하던 오만한 대중은 소포클레스 같은 사람들의 경고를 귀담아 듣지 않았다. 아테네의 지도자들은 '열등한' 스파르타와 싸우면서도 흥청망청한 생활을 포기하지 않았다.

아스파시아와 여성 교육

밀레투스의 아스파시아는 페리클레스와 아테네의 지성계에 상당한 영향을 미쳤다. 외국인으로 고등교육을 받았고 머리가 비상했던 아스파시아는 페리클레스의 정부이며 말벗이었다. 고대 그리스에서 이런 여자들은 육체적으로, 지적으로, 정서적으로 아테네 유력 인사들과 어울리면서 발언권을 행사했다. 교육을 받았고 음악, 무용, 대화, 그 밖의 사교 활동에 능했던 그들은 그리스의 가정주부들에게는 허용되지 않았던 역할을 도맡았다.

그리스 부인들은 가정을 책임지고 꾸려나가기는 했지만 가정의 울타리를 벗어난 사회 활동에 적극적으로 참여할 수 없었다(대부분의 아녀자들은 물레질, 바느질, 뜨개질, 요리 같은 집안 살림을 배우도록 권장되었다). 정치적 입김을 행사한다는 이유로 비난도 받았지만 아스파시아는 페리클레스의 저택에서 최초의 살롱 비슷한 사교 모임을 만들었다. 그녀는 내로라하는 예술가, 철학자, 정치 지도자를 이곳으로 초대했고 좀더 자유로운 생활을 하는 여자들도 불러들였다.

그 중에는 관습을 어기고 부인을 아스파시아의 저녁 만찬에 동반하여 남편의 지적인 반려가 될 수 있도록 교육받은 여성이 좀더 많이 나와야 한다는 토론에 참여한 남자도 있었다. 페리클레스에게 수사학을 가르친 주인공으로 소크라테스에게 지목받은 아스파시아는 페리클레스의 연설 원고를 작성하는 데 도움을 주었던 것으로 보인다.

5. 아테네의 황금기 : 이상적 삶의 완성 **175**

사려깊은 시민들이 결코 원하지 않았던 제국의 규모와 위세는 스파르타를 자극했다. 결국 "아테네는 허수아비가 되었고 아테네의 힘은 무력으로 타도되었다."(투키디데스) 전쟁의 불씨도 오만에서 나왔고 자신만만하던 도시가 결국 패한 것도 그 오만 때문이었다.

에우리피데스-기원전 484~406년

에우리피데스는 심리 묘사에 탁월한 극작가였다. 그는 패잔병의 참상, 여자의 열등한 지위, 남편에게 쫓겨난 아내, 아내를 등쳐먹는 남편, 농민들이 당하는 착취, 전쟁에서 진 사람들의 심경을 즐겨 묘사했다. 소포클레스는 "나는 사람들이 살아가야 할 모습을 그리지만 에우리피데스는 사람들을 있는 그대로 묘사한다"고 말했다고 아리스토텔레스는 전한다. 고통스러운 현실을 인정사정없이 드러냈던 에우리피데스는 사람들이 부담스러워하는 진실을 캐내려 한 예술가들이 겪는 공통된 운명을 겪었다. 그는 90편의 연극을 써서 1등상을 네 번밖에 못 받았다. 그나마 한 번은 죽고 나서 받은 것이었다. 그래도 작품은 많이 남은 편이어서 아이스킬로스와 소포클레스를 합친 것보다 많은 열아홉 편의 작품이 전해진다. 얄궂은 운명의 반전이 아닐 수 없다.

엘렉트라라는 인물에 대한 상이한 해석은 세 극작가의 대조적 양식을 극명하게 드러낸다. 아이스킬로스는 〈엘렉트라〉에서 오레스테스와 누이 엘렉트라를 정의의 관념을 발전시키기 위한 매개 고리로 묘사한 반면 소포클레스는 자신이 받은 수모를 끝끝내 잊지 못하다가 발광 직전에 이르는 엘렉트라의 고전적 모습을 제시한다. 그러나

에우리피데스는 엘렉트라와 오레스테스를 복수에만 눈이 먼 냉혈한 으로 그린다.

　세상을 뜨기 2년 전 에우리피데스는 문명이 발달한 아테네를 등지고 마케도니아의 오지에 가서 살다가 그곳에서 눈을 감았다. 이곳에서 쓴 작품이 〈주신 바코스의 시녀들〉이다. 여기서 에우리피데스는 자기가 알았던 이성 중심의 문명을 공박했다. 아테네 문명이 그를 무시했던 것처럼 그도 아테네를 조롱했다. 에우리피데스는 이 작품이 공연되는 것을 보지 못했지만 소포클레스는 이것을 아테네의 무대에 올리기 위해 백방으로 노력했다. 〈주신 바코스의 시녀들〉이 우승을 한 것으로 보아 아테네의 정신은 아직 죽지 않았던 것 같다. 투키디데스는 에우리피데스의 비문을 쓰면서 후손들에게 이렇게 말했다.

> 비록 그의 무덤은 말년의 은둔처 마케도니아에 있으나
> 그를 기념하는 것은 그리스의 온 땅.
> 예술로 그토록 많은 즐거움을 주었고 그토록 많은 칭송을 받았던
> 그의 조국 아테네, 헬라스 중의 헬라스.

전쟁과 평화

　세 명의 비극작가가 활동하는 동안 아테네 제국은 크게 강성해져서 스파르타를 비롯한 동맹국들은 점점 위협을 느끼게 되었다. 결국 스파르타가 기원전 431년 아테네를 침공하면서 한 세대에 걸친 펠로폰네소스 전쟁이 시작된다. 아테네는 스파르타가 재빠른 승리를 거두기에는 너무나 강했고 자기보다 열등한 문화를 제압하기에는 너무나 방만했다. 페리클레스는 지구전이 될 것으로 내다보고 아테네 주변 지

역을 막강한 스파르타 군에게 내주었다. 성벽 안으로 주민들을 모아들인 페리클레스는 해군에 의존하여 물자를 들여오면서 스파르타 동맹군을 공격했다. 이 전략은 성공을 거두는 듯싶었지만 아테네에서 전염병이 도는 바람에 사기가 급격히 떨어졌다. 그 다음부터는 이루 말할 수 없는 참상이 전개되었지만 그 와중에서도 자기 과신에 빠진 아테네는 무모한 전술을 포기하지 않았다. 아테네는 힘들이지 않고 적을 몰아낼 수 있는 기회가 여러 번 있었지만 강경파들이 무조건 항복을 받아내야 한다고 고집하는 바람에 물거품이 되고 말았다.

아테네의 행태는 이 전쟁의 성격을 잘 보여준다. 기원전 416년, 아테네는 중립을 고수하던 작은 멜로스 섬을 우리 편을 들지 않으면 적이라는 논리로 공격했다. 아테네는 압도적인 군사력으로 단 하루만에 모든 남자를 죽이고 여자와 아이는 노예로 팔아넘겼다. 에우리피데스가 〈트로이의 여인들〉이라는 격렬한 반전극을 쓴 것은 이런 만행을 보고 나서였을 것이다.

이듬해 아테네는 시칠리아의 시라쿠사 시에 대한 침공을 감행했다. 기원전 413년 이 무모한 원정은 완전한 실패로 돌아갔다. 니키아스 장군과 데모스테네스 장군이 전사했고 해군은 궤멸되었으며 육군은 대부분 전사하거나 노예가 되었다. 전쟁은 기원전 404년까지 질질 끌었지만 시칠리아 원정의 실패를 분수령으로 한때 강성했던 아테네 제국은 기울기 시작했다. 그리스 희극을 대표하는 아리스토파네스는 〈리시스트라타〉를 써서 전쟁을 종식시키는 기발한 방법을 소개했다.

시칠리아 원정에 참여했던 알키비아데스는 장군 중에서는 유일하게 목숨을 건졌지만 그것은 결코 우연이 아니었다. 그는 아테네에 팽배해 있던 새로운 자기중심적 개인주의의 표본이었다. 사심에 찬 그의 행동과 도덕적 상대주의는 당시의 소피스트들에 의해 지당하고 올바른 행동으로 평가받을 만한 것이었다. 강경파들로 하여금 시칠리아 원정에 나서도록 부채질한 것도 그였고 환송연을 구실로 술을 퍼마시면서 아테네의 성스러운 곳들을 모독한 것도 알키비아데스 일행이었다. 그는 시칠리아에 도착하기도 전에 스파르타로 변절했다. 그 뒤 다시 페르시아로 변절했다가 국가적 영웅이 되어 돌아왔고 급기야는 장군으로 추대되었다. 극단적인 경우였겠지만 이런 행동이 용인되고 포상까지 받았다는 것은 기원전 5세기 후반 무렵에는 아테네의 드높던 윤리 의식이 얼마나 땅에 떨어졌는지를 보여준다.

《펠로폰네소스 전쟁사》는 고대 그리스의 가장 위대한 역사가로 일컬어지는 투키디데스에 의해 씌어졌다. 그는 전쟁을 중심축에 놓고 역사를 썼다. "인간의 본성이 그대로인 한" 그런 갈등은 훗날에도 필연적으로 일어날 수밖에 없을 것이고 따라서 자신의 보고는 영원한 가치를 지니게 되리라고 믿었기 때문이었다. 전쟁으로 아테네는 제국을 잃었지만 스파르타도 완전한 승리를 거두지는 못했다. 스파르타의 지배는 반항적인 아테네의 위성 도시들을 다스리기에는 너무 거칠었다. 뿐만 아니라 전쟁으로 엄청난 인명 피해를 입은 스파르타로서는 제국을 운영하고 방어할 만한 인적 자원과 실력이 부족했다. 재빨리 상업의 주도권을 되찾은 아테네는 독재적 정파와 저력 있는 민주 세력 사이에서 동요하는 체제로 복귀했다. 도덕적 상대주의의 만연에도 불구하고 놀랍게도 아테네 문화는 새로운 전성기를 맞이했다. 소크라테스, 플라톤, 아리스토텔레스, 아리스토파네스 같은 쟁쟁한 인물들이 버티고 있었던 것이다.

내부의 적

 펠로폰네소스 전쟁이 터진 이듬해 페리클레스는 아테네의 모든 시민을 방호벽 안으로 모아들였다. 그러는 동안 스파르타는 주변의 농촌 지역을 유린했다. 과밀 인구로 인해 위생 상태가 나빠진 도시는 성문 밖의 스파르타 병사들보다 더 무서운 위험에 노출되었다. 투키디데스에 따르면 기원전 430년 발생한 전염병으로 인구의 3분의 1이 죽었다. 아테네 군의 사기는 급격히 떨어졌다. 아테네 시민들은 처음엔 스파르타 군이 우물에 독을 탔다고 비난했지만 나중에는 페리클레스를 원망했다. 그러나 페리클레스의 누이와 아들들, 나중에는 페리클레스 본인도 이 병으로 죽었다. 이 병은 무엇이었을까? 투키디데스가 묘사한 증세는 성홍열과 일치하지만 정확한 병명은 알 수가 없다. 이 병으로 인해 아테네 제국이 허물어졌고 세계사의 한 장을 마감한 전쟁이 길어졌다는 것은 분명하다.

제5장

아테네의 비판자—소크라테스와 아리스토파네스

아테네의 황금기—이상적 삶의 완성

아테네인의 가치관을 가장 집요하게 물고늘어진 사람은 누가 뭐래도 소크라테스였다. 우리는 소크라테스에 대해서는 거의 모른다. 그는 공개적인 자리에서는 발언을 하거나 토론을 벌이지 않았고 글을 한 줄도 남기지 않았기 때문이다. 우리가 가진 유일한 지식은 그의 제자인 플라톤과 크세노폰이 주로 기록한 것이다. 앎의 중요성을 부르짖었던 소크라테스는 이상적 삶의 궁극적 목표는 행복이라고 보았다. 그것은 무지의 쓰디쓴 열매를 피하는 것이기도 했지만 앎으로부터 나오는 덕이기도 했다. 바르게 아는 것, 바른 선택을 하는 것은 미덕이라고 소크라테스는 말했다. 그것만이 이성을 만족시키기 때문이었다.

소크라테스는 아테네 시민들에게 곤혹스러운 질문을 던지고 그들이 덕이라고 여기는 것과 그들이 살아가면서 지침으로 삼는 것을 반성해보라고 요구하면서 일평생을 살았다. 그는 낡은 가치들의 타락상에 대해 비슷한 견해를 가졌던 젊은 지식인들 사이에서는 인기가 높았지만 자기밖에 모르는 시민들, 특히 정치인들에게는 미움을 받았다. 그래서 불경죄와 젊은이를 타락시켰다는 날조된 죄목으로 결국 체포되었다.

기원전 399년 그와 동년배였던 배심원들은 두 가지 혐의가 모두 유죄라고 밝히고 사형 선고를 내렸다. 이 재판에서 소크라테스는 음미되지 않은 인생은 살 만한 가치가 없다고 주장한 자신을 아테네 시민의 속을 불편하게 만드는 등에로 묘사했다. 소크라테스는 사람들에게 그들이 한 말의 의미가 무엇인지를 묻고—당신이 말하는 '정의'는 무슨 뜻인가?—다시 더욱 날카로운 질문을 잇따라 던져 그들이 무슨 말을 하는지도 모르고 말했다는 것을 증명함으로써 사람들을 지혜의 길로 이끌었다. 그가 쓴 방법은 늘 똑같았다. 질문을 던지고 알맹이가 있어 보이는 답을 이끌어낸 다음 오류로 드러난 부분을 없애서 원래의 대답이 진리로 순화될 때까지 논리적 합리적 사유를 밀고 나가는 것이었다. 이것이 소크라테스의 전매특허인 변증술이었다. 이 방법이 얼마나 잘 먹혀들었는지 겁에 질린 정치인들은 '아테네의 등에'가 재판정에서 입을 열지 못하게 만드는 사법적 살인을 자행했다.

아테네인의 생활과 가치관을 꼬집은 또 한 명의 비판가는 아리스토파네스였다. 그는 가장 뛰어난 구희극(말보다는 상황으로 웃기는 후대의 희극과 구분하기 위한 명칭) 작가였다. 소크라테스는 아고라(시장)에서 자신의 뜻을 전파했기에 그만큼 꼬투리를 잡히기가 쉬웠지만 아리스토파네스는 무대라는 안전한 공간에서 처벌당할 위험성 없이 얼마든지 연극을 공연할 수 있었다. 보수적 귀족이었으며 대중의 요구에 영합하는 정치를 혐오한 아리스토파네스는 아이러니와 풍자를 동원하여 인간의 약점, 특히 아테네에 거주하는 사람들의 약점을 비꼬았다.

희극도 비극처럼 디오니소스를 기리는 종교 축제에서 비롯되었다. 기원전 486년 디오니소스 대축제 때 처음 선보인 희극은 최고 비극과 최고 희극을 가리는 경연 대회에서 없어서는 안 될 부분이 되었다. 희극은 비극과 동일한 기법(가면, 합창단)을 썼지만 한 가지 다른 점은 배우들이 남근의 상징물을 노골적으로 드러냈고 합창단이 관객에게 불쑥불쑥 말을 던졌다는 것이다. 남근은 물론 다산을 기원하는 디오니소스 축제에서 비롯된 것이지만 합창단이 연기를 하다 말고 관객에게 말을 하는 전통이 어디서 나왔는지는 불확실하다. 미묘한 암시를 선호했던 비극 작가들과는 달리 희극 작가들은 대화를 통해, 특히 합창단으로부터 튀어나오는 가시 돋친 신랄한 논평을 통해, 관객의 머리에 자신의 생각을 심어놓으려고 애썼다.

아리스토파네스는 무대를 통해 동시대인(소크라테스나 에우리피데스 같은 사람)을 공격했지만 한편으로는 위선과 부패, 어리석음, 탐욕, 전쟁과도 싸웠다. 〈구름〉에서 그는 소크라테스를 옳든 그르든 돈을 받고 논리를 가르치는 소피스트로 묘사했다. 그 논리는 소크라테스가 《변명》에서 토로했듯 실제 재판에서는 도움이 안 되는 것이었다. 〈벌〉은 타락한 재판관들을 꼬집은 작품이고 〈개구리〉는 아리스토파네스가 날카롭게 비판했던 아이스킬로스와 특히 에우리피데스에 대한 문학적 풍자였다. 〈기사〉에서 그는 대중 정치가들의 공통된 특징으로 역겨운 목소리, 한심한 가정교육, 상스러운 언동을 들었다.

〈리시스트라타〉는 현재 남아 있는 열한 편의 작품 중에서 전쟁의 허망함이라는 주제를 가장 잘 살린 작품이다. 여기서 비판되는 전쟁은 아테네의 번성에 종지부를 그은 펠로폰네소스 전쟁이다. 아테네 여성인 리시스트라타는 스파르타를 포함한 그리스의 전 여성에게 우리 모두 전쟁을 끝내기 위해 총궐기하자고 부르짖는다. 리시스트라타가 생각한 방법은 기발하면서도 간단했다. 전쟁이 끝날 때까지 남편과 잠자리를 갖지 말자는 것이었다. 사랑이냐 전쟁이냐 선택의 기로에 선 전사들은 가슴 뭉클한 애원까지 받아가면서 결국 사랑과 평화의 길을 따른다.

아리스토파네스의 풍자 희극은 '인간의 어리석음은 결코 사라지지 않는다' 같은 보편적 주제를 골라서 참신하게 다루었다. 그래서 그 당시에도 어마어마한 인기를 누렸지만 아직까지도 많은 작품이 공연되고 있다.

그리스 돈

동그란 금속의 앞면에 사람 머리를 넣고 뒷면에는 국가적 상징물을 넣어 주화를 만드는 전통은 2,500년 전 그리스에서 시작되었다. 이것은 아테네 황금기에 만들어진 4드라크마 은화다. '아테네의 올빼미'로 알려진 이 주화는 600년 동안 동부 지중해를 석권했다.

5.2 아테네의 4드라크마 은화.
기원전 510-490년. 지름 2.4cm.
앞면: 아테나의 머리.
뒷면: 올빼미의 왼쪽은 올리브 통이고 오른쪽은 아테네를 상징하는 문자.
보스턴 미술관.

제5장 아테네의 황금기 — 이상적 삶의 완성

스파르타인의 생활

'스파르타'라는 말은 지금도 엄격하고 혹독하고 규율이 강한 것을 의미하는 단어로 쓰인다. 고대 스파르타인은 어떻게 살아갔을까? 집단 중심의 스파르타 사회는 맨 위에 전사 계급이 있었고 그 밑에 상업과 제조업에 종사하던 자유민과 국가 소속의 수많은 노예가 있었다. 스파르타인은 태어난 아기가 약골로 드러나면 산에 내다버려 죽게 만들었다. 일곱 살 때부터 군사 훈련을 받았으며 열두 살까지는 옷을 입지 못했다. 스무 살이면 군인이 되었고 서른 살까지 막사 생활을 하다가 다시 예순 살까지 방위대에 소속되었다. 그때까지 살아남은 사람만 비로소 군에서 벗어날 수 있었다. 결혼과 튼튼한 아이가 중시되었고 남자는 부인과 저녁을 함께 보낼 수는 있었지만 밤새도록 같이 지낼 수는 없었다. 스파르타의 여자들은 건강한 아기를 낳도록 육체 훈련을 받았다. 남자는 전쟁을 맡았고 여자는 미래의 군인과 군인의 어머니를 길렀다. 일은 대부분 노예들이 했다.

문헌 2   페리클레스의 기념 연설

　이 명연설을 읽고 있노라면 아이스킬로스의 연극에서 제기된 인간의 포부에 대한 물음을 떠올리지 않을 수 없게 된다. 〈아가멤논〉에서 합창대는 소박한 삶을 찬양하면서 지나친 물욕을 호되게 비난했다. 〈자비로운 여신들〉에서 제기된 물음은 정의는 이성에 의해 집행되어야 하는가, 아니면 대대로 전해내려오는 집요한 복수심에 의해 집행되어야 하는가 하는 것이었다. 아이스킬로스는 사람들과 공포를 통해 다스리는 절대적 신 사이의 갈등을 파고들었다.
　그리스인이 던졌을 법한 물음은 여기서 그치지 않는다. 국가는 자기 방어를 위해 상비군을 두어야 하는가? 문화적 가치를 추구하는 삶은 국가를 허약하게 만드는가? 이런 것도 그리스인에게는 중요한 문제였을 것이다. 그러나 당시 가장 절박하게 다가왔던 것은 과연 민주주의는 효율적으로, 효과적으로 기능할 수 있는가 하는 물음이 아니었을까? 절대 체제는 신속하고 일사불란하게 돌아가는 반면 민주 사회는 말만 요란하지 제대로 되는 일이 없다는 것이 민주주의에 반대하는 세력의 논리였다. 훗날 아리스토텔레스는 문제의 핵심을 정확하게 찔렀다. "민주주의는 어떤 측면에서 똑같은 사람들은 모든 측면들에서 똑같다는 발상에서 나왔다. 사람은 똑같이 자유롭기 때문에 절대적으로 똑같다는 주장이다."
　페리클레스의 이 유명한 연설은 투키디데스의 《펠로폰네소스 전쟁사》에 실려 있다. 이것은 싸움터에서 죽은 젊은 아테네 청년들의 장례식에서 페리클레스가 행한 추도사다. 페리클레스는 운집한 시민들을 한 차례 둘러보고 나서 연설을 시작했다.

　"고인들을 추모하기 전에 저는 우리가 어떤 행동 원칙을 통해 강국으로 부상했는지를, 어떤 제도 밑에서 어떤 생활 자세를 취했기에 우리의 제국이 위대해졌는가를 우선 말씀드리고 싶습니다. 이런 자리에서는 한번쯤 그런 생각을 해보는 것도 괜찮다 싶었고 여기 모이신 수많은 시민과 외지인께서도 한번 들어두시면 도움이 되지 않을까 싶기 때문입니다.
　우리의 정부 형태는 다른 나라의 제도들과 각축을 벌이지 않습니다. 우리는 이웃들을 모방하지 않고 이웃들에게 본보기가 됩니다. 그렇습니다. 우리는 민주주의라고 불립니다. 행정부가 몇 사람의 손에 들어가 있는 것이 아니라 많은 사람의 손에 들어가 있기 때문입니다. 우리의 법은 사적인 분쟁에서 당사자 모두에게 동등한 정의를 보장하지만 출중함 또한 인정합니다. 어떤 방면에서든 능력이 뛰어난 시민은 공직에서 우대를 받습니다만 그것은 특혜가 아니라 공로에 대한 보상입니다. 가난도 장애물은 아닙니다. 아무리 형편이 어려운 사람도 조국으로부터 혜택을 받을 수 있습니다. 우리의 공적 생활은 배타적이지 않으며 우리의 사적 교분은 서로를 의심하지 않고 스스로 원하는 일을 하는 이웃에게 화를 내지 않습니다. 우리는 이웃에게 얼굴을 찌푸리지 않습니다. 피해야 안 가겠지만 상대방은 유쾌하지는 않을 테니까요. 이렇게 우리의 사적 교분에는 제약이 없습니다만 우리의 공적 행동에는 경외감이 스며 있습니다. 우리는 정부와 법을 존중하는 마음이 있어 악을 저지르지 않습니다. 다친 사람을 보살피는 임무를 부여받은 기관들에 대해서는 물론이요 씌어지지 않은 불문법에도 각별한 관심이 있어서 이것을 어기는 자는 국민 정서가 용납하지 않습니다.

우리는 또한 우리의 지친 영혼이 편히 쉴 수 있도록 배려하는 것도 잊지 않습니다. 그래서 해마다 날짜를 정해놓고 각종 시합을 벌이고 제례를 올립니다. 우리의 생활 수준은 높습니다. 이 모든 것에서 우리가 매일 느끼는 희열은 우울함을 털어버리는 데 도움이 됩니다. 우리 도시의 위대함 덕분에 이 세상의 온갖 결실이 우리에게로 흘러듭니다. 우리는 다른 나라에서 온 물건들을 우리 것처럼 편하게 구해서 쓸 수 있습니다.

그뿐이 아닙니다. 우리의 군사 훈련은 적들의 군사 훈련보다 우수한 점이 많습니다. 우리의 도시는 세계로 활짝 열려 있습니다. 우리는 외국인을 배척하지 않으며 적을 유리하게 만들 기밀을 외국인이 우리 땅에서 보거나 배우는 것을 막지 않습니다. 우리가 의존하는 것은 술수가 아니라 우리 자신의 심장과 손입니다. 우리의 교육은 용감한 심장과 손을 만들기 위해 어릴 때부터 부지런히 단련시킵니다. 그래서 우리는 편하게 지내다가도 심장과 손이 직면하는 위험을 언제든지 기꺼이 맞이할 준비가 되어 있습니다. (…)

힘겨운 군사 훈련을 받지 않았어도 가벼운 마음으로, 법의 강요가 아니라 몸에 밴 용기를 가지고 우리가 선뜻 위험을 감수할 수 있다면 우리가 훨씬 똑똑한 것 아니겠습니까? 우리는 고통을 예상하지 않으므로 결정적 순간이 왔을 때 쉴새없이 군사 훈련만 하는 사람들 못지않게 용감할 수 있습니다. 그래서 우리는 평화에서도 전쟁에서도 모두 앞서는 나라입니다. 우리는 미의 애호가들이지만 소박한 취향을 가졌고, 교양을 중시하지만 남자다움을 잃지는 않습니다. 우리는 자랑하거나 과시하기 위해서가 아니라 정말 요긴할 때에 써먹으려고 재산을 모읍니다. 가난을 털어놓는 것은 우리에게는 치욕이 아닙니다. 진짜 치욕은 가난을 면하기 위한 노력을 하지 않는 것입니다.

아테네 시민은 가족을 돌봐야 한다는 이유로 나라에 등을 돌리지 않습니다. 장사하는 사람도 정치가 어떻게 돌아가는지 잘 압니다. 공공의 일에 관심이 없는 사람을 무해한 인물이 아니라 무익한 인물로 간주하는 것은 우리뿐입니다. 발기인은 우리 중에서도 극소수지만 우리는 누구든지 정책의 건전한 심판자가 될 수 있습니다. 행동에 가장 큰 걸림돌이 되는 것은 토론이 아니라 행동에 앞서 토론으로 얻을 수 있는 지식이 부족한 것이라고 봅니다. 우리는 행동하기 전에 생각하고 행동하는 남다른 능력을 가지고 있지만 다른 사람들은 무지에서 나오는 용기는 있어도 성찰이 필요한 자리에서는 머뭇거립니다. 삶의 고통과 즐거움을 모두 명철하게 인식하는 가운데 위험에서 물러서지 않는 사람의 용감한 정신은 존경받아 마땅합니다.

선을 행할 때도 우리는 남다릅니다. 우리는 호의를 받음으로써가 아니라 호의를 베풂으로써 친구를 만듭니다. 절친한 친구에게 호의를 베푸는 것은 의무의 기억을 생생하게 유지시키고 싶어서입니다. 그러나 호의를 받는 사람의 감정은 차갑습니다. 다른 사람의 너그러움을 받아들인다는 것은 나중에 상대방으로 하여금 감사하다는 생각을 갖게 하는 것이 아니라 갚아할 빚이 있다는 뜻이기 때문입니다. 오직 우리만이 이해타산에 의해서가 아니라 자유에 대한 확신과 거리낄 것 없는 솔직 담백한 마음으로 우리의 이웃에게 선행을 베풉니다.

결국 제가 말하고 싶은 것은 아테네는 헬라스의 본보기이며 아테네 시민 한 사람한 사람은 더할 나위 없이 능숙하고 기품 있게 온갖 다양한 행동 양식에 적응할 수 있는 능력을 갖고 있다는 것입니다. 이것은 그저 지나가는 김에 던져보는 말이 아니라 진실이며 사실입니다. 이 주장의 타당성은 이런 특성들 때문에 국가가 오늘의 지위로 올라섰다는 점에서도 확인됩니다.

시련이 닥쳤을 때도 오직 아테네만이 말보다 실천을 앞세웁니다. 아테네와 맞섰던 그 어떤 적도 패배를 감내해야 하는 처지에 분개하지 않습니다. 어떤 속국도 주인 자격이 없다고 우리에게 불평하지 않습니다. 우리에게는 확실한 증인이 있습니다. 우리의 힘으로 지은 저 거대한 기념물들은 자손 만대에 걸쳐 경탄을 자아낼 것입니다. 우리에게는 호메로스의 찬사도 그 어떤 시인들의 찬사도 필요하지 않습니다. 시인의 글은 잠시 즐거움을 주겠지만 한낮의 햇살 아래 드러나는 사실처럼 압도적이지는 않습니다. 우리의 용맹성 앞에서 모든 땅과 바다는 우리에게 길을 터줄 수밖에 없었습니다. 우리는 우정과 증오의 영원한 기념물을 사방에 남겨놓았습니다. 이런 조국을 위해 이 사람들은 고귀하게 싸우다 죽었습니다. 조국을 빼앗길지도 모른다는 생각에 수수방관할 수 없었던 것입니다. 살아남은 우리도 모두 조국을 위해 기꺼이 몸바쳐 일해야겠습니다."

제6장
그리스, 헬레니즘 시대

> 그리스 문명이 존재하지 않았다면 …… 우리는 완전한 자각에 이르지 못했을 것이다.
> 다시 말해서 좋든 싫든 우리는 완전한 인간이 되지 못했을 것이다. — 오든

"그리스라는 말은 이제 인종이 아니라 견해를 가리키며 우리와 같은 피가 아니라 우리와 같은 문화를 공유하는 사람들에게 쓰이는 단어다." 이것은 기원전 380년 아테네의 웅변가 이소크라테스가 한 말이다. 그 무렵 그리스 도시국가들은 동부 지중해를 잃은 지 오래였지만 그리스 문화는 지중해 전역은 물론 광대한 페르시아 제국까지 영향력을 떨치고 있었다.

알렉산드로스 대왕의 두상. 기원전 330~325년경. 대리석. 아테네 아크로폴리스 박물관. 역사상 가장 위대한 군인이었던 그는 당시까지 알려진 세계 전부를 불과 12년만에 정복하여 헬레니즘 문명을 건설했다.

지도 6.1 **알렉산드로스의 제국**(기원전 323년).

그리스의 도시국가들은 왜 쇠퇴한 것일까? 그들은 열정과 자부심을 가지고 페르시아 제국의 막강한 군대를 궤멸시킬 수 있었다. 처음이자 마지막으로 그들은 공동의 적을 앞에 두고 하나로 뭉쳤다. 그러나 전쟁이 끝나고부터 그들의 자부심과 호전적 독립심은 끝없는 알력을 낳았다. 그 알력은 결국 아테네와 스파르타의 처참한 전쟁으로 비화되었고 나머지 도시국가들은 이 두 적대 국가에 동맹국으로 가세했다. 페르시아 전쟁(기원전 490-479년)은 자신감을 불러일으켰지만 펠로폰네소스 전쟁(기원전 431-404년)은 절망과 상흔만을 남겨놓았다. 다른 나라들을 확실히 힘으로 제압할 수 있는 도시국가가 하나도 없었으므로 연방은 결성될 수 없었다. 한동안 스파르타가

---

01 스파르타의 통치가 무위로 돌아간 이후 아테네는 크리티아스와 30인의 참주들 밑에서 폭정을 겪었고 잠시 내란이 이어졌다. 민주주의는 기원전 401년에야 회복되었다. 기원전 399년 소크라테스를 재판에 회부하여 처형한 것은 이 아테네의 불완전한 민주 정부였다.

부상하나 싶더니 곧 테베, 아테네,01 코린트로 주도권이 잇따라 넘어갔다. 그 배후에는 뇌물과 공갈로 사건을 조작하면서 잇속을 챙긴 페르시아 제국이 버티고 있었다.

기원전 4세기 중반 그리스 문명의 후방에서는 마케도니아의 필리포스 왕이 장차 그리스 전역을 통일하게 될 거대한 제국을 향해 차근차근 움직이고 있었다. 그의 야심은 군사 전략을 통해 성취되기도 했지만 대부분은 아테네의 웅변가 데모스테네스의 거듭된 경고에도 불구하고 결국 성공을 거둔 일련의 정치적 외교적 수단에 의해 실현되었다.

기원전 336년 필리포스 왕이 암살당하자 아리스토텔레스의 가르침을 받았던 그의 총명한 아들 알렉산드로스가 왕위에 올랐다. 한 차례의 대규모 원정을 통해 알렉산드로스는 그리스, 이집트, 페르시아 제국(오늘날의 터키 영토를 포함하여), 그리고 동쪽으로 멀리 인도까지를 하나의 거대한 제국으로 통합했다. 그 과정에서 알렉산드로스 왕은 그리스 문화를 드넓은 영토로 구석구석 퍼뜨렸다.

알렉산드로스는 그리스 식의 '국가 동맹'을 세워보려고 마음먹었던 것 같다. 정복당한 민족들은 일정한 자치권을 행사할 수 있었으며 기존의 관습을 고스란히 유지할 수 있었다. 그리스 말과 그리스 문화가 제국 곳곳으로 전파된 덕분에 수많은 사람들이 그리스의 선진 문명을 접할 수 있었다. 알렉산드로스는 정복할 새로운 땅이 부족한 것을 한탄하면서 서른셋의 나이로 죽었다. 그가 염두에 두었던 것은 지리적 정복이 아니라 문화적 정복이었을 것이다.

그리스의 보편적 문화를 전파하겠다는 꿈을 실현시키기 위해 알렉산드로스는 수많은 도시를 건설했다. 시리아의 안티오크를 비롯하여 십여 개의 알렉산드리아 시를 동쪽으로 멀리 박트리아 지방(지금의 아프가니스탄)까지 세운 다음 이곳에 박물관, 도서관, 그밖의 문명 시설을 지었다. 이집트에 건설된 알렉산드리아는 아테네를 젖히고 문화의 중심지가 되었으며 가장 큰 고대 도시로 떠올랐다.

이집트를 다스린 최초의 그리스 지배자 프톨레마이오스 1세에 의해 세워진 유명한 알렉산드리아 도서관은 율리우스 카이사르의 시대(기원전 1세기)에 이르면 무려 70만 권의 장서를 보유한 거대한 도서관으로 성장한다. 알렉산드로스가 건설한 제국은 근근히 명맥을 잇다가 기원전 146년 로마가 아카이아 동맹을 정복하면서 멸망했다. 그러나 헬레니즘 예술과 철학은 7세기 동안 이어진 로마 시대에도 상당한 영향력을 발휘했다.

'헬레니즘'은 알렉산드로스의 정복에 뒤이어 지중해와 근동 전역에 퍼진 문명을 가리키는 말이다. 이것은 서양에 처음으로 등장한 국제 문화였다. 헬레니즘 문화의 모태는 그리스어였으며 터전은 도시, 특히 알렉산드리아라는 이름이 붙은 모든 도시였다. 정치 제도는 귀족 정치였지만 어느 정도의 참여 민주주의는 보장되어 있었다. 보편성을 추구한 헬레니즘 문화에서 개인의 출신 지역은 별로 문제시되지 않았다. 그리스인이 된다는 것은 진정한 교양인이 된다는 뜻이었고 또 그래야만 국제적 성격을 띠었던 당시의 문명에 적극적으로 참여할 수 있었다. 교양인의 전범이 된 것은 알렉산드리아의 학자와 과학자-수학자였고 플라톤과 아리스토텔레스 같은 철학자였다. 이 두 철학자는 강인한 사유력을 특징으로 하는 그리스 사상의 기본틀을 세웠다.

플라톤 – 기원전 427~347년

페리클레스가 세상을 뜬 지 2년 뒤에 태어난 플라톤은 펠레폰네소스 전쟁에서 아테네가 졌을 때 아직 청년이었다. 그는 소크라테스의 성실한 제자였다. 플라톤의 초기 저작에서는 플라톤의 생각과 소크라테스의 생각을 구분하기 어렵다. 주로 소크라테스와 제자들이 주고받은 대화로 되어 있기 때문이다. 플라톤은 이 대화 안에 자신의 생각을 상당수 집어넣었거나 자신이 동의하는 소크라테스의 생각을 적어놓았을 것이다. 플라톤은 어느 정도 나이가 들어서야, 가령 《법》에서처럼 자신의 독자적 사유를 펼쳤다.

실재, 다시 말해서 진짜로 있는 것에 대한 플라톤의 생각은 세계 철학에 그가 가장 크게 기여한 점이다. 그는 피타고라스와 엘레아 학파가 닦아놓은 기초 위에서 실재가 무엇인가를 판가름하는 근본 기준은 영원성과 불변성이어야 하며 실재는 오직 마음으로만 알아낼 수 있다고 주장했다. 그는 우리의 감각에 들어오는 모든 주변 대상물은 실재가 아니라고 믿었다. 나무, 동물, 인간, 심지어는 사랑이나 정의 같은 추상적 관념도 실재가 아니었다. 플라톤은 감각으로 파악되는 모든 대상물은 실재의 그림자에 지나지 않으며 질료(물질적 재료)와 결합된 불완전한 존재라고 역설했다. 그것을 그는 '동굴의 우화'(215쪽)로 설명했다.

실재

플라톤이 생각한 실재는 모든 기본적 사물의 이데아(또는 형상)로 이루어진 것이었다. 플라톤의 형상은 감각 너머에, 심지어는 마음조차 넘어서는 곳에 있었다. 이데아는 물리적 속성이나 물질적 실체를 갖지 않는다. 그것은 우리가 이 세상에 살면서 보고 또 아는 모든 사물의 '순수 형식'이다. 이 형상은 사람들의 마음에 있는 생각은 아니다. 완전한 나무나 의자를 상상하려는 노력은 플라톤의 형상과 아무 상관이 없다. 그의 이데아[02]는 존재하며 불변하며 모든 사물의 근원이다. 우주 안에 있는 모든 것의 영원한 형상이다. 그러나 우리가 지각하는 개별적 사물은 이 형상의 왜곡되고 불순물이 섞인 그림자다. 아무리 순도가 높아도 물질이 섞여 있는 한 그것은 이데아가 아니다.

건축가에게 건물 설계를 의뢰했다고 하자. 설계에 얽힌 복잡한 문제로 씨름하던 건축가의 머리에 완벽한 건물의 이미지가 순간적으로 떠오른다. "이거다!" 건축가는 쾌재를 부르며 설계 도면을 그려나간다. 하지만 그 과정에서 수정은 불가피하며 원래의 계획과는 조금 달라진다. 난방, 냉방, 조명, 부대 시설 같은 현실적 문제들을 해결하다 보니 다시 수정이 가해진다. 이렇게 해서 완성된 청사진은 이미 원래의 구상과는 상당히 차이가 난다. 건설이 시작된다. 도중에 파업이 일어나서 어쩔 수 없이 자재를 바꾸게 된다. 비용이 예산을 초과하는 바람에 공간을 줄이고 값싼 마감재를 사용한다. 드디어 사람들이 이용할 수 있는 물질적 형태를 갖춘 건물이 완성된다.

이 건물은 어느 단계에서 실재에 가장 가깝다고 말할 수 있을까?

---

02 플라톤의 사상에 접근하는 데는 두 단어가 모두 필요하기 때문에 여기서는 '이데아'와 '형상'을 혼용한다.

순수한 착상이었을 때가 실재에 가장 가까웠고 구조와 자재에 수정이 가해질 때마다 실재에서 멀어졌다고 말하는 사람도 있을 것이다. 틀림없이 건축가는 최종 완성물을 자신이 원래 구상한 것의 그림자에 불과한 것으로 여긴다. 일단은 이것이 맞는다고 해두자. 물질로 이루어진 건물은 '실재하는' 이데아의 엉성한 재현이라고 해두자는 말이다.

이제 건축가가 영원의 창조자이며 건물은 우주에 해당한다고 가정하자. 모든 사물의 이데아는 이 영원성의 관념 안에 존재했으며 이 형상들은 영원히 존재한다. 하지만 이것들은 질료와 섞이면서 일그러진다. 그래서 나온 것이 동물이고 식물이고 광물이다. 이것이 바로 진짜로 존재하는 것에 대한 플라톤의 생각인데 우리는 여기서 한 발 더 나아가 창조자를 빼야 한다. 플라톤도 신들에 대해서 말하긴 했지만 조물주가 형상을 만들었다고 믿지는 않았다. 형상은 아득한 옛날부터 존재해온 것이다.

실재에 대한 플라톤의 이런 생각은 철학적 반향을 불러일으켰는데 그 중에서도 영혼과 육체를 분리하려는 생각이 여기서 크게 영향을 받았다. 본질의 영역에 속한 영혼이 천하고 물질적인 육체에 속박되어 있다는 믿음이었다. 그리스도교 신앙에서 이것은 아주 중대한 문제다. 아우구스티누스는 플라톤주의에서 많은 것을 끌어와 처음으로 통일된 그리스도교 신학을 세웠다. 특히 플라톤은 이데아의 영역에도 위계 질서가 있어 맨 아래에는 식물과 동물의 본질이 있고 가장 꼭대기에는 선의 이데아가 있다고 믿었다. 이런 생각은 '동굴의 우화'에서 빛과 불의 이미지로 나타났다. 초기 그리스도교 신학은 이 선을 신의 개념으로 바꾸어 크리스찬이라면 누구나 추구해야 할 가장 드높고 숭고한 이상과 목표로 만들었다.

예술과 윤리

영혼에 대한 관심이 남다르다 보니 플라톤은 아테네인의 생활에서 시와 음악 같은 예술이 차지하는 역할도 다각도로 성찰했다. 플라톤도 다른 사람들처럼 음악은 세 가지 방식으로 의지에 영향을 미친다고 믿었다. 음악은 (1)행동을 유발하고 (2)성격을 강화시키며(또는 거꾸로 약화시키며) (3)정상적 의지력을 잠시 유보시켜 사람들로 하여금 자신들의 행동을 알아차리지 못하게 만들 수 있다. 윤리적 당위를 강조한 그리스인들은 에토스의 원리를 발전시켰는데 플라톤은 에토스의 가장 열렬한 옹호자였다.

예술 작품은 감정에 호소하지만 에토스(인격)의 원리는 예술 작품에 담겨 있는 윤리적, 이상적, 보편적 요소에 관심을 둔다(감정 또는 '정념'을 그리스어로는 파토스라고 한다). 에토스의 원리는 음악의 영역 안에 외부적 질서를 끌어들였다. 플라톤은 영혼의 운동과 음악의 진행은 유사하다고 보았다. 따라서 음악은 단순한 즐거움의 차원을 넘어 영혼의 조화로운 교육과 완성이라고 하는 목표를 설정해야 한다. 음악의 일차적 역할은 인격을 세우고 윤리적 행동을 고무하는 교육이었다. 음악 활동은 개인의 영역이 아니라 공공의 영역이었다. 음악의 주체는 가정이 아니라 국가라야 했다. 모든 선율, 리듬, 악기는 인간의 윤리적 본성에 독특한 영향을 미쳤고, 자연히 국가 전체의 윤리에도 영향을 주었다. 좋은 음악이 국가의 복리를 끌어올렸다면 나쁜 음악은 개인과 사회에 모두 해로웠다.

모든 아테네 시민은 서른 살까지 음악 훈련을 받았고 사회적, 정치적, 종교적 행사가 벌어지면 자기에게 알맞은 합창대의 일원으로 노래를 불렀다. 음악 교육은 누구나 받아야 했지만 노예에게는 시키지 않았다. 음악은 자유 시민에게만 문호가 열린 교육과 자기 수양의 상징이었다.

《국가》에서 플라톤은 음악과 체육은 균형 있게 가르쳐야 하지만 음악이 체육을 주도하고 앞장서야 한다고 말했다. 음악이 영혼을 고상하게 만들면 영혼은 거기에 맞춰 육체를 빚어나간다. 플라톤은 춤과 레슬링을 체육에 집어넣었고 시와 음악을 묶었다. 공연자들은 대개 반주에 맞춰서 시를 낭송하거나 노래로 읊었기 때문이다. 플라톤은 시와 음악은 국가의 통제를 받아야 한다고, 즉 검열을 받아야 한다고 주장했다. 음악과 시의 검열을 옹호한다는 것은 예술의 위력을 암암리에 인정한다는 뜻이다. 아테네 시민이면 누구나 그랬던 것처럼 플라톤도 아이스킬로스, 소포클레스, 에우리피데스의 비극을 관람했다. 18,000명의 관객을 휩쓴 감정의 물결이 얼마나 강력했을지는 능히 상상이 간다. 그것은 거의 손으로 만져질 만큼 엄청난 파괴력을 가지고 있었을 것이다. 파괴력이 엄청난 만큼 당연히 플라톤은 올바른 것에서 즐거움을 느낄 수 있도록 음악과 시가 젊은이를 가르쳐야 한다고 생각했을 것이다.

플라톤과 아리스토텔레스는 도리아 선법과 프리지아 선법(그리스의 다양한 악조 구성법 가운데 두 가지)이 리디아 선법이나 믹소리디아 선법보다 윤리적으로 더 낫다고 생각했다. 특히 그들은 엄숙함과 엄밀함을 중시했기 때문에 강하면서도 기품 있는 도리아 선법을 선호했을 것이다. 프리지아 선법은 황홀하고 종교적인 선율로 영혼에 긍정적인 영향을 주었다. 리디아 선법은 폐부를 찌르는 구슬프고 애잔한 가락으로 여겨졌다. 또 믹소리디아 선법은 끈적끈적하고 선정적인 가락에 어울렸다.[03] 이 윤리적 원칙은 두 개의 그리스 악기에도 적용되었다. 은근하고 격조 있는 리라는 도리스 선법을 연주하는

데 제격이었고 힘차고 강렬한 아울로스는 프리지아 선율의 감정을 강하게 드러내는 데 알맞았다. 그래서 그리스에서는 비극은 물론 희극에서도 아울로스를 즐겨 썼다. 요컨대 에토스의 원리는 아폴로의 상징으로서 아울로스와 음악, 시, 무용, 특히 비극의 디오니소스적인 힘을 다스리도록 고안되었다. 비극에서는 물론 이런 요소들이 모두 독창적으로 조화를 이루었다. 앞에서도 말한 플라톤은 연극 공연을 보면서 그것을 이성적으로 통제할 장치가 필요하다는 생각을 굳혔을 것이다. 그러나 그가 이성적 통제의 필요성을 사회에도 적용한 것은 《국가》에서였다.

국가

아테네의 민주주의가 소크라테스를 처형하는 것을 지켜본 플라톤은 민주주의를 "다양성과 무질서로 가득 차 있고 평등한 것들과 평등하지 않은 것들에 똑같이 일종의 평등을 시혜하는 매력적인 정부 형태"로 아이러니컬하게 묘사했지만 이것을 넘어서는 진정한 정의가 무엇인지를 놓고 고민했다.

플라톤은 모든 시민은 정부에 참여해야 할 의무가 있다는 확고한 신념을 가지고 있었다. "정부에 관여하기를 거부하는 현자가 감내해야 할 벌은 악한 사람들의 지배 아래 사는 것이다." 《국가》는 소크라테스와 플라톤이 사람의 인격과 정부의 본질에 대해 가졌던 생각

---

03 비슷한 소리를 만들자면 도리아 선법은 피아노 하얀 건반을 미에서 다음 미까지 위나 아래로 누른 것이다. 프리지아 선법은 레와 레 사이, 리디아 선법은 도와 도 사이, 믹소리디아 선법은 시와 시 사이를 눌렀을 때 나는 소리에 가깝다.

들의 전모를 드러내는 일종의 대화록이다. 《국가》에 나와 있는 것은 플라톤이 꿈꾸었던 이상 국가(또는 훗날 토마스 모어가 말하는 유토피아)가 아니라 소크라테스가 제자들과 주고받았던 정의의 본질에 대한 무궁무진한 대화다. 무인도에서 혼자 산다면 문제가 안 되겠지만 부자와 빈자, 성인과 악당, 주인과 노예가 어울려 사는 도시국가에서는 정의를 도외시할 수가 없었다. 그래서 《국가》에서 토론자들은 사람과 사람 사이에 많건 적건 어느 정도는 존재해야 할 정의의 실체를 좇으면서 사람들의 최소한의 욕구를 너끈히 채워줄 수 있는 넉넉한 도시국가를 상정한다.

플라톤은 사람은 남자든 여자든 식욕, 기백, 머리 가운데 어느 하나의 지배를 받는다고 믿었다. 그래서 사람은 쇠, 은, 금의 세 부류로 갈렸다. 식욕, 그러니까 쇠의 지배를 받는 사람은 일꾼이나 장사꾼이 되었다. 기백이 있는 사람은 은의 지배를 받았는데 주로 군인이 되었고 의무에서 벗어날 수 있을 만한 돈이나 재산이 없었다. 이런 사람은 외적으로부터 나라를 지키거나 치안 질서를 유지하는 일을 했다. 머리가 똑똑한 남녀, 그러니까 금을 지키는 사람들은 국정 운영의 실무자나 통치자, 철인왕(哲人王)이 되었다. 이러한 국가를 만드는 데 핵심은 교육이었다. 가장 낮은 계급이라도 원하는 교육은 얼마든지 받을 수 있었다. 군인은 체육 훈련(임무 수행에 적합한 강건한 신체를 만들기 위해)을 받고 음악과 시(예민하고 사려 깊게 만들기 위해)를 배웠다.

소크라테스는 군인을 주인과 주인의 친구에게는 부드럽고 적에게는 사납게 구는 훌륭한 경비견에 비유했다. 군인 계급의 그런 기백은 그러나 음악으로 다스려져야 했다. 지도 계급은 군인 교육을 고스란히 받고 거기에 덧붙여서 수학 같은 논리와 철학을 배웠다. 오랜 기간에 걸쳐서 정식 교육이 끝나면 일련의 자격 심사와 검사를 통해 강직한 인격과 국가의 이익을 추구할 수 있는 판단력을 갖추었는지를 확인했다. 가장 우수한 자질을 가진 남녀에서 선발한 이 교육받은 인재들은 매우 독창적이고 과학적인 사고력을 가졌고 윤리적으로도 흠잡을 데가 없었다. 그러다가 쉰 살 정도 되면 이들은 차출되어 철인왕으로 도시를 다스리게 되었다.

《국가》에서 대화를 주도하는 소크라테스는 아이들이 아름다운 환경에서 자라게 하려면 예술, 그 중에서도 특히 이야기, 시, 음악은 엄격히 통제해야 한다고 주장했다. 같은 예술이라도 가장 선하고 최고의 윤리적 수준의 예술에 노출되었을 때 그들의 영혼 속으로 최고선이 들어오기 때문이라는 것이었다. 여기서 소크라테스가 강조하는 것도 에토스의 원리다(국가가 높은 도덕적 수준을 유지하기 위해 예술을 통제—검열—해야 한다는 생각은 열띤 논란을 불러일으켰고 지금까지도 해답은 나오지 않았다). 재산은 군인이나 지도자에게 걸림돌이 되어서도 곤란했고 영향을 미쳐서도 곤란했다. 가난도 쫓아내야 했지만 재산도 멀리 해야 했다. 소크라테스는 재산은 사람의 성격을 망치고 기득권은 사람의 판단에 영향을 주기 마련이라고 확신했다. 반면에 가난은 인간의 정신을 좀먹어 군인이나 지도자 같은 공직을 제대로 맡지 못하게 만든다.

가장 규모가 큰 쇠의 계급에는 노동자, 농부, 선원, 장인, 상인, 전문인, 사업가가 들어갔다. 재산은 명백히 개인의 소유였고 공유 재산은 명시적으로 금지되었다. 플라톤의 《국가》는 공산주의와는 거리가 멀었다. 규모가 작았던 지도 계급과 군인 계급, 즉 국가 공직자는 경제적 이득을 위한 재산의 소유권을 인정받지 못했다. 권력과 경제력을 차단시켜 사익과 공적 의무가 충돌하는 것을 막자는 생각이었다. 공직을 맡지 많은 대다수의 국민은 농부나 노동자에서 상선대의 주인까지 하는 일도 다양했고 재산도 천차만별이었다.

　얼핏 보면 《국가》에 그려진 쇠-은-금이라는 계급은 지금도 여전히 인도 사회를 지배하고 있는 카스트 제도와 흡사한 구조처럼 보일 수도 있다. 하지만 카스트에서는 한번 어떤 신분으로 태어나면 그 신분에서 영영 벗어나지 못한다. 어느 사회에나 계급 구조는 있기 마련이며 수직 상승이 쉬우냐 어려우냐는 그 사회나 나라가 얼마나 경직되어 있느냐에 달려 있다. 계급의 경계선을 넘나들 수 있는 기회는 지금의 영국보다도 《국가》에 그려진 사회가 훨씬 높다고 말할 수 있다.

　소크라테스는 사람의 성격이나 능력은 유전에 크게 좌우된다고 믿었으므로 부모의 계급이 자식의 계급으로도 어울린다고 확신했다. 어떤 사람은 부모의 능력을 못 따르기도 하지만 어떤 사람은 자신의 출신 계급을 껑충 뛰어넘을 수 있는, 심지어는 쇠에서 금으로 도약할 수 있는 능력과 포부를 가진다. 정부는 자질이 보이는 아이에게는 장차 최고의 임무를 떠맡을 수 있는 교육의 기회를 출신 계급에 구애받지 않고 공평하게 주었다. 철인왕이라고 하는 엘리트에 의존하는 나라에서 계급 이동의 유연성은 필수불가결한 조건이었다.

　정의는 어디로 들어오는 것일까? 어떤 계급에 속해 있건 시민 한 사람 한 사람은 적재적소에 박혀 있기 때문에 타인의 권리를 훼손하려는 마음도 기회도 거의 못 갖는다. 도공은 도자기를 굽고 상인은 물건을 팔고 경찰은 치안을 유지하고 군인은 국가를 방어하고 통치자는 공명정대하게 다스린다. 시민은 계급이나 성과는 무관하게 균등한 교육의 기회를 보장받는다. 쇠의 계급에 속한 사람들은 돈과 재산에 대한 갈망을 억누르지 않아도 되고 은의 계급에 속한 사람들은 명예와 영광으로 정신적 보상을 얻을 수 있으며 금의 계급에 속한 사람들은 나라를 책임지고 꾸려나가는 데 자신들의 머리를 총동원할 수 있다. 직업에 따른 기능의 분화라는 원리를 바탕에 둔 사회적 정의의 거대한 틀이 짜여졌다.

플라톤은 자신의 이론적 도시국가가 현실적으로 가능하다고 생각했을까? 앞의 건축가와 그가 설계한 건물의 예로 돌아가자. 플라톤의《국가》와 건물의 완성된 청사진은 대강 비슷하지만 완전한 정의와 완벽한 건물이라는 당초의 구상에서는 약간 벗어나 있다. 건물을 짓기 위해서는 경우에 따라 자재와 설계를 바꾸어야 할 때가 있다면 복잡한 인간 사회를 건설할 때 우리는 어떤 문제에 부딪치게 될까? 플라톤은 몽상가는 아니었다.《국가》에서 그는 '기게스의 반지'라는 한 양치기 소년의 이야기를 소개한다. 기게스는 자신의 모습을 감춰주는 반지를 손에 넣으면서 도둑질과 살인을 마음놓고 저질러 자기 나라에서 가장 힘세고 돈 많은 인간이 된다.

'기게스의 반지'가 적절한 예인지는 접어두고 아무튼 플라톤은 절대로 발각당하지 않는 것이 보장되는 상황에서 보통사람은 덕을 온전히 유지하기 어렵다고 믿었다. 우리가 무슨 행동을 하는지 아무도 모른다면 우리는 행동 기준을 낮추게 될까? 책임감보다는 사리사욕에 따라 행동하게 될까? 플라톤은 아무리 완벽하게 구성된 나라에서도 편협한 이기심과 탐욕, 질투와 같은 인간의 비열한 감정은 치명적 위협을 초래할 수 있다고 보았다.

정의의 본질에 대해 플라톤과 소크라테스가 가졌던 생각은 그리스인이 늘 이상으로 삼았던 중용의 길이었다. 즉 욕구가 절제의 수준으로 떨어지고 기백이 용기로 제한되고 지능이 지혜가 되려면 지성에 의한 통제가 필요하다는 생각이었다. 정의는 이런 조건들이 충족

되었을 때 비로소 나타나며 거기서 나오는 행동도 윤리적이고 용의주도하며 정의롭다. 분별, 용기, 지혜, 정의는 플라톤이 강조한 미덕이었다. 나중에 그리스트교에서는 여기에 믿음, 희망, 사랑을 덧붙여 일곱 가지의 덕목을 꼽았다. 플라톤의 지적 덕목과 그리스트교의 감성적, 정신적 덕목의 차이는 두 문화의 근본 지향점이 상당히 달랐다는 것을 보여준다.

알렉산드로 시대의 과학

유클리드 이 뛰어난 기하학자가 쓴 《기하학 원본》은 비유클리드 기하학이 등장한 19세기 이전까지는 전혀 도전받지 않았다. 플라톤의 제자한테서 배웠던 것으로 보이는 유클리드는 구원자 프톨레마이오스 1세가 다스리던 이집트의 알렉산드리아에서 수학 학원을 설립하고 그곳에서 가르쳤다.

사모스의 아리스토르쿠스 태양이 중심에 놓인 세계관을 처음 제시했으며 1900년 뒤에 코페르니쿠스가 이 설을 바탕으로 태양 중심 이론을 세웠다.

아르키메데스 이집트와 고향 시라쿠사를 무대로 활동한 그는 고대의 가장 뛰어난 수학자였다. 2차원 도형과 3차원 입체의 무게 중심에 대한 정리를 발견했고 액체에 잠긴 고체의 무게를 측정했다(아르키메데스의 원리). 투석기와 복합 도르레를 발명했고 거대한 거울을 이용해 시라쿠사를 침공한 로마군의 선박을 불태웠다는 일화도 있다. "나에게 충분히 긴 지레와 서 있을 자리를 달라, 그러면 지구를 움직일 테니"라는 호언장담은 유명하다.

키레네의 에라토스테네스 지구의 둘레를 놀라우리만큼 정확하게 측정했다. 이집트 알렉산드리아의 박물관에서 책임 사서로 근무했다.

제 6 장 그리스 헬레니즘 시대

아리스토텔레스-기원전 384~322년

아리스토텔레스가 자란 배경은 플라톤과는 사뭇 다르다. 그는 플라톤과 함께 아카데미아에서 공부했지만 중요한 문제들에 대해서 아리스토텔레스가 내린 결론은 플라톤과는 판이하게 달랐다. 그것은 젊은 시절의 경험이 달랐기 때문인지도 모른다. 아리스토텔레스의 아버지는 아리스토텔레스가 어렸을 때부터 필리포스 2세의 궁전에서 의사로 있었다. 감각에 들어오는 사물에 대한 아리스토텔레스의 탐구심, 실험에 대한 흥미, 항구성보다는 변화에 대한 더 큰 관심, 마음을 통해서만 진리에 이를 수 있다는 생각에 대한 거부감은 아버지로부터 물려받은 기질이었다. 플라톤의 사상이 피타고라스 학파와 엘레아 학파에 뿌리를 둔 것처럼 아리스토텔레스의 원숙한 사상도 이오니아 학파에서 나왔다.

아리스토텔레스는 머리가 아주 비범한 사람이었다. 아리스토텔레스의 책을 읽는 사람은 그의 예리한 지성과 놀라우리만큼 광범위한 관심과 연구 분야, 방대한 저작에서 쏟아지는 경이적인 정보와 추론에 저절로 압도당하고 만다. 마케도니아의 젊은 알렉산드로스 왕자도 아리스토텔레스라는 가정교사 밑에서 탁월한 군주로서 갖추어야 할 지혜와 덕목을 배웠음에 틀림없다. 아리스토텔레스는 가정교사를 그만둔 뒤 아테네로 돌아와서 리케이온이라는 학원을 세웠다. 그는 플라톤과 함께 서양 사상의 기본틀을 마련한 사람이었다. 앞에서 본 것처럼 플라톤은 경험으로 파악되는 것보다는 영구불변한 것, 이데아나 형상을 추구했고 그래서 형식과 질료를 분리하고 영혼과 육체를 분리하는 이원론으로 나아갔다. 반면에 자기 주변의 부단히 변하는 생명에 깊은 관심을 가졌던 아리스토텔레스는 둘을 조화시키려고 애썼다. 두 사람의 차이는 연구 방식에서도 나타났다. 플라톤은 국가란 무엇인가를 성찰하면서 《국가》와 《법》이란 책을 썼다. 그것은 이상적 국가에 대한 이론적 고찰이었다. 그런데 아리스토텔레스는 국가의 문제를 생각하면서 먼저 제자들과 함께 158개에 이르는 그리스의 모든 도시국가의 헌법을 수집하고 연구한 다음에 그것을 바탕으로 《정치학》을 썼다.

아리스토텔레스의 저작은 실로 방대하다. 그의 사유는 논리학과 사고의 올바른 절차에서부터 생물학, 물리학, 형이상학, 윤리학, 법학, 정치학, 문학비평까지 두루 걸쳐 있다. 여기서는 그의 사상 중에서도 두 가지를 중점적으로 다루겠다. 하나는 실재의 본질에 대한 그의 견해이고 또 하나는 그 견해를 토대로 어떤 인생을 살아야 하는가 하는 문제다.

아리스토텔레스가 보기에 플라톤이 말한 추상적 이데아나 형상은 이것을 드러나게 하는 질료와 떼어놓을 수 없는 관계에 놓여 있다. 둘은 동일한 사물의 다양한 측면으로서 어떤 식으로든 결합되어야 한다. 그래서 플라톤이 말한 '이상적' 의자도 아리스토텔레스가 보기엔 의자를 구성하는 실제의 나무나 금속과 떨어져서 존재할 수 없었다. 벽돌은 벽돌이라는 '관념'과 벽돌을 이루는 점토가 결합되었을 때만 벽돌이다. 오직 그럴 때만 벽돌은 '실재'한다. 이 벽돌은 또 다른 '관념'의 물질이나 질료가 될 수 있다. 가령 집이 될 수 있다. 그리고 집은 다시 마을이나 도시 같은 관념의 질료가 될 수 있다. 어느 단계에서건 '실재'가 나타나려면 질료와 형상이, 물질과 관념이 결합되어야 한다. 이것은 위로도 아래로도 죽 이어진 과정이다. 플라톤이 관심을 두지 않았던 질료가 아리스토텔레스에게는 관념이나 형상으로 채워졌을 때 더 높고 복잡한 현실의 기초가 된다. 이것이 두 철학자가 구분되는 지점이다. 플라톤의 정적 관점은 아리스토텔레스의 철학에서 동적으로 변모한다.

아리스토텔레스는 변화의 과정(플라톤은 결코 만족스럽게 설명하지 못한)을 엔텔레케이아(완성태) 이론으로 풀이한다. 이 말은 '엔(내부)', '텔로스(목적)', '에카이아(가짐)'로 이루어진다. 사물의 본질은 사물 안에 있다는 뜻이다. 사물은 자신이 완성해야 할 목표, 운명을 자기 안에 갖고 있다는 뜻이다. 씨앗이 나무가 되는 것은 나무가 씨앗의 엔텔레케이아이기 때문이다. 점토가 벽돌이 되는 건 그것이 점토의 엔텔레케이아이기 때문이다. 그렇지만 점토는 다른 엔텔레케이아들을 담을 수도 있다. 복잡성이 증가하는 상향 운동은 우주의 엔텔레케이아다. 모든 사물을 완성된 모습으로 끌어올리는 이 과정의 원인은 바로 신이다. 신은 제1원인으로서 자신은 움직이지 않으면서 모든 것을 움직인다. 아리스토텔레스의 표현을 빌리자면 '부동의 운동자'다.

아리스토텔레스의 신은 그리스트교에서 말하는 것처럼 사랑으로 움직이는 것도 아니고 유대교에서 말하는 것처럼 의지로 움직이는 것도 아니다. 완성을 향한 어떤 우주적 갈망이 존재한다고 할 때 그 완성이 바로 신으로 정의된다. 실재가 이루어지려면 형상과 질료가 반드시 결합되어야 한다는 아리스토텔레스의 이론도 여기서만큼은

---

04 "그것이 바로 천체와 자연계가 의존하는 원리이다. 이것의 생명(즉 원리 또는 신)은 우리가 누리는 최고의 것과 같지만 우리는 잠시 누릴 뿐이다. 그것은 항상 이런 상태에 있지만 우리는 그럴 수가 없다. 만일 신이 우리는 가끔씩만 머물 수 있는 좋은 상태에 언제나 있다면 우리는 경이로움을 느낄 수밖에 없다. 만일 신이 더 좋은 상태에 있다면 우리의 경이로움 또한 커진다. 그런데 신은 더 좋은 상태에 있다. 그래서 우리는 신은 살아 있는 존재이며 영원하며 가장 선하다고 말한다. 그리고 생명과 끝이 없는 영원한 존재는 신에게 속한다고 말한다. 이것이 신이기 때문이다."(아리스토텔레스 《형이상학》 12권)

적용되지 않는다. 그런 신은 물질 세계의 취약성과 불완전성을 조금도 갖지 않은 순수 형상이어야 하기 때문이다.04 신은 물질로부터 떨어져 있는 순수 형상의 유일한 예라 할 수 있다. 바람직한 삶은 무엇일까?

아리스토텔레스는 금욕을 주장하지는 않았다. 그는 사람에게는 합리적 대안들 중에서 선택할 수 있는 물질적 자원이 누구에게나 충분히 있다고 담담히 가정했다. 충분한 재산이 있을 때 사람은 무엇을 할까? 아리스토텔레스가 말한 엔텔레케이아는 사람이나 사물이 제구실을 할 때, 그러니까 내부의 목적에 알맞게 움직일 때 도달하는 어떤 목표나 결말이 있다고 본다. 조건이 갖추어지면 사람은 가장 높은 선의 경지, 훗날 철학자들이 말한 최고선에 도달할 수 있다. 그래서 인간의 엔텔레케이아는 사람을 인간의 최고선으로 이끈다. 그것은 인간성이 가치롭고 알맞게 채워진 경지를 말한다. 아리스토텔레스는 인간은 '이성적 동물'이라고 보았기 때문에 그 경지는 이성이 다스리는 삶을 뜻한다. 사람이 자신의 정신을 써서 가정과 나라 안에서 조화를 이루면서 제구실을 할 때(아리스토텔레스는 인간은 사회적 동물이라는 말도 했다) 최고선을 실현했다고 볼 수 있다. 그런 삶은 여러 가지 뜻을 갖지만 여기서 우리가 관심을 갖는 것은 두 가지다.

하나는 그런 삶은 덕스러운 삶이라는 것이다. 덕은 너무 모자라서도 안 되지만 너무 지나쳐서도 안 된다. 사람은 두 극단 사이의 중간선을 따라야 한다. 용기는 덕이지만 용기가 모자라면 겁이 되고 용기가 지나치면 무모나 만용이 된다. 아량도 덕이지만 아량이 지나치면 낭비와 허비가 되고 아량이 모자라면 구두쇠가 된다. 두 극단 사이에 있는 '황금의 중용'은 절대적인 것이 아니고 상대적인 것이지만 아무튼 이것을 발견하는 것이 곧 덕이었다. 또 하나는 이성을 가장 잘 써먹으려면 성찰하는 삶을 살아야 한다는 것이다. 사람은 덕이 무엇인지, 자신의 최고선에 어떻게 도달할 것인지에 대해서 생각하고 이야기하고 읽을 수 있는 시간을 가져야 한다. 그것은 먼지가 날아오르고 열기로 후끈거리는 장터에서는 못 얻는다. 선한 사람은 사회의 일원으로서 임무를 수행할 수 있겠지만 행동하는 삶은 성찰하는 삶에 견줄 것이 못 된다.

그리스가 남긴 철학적 유산

플라톤과 아리스토텔레스는 서양 문화의 역사에 가장 큰 발자취를 남긴 두 명의 철학자로 손꼽힌다. 플라톤은 앎을 넓고 깊게 추구했다. 그의 탐구 범위는 물리학, 형이상학, 수학, 윤리학, 정치학, 종교, 문학, 음악, 미술에 두루 걸쳐 있었다. 아리스토텔레스는 플라톤한테서 이루 헤아릴 수 없이 많은 영향을 받았다. 인류 역사에서 스승과 제자가 이렇게 모두 걸출한 예는 찾아보기 힘들 것이다.

두 사람이 내놓은 답은 때로는 크게 달랐지만 플라톤과 아리스토텔레스가 물고 늘어진 문제는 기본적으로 엇비슷했다. 그것은 가령 삶의 도덕적 윤리적 법적 기초는 무엇인가, 민주주의에서 공공의 선을 어떻게 정의할 수 있는가, 개인의 보호와 공동체의 수호를 가르는 선은 어디에 있는가, 바람직한 삶은 무엇이고 어떻게 그것을 이룰 수 있는가 하는 문제였다. 아리스토텔레스가 가장 큰 영향을 끼친 분야는 논리학인지도 모른다. 연역 추론의 도구가 되는 삼단논법을 발명한 사람도 아리스토텔레스다. 삼단논법이 연역 논리의 완벽한 수단이 못 된 것은 그의 잘못은 아니다. 아리스토텔레스는 플라톤의 가장 뛰어난 제자로서 그리스 철학의 황금 시대에 마지막으로 우뚝 솟아오른 거인이었다. 아리스토텔레스는 플라톤의 뒤를 이었지만 그 후 2,000년 동안 아리스토텔레스에 버금 가는 거인은 나타나지 않았다. 아리스토텔레스는 중세의 학자들 사이에서 철학자로서 흔들림 없는 권위를 누렸다. 특히 스콜라 철학에 미친 그의 영향력은 막중했다.

플라톤은 초기 그리스도교 교회의 신학 체계가 형성되는 동안 각별한 영향을 미쳤다. 플라톤주의는 이탈리아의 르네상스 시대에도, 계몽주의 시대에도, 그리고 현재에도 거듭 되살아난다. 그는 서양 문명이 낳은 가장 세련된 저술가이기도 하다. 영국의 철학자이며 수학자인 알프레드 노스 화이트헤드는 플라톤의 공적이 자주 인용되는 자신의 발언에서 이렇게 요약했다. "유럽의 철학적 전통을 보편적으로 설명하는 가장 안전한 방식은 그것이 플라톤에 대한 일련의 각주들로 이루어져 있다고 보는 것이다."

플라톤의 《변명》

소크라테스는 기원전 399년 적의를 가진 501명의 배심원들 앞에서 재판을 받았다. 죄목은 소크라테스가 신들을 모독했고 청년들을 타락시켰다는 것이었다. 소크라테스는 인정사정없는 질문으로 아테네 시민들을 궁지에 몰아넣은 인물로 오래 전부터 사람들의 미움을 받아왔지만 아테네가 패전하면서 일반 사면이 있었기 때문에 기원전 404년 이전에 행한 잘못에 대해서는 죄를 물을 수가 없었다. 소크라테스가 받았던 무언의 혐의는 (1) 반역자 알키비아데스의 선생이었다는 것(이것은 청년을 타락시킨 것으로 해석되었다) (2) 30인의 참주와 관계를 맺었다는 것(이것은 모종의 공모로 받아들여졌다) (3) 논쟁술을 가르치고 돈을 받았다는 것(소크라테스는 그래서 소피스트로 오인받았다) (4) 정치적 사상적 불안을 조성했다는 것이었다. 플라톤의 보고에 따르면 소크라테스는 재판 과정에서 자기가 불안을 조성했다는 것을 순순히 인정하면서 자신은 신들로부터 자신과 남들을 탐구하여 진리를 밝히라는 소명을 받았다고 주장했다. 이 재판은 소크라테스의 철학적 생애에 대한 변명(또는 '방어')이었다.

아리스토텔레스의 《시학》

아리스토텔레스의 《시학》은 예술의 본질과 좋은 예술을 구성하는 요소에 대한 비판적 성찰이다. 특히 그는 자신이 최고의 예술 형태라고 여기던 비극을 어떻게 쓸 것인가 하는 데 초점을 맞추었다. 그리스어에는 미술에 해당하는 말은 없었다. 예술은 '테크네'라고 했는데 이것은 '기술' 또는 '기예'로 번역된다. 따라서 예술은 물건을 '만드는' 행위였다. 그리고 가장 수준 높은 형태는 고도의 기술을 요구했다. 《시학》은 미학의 역사에서 예술 작품의 체험과 작품 자체를 만드는 기술을 연결시킨 최초의 발언이라 할 수 있다.

아리스토텔레스에게 모든 예술은 자연의 모방이었다. 그리고 비극은,

> 진지하며 또 고결하기 때문에 그 자체로 완전한 행위의 모방이다. 비극은 쾌감을 주는 부속물들을 가진 언어로 씌어져야 하는데, 이 부속물 하나하나는 작품의 여러 부분에 따로따로 도입되어야 한다. 비극은 서술적 형식이 아니라 극적 형식을 따라야 하며, 연민과 두려움을 불러일으키는 사건들을 가지고 그런 감정의 정화를 이루어내야 한다.

이론적으로 비극의 완벽한 플롯은 하나의 문제를 다루어야 하며 그 문제는 24시간 안에 해결되어야 한다. 또 선한 사람이 본인의 성격에 도사린 이른바 '치명적 결함' 때문에 행복에서 불행의 나락으로 굴러

떨어져야 한다.
　비극의 여섯 요소는 다음과 같다.

　플롯(줄거리)　일어나는 행위.
　성격　행위자의 도덕성.
　어법　발언, 낭송, 주문, 노래 등에서 드러나는 시어의 운율 구조.
　사상　모든 요소들이 합쳐졌을 때 드러나는 주제나 보편적 진실.
　광경　무대장치, 의상, 동작, 무용 같은 무대의 외형.
　선율　아리스토텔레스는 "충분히 이해되고 있으므로 더 설명할 필요가 없다"면서 이것을 당연한 것으로 받아들인다.

　선율은 아울로스의 곡조와 배우, 합창대의 낭송, 주문, 노래를 가리킨다. "선율은 비극의 쾌감을 주는 부속물 중에서 가장 중요한 것"이라면서 아리스토텔레스는 극의 감각적 요소를 적극적으로 받아들인다.
　아리스토텔레스는 희극과 여러 가지 유형의 시도 다루겠다고 밝혔지만 《시학》은 비극의 논의로 끝난다. 미완성작이면서도 《시학》은 아리스토텔레스의 작품 중에서도 후세에 가장 큰 영향을 남겼다.

문헌 3 플라톤의 《공화국》

"이제," 내가 말했네. "우리 인간의 본성이 얼마나 깨였는지 깨이지 않았는지를 잘 보여주는 우화가 있네. 땅 밑에 있는 동굴 모양의 거처에서 사는 사람들을 생각해보게. 동굴 입구는 밖으로 뚫려 있지만 통로는 아주 길다네.05 그 사람들은 그곳에서 어려서부터 발과 목이 묶여 있었기 때문에 같은 자리에만 머물러 있고 사슬 때문에 머리를 뒤로 돌릴 수가 없으니 앞만 바라보고 있게 되네. 그들의 뒤쪽으로는 위로 약간 올라간 높이에서 불이 타오르고 있네. 그리고 수인들과 불 사이에는 길이 나 있고06 그 길을 따라서 담벽이 세워져 있지. 그 담벽은 마치 꼭두각시 인형극에서 인형을 조종하는 사람들의 모습을 가려주는 차폐막 같은 역할을 하게 되네."

"그래서요." 그가 말하더군.

"이제 이런 장면을 그려보게. 이 담벽 뒤에서 사람들이 나무나 돌, 혹은 그밖의 재료로 만들어진 사람과 동물의 형상을 비롯해서 갖가지 인공물을 운반하고 있는데 그 운반물들이 담벽 위로 솟아 있네. 운반을 하는 사람 중에는 말을 하는 사람도 있고 입을 다문 사람도 있게 마련일세."07

"거 참 희한한 장면에 희한한 수인들이군요." 그가 말했네.

"우리와 비슷하지." 내가 말했네. "왜 그런고 하니 우선 그런 사람들은 그들 앞에 있는 동굴 벽에 드리워진 그림자말고는 자신의 모습도 옆사람의 모습도 본 적이 없을 테니 말이야."

"평생토록 머리를 움직이지 못한다면 그야 그럴 테지요."

"운반되고 있는 물건도 본 적이 없겠지."

"물론이죠."

"이제 그들이 서로 말을 주고받을 수 있다고 한다면 그들은 자기들이 쓰는 단어가 눈앞으로 지나가는 그림자만을 가리킨다고 생각하지 않을까?"

"안 그럴 수가 없지요."

"그들이 갇힌 방은 메아리가 울려퍼질 수 있다고 가정하세. 뒤에서 지나가는 사람 중에서 누군가가 소리를 내면 수인들은 그 소리가 그들 앞에서 움직이는 그림자에서 나오는 거라고 믿을 수밖에 없을 걸세."

"여부가 있겠습니까."

"따라서 그런 수인들은 인공물의 그림자에 불과한 것을 현실로 받아들일 거란 말일세."

"안 그럴 수가 없겠네요."

"그렇다면 그들이 그런 속박에서 벗어나서 어리석음이 치료된다는 것이 도대체 어떤 것인가를 생각해보게나. 가령 이런 식으로 말이야. 그들 중 한 사람이 풀려났다고 가정하세. 그리고 갑자기 일어나서 고개를 돌려 불빛을 올려다보면서 그리로 걸어가도록 강요받는 것이네. 이 모든 동작이 그 사람에게는 너무나 고통스러울 것이고 지금까지 그림자만을 보는 데 익숙해 있던 물건을 이해하느라 머리가 핑핑 돌 지경이겠지. 누군가가 그 사람한테 당신이 전에 보았던 것은 무의미한 허깨비였고 이제 현실에 바짝 다가서서 더 실물에 가까운 것으로 향하고 있으니 전보다 옳게 보고 있다고 말한다면 그 사람은 무슨 말을 할 거라고 자넨 생각하는가? 그리고 또 운반되고 있는 갖가지 물건을 가리키면서 이게 뭐냐고 묻는다면 그 사람이 과연 무슨 말을 하겠는가? 그 사람은 갈피를 못 잡고서 전에 보았던 것이 지금 눈앞에 보이는 것보다 더 진실성이 있다고 믿지 않을까?"

"하긴, 그렇겠네요."

"만일 억지로 불빛을 바라보도록 강요하면 그 사람은 눈에 참을 수 없는 통증을 느끼고 고개를 돌려서 자기가 똑똑히 볼 수 있었던 그림자 쪽으로 향하지 않을까? 그 그림자가 지금 자기 앞에 보이는 물건보다 더 또렷하다고 믿으면서 말이야. 그리고 또 누군가가 거기서부터 그 사람을 거칠고 가파른 오르막길로 끌고 올라가서 햇빛이 있는 곳으로 끌어내기까지 놓아 주지 않는다면 그 사람은 끌려가면서 고통과 분노를 느낄 것이고 또 밝은 곳으로 나왔을 때는 너무나 눈이 부셔서 이것들이 참다운 것이라고 말해도 무엇 하나 제대로 볼 수 없게 되지 않을까?"

"틀림없이 당장엔 볼 수 없을 겁니다."

"차차 익숙해져야만 윗세상에 있는 물건들이 눈에 들어오겠지. 우선 그 사람이 가장 편하게 볼 수 있는 건 그림자고, 다음은 물에 비친 사람이나 사물의 모습, 그리고 나서 실물일세. 그 다음에는 밤하늘의 별이나 하늘 자체를 관찰하면서 달빛이나 별빛을 바라보겠지. 대낮의 해나 햇빛은 아직 쳐다볼 엄두가 안 날 테고 말이야."

"맞습니다."

"그리고 마지막에야 해를 바라보면서 본질에 대해 성찰할 수 있겠지. 물 같은 데 비친 모습이 아니라 해가 버티고 있는 그 자리를 직시하면서."

"아무렴요."

"이제 그 사람은 이런 결론을 내릴 걸세. 해야말로 계절과 세월의 흐름을 낳는 것이고 눈에 보이는 이 세상의 모든 것을 주관하는 것이고 자기와 동료들이 지금까지 보아온 모든 것에 대해서 어떤 의미에서는 원인이 되는 것이라고 말이야."

"분명히 그런 결론을 내릴 겁니다."

"이제 그 사람은 같이 묶여 있던 사람들과 거기서 지혜로 통했던 것이 생각나서 자기에게 일어난 변화를 뿌듯해 하고 그 사람들을 불쌍하게 여길 테지. 그 사람들 사이에 명예라든가 칭찬을 서로 주고받게 되어 있어서 차례로 지나가는 그림자를 가장 날카롭게 관찰해서 그 중 어떤 것이 늘 먼저 가고 어떤 것이 뒤따라가고 어떤 것이 함께 가는가를 가장 잘 기억하고 거기에 따라서 장차 나올 것을 가장 잘 알아맞히는 사람에게 상을 준다면 자네는 그 사람이 그런 상을 탐내거나 수인들 사이에서 명예를 얻고 권세를 누리는 사람들을 부러워하리라고 생각하나? 오히려 그 사람은 예전의 믿음과 예전의 생활로 돌아가기보다는 어떤 고초를 겪어도 좋으니 차라리 호메로스의 아킬레스와 같은 심정으로 '흙에 붙어서 땅 한 뼘 없는 가난뱅이의 집에서 머슴살이'나 하기를 바라리라고 생각하지 않는가?"

"어떤 고생도 그런 생활보다는 낫다고 생각하겠지요."

"이제 그 사람이 동굴에서 예전에 머물던 자리로 돌아온다면 무슨 일이 벌어질지 상상해 보게. 햇빛이 갑자기 사라져버리니 그 사람의 눈은 어둠으로 꽉 찰 거야. 그 사람이 한 번도 풀려난 적이 없는 사람들을 상대로 아직 침침하고 불안정한 눈으로 게다가 어둠에 익숙해지기까지는 어느 정도 시간이 걸리겠는데 또다시 그 그림자들을 구별하는 경쟁을 벌여야 한다면 사람들은 그를 비웃으면서 기껏 올라가더니 눈만 버리고 돌아왔구나, 위로 올라가는 건 쓸 데 없는 짓이다, 하면서 비아냥거릴 걸세. 사람들은 자기들을 풀어준 다음 위로 데리고 나가려는 사람을 발견했다 하면 죽이고 말걸세."

"그렇겠네요."

05 수인들이 앉아 있는 방까지의 거리가 길다는 사실이 중요하다. 그래서 동굴 바깥의 빛이 그곳까지 미치지 못한다.

06 길은 동굴의 통로를 직각으로 가로지르고 그 길을 따라서 담벽이 세워져 있다.

07 플라톤이 요즘 사람이었다면 동굴을 영화관에 빗댔을 것이다. 영화관에서 관객은 등뒤의 불빛 앞에서 지나가는 필름의 그림자가 연출하는 장면을 보고 있는 것이다. 필름 자체는 극장 밖의 세상에서 벌어지는 '실제의' 사물과 사건의 이미지에 불과하다. 필름 대신에 플라톤은 기계 장치의 일부에 지나지 않는 사람들이 머리 위에 인공물을 얹고 행진하는 어색한 장치를 제시한다. 인공물의 운동과 수인들이 듣는 소리를 연출하려는 고육책이었다. 담벽은 인공물을 운반하는 사람들의 그림자가 동굴 벽에 드리우는 것을 막아준다.

제7장
그리스 예술

인생은 짧고 예술은 길다. –히포크라테스

그리스 신화를 보면 가장 위대한 최초의 예술가는 다이달로스였다. 전설적인 미노아의 기술자였던 그는 나무와 청동, 돌을 가지고 놀라운 인물상을 만들었다. 괴물 미노타우로스를 가둬두었다던 미노아의 미궁을 설계한 사람도 다이달로스였다. 그리스 신화는 발명, 설계, 조각, 건축 같은 창조적 활동에 몰입한 그리스 사람들을 칭송한다. 다이달로스의 정신을 이어받은 그리스 사람들은 자연을 연구하

파트로플로스의 상처에 붕대를 매는 아킬레스.
잔의 일부. 불키 출토. 기원전 500년경. 적회식. 베를린 고대박물관.

여 거기서 알아낸 지식을 기초로 박력 있고 생명력 넘치는 새로운 역동적 이미지와 구조를 만들어냈다. 그리스의 천재는 이런 창조적 충동에서 나왔다.

　다이달로스의 이야기는 비극으로 끝나지만 그 이야기를 통해 우리는 그리스의 예술가들이 중요하게 여긴 가치가 무엇이었나를 알 수 있다. 전설에 따르면 다이달로스의 고집센 아들 이카로스는 아버지보다 한술 더 떠서 밀랍과 깃털로 날개를 만들었다. 그는 그 날개를 달고 새처럼 공중으로 날아올랐다. 아버지는 태양에 너무 가까이 가면 안 된다고 주의를 주었지만 무모한 비행가는 너무 높이 날아올랐다가 밀랍으로 된 날개가 녹는 바람에 바다로 추락하여 죽었다고 한다. 더 깊은 진리를 드러내기 위해 꾸며낸 교훈담에 가까운 이카로스의 신화는 자연의 법칙을 존중한 그리스인의 정신을 상징한다. 다이달로스와 오만했던 그의 아들의 모습에서 우리는 자연의 탐구와 발명, 이성에 대한 헌신을 통해 예술적 자유를 추구했던 그리스인의 기질을 발견한다.

시대 구분

기원전 900-700년	기하학 시대
기원전 700-480년	의고 시대
기원전 480-323년	고전 시대
	초기　480-450년
	성기　450-400년
	후기　400-323년
기원전 323-30년	헬레니즘 시대

그리스 문명–기원전 900~30년

고대 그리스에서 시각 예술로 손꼽히던 분야는 조각, 도예, 회화, 보석, 건축이었고 공연 예술로는 음악, 시, 무용이 있었다. 그리스의 예술가들이 발명, 설계, 제작에서 최고의 이상을 추구하는 동안 그리스의 모든 예술도 꾸준히 발전했다. 9세기 동안 이어진 그리스의 문명이 항상 절정기의 수준을 자랑한 것은 아니었다. 그리스의 예술이 정점에 도달한 시기는 성기 고전 시대, 그러니까 페리클레스의 시대였다. 그 다음의 헬레니즘 시대에는 서서히 하향 곡선을 그었다.

기하학 시대-기원전 900~700년

그리스어를 말하는 도리스인의 침공(기원전 1100-800년)으로 미케네의 지배는 끝나고 모든 헬레네스 사람의 생활은 쑥밭이 되었다. 화려했던 건축과 조각도 타격을 입었다. 침략 전쟁 앞에서 예술은 뒷전으로 밀려나는 법이다. 정치적 경제적 어려움 때문에 신전을 짓는다거나 실물과 똑같은 크기의 등신상을 제작할 만한 여유가 없었다. 도리스인의 침공은 많은 예술가들을 궁지로 몰아넣었고 기술의 발전을 가로막았지만 가구, 직물, 유리, 그리고 특히 도자기 같은 실용 예술에는 이렇다 할 타격을 주지 않았다. 이 어수선한 시기에 만들어진 도자기는 주로 기하학적 장식이 과장되었기 때문에 이 시기를 기하학 시대라고 부른다.

도자기

도자기는 석기 시대부터 만들었지만 물레가 발명되면서(기원전 3250년경 수메르-이란에서) 비약적으로 발전했다. 기원전 2000년 무렵 크레테에 들어온 물레 덕분에 미노아의 도공들은 에게해에서는 처음으로 실생활에 쓰이는 그릇을 빚어내는 데 지나지 않았던 기술을 예술의 경지로 끌어올리면서 도자기의 전성 시대를 열었다.

기원전 9세기에 이미 기하학적 장식술은 크게 발전하여 굴곡, 동심원, 수평의 띠, 바퀴, 그늘진 삼각형, 만(卍)자, 갈짓자 같은 다채로운 무늬가 개발되었다. 장인들은 동물과 인물의 옆모습과 앞모습을 2차원 평면에 추상적 무늬로 담아냈다. 실용적이면서도 정교하고 빼어난 미를 자랑하는 〈디필론의 암포라〉(7.1)는 이 시대의 걸작이다. 화장을 하는 전통이 사라진 뒤로 이런 기념 도자기들은 묘석의 역할과 액체로 된 제물을 담는 그릇의 역할도 했다. 제물은 도자기 바닥에 뚫린 구멍을 통해 망자에게로 스며들었다. 가운데에 묘사된 것은 망자의 누운 모습이다. 좌우에는 두 손을 높이 들고 비통해 하는 애도자들이 삼각형 형상으로 그려져 있다. 번갈아가며 나타나는 띠마다 다양한 주제가 사용되었는데 가령 목 부분은 풀을 뜯는 영양의 모습으로 강조했다. 기원전 776년 올림픽 대회가 시작된 뒤 몇십 년 후에 만들어진 이 영웅의 도자기는 호메로스가 노래한 영웅 시대의 도래를 예고하는 듯하다.

7.1 **디필론의 암포라.** 기원전 750년경. 테라코타. 높이 1.55m. 아테네 국립 고고학박물관.

소상

그리스의 장인들이 만든 물건 중에서 가장 널리 보급된 예술품이었던 소상은 고대 그리스에서 지속적으로 대량 제작되었다. 등신상만큼 강한 인상을 주지는 않아도 작은 인물상들은 손에 들고 찬찬히 음미할 수 있다는 점에서 애착이 많이 가는 물건이었다. 2부 첫머리에 실린 소상은 축원을 담은 봉헌물이었는데 무릎에 이런 글이 새겨져 있다. "만티클로스는 나를 십일조의 일부로 은활을 쏘았던 명궁

7. 그리스 예술 **223**

에게 바쳤네. 명궁 포이보스여, 그에게 아낌없는 보상을 내려주시옵소서." 기하학적 요소가 명백히 드러나 있지만 이 무명의 예술가는 양감과 입체감, 일부 해부학적 특징에도 관심을 보인다. 그래서 이 작품은 기하학 시대와 의고 시대의 경계선에 걸쳐 있다고 말할 수 있다.

의고시대-기원전 700~480년

'의고'는 '고대'를 뜻하는 그리스어에서 온 말인데 원래는 '낡은, 시대에 뒤진, 구닥다리인' 같은 뜻으로 쓰인 말은 아니었다. 기원전 6세기에 그리스에서는 뛰어난 예술 작품이 쏟아져나왔다. 예술사를 통틀어 가장 상상력이 풍부했고 결실이 많았던 이 시대는 또한 세계에서 처음으로 민주주의가 만들어진 시기였다.

이상의 추구

의고 시대부터 그리스의 조각가들은 이전까지의 예술적 관념과는 다른 새로운 표현 양식을 발전시켰다. 인체와 인체의 복잡한 구성에 매료된 그들은 자연 세계를 충실히 재현한 3차원 조각의 세계로 점점 빠져들었다. 현실 세계를 탐구하고 무엇보다도 개인의 가치를 중시했던 문화가 자연주의로 움직인다는 것은 돌이켜보면 불가피한 추세였다. 그리스의 철학가와 정치가가 자유로운 사회에서 탁월함을 추구했던 것처럼 그리스의 예술가들을 몰아간 힘도 이상이었고 탁월함에 대한 갈망이었다. 마라톤 전투가 벌어졌을 무렵 그리스의 한 시인은 이상적인 그리스인의 상을 이렇게 간결히 요약했다. "한 점의 결함도 없이 튼튼하게 다듬어진 손과 발, 마음." 또 20세기의 한 학자는 이렇게 평가했다.

그리스는 특별한 범주다. 오늘날의 시각에서 보자면 그리스인은 동방의 위대한 민족들보다 근본적으로 앞서 있었다. 그리스인은 사회 발전의 새로운 단계를 열었다. 그들은 근본적으로 새로운 공동생활의 원리를 세웠다. 고대 민족들의 예술적, 종교적, 정치적 위업을 아무리 우리가 높이 평가한다 하더라도 우리가 정말 문명이라고 부를 만한 문명—사려깊게 이상을 추구하는—의 역사는 그리스에서 비로소 시작되었다.[01]

조각

기원전 6세기의 조각가들이 몰두했던 두 가지의 주제는 옷을 벗은 남자의 입상과 옷을 입은 여자의 입상이었다. 봉헌이나 기념을 위해 만들어진 것으로 보이는 이 인물상들은 구체적 개인을 묘사한 것은 아니었고 인간과 신 사이의 중간적 성격을 띤 존재를 이상적으로 표현한 것이었다. 왜 남자는 항상 옷을 벗었고 여자는 언제나 옷을 입었는지는 아무도 모른다. 이집트와 메소포타미아의 영향력이 다분히

---

[01] 길버트 하이어트, 《정복되지 않는 인간의 마음》

 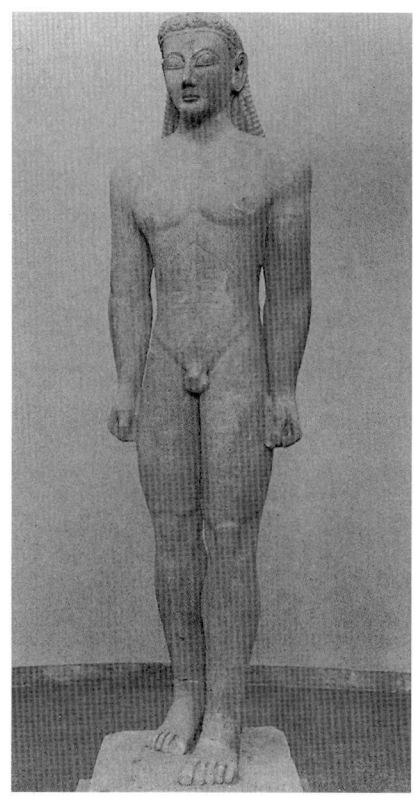

7.2 **아욱세레의 입상.**
기원전 630–600년경.
채색 흔적이 남은 석회암. 높이 75cm.
파리 루브르 박물관.

7.3 **소우니온의 입상.**
기원전 600년경.
대리석. 높이 3.05m.
아테네 국립 고고학박물관.

느껴지는 이 주제들은 꾸준히 다루어졌지만 그대로 모방된 것은 아니었다. 치열한 경쟁 속에서 늘 혁신이 이루어졌다. 조금이라도 더 다르고 더 나은 무언가를 추구하려는 이 강한 열의는 그리스인의 남다른 특성이었다.

이른 시기에 만들어진 〈아욱세레의 입상〉(7.2)은 이집트의 조각(2장의 2.4)처럼 뻣뻣하지만 이집트의 기법과는 다른 중요한 차이를

7.4 **송아지를 든 사람**. 일부.
기원전 575–550년경. 대리석. 높이 1.68m.
아테네 아크로폴리스 박물관.

드러낸다. 이집트의 선배 조각가들과는 달리 이 조각가는 불필요한 돌을 잘라내서 인물의 윤곽을 또렷이 드러냈다. 머리는 기하학적 무늬로 땋았지만 넓은 허리띠가 매어져 있는 모습은 매우 인간적이다. 가벼운 숄에서 잘록한 허리까지 곡선과 직선이 절묘한 대조를 이룬다.

거대한 〈소우니온의 입상〉(7.3)을 파라오의 상(2장의 2.4)과 비교해보라. 이집트의 인물상이 매우 높은 부조처럼 돌 안에 '감금되어' 있다면 이 작품은 손을 빼놓고는 불필요한 돌로부터 해방되어 있다.

7. 그리스 예술

파라오는 몸무게를 뒷발에 얹고 편안히 서 있다. 그러나 이 입상의 무게는 두 발에 똑같이 실려 있어 마치 앞으로 걸어가는 듯한 착각을 준다. 팽팽한 넓적다리 근육이 더욱 그런 효과를 낳는다.

이집트 조각과 그리스 조각의 결정적 차이는 눈과 얼굴 표정에서 볼 수 있다. 파라오는 이집트 인물상 특유의 느긋함과 차분함을 보여주면서 아스라이 먼 곳을 꿈결처럼 응시한다. 반면에 얼굴 선 하나하나에서도 긴장이 느껴지는 〈소우니온의 입상〉은 그리스 예술 특유의 역동성을 드러낸다. 이집트의 인물들은 압박감이라는 걸 모르고 산 사람처럼 보이는데, 그리스인은 잠시도 가만히 있지 못하는 사람처럼 잔뜩 긴장하고 있다. 두 문화의 현실관과 가치관은 그 정도로 달랐다. 이집트인에게 현실은 곧 파라오-신이었으며 백성은 영생을 그리며 살았다. 그리스인에게 현실은 개인이었으며 시간은 곧 지금 이 순간이었다. 니체가 말한 대로 그리스 문명은 "저절로 성장한 것이 아니라 극심한 긴장과 용기 있는 노력의 산물이었다."

〈송아지를 든 사람〉(7.4)은 그리스 미술에서는 다소 새롭다. 두 형상은 기가 막히게 하나로 어우러져 있어 따로 떨어진 모습이 얼른 상상이 안 갈 정도다. 망토를 걸치고 수염을 기른 사내는 자신 있게 앞으로 걸어가면서 어깨에 진 송아지의 균형을 잡고 있다. 입가를 살짝 치켜올려 '의고 시대 특유의 미소'를 지으면서 움푹 들어간 눈으로 앞을 응시하는데 원래 이 눈은 실감나게 눈알이 박혀 있었다. 의고 시대의 양식으로 정형화된 땋은 머리와 짧게 깎은 구레나룻이 송아지의 사실적 묘사와 대조를 이룬다.

건축

 기원전 6세기로 넘어오면 그리스의 도시국가들은 이미 북아프리카에 식민지를 건설했다. 비잔티움(이스탄불)에서 서쪽으로 시칠리아, 이탈리아, 프랑스, 스페인까지 그리스의 식민지가 들어서 있었다. 여러 식민지들이 모여 있던 마그나그라이키아(남부 이탈리아)는 특히 중요한 곳이었다. 피타고라스가 이곳에서 종교적 결사체를 이끌었고 파르메니데스와 엠페도클레스의 엘레아 학파도 이곳을 거점으로 삼아 철학을 연구했다.

 현존하는 의고기의 신전 중에서 비교적 보존 상태가 양호한 것은 파이스툼에 있는 헤라 신전이다(7.5). 보기 드물게 아홉 개의 기둥을 썼지만 구조적으로는 그리스의 신전에 공통된 요소를 두루 갖추고

7.5 **헤라 신전**. 파이스툼. 이탈리아. 기원전 550년경.

7. 그리스 예술

있다. 건물 바닥은 정사각형이고 사방이 기둥으로 둘러싸였으며 바닥에서 계단을 세 개 올라간 곳에서부터 기둥이 시작되었고 안쪽의 성소는 밀폐되어 있었다. 기둥을 홀수로 쓴 신전은 그 뒤로는 두 번 다시 지어지지 않았다. 그리스인들은 규칙성을 중시했기 때문에 고전 시대의 신전에 들어간 기둥도 주로 여섯 개 아니면 여덟 개였다 (7.24와 7.31 참조).

이 시대에 지어진 건물의 또 다른 특징은 육중하고 불룩한 기둥이다. 이 기둥은 베개 모양의 아주 큰 주두로 올라갈수록 가늘어졌다. 그래서 가볍고 부담없어 보이는 파르테논 신전과는 달리 전체적으로 둔중하고 육체적 부담감 같은 것이 느껴진다.

흑회식 도자기

회화는 그리스에서 아주 발달한 예술 형식이었지만 남아 있는 그림은 별로 없다. 나무에 칠한 안료는 말할 것도 없지만 돌에 바른 안료도 세월이 흐르면 사라지기 때문이다. 그림보다는 도자기가 많이 남았다. 가마에서 구운 도자기는 무척 튼튼했다. 심하게 부서진 도자기도 전문가의 손을 거치면 원형에 가까운 모습으로 복원된다 (7.6). 그래서 우리는 의고 시대의 도자기를 많이 갖게 되었고 여기에 그림을 그려서 새로운 예술 형식을 개척한 화가들의 눈부신 업적을 평가할 수 있게 되었다. 그들은 최고의 조각가나 건축가처럼 위대한 예술가였다. 그리스인들이 도자기를 소중하게 여겼다는 것은 자기가 만든 물건에 서명을 한 화가와 도공이 많다는 사실에서도 입증된다. 이름이 새겨진 도자기는 값어치도 올라간다. 화가들은 신들과

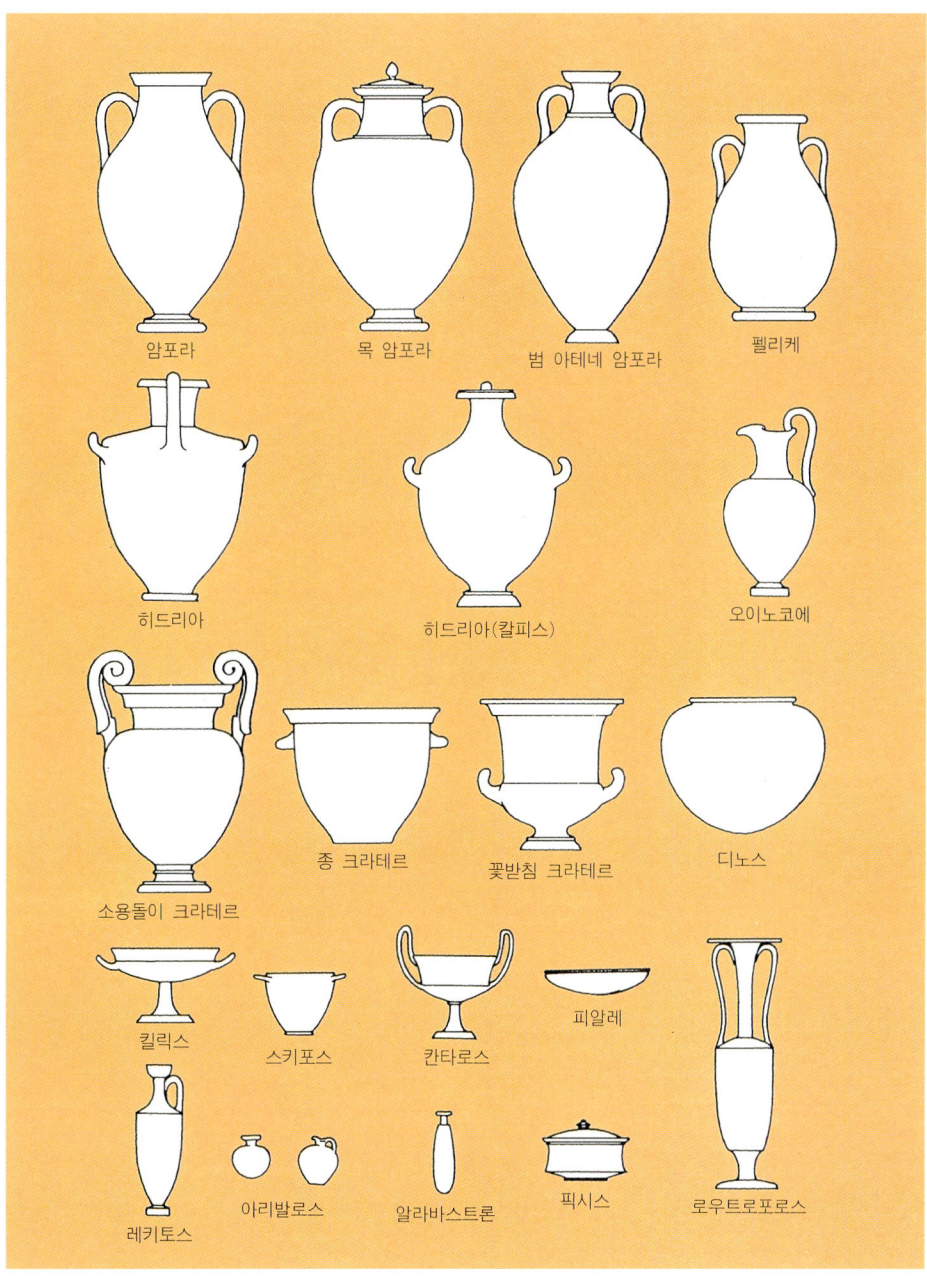

7.6 그리스의 잔과 항아리.

영웅들이 활발하게 어울리는 모습을 열심히 그렸다.

엑세키아스 같은 도자기 화가는 빨간 바탕에 형상을 검게 그린 흑회식 기법으로 발군의 실력을 과시했다(7.7). 트로이 전쟁이 잠시 소강 상태로 접어든 사이 아킬레스와 아이아스는 주사위 놀이를 하고 있다. 그들의 입에서는 '대사'가 튀어나오는데 아킬레스는 '테세라'(넷)라고 말하고 아이아스는 '트리아'(셋)라고 말한다(그렇지만 이것만 봐서는 누가 이겼는지 알 수가 없다).

구도는 듬성듬성하면서도 세련미가 있다. 뚜렷한 선을 옷과 머리의 세밀한 묘사가 받쳐준다. 더없이 한가롭고 점잖은 이 장면은 그러나 전의로 불타오른다. 이 전사들은 트로이 군을 섬멸하려는 의욕만큼이나 시합에서 이기려고 안간힘을 쓴다. 엑세키아스의 이름이 새겨진 도자기는 열한 점인데 그의 이름이 적힌 그림은 두 점이다. 도자기도 당당한 예술 작품으로 인정받았음을 엿볼 수 있는 대목이다.

7.7 **아킬레스와 아이아스가 주사위 놀이를 하는 암포라.**
기원전 530년경. 흑회식. 높이 61cm. 로마 바티칸 박물관.

미술과 의상

〈도리스식 페플로스를 걸친 입상〉(7.8)과 〈아욱세레의 입상〉(7.2)을 비교하면 기본적으로는 변하지 않았지만 한편으로는 뚜렷한 차이가 눈에 들어온다. 도리스식 페플로스라는 옷은 털실로 짠 헐렁한 겉옷으로 양어깨에서 조이고 허리띠로 묶고 바닥까지 내려오는 긴 옷이었다. 키톤이라는 소매가 달린 가벼운 옷 위에 주로 걸쳤다. 이 입상을 보면 정면은 직사각형으로 되어 있지만 페플로스 밑으로 성숙한 여인의 몸매가 확연히 느껴진다. 사랑스러운 미소와 초승달 같은 눈썹, 부드러운 얼굴선은 잔잔한 행복을 내뿜는다. 땋은 머리에 군데군데 남아 있는 색은 이 처녀의 머리가 고대 아테네 사람들이 으뜸으로 친 빨간색이었음을 보여준다.

〈키오스의 입상〉(7.9)이 입은 이오니아식 히마티온은 수수한 도리스식 페플로스와 아주 대조적이다. 페플로스보다 훨씬 가벼운 소재로 만들어진 이 우아한 망토는 여러 가지 방법으로 입을 수 있었다. 남아 있는 수많은 작품을 보면 당시의 예술가들은 물결 같은 주름을 조각하는 데 특히 정성을 쏟았던 것 같다. 아테네 여성들은 둔감하고 집단을 우선시했던 도리스의 스파르타 사람들이 즐겨 입었던 밋밋한 페플로스보다는 개인주의적이고 쾌락지향적이었던 이오니아 사회를 상징하는 세련된 히마티온을 앞다투어 입었다. 메소포타미아, 이집트, 로마에서도 그랬지만 그리스 여성이라면 누구나 옷감과 옷을 만들 줄 알아야 했다. 이오니아 여성들은 특히 정교한 무늬가 박힌 고급 천을 잘 만들었다. 이 옷감을 묘사한 조각과 그림은 남아 있지만 고대 그리스에서 만들어진 옷감은 지금까지 전해지는 것이 거의 없다.

7.8 도리스식 페플로스를 걸친 입상.
기원전 530년경. 채색 흔적이 있는
대리석. 높이 1.22m.
아테네 아크로폴리스 박물관.

7.9 **키오스의 입상**. 기원전 520년경. 채색 흔적이 있는 대리석.
56cm(아래 부분은 유실). 아테네 아크로폴리스 박물관.

자연주의

크로이소스라는 전사의 무덤 위에 서 있던 〈아나비소스 코우로스〉(7.10)는 현실 세계의 모습을 충실하게 담아내면서 자연주의로 나아가는 새로운 움직임을 예고한다. 이 혁명적 변화는 〈소우니온의 입상〉(7.3)에서도 벌써 드러났지만 전쟁터에서 죽은 젊은 레슬러의 육체를 섬세하게 재현한 이 조각에서 더욱 충실하게 실현되었다. 무릎과 종아리는 여전히 전통 기법대로 강조되어 있지만 우람한 허벅지와 단단한 팔뚝의 근육은 당장이라도 움직일 것처럼 부풀어올랐다.

인체의 골격과 해부학적 구조에 대한 관심이 깊어지면서 조각가는 보통사람의 눈에 보이는 대로 인체를 묘사하는 데 주안점을 두었다. 그리스 예술가들은 기념상을 처음 만들기 시작할 때부터 두상에는 전혀 관심이 없었다. 그들은 오로지 전신상에만 몰두했다. 이것은 머리가 부차적이었다는 뜻은 아니다. 결코 그렇지는 않았다. 그리스의 예술가들이 활동한 문화 공간에서는 무엇보다도 개인이 현실의 중심에 있었다. 그리고 그 개인은 건강한 몸과 건전한 마음을 이상적으로 겸비한 존재였다.

남자는 알몸을 드러내고 여자는 옷을 입힌 이유가 무엇이었는지는 잘 모르지만 아무튼 정숙함을 강조하려는 의도가 깔려 있었던 것은 아니었다. 그리스 사회에서 운동 선수가 알몸

7.10 **아나비소스 코우로스**. 기원전 525년경.
채색 흔적이 있는 대리석. 높이 1.93m.
아테네 국립 고고학박물관.

7. 그리스 예술 **235**

으로 나서는 것은 너무나 자연스러운 관행이었다. 알몸을 꺼리는 근동 지방의 풍속이야말로 그리스인의 시각으로 보면 야만성의 뚜렷한 증거였다. 남자와 여자의 자세도 사뭇 달랐다. 여자는 언제나 두 발을 모은 자세에서 한 손은 옆구리에 붙이고 한 손은 들어올렸다(7.2, 7.8, 7.9를 보라). 남자는 언제나 두 팔을 옆구리에 착 붙이고 왼발을 앞으로 뻗었다(7.3, 7.10을 보라). 결론적으로 우리는 이런 자세의 의미가 무엇이었는지, 전통적 자세나 의상이 무엇이었고 어떤 부분이 달라졌는지에 대해서는 아무것도 모른다. 그러나 이런 조각들이 우리가 살아가는 세계를 풍요롭게 만들어주었다는 사실은 분명하다.

적회식 도자기

기원전 530년경 도예가들은 흑회식 도자기와는 정반대로 검은 바탕에 붉은 형상을 그려넣는 적회식 도자기를 만들기 시작했다. 밝은 색상의 적회식 기법이 도입되면서 머리카락, 근육, 의상을 세부까지 꼼꼼히 묘사할 수 있었고 심지어는 농담까지도 드러낼 수 있게 되었다. 두 양식은 3,40년 동안 공존했지만 사물을 정교하고 미세하게 표현할 수 있는 장점을 가졌던 적회식 기법이 고전 시대에 들어와서 지배적 양식으로 자리잡았다. 7장 첫머리(218쪽)에 있는 적회식 잔에 그려진 인물의 눈을 보면 옆모습대로 그려져 있다. 이것은 놀라운 발전이었다. 그 전까지는 이집트의 전통에 따라 눈을 항상 정면에서 보이는 모습으로 그렸기 때문이다. 그림에서 아킬레스가 친구의 상처를 보살펴주는 동안 파트로클로스는 마치 이 고통을 겪는 당사자가 자신이 아닌 것처럼, 혹은 아니기를 바라는 것처럼 고개를 돌리고 있는데 이것은 너무나 자연스러운 인간적 반응이 아닐 수 없다.

  적회식 그림과 흑회식 그림의 차이는 이 작품과 엑세키아스의 작품(7.7)을 비교하면 확연히 드러난다. 그러나 작품의 우열을 따지기는 곤란하고 다만 다양한 기법은 다양한 양식을 낳는다고 말할 수 있을 뿐이다. 흑회식 그림이 원기 왕성한 의고 시대의 특징이라면 적회식 그림은 차분하고 자신만만한 고전 시대의 성격을 드러낸다.

고전시대

초기 고전시대-기원전 480~450년

기원전 480년이 아테네의 역사에서는 중요한 분수령이었다. 크세르크세스가 이끄는 페르시아 군의 침략을 받고 수모를 받은 아테네는 반격에 나서 살라미스 해전에서 승리를 거두고 그 여세를 몰아 이듬해 페르시아 군을 격퇴했다. 부활한 아테네는 그 옛날 황금 시대에 누렸던 힘과 번영을 향해 자신 있게 나아갔다.

소박한 양식

초기 고전주의의 소박한 양식을 대표하는 〈크리토스 소년〉(7.11)은 아이스킬로스가 극작가로서 명성을 날리던 시절에 나왔다. 아이스킬로스가 연극을 혁신시킨 것처럼 이 조각도 예술의 새로운 원리를 내건다. 침착한 고전적 장엄 분위기를 연출하는 이 작품은 입상이다. 의고 시대의 조각은 두 발에 무게를 똑같이 싣고 걸어가는 자세를 주로 다루었다. 그런데 여기서는 긴장된 근육과 이완된 근육이 세밀하게 묘사되었고 고개는 약간 옆으로 돌아갔으며 한쪽 엉덩이는 살짝 올라갔고 몸무게는

7.11 **크리토스 소년**. 기원전 481년. 대리석. 86.4cm. 아크로폴리스 박물관

한쪽 다리에 실려 있다. 이것이 정말 우리가 편한 자세로 서 있는 모습이다.

〈델피의 전차수〉(7.12)는 원래 전차와 말 네 마리가 포함되었던 대작의 일부였다. 전차 시합은 오늘날 경마 대회에서 기수들이 말을 타고 승부를 가리는 것처럼 노련한 마차수들이 서로의 기량을 겨루는 자리였다. 여기서 조각가는 전차 시합의 흙먼지가 날리는 어수선한 상황은 무시하고 승리자의 당당한 모습을 이상적으로 그리고 있다.

그리스의 청동상 중에서도 가장 독창적인 작품에 속하는 〈포세이돈〉(7.13, 〈제우스〉라는 설도 있다)은 삼지창(혹은 벼락?)을 던지려는 위풍당당한 모습이다. 이 작품은 심한 비대칭성을 보여준

7.12 **델피의 전차수.**
기원전 478년 혹은 474년. 청동.
높이 1.81m. 델피 고고학박물관.

7. 그리스 예술 **239**

다. 팔과 다리, 심지어는 머리까지도 몸통에서 제각각 다른 방향으로 뻗어 있다. 몸통의 근육도 팽팽히 긴장되어 있다. 의고 시대의 가장 자연스러운 조각보다도 더 자연스러운 이 육체의 팽팽한 살갗 밑에는 근육이 물결친다. 청동상 표면의 볼록한 부분과 오목한 부분에서 반사되는 광선은 인물을 더욱 생동감 있게 만든다. 포세이돈의 팔이 너무 길게 되어 있어 팔을 내리면 무릎까지 닿을 거라는 사실, 눈구멍이 텅 비어 있다는 사실(한때는 색색깔의 돌로 채워져 있었지만), 머리카락과 수염, 눈썹이 정형화되어 있다는 사실에도 불구하고 이 작품은 이전의 조각들이 성취하지 못했던 역동적 에너지를 발산한다.

　대상을 있는 그대로의 모습이 아니라 있어야 할 모습으로 그리는 그리스 예술의 이상주의는 신들에게도 적용되었다(7.14). 지진을 일으키는 포세이돈이었건 벼락을 때리는 제우스였건 그것은 신이 응당 가져야 할 모습이었다.

7.13 포세이돈(제우스?).
기원전 460년경. 청동.
높이 2.08m. 아테네
국립 고고학박물관.

7.14 포세이돈(제우스?). 일부.

성기 고전시대-기원전 450~400년

그 어떤 양식보다도 성기 고전 시대의 양식은 황금 시대에 아테네인이 추구했던 낙관주의와 자유, 개인주의, 경쟁 의식, 장인 정신, 성취감 같은 가치를 대담하게 표현했다. 페리클레스, 소포클레스, 에우리피데스, 소크라테스가 이 시기에 활동했으며 서양 문명의 역사에서 가장 뛰어난 조각가, 도자기 화가, 금속 공예가, 건축가도 이 시기에 집중적으로 배출되었다.

조각과 도자기 회화

미론의 〈원반 던지는 남자〉(7.15)는 인물의 왼쪽에서 보도록 만들어진 작품이다. 그래야 폭발적 동작이 일어나기 직전의 순간에 감상자가 완전히 빨려들어갈 수 있기 때문이었다. 고전 시대의 걸작이긴 하지만 이 조각은 이집트의 전통을 여전히 따르고 있다. 초점이 정면에 맞추어져 있고 머리와 다리는 옆모습을 담았으며 상반신은 정면으로 쏠려 있다. 팔이 그리는 포물선과 머리와 왼쪽 다리의 각도가 균형을 이룬 이 조각은 고전 양식에서 요구한 균형비를 충실하게 따른다. 해부학적 세부를 단순히 처리하고 자세도 정형화시켜 오직 몸을 한껏 비틀어 원반을 멀리 던지려는 운동 선수의 순간적 동작을 표현하는 데만 초점을 맞추었다. 원반던지기에서는 원반을 던진 거리에 못지않게 던지는 자

7.15 원반 던지는 남자.
기원전 450년경에 만들어진 원작을 로마 시대에 모조한 것. 대리석, 높이 1.52m. 로마 국립 로마박물관.

제 7 장 그리스 예술

7. 그리스 예술 **241**

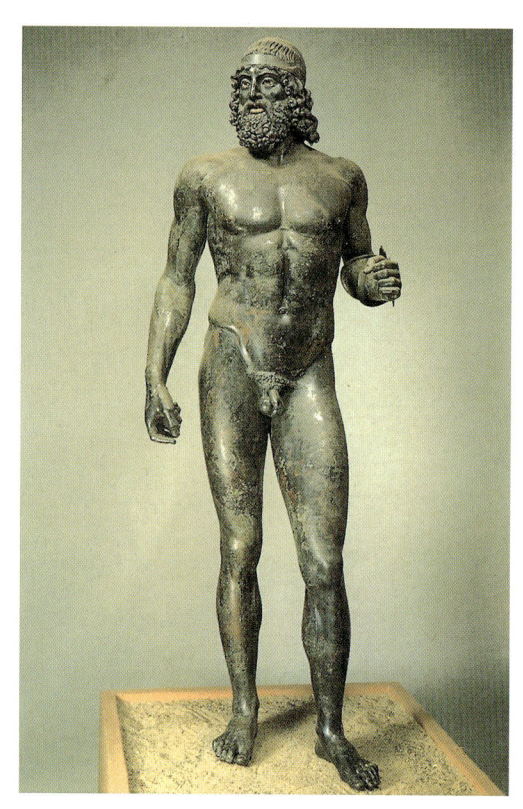

7.16 **리아체 청동상**.
기원전 460–450년경. 청동. 높이 1.98m.
이탈리아 국립 칼라브리아 지역박물관.

세도 중요했다. 지금의 다이빙이나 체조와 비슷한 채점 방식이었다. 가장 멀리 던지지는 못했어도 〈원반 던지는 남자〉와 같은 자세를 취한 선수는 우승을 차지할 수도 있었다.

〈리아체 청동상〉(7.16)은 1972년 이탈리아 남부 칼라브리아 지방의 리아체라는 해안 마을에서 발견된 두 점의 독창적인 그리스 청동상 가운데 하나다. 원래는 방패와 검을 쥐고 있었다. 지금은 눈동자도 빠졌고 머리숱도 한 움큼 빠졌다. 그림에도 불구하고 이 작품은 혈기왕성한 청년 전사의 모습을 기가 막히게 잘 표현했다. 주로 사용된 것은 청동이지만 이빨은 은이고 눈의 각막은 상아와 대리석, 입술, 젖꼭지, 눈썹은 구리로 되어 있다. 오른쪽으로 돌아간 고개와 흔들림 없는 시선은 단호한 의지를 드러낸다. 젖혀진 두 어깨는 공간 속에서 안정감을 준다.

　이 놀라운 작품을 만든 조각가의 이름을 우리는 모른다. 어떤 학자들은 이것은 아테네의 위대한 조각가 페이디아스에 필적하는 수준이라고 말하고 어떤 학자들은 마그나그라이키아에 살았던 피타고라스라는 조각가의 작품이라고 주장한다. 아테네에서 만든 것을 수입했는지도 모르고 이탈리아에서 만들었을 수도 있다. 양식으로 보면 이 전사는 〈포세이돈〉(7.13)과 지금은 로마 시대에 제작된 모작만 남아 있는 아르고스의 폴리클레이토스가 발전시킨 전범 사이의 어딘가에 위치한다.

　폴리클레이토스의 〈창을 든 사람〉 모작(7.17)은 그의 작품이 여러 세대 동안 미술가들의 '전범'이 되기에 충분할 만큼 탁월했음을 보여준다. 섬세하게 다듬어진 운동 선수의 강인한 육체를 과시하면서 청년은 몸무게를 모두 오른다리에 실었고 왼무릎은 굽혀서 발가락만 가볍게 땅에 닿았다. 고개는 오른쪽으로 살짝 돌렸고 오른쪽 어깨가 밑으로 약간 내려가서 머리끝에서 발끝까지 길다란 S자의 곡선을 그릴 수가 있다. 이전 시대의 어떤 조각도 이렇게 안정된 자세를 표현하지는 못했다. 긴장과 이완이 몸 전체에서 역동적 균형을 연출한다.

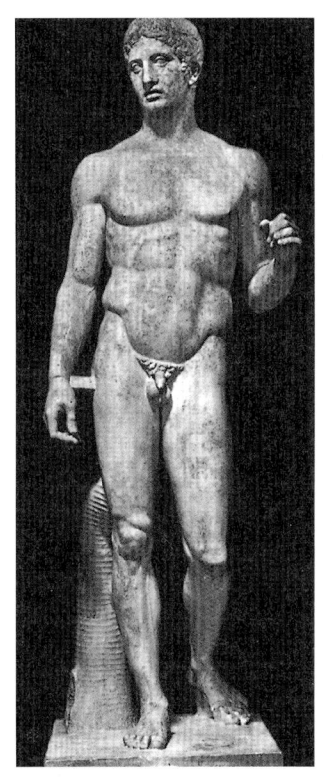

7.17 창을 든 사람.
기원전 450-440년경에 청동으로 만들어진 원작을 로마 시대에 모작한 것. 대리석. 높이 1.98m. 나폴리 국립박물관.

제 7 장 그리스 예술

7. 그리스 예술　**243**

7.18 샌들을 벗는 승리.
아테네 아크로폴리스에 있는 아테네 니케 신전의 난간에서. 기원전 410년경. 대리석. 높이 1.07m. 아테네 아크로폴리스 박물관.

7.19 헤게스코의 돌기둥. 무덤 부조.
기원전 400-390년경. 대리석. 높이 1.49m. 아테네 국립 고고학박물관.

〈샌들을 벗는 승리〉(7.18)에서는 그리스 조각의 젖은 주름 수법이 돋보인다. 조각가는 얇은 천을 풀 같은 물질에 적신 다음 발가벗은 여성 모델에게 입히고 예술적 효과를 살리기 위해 주름을 잡았던 듯하다. 여기 묘사된 인물의 동작은 약간 엉거주춤하지만 완벽하게 균형잡힌 구도 안에서 부드럽게 흐르는 선들은 가히 일품이라 할 수 있다.

〈헤게스코의 돌기둥〉으로 알려진 비석(7.19)에는 하녀가 무덤의 주인공인 의자에 앉은 마님에게 보석함을 바치는 모습이 조각되어 있다. 고전 시대의 조각을 보면 등장 인물이 행진을 하건 싸움을 하건 신을 만나건 하나같이 얼굴 표정이 온화하다. 서 있는 하녀의 머리와 앉아 있는 여주인의 머리가 엇비슷한 높이에 있다는 점에도 주목하자. 이것은 그리스의 부조에서 공통적으로 나타나는 특징이다. 덕분에 그리스의 부조는 아주 명료해 보인다. 앉은 사람과 서 있는 사람의 높이가 같다는 것은 비현실적 구도지만 너무나 섬세하게 처리되어서 감상자는 조금도 어색함을 느끼지 않는다.

이 시기의 도자기 화가들은 건축가와 조각가만큼 실력 있는 예술가들이었다. 그들이 만든 수작들은 라파엘로나 레오나르도 다 빈치 같은 르네상스 화가의 그림과 비교해도 손색이 없다. 대부분의 화가들은 적회식 그림을 선호했지만 흰 바탕에 다양한 색깔을 칠한 화가들도 있었다. 이 화가들은 가마에 넣어 굽기 전에 장식을 할 부분에다 백토를 발랐고 그림은 도자기가 구워진 다음에 그려넣었다. 도자기와 함께 구워지지 않았기 때문에 적회식 그림처럼 색이 오래 가지는 못했지만 흰 바탕의 그림은 곡선 부분의 복잡한 처리를 제외하고는 화폭에 그려진 그림과 비슷했다.

적회식 그림의 내구성을 선호한 화가도 있었지만 아킬레스 화가(7.20)처럼 하얀 바탕 위에서 펼쳐지는 다채로운 색상을 선호한 사람도 있었다. 그는 작품에 자기 이름을 써넣지는 않았지만 개성 있는 그만의 그림 양식은 200여 점의 도자기에 남아 있다. 뮤즈의 거룩한 산에 다소곳이 앉아 있는 성가와 종교 무용의 뮤즈 폴림니아가 현이 일곱 개인 키타라를 경건하게 뜯고 있다. 발치에 새 한 마리가 있을 뿐 위와 아래는 소탈하게 장식되어 있어 이 외로운 인물로 자연히 시선이 모아진다. 우아한 선과 조화로운 구도를 가진 이 작품은 고전 양식의 뛰어난 전범으로 일컬어진다.

7.20 **헬리콘 산의 뮤즈**.
기원전 440-430년경. 흰 바탕 도기.
높이 35.5cm. 뮌헨 클립토테크 미술관.

　아테네의 일반 시민들은 이런 예술 작품을 높이 평가했을까? 아리스토텔레스에 따르면 예술은 두 가지의 기준을 만족시켜야 한다. 하나는 즐거움과 가르침을 주어야 한다는 것이고, 또 하나는 소수만이 알 수 있는 비밀이 아니라 다수에게 열린 보석이 되어야 한다는 것이다. 그리스의 모든 예술은 대중이 즐기고 배울 수 있었던 보석이었다는 사실을 입증하는 예는 무수히 많다.

건축

그리스의 신전은 의고 시대 초기(기원전 600년경)에 기본틀이 완성되었다. 신전에서 빼놓을 수 없었던 것은 기둥과 상인방이었다(7.21). 건물이 들어설 자리의 네 귀퉁이에 기둥을 하나씩 세우고 그 위에 상인방을 얹었다. 서로 마주보는 상인방들은 일정한 간격의 들보로 연결했고 그 위에 지붕을 씌웠다. 기둥과 기둥 사이의 공간은 필요하면 벽과 창문, 문으로 채웠다. 기둥과 상인방은 처음에는 나무를 썼다가 그 다음에는 벽돌을 썼다가 나중에는 돌로 만들었는데 모든 건물에서 사용되었다. 아치와 둥그스름한 천장에 장점이 많다는 사실은 알았지만 이런 기술은 터널이나 하수도처럼 비중이 가벼운 토목 공사에 주로 쓰였다.

신전 한복판에는 켈라(신상 안치소)가 있었다(7.22). 켈라는 앞에 기둥이 달린 현관이 있었고 뒤에도 대개 현관이 있었는데 뒤쪽 현관은 때때로 벽으로 막아서 안에다 보물을 두기도 했다. 규모가 크고 중요한 신전은 사방에 바깥 기둥을 세워 주랑을 만들었다.

평면도는 간단해 보이지만 정면(7.23)은 기둥과 상인방의 기본틀을 넘어선 발달된 구조를 드러낸다. 지중해 지역은 겨울에 비가 많이 왔기 때문에 배수가 잘 되도록 지붕을 경사지게 만들었다. 지붕은 점토를 애벌구이한 테라코타나 대리석 타일로 덮었으며 가로 홈통, 세로 홈통이 있었고 조각으로 장식되어 있었다. 지붕 양옆의 삼각형 벽면은 거대한 고부조나 독립된 조각물로 장식했다.

건축가들은 돌로 된 토대에 계단을 쌓았는데 맨 위의 기단이 곧 건물의 바닥이었다. 기단 위에서 기둥이 올라가 상인방을 받쳐주었다. 지붕 양끝의 삼각형 벽 밑은 나뭇결 같은 자연스러운 질감을 연

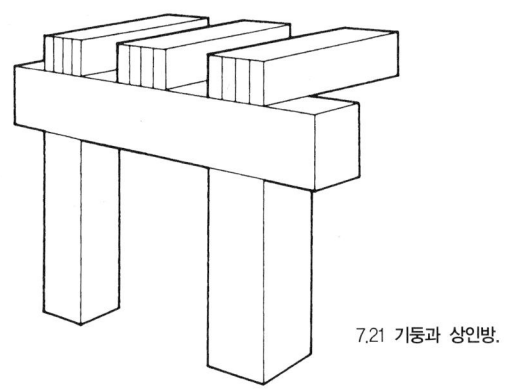

7.21 기둥과 상인방.

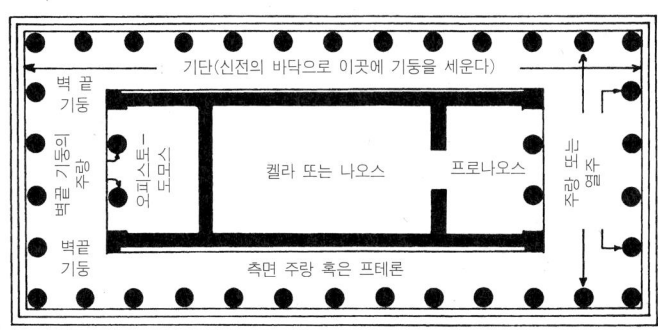

7.22 그리스 신전의 평면도.

7.23 그리스 신전의 정면도.

출하기 위해 돌에 세로로 석 줄씩 홈을 팠는데 이것을 트리글리프라고 불렀다. 트리글리프와 트리글리프 사이의 사각형 공간은 메토프라고 했는데 여기는 그냥 두거나 색을 입히거나 부조로 장식했다.

아크로폴리스

대부분의 고대 그리스 도시는 요새화된 언덕을 중심으로 뻗어나갔다. 언덕 같은 높은 곳을 그리스인들은 '아크라'라고 불렀다. 도시가 점점 번창하고 규모가 커지면서 이 '사람들의 높은 자리'(아크로폴리스)는 종교 활동과 시민 활동의 중심지가 되었다. 행정 기관, 도서관, 여러 신들을 모시는 신전이 이곳에 모여 있었다. 아테네의 아크로폴리스는 전설에 나오는 에렉테우스 왕이 묻힌 곳이고 포세이돈과 아테나가 이 도시의 종주권을 놓고 서로 각축을 벌였던 곳이라는 전설도 있다.

페리클레스의 주도 아래 아테네 시민들은 아크로폴리스를 당대 최고 수준의 건물과 예술품으로 꾸미는 계획을 완성했다. 페리클레스는 페이디아스에게 아크로폴리스를 단장하는 총책임을 맡겨 아테네의 황금 시대를 열었다. 기원전 405년까지는 파르테논, 에렉테움, 프로필라이온, 아테나 니케의 신전이 들어섰다. 그러나 아테네의 황금 시대는 얼마 못 가서 막을 내렸다.

파르테논 건축가 익티노스와 칼리크라테스가 지은 아테나 파르테노스, 일명 파르테논 신전(7.24)은 아크로폴리스의 전성기에 들어선 건물로 웅장한 부조와 페이디아스가 금과 상아로 만든 거대한 아테

7.24 **파르테논**(북서쪽에서 본 모습). 아테네 아크로폴리스. 기원전 447-432년경.

나 여신상으로 장식되어 있었다. 그리스 본토에 들어선 도리스식 신전으로는 가장 규모가 컸으며 '단순함 속의 아름다움'이라는 페리클레스의 이상을 가장 잘 구현한 건물로서 기본 구조는 기원전 6세기의 의고 시대 신전과 크게 다르지 않다. 비록 새로운 것은 없지만 파르테논의 건축가들은 신전의 형태가 얼마나 세련될 수 있는가를 보여주었다. 어마어마한 크기에도 불구하고(가로와 세로가 69.54미터와 30.8미터에 높이 10.37미터의 기둥들) 직사각형의 상자는 가지런히 늘어선 기둥들로 에워싸였고 삼각주(三角柱)가 그 위에 올라가 있었다.

도리스 양식의 질서가 완벽하게 구현된 파르테논 신전은 더없는 조화와 통일을 자랑한다. 그래서 그 거대한 덩치가 거짓말처럼 가볍고 조용하게 떠 있는 듯하다.

 이 건물에 직선이나 직각이 사실상 존재하지 않는다는 사실은 처음에는 다소 뜻밖이다. 그러나 이 건물을 설계한 건축가들은 착시 효과를 보정하기 위해 수학적 규칙성에서 조금 벗어나는 방법으로 눈에 보이는 수학적 정확성이라고 하는 이상을 실현했다. 이것은 플라톤을 불편하게 만들었다. 플라톤은 완전함과 완전함의 환상 사이에는 깊은 골이 있다고 믿었기 때문이다. 기단은 건물의 가로든 세로든 모두 가운데가 조금씩 높다.

 기둥은 모두 안으로 약간 기울어져 있다. 네 귀퉁이의 기둥은 대각선 방향으로 기울어져 있어 이것들을 연장하면 신전 위 1.6킬로미터 높이에서 만나게 될 것이다. 코니스, 프리즈, 아키트레이브도 기단처럼 가운데가 조금씩 높다.

 네 귀퉁이의 기둥은 다른 기둥들보다 더 굵게 만들었다. 그래서 귀퉁이에 있는 기둥과 옆 기둥의 간격은 60센티미터 정도 더 짧다. 구석에 놓인 기둥은 확 트인 하늘이 배경에 오기 때문에 상대적으로 가늘게 보일 수밖에 없는데 이것을 막기 위해 더 굵게 만든 것이다. 도리스 양식의 건물에서 쓰인 '보정'은 실로 다양했다. 기둥도 밖으로 약간 부풀어오르게 만들었는데 이것을 엔타시스[배흘림]라고 불렀다. 높이가 10.4미터인 파르테논 신전의 기둥은 밖으로 1.7센티미터 정도만 부풀어 있다. 도리스 양식의 기둥에서 줄기차게 사용된 세로홈은 보기에도 멋있었을 뿐 아니라 보정 작용까지도 했다. 표면이 매끄러운 기둥은 멀리서는 너무 밋밋해 보였고 건물을 지탱할 만한 내구력이 부족해 보이는 인상을 주었기 때문이다.

7.25 파르테논 신전의 동쪽 박공벽 중앙부를 복원한 것. 원래의 중심 높이는 3.35m. 아테네 아크로폴리스 박물관.

7.26 라피타이 사람과 켄타우로스의 싸움. 파르테논의 27번째 남쪽 메토프. 기원전 447-443년. 대리석. 높이 1.35m. 런던 대영박물관.

7.27 기수들. 파르테논의 북쪽 프리즈. 높이 1.07m. 런던 대영박물관.

고대의 가장 뛰어난 대리석 조각으로 장식된 파르테논은 신들과 아테네인들 자신의 활동상을 한 자리에 모아놓은 말하자면 그림 백과사전이었다. 동쪽 박공벽을 복원했더니(7.25) 제우스의 이마에서 막 나온 아테나의 기적 같은 탄생 이야기가 그려져 있었다. 신들은 실물보다 크게 만들어 부조에서 완전히 떨어져나와 있으며 바닥에서도 잘 보이도록 윤곽이 시원시원하고 뚜렷하게 살아나 있다.

〈라피타이 사람과 켄타우로스의 싸움〉(7.26)을 묘사한 파르테논의 메토프는 인간의 본능에 도사린 야수성을 인간의 이상이 누르고 올라가는 모습을 상징하는 대단히 세련된 고부조다. 다른 92개의 메토프들을 면밀하게 연구했더니 시간이 흐르면서 작품의 질이 꾸준히 향상되었다는 사실이 밝혀졌다. 초창기에는 투박한 조각도 있었지만 뒤로 가면 7.26의 부조와 같은 보기 드문 걸작도 나타났다. 페이디아스 밑에서 일하던 석공들은 이 뛰어난 조각가 옆에서 많은 것을 보고 배우면서 시간이 갈수록 솜씨가 늘었던 모양이다.

세로 1.1미터의 프리즈[장식띠]가 153미터에 걸쳐서 켈라의 외벽을 에워쌌다. 이것은 범아테네 대축전에 참가한 아테네 사람들과 신들을 묘사한 대리석 저부조다. 페플로스를 싣고 아테나 여신상이 있는 곳으로 행렬이 떠나는 바로 그 순간에 기수들이 노래하는 처녀들을 신전까지 호위하기 위해 말고삐를 당기는 모습이 실감나게 그려져 있다(7.27). 600명의 사람과 수많은 말들이 등장하는 이 장면은 한 순간을 포착한 것이다. 그리스 연극에서 요구되던 시간 진행의 사실성을 동시에 보여주기라는 방식을 조각으로 재현한 셈이었다. 신전의 장식부에 수백 명의 아테네 시민을 새겨넣은 것은 다른 문화 같으면 상상도 못할 일이었다. 이집트 룩소르 신전(2장의 2.10)의 어둡고 위압적인 내부 공간을 떠올리면 이집트 문명과 그리스 문명이 기본적으로 얼마나 달랐는가를 알 수 있을 것이다.

　　에렉테움 에렉테움(7.28)의 구조가 복잡해진 것은 건물이 들어선 부지가 고르지 않은 탓도 있었겠지만 아테나와 포세이돈 두 신의 전설적 갈등 때문이었을 수도 있다. 아테네 시의 수호신으로 올라서기 위해 포세이돈이 삼지창으로 바위를 찌르자 바닷물이 콸콸 뿜어나왔다. 바닷물은 아테네의 바다를 지배하는 힘의 상징이었다.
　아테나도 창으로 땅을 찌르자 탐스러운 올리브 나무가 솟아올랐다. 올리브 나무가 여러 모로 더 쓸모가 있다고 판단한 올림포스의 신들은 아테네를 아테나 여신에게 넘겼다. 하지만 영리한 아테네 사람들은 한 신전 안에 두 신을 위한 성소를 모두 마련했다. 또 아테나 여신의 이름을 붙이지 않고 이곳에서 살았다는 전설의 에렉테우스 왕을 신전의 이름으로 내걸어 포세이돈의 노여움을 사지 않으려고 애썼다.
　이오니아 양식으로 지어진 이 우아한 신전은 지대가 높은 동쪽은 아테나에게 바쳐졌고 지대가 낮은 뒷면 오른쪽은 포세이돈을 모셨다. 구조와 크기가 각각 다른 세 개의 포르티코(현관)가 세 방향에서 튀어나와 있다. 이 중에서 가장 유명한 것은 여섯 개의 카리아티드(기둥으로 쓰인 여인상)가 있는 남쪽 현관이었다. 젊은 여자들의 입상이 아키트레이브를 받쳐주고 옷의 주름은 기둥의 세로홈 구실을 한다. 이들은 파르테논으로 가는 행렬처럼 모여 있는데 한쪽의 세 사람은 왼쪽 다리를 구부리고 있고 다른 쪽의 세 사람은 오른쪽 다리를 구부리고 있어 마치 걸어가는 듯한 착각을 불러일으킨다.
　이 기둥상들에서는 육체적 긴장이 느껴진다. 아름다운 외모에도 불구하고 인간의 형상을 받침 기둥으로 삼았다는 것은 우리의 상상력에 지나친 부담을 안겨준다. 의도는 썩 만족스럽지 않지만 조각 자체는 탁월하다고 볼 수 있다.

왼쪽 귀퉁이에 있는 인물상의 오른편에 있는 카리아티드는 1806년 엘긴 경이 그리스의 예술을 '구제'한다는 미심쩍은 이유에서 영국으로 가져간 것[02]을 복제한 것이다(파르테논을 비롯한 여러 건물에서 이 밖에도 수많은 전리품이 영국으로 건너갔다). 얄궂게도 영국으로 가

7.28 **에렉테움(동쪽)**. 아테네 아크로폴리스. 기원전 421-405년. 현관 기둥의 높이 2.44m.

02 시오도어 브레토스, 《영광의 그늘: 엘긴 대리석상들의 획득. A Shodow of Magnitude: The Acquisition of th Elgin Marbles》(1974). 여기에 대해서 영국의 소설가이며 시인인 로렌스 더럴은 이렇게 썼다. "철저한 조사와 정력적 필치로 이 책은 역사 속에서 파르테논 신전을 약탈한 장본인으로 살아 있는 비열한 편집 증자 엘긴 경을 처음으로 심도 있게 그렸다." 그리스 정부는 파르테논에서 약탈한 엘긴 대리석상들의 반환을 영국 정부에 거듭 요구하고 있다.

져간 상들은 다시 안전한 곳으로 옮겨졌고 일반인들에게는 파이버글래스로 만든 모조품만 전시되고 있다. 최근 아크로폴리스의 더욱 큰 위협은 터키인이나 영국 귀족보다는 대기 오염이라고 할 수 있다.

아테나 니케의 신전 고전 건축의 통일성을 구현한 아테나 니케의 신전(7.29)은 대리석으로 된 아담한 건물이다. 흔히 건축 하면 공간을 감싸는 예술로 정의하지만 그리스의 신전은 그 수준을 넘어선다. 하나의 신전은 계단에서 기둥을 거쳐 켈라의 벽까지 후퇴하는 일련의 면들로 설계되었다. 신전의 부조 역시 표면에서 후미진 곳까지 각각의 면에 맞게 새겨졌다. 힘차게 정의된 형상이면서 네 면이 조각 부조였던 그리스 신전은 건물이었지만, 그것은 일종의 웅장한 조각품이었다.

신전은 단순히 공간을 감쌀 뿐 아니라 채우기도 했는데 승리의 여신 니케의 신전에서 그 점이 여실히 드러난다. 이 신전에는 원래 아테네를 떠나지 못하도록 날개 잘린 승리의 여신상이 들어서 있었다. 이 신전이 완성된 지 20년만에 아테네는 스파르타에 함락당했고 그 후로 정치적 군사적 주도권을 영영 회복하지 못했다. 18세기에는 요새를 지을 석재를 구하려는 터키인들에 의해 허물어졌지만 나중에 파괴된 요새에서 돌을 가져와 다시 복구시켰다. 승리의 여신에게 바쳐진 신전이 원래의 모습으로 복구되었다는 것은 페르시아, 스파르타, 로마, 베네치아, 터키, 이탈리아, 독일의 침략을 이겨낸 문화의 저력을 상징한다.

7.29 아테나 니케의 신전.
기원전 427-424년.
대리석. 5.4×8.2m.

도리스 양식의 신전들—시칠리아

페리클레스 시대에 시칠리아에 지어진 정교한 도리스 양식 신전 중에서도 손꼽히는 두 건물이 있는 곳은 그리스가 아니라 시칠리아다. 시칠리아는 마그나그라이키아의 남쪽 끝 부분에 해당했다. 콩코르디아 신전과 세게스타 신전의 보존 상태는 비교적 양호하지만 그 이유는 판이하게 다르다.

번영을 구가한 그리스의 도시 아크라가스('높은 땅'이라는 뜻으로 지금의 아그리젠토)는 남쪽으로 지중해가 내려다보이는 고원에 세워졌다. 이곳에는 아크로폴리스가 없었기 때문에 아크라가스 시민들은 도시와 바다 사이의 남쪽 산비탈에 다섯 개의 도리스 양식 신전을 지었다. '신전들의 거리'에 시원시원한 간격으로 늘어선 이 건물들은 도시와 땅, 바다 사이를 응집력 있게 연결한다. 바다에서 오면 먼저 신전이 눈에 들어왔다. 이 신전들은 외국 땅에 건설된 그리스 도시를 상징했다. 그리스 신들의 고향은 어디까지나 그리스였지만 이탈리아와 시칠리아 같은 머나먼 땅으로도 수출될 수밖에 없었다.

콩코르디아 신전 도시와 해안선 중간에 들어선 콩코르디아 신전은 정면에 기둥이 여섯 개 달린 도리스 양식의 건물이다(7.30). 높이 7미터의 기둥 34개가 열주를 이루며 늘어섰고 앞뒤에 각각 여섯 개와 열한 개의 기둥이 서 있다. 파르테논 신전처럼 기단과 엔타블레이처는 측면에서 솟아올라 있지만 정면의 여섯 기둥은 수직선을 유지하고 있다. 파르테논 신전과 가장 크게 다른 점은 정면의 여섯 기둥이다. 여섯 개의 기둥은 전체가 한눈에 들어오지만 파르테논(7.24)에 있는 여덟 개의 기둥은 한눈에 들어오지 않는다. 대부분의 사람들은 두 번 보고 세 번 보아야 한다. 콩코르디아와 파르테논의 정면을 비교해보면 파르테논은 불안하고 도전적으로 보이는 반면 콩코르디아는 고요하고 우아하고 매력적으로 보인다.

콩코르디아 신전은 다산과 농업, 평화를 상징한 데메테르 여신을 모셨던 것 같다. 종교성을 가지고 있었음에도 불구하고 이 신전이 파괴를 모면한 것은 서기 597년에 그리스도교 교회로 전용된 덕분이었다. 그리스도 교인들이 사용한 그리스의 종교 건축물들은 대폭 뜯어고쳐졌지만 그래도 완전히 파괴당한 대부분의 다른 신전들보다는 운이 좋았다고 할 수 있다.

세게스타 신전 인구가 약 25만이었던 아크라가스는 그리스 도시

제 7 장 그리스 예술

7.30 **콩코르디아 신전**. 시칠리아 아그리젠토(고대 마그나그라이키아의 아크라가스). 기원전 425년경. 석회암. 16.8×39.3m

나 다름없었지만 세게스타는 인구가 많지도 않았고 그리스 도시도 아니었다. 그렇다면 왜 이곳에 거대한 그리스 극장이 지어졌고 가장 흥미로운 도리스 양식의 신전이 건설되었을까? 시칠리아 섬의 북서부 산악 지대에 위치한 세게스타는 카르타고의 영향권 안에 들어가 있었다. 카르타고로부터 위협을 느끼던 세게스타는 자연히 그리스에 접근했고 그리스의 말과 관습을 받아들였다. 나중에는 아테네와 동맹을 맺기에 이르렀다.

세게스타 신전(7.31)은 기둥이 여섯 개 달린 도리스 양식이었으며 콩코르디아 신전보다 규모가 훨씬 컸다. 기둥의 높이는 9.8미터이며 36개의 기둥이 열주를 이루고 있다. 이 신전을 '무명의' 신전으로

7.31 세게스타 신전.
시칠리아. 기원전 420년경.
석회암. 23×58m.

부르는 사람도 있는데 그것은 그리스 신이 아니었다는 것만 알 뿐 이 신전에서 어떤 신을 모셨는지는 아무도 모르기 때문이다. 건축가는 아마 아테네인이었을 테고(익티노스였는지도 모른다) 고전 양식에 누구보다도 정통한 사람이었을 것이다. 어떤 이유에서인지 미완성으로 남은 이 신전은 지붕도 없고 내부에 켈라가 세워진 흔적도 없다. 기둥들에도 세로홈이 파이지 않았다.

콩코르디아와 파르테논처럼 세게스타 신전의 기단과 엔타블레이처도 위로 솟아 있지만 정도가 심하다. 정면에 보이는 여섯 개의 직선 기둥과 날렵하고 팽팽한 호는 묘한 감동을 안겨준다. 건축가는 육중한 자재의 질감이 건물의 엄청난 힘을 돋보이게 만든다는 판단을 내리고 일부러 기둥에 세로홈을 파지 않았는지도 모른다. 신전 자체도 일부러 미완성으로 남겨둔 듯하다. 침략군이나 그리스도교 광신도들에 이 신전이 파괴당하지 않은 것은 시칠리아 북서부의 산악 지대에 외따로 떨어져 있었기 때문이었다.

콩코르디아 신전과 세게스타 신전을 비교하면 건축가의 상상력이라는 것이 얼마나 풍부한지를 알 수 있다. 7.32에 나와 있는 요소들을 바탕으로 둘 다 도리스 양식이라는 건 얼른 알아볼 수 있지만(다만 세게스타 신전에는 세로홈이 없다) 미적 추구점은 판이하게 다르다. 콩코르디아는 차분하고 세게스타는 들떠 있다. 콩코르디아는 우아하고 세게스타는 장중하며 우직하다. 콩코르디아는 평화를 상징하는 그리스의 여신 데메테르에게 바쳐진 것으로 보인다. 세게스타는 이름을 모르는 비그리스 신을 위해 만들어졌을 것이다. 콩코르디아

7.32 그리스 기둥 양식. (a)도리스 (b) 이오니아 (c) 코린토스

제7장 그리스 예술

7. 그리스 예술 **261**

는 그리스 본토에 갖다놓아도 자연스럽게 어울리지만 세게스타는 시칠리아의 험준한 산비탈에 서 있는 것이 제격이다. 파르테논에서 콩코르디아, 세게스타에 이르기까지 그리스의 모든 신전에서 공통적으로 드러나는 특성을 미국의 소설가 허먼 멜빌은 이렇게 간추렸다.

거대하지도 않고 헤프지도 않고,
오직 그 자리에 그 모습으로 있네.
제멋대로 뜯어고치는 것이 아니라,
원래의 모습을 존중하는 마음으로.
-허먼 멜빌, 1891

아테네의 황금 시대는 기원전 404년 스파르타에게 패배하면서 막을 내렸다. 소포클레스, 에우리피데스, 소크라테스가 이 시기를 전후하여 잇따라 죽었다는 것은 한 시대가 끝났음을 상징한다. 다음 세기로 접어들어서도 기원전 323년 알렉산드로스가 세상을 뜰 때까지 그리스 고전 시대의 전통은 면면히 이어졌지만 예전보다 과장스러워졌다. 그리스의 예술가들은 전 세기의 수준 높은 기준을 고수하는 데서 자부심을 느꼈다. 아테네는 더이상 바다를 지배하지 못했지만 고대 세계의 문화적 중심지는 여전히 아테네였다.

제7장 그리스 예술

그리스 건축 양식

　그리스의 신전은 도리스, 이오니아, 코린토스 세 양식으로 지어졌다. 기단 위에 바로 얹힌 도리스 기둥은 높이가 지름의 약 일곱 배였다. 이것은 사람의 키와 발의 비율에서 나온 수치인 듯하다. 기둥은 입체감을 주기 위해 세로홈을 팠고 약간 불룩하게(엔타시스) 만들었다. 기둥 위에는 주두(에키누스)가 있었고 다시 그 위에는 아바쿠스가 있었다. 아바쿠스는 엔타블레이처의 하단인 아키트레이브와 주두를 잇는 역할을 했다. 기둥은 트리글리프와 메토프가 교차하는 도리스 양식의 프리즈를 떠받쳤다.

　이와는 대조적으로 이오니아 양식은 도리스 양식보다 경쾌하고 우아하다. 기둥 높이가 지름의 약 열한 배였다(여자의 발과 키의 비율에서 얻은 수치 같다). 기단 위에는 다시 층층이 포개진 주기(柱基)가 있었다. 기둥은 훨씬 날렵했고 세로홈도 더 부드러웠고 세로홈의 간격도 고른 편이었다. 주두는 한 쌍의 소용돌이로 장식되었고 그 위에 아바쿠스가 얹혔다. 이오니아의 아키트레이브는 보통 연속된 부조로 이어져 있었다.

　이오니아 양식의 변형인 코린토스 양식은 특히 로마인들에게 각광을 받았는데 아주 화려하고 장식성이 강했다. 기둥은 이오니아 식보다 길고 가늘어졌고 기둥 끝에는 멋진 아칸서스 잎이 새겨진 종을 뒤집어놓은 모양의 주두가 얹혀 있었다. 원형의 기둥과 직사각형의 아키트레이브 사이를 부드럽게 이어준 것이다.

　기둥은 채석장에서 원통 모양으로 잘라낸 드럼을 쌓아서 올렸다. 녹슬지 않도록 납을 입힌 쇠못을 드럼과 드럼 사이에 걸어 고정시켰다. 조립된 기둥은 건축가의 감독 아래 마무리되었다. 건축가는 현장에서 공사를 총지휘했다. 그리스의 건축 양식이 세 가지밖에 없었다는 것은 그리스 건축이 제한적 성과밖에 거두지 못했다는 뜻이었을까? 그렇지 않다. 비결은 제한에 있었다. 비례와 뚜렷한 윤곽선의 완성도, 세부의 정교함, 입체와 공간의 시각적 균형에서 그리스의 신전은 타의 추종을 불허했다.

후기 고전시대-기원전 400~323년

후기 고전 시대에 만들어진 조각의 좀더 감미롭고 개인적인 특성과 뛰어나게 처리된 자연주의는 발군의 실력을 가졌던 아테네의 조각가 프락시텔레스에 의해 정착되었다. 그의 〈어린 디오니소스를 안은 헤르메스〉(7.33)에서 우리는 대리석을 다루는 이 예술가의 솜씨가 얼마나 출중했는가를 본다. 프락시텔레스는 대리석의 투명한 광채를 처음으로 이용한 조각가에 들어간다.

예리한 각은 없고 모든 것이 둥글고 부드럽고 반질반질하다. 〈헤르메스〉의 부드럽고 관능적인 처리는 〈창을 든 사람〉(7.17)의 두드러진 선명성과 비교된다. 좀더 호리호리하고 느긋한 〈헤르메스〉는 엄숙한 〈창을 든 사람〉보다 약간 퇴폐적으로 보인다. 이 사랑스러운 작품은 오래 전부터 프락시텔레스의 원작으로 여겨졌지만 지금은 원래 청동으로 되었던 작품을 헬레니즘 시대에 와서 복제한 것으로 보는 설이 전문가들 사이에서는 유력하다. 비례로 따졌을 때 아기의 머리가 너무 작고 옷의 주름도 후기 고전시대의 양식에서 벗어나 있다. 가장 설득력 있는 증거는 허리를 받친 대리석 막대다. 그리스 조각가들은 대개 혼자 서 있는 작품을 만들었지만 강한 청동상을 대리석으로 복제하기 위해서는 버팀목이 필요했을 것이다.

역시 복제품이지만 수작으로 평가받는 〈크니도스의 아프로디테〉(7.34)는 혁명적 작품이다. 단일 작품으로서는 고대에 가장 널리 알려져 있었던 〈아프로디테〉를 로마의 역사가 플리니우스는 세상에서 가장 훌륭한 조각이라고 격찬했다. 플리니우스는 〈라오콘〉(7.42)에 대해서도 칭찬을 아끼지 않았다. 프락시텔레스는 형상이 사각형의 공간을 차지하는 전통적 조각 관념을 벗어던지고 발끝에서부터 고개를

제7장 그리스 예술

7.33 어린 디오니소스를 안은 헤르메스.
청동으로 된 원작의 복제품으로 추정.
대리석. 높이 1.86m. 올림피아 고고학박물관.

7.34 크니도스의 아프로디테.
대리석으로 된 원작의
로마 시대 복제품.
대리석. 높이 2.03m.

살짝 기울인 머리에 이르기까지 유연한 선들로 연결된 늘씬한 여신을 묘사했다. 밖으로 약간 쏠린 오른다리는 오른쪽 허리의 관능적 선을 강조하는 구실을 한다. 오른쪽 엉덩이가 올라간 만큼 왼다리는 약간 굽어서 허벅지가 밀착되었고 두 무릎은 거의 맞닿아 있다. 목욕을 하다가 깜짝 놀라는 여인의 소스라치는 반응이 그대로 전달된다. 선, 자세, 비례, 구도에서 프락시텔레스는 누구도 흉내낼 수 없는 여성성의 본질, 이상적 여인상을 창조했다. 그리스 조각가들은 남자의

7. 그리스 예술 **265**

7.35 마라톤 만에서 나온 소년.
기원전 340-300년경. 청동.
높이 1.3m. 아테네 국립 고고학박물관.

7.36 아폭시오메노스(긁개). 청동으로 된 원작의 로마 시대 복제품. 대리석. 높이 2.06m. 로마 바티칸 박물관.

    다양한 활동 모습을 알몸으로 표현했지만 여자는 목욕을 한다든지 사랑을 나눈다든지 피리를 부는 악사나 매춘부로 등장한다든지 일상적이고 자연스러운 상황에서만 알몸으로 등장했다.

    〈아프로디테〉의 남성판처럼 보이는 이 마라톤 만에서 발견된 청동상(7.35)은 프락시텔레스의 작품에 뿌리를 둔 것처럼 보인다. 청동의 타고난 강도 덕분에 무명의 예술가는 앞서 보았던 대리석 버팀목(7.33의 〈헤르메스〉)처럼 시각적으로 거추장스러운 물건에 의지할 필요가 없었다. 이 인물의 경쾌한 자세는 청동으로는 표현하기 어렵고 대리석으로는 사실상 재현이 불가능한 것인데 〈헤르메스〉와 닮았다.

특히 표면의 양감과 애처로운 눈길이 비슷하다.

알렉산드로스 대왕의 왕실 직속 조각가였던 리시포스는 후기 고전시대에 가장 큰 혁신을 몰고 온 예술가다. 한 세기 전 폴리클레이토스의 〈창을 든 사람〉(7.17)이 조각에 새로운 바람을 몰고 온 것처럼 리시포스의 〈아폭시오메노스〉(7.36)는 조각의 신기원을 마련했다. 두 작품 모두 새로운 조각의 전범을 제시했다. 리시포스는 과거의 전범에서 벗어나 새로운 인체 비례를 도입했다. 그래서 머리는 작게 하고 키는 더 크고 호리호리하게, 팔다리도 미끈하고 길게 만들었다. S자 모양으로 생긴 긁개를 써서 운동 선수가 몸에서 기름, 먼지, 땀을 긁어내고 있다. 운동 시합이 끝난 다음에는 보통 그렇게들 했다. 몸 앞에 놓인 공간으로 거침없이 쭉 뻗은 팔은 이집트의 고왕국 시대부터 내려온 전통, 다시 말해서 인물 정면을 눈에 보이지 않게 가로막았던 벽을 허물었다. 몸통, 머리, 팔다리가 제각각 다른 방향으로 틀어져 있어 새로운 운동감을 준다. 이것은 360도 어디에서나 감상할 수 있도록 만들어진 조각이었다. 〈아폭시오메노스〉에 집약된 이 혁명적 발상은 1,700년 뒤인 르네상스 시대에 가서 비로소 제대로 대접을 받았다.

보석

그리스에서 보석은 호메로스 시대부터 벌써 장신구로, 풍요의 상징으로 인기를 얻었다. 의고 시대 초기에 특히 마그나그라이키아에서는 세련된 보석이 많이 만들어졌지만 금의 공급이 달렸던 기원전 580년에서 480년 사이에는 남아 있는 보석이 별로 없다. 페르시아

7.37 **목걸이**.
이탈리아 타란토(타란테움) 출토.
기원전 350-330년. 금. 길이 27.9cm.
런던 대영박물관.

전쟁에서 아테네가 승리를 거두면서 금의 공급은 다시 원활해졌다. 그리스의 역사가 크세노폰은 남자들은 갑옷, 말, 집에 돈을 썼고 여자들은 비싼 옷과 금붙이를 모았다고 썼다. 부자집 마나님은 머리띠, 귀고리, 목걸이, 브로치, 팔찌, 반지를 잔뜩 쌓아놓고 골라가며 썼다. 다른 문화 사람들과는 달리 아테네인들은 보석류가 박혀 있지 않은 순수한 황금을 더 좋아했다. 그것은 그들이 사랑스러움을 평가하면서도 절제와 소박함을 중시했기 때문이었다. 보석은 헬레니즘 시대에 들어와서야 인기를 모았다.

남부 마그나그라이키아의 타렌토에서 나온 황금 목걸이(7.37)는 그리스 장인들의 놀라운 금세공술을 보여주는 표본이다. 섬세한 줄세공으로 장식된 이 목걸이는 장미꽃 무늬들을 중심으로 하여 꽃봉오리와 크고 작은 여자들의 얼굴이 달려 있다. 사람이 죽으면 고인이 아끼던 장신구를 같이 묻었던 관습 덕분에 지금까지 많은 귀금속이 사라지지 않고 남았다.

헬레니즘 시대 -기원전 323~30년

알렉산드로스 대왕의 죽음으로 화려했던 고전 시대는 막을 내렸다. 예술가들은 이제 이상화된 모습이나 고전적 조화에는 관심을 기울이지 않게 되었고 실제로 눈에 보이는 모습과 사람이 가진 무진장한 본능과 경험의 다양한 세계에 갈수록 흥미를 느꼈다. 알렉산드로스의 제국이 빠르게 해체되어 가면서 크고작은 분쟁이 늘 벌어지던 세상에서는 무엇보다도 생존이 사람들의 일차적 관심사였다. 그러나 알렉산드로스는 헬레니즘이라고 하는 유산을 남겼다. 헬레니즘은 그리스어를 공용어로 하고 학술, 교육, 예술을 존중했던 최초의 국제 문화였다.

퇴영적이라는 평가를 받기도 하는 헬레니즘 예술은 평범한 것, 사소한 것, 정념, 공허한 기교를 모두 담고 있다. 그러나 그리스의 예술적 저력은 아직도 살아 있었다. 성격은 달랐지만 고전 시대에 작품에 조금도 뒤지지 않는 발군의 예술품들이 이 시대에도 만들어졌다.

조각과 건축

켈트족의 일파로 페르가몬의 아탈로스 1세에 의해 진압될 때까지 소아시아를 약탈한 갈리아인은 〈죽어가는 갈리아인〉(7.38)이라는 뛰어난 조각에 영원히 아로새겨져 있다. 오른쪽에 나뒹군 진군 나팔 때문에 〈죽어가는 나팔수〉라고도 불리는 이 조각의 머릿결과 얼굴 표정, 목에 두른 장식은 갈리아인의 생김새를 사실적으로 전달한다. 그러나 전사의 나신을 담은 이 인물상은 정복당한 야만족을 동정적으로 묘사한 그리스의 영웅적 전통에서 벗어나지 않고 있다. 오른팔을 땅에 대고 수치스러운 죽음을 막아보려고 헛되이 애쓰는 전사의 모습은 가슴 뭉클한 고결함을 전한다.

〈사모트라키아의 니케〉(7.39)는 고전 시대에 즐겨 묘사되었던 승리의 여신 니케가 헬레니즘 시대에 들어와서도 여전히 건재했음을 보여준다. 피토크리도스의 작품으로 시리아 왕 안티오쿠스 3세를 격파한 해전의 승리를 기념하여 로도스 섬의 신전 안에 세워진 이 조각에서 승리의 여신 니케는 뱃머리에 내려앉는 것으로 묘사되었다. 커다란 날개를 아직 펼

7.39 **사모트라키아의 니케.**
기원전 190년경. 대리석.
높이 2.44m. 파리 루브르 박물관.

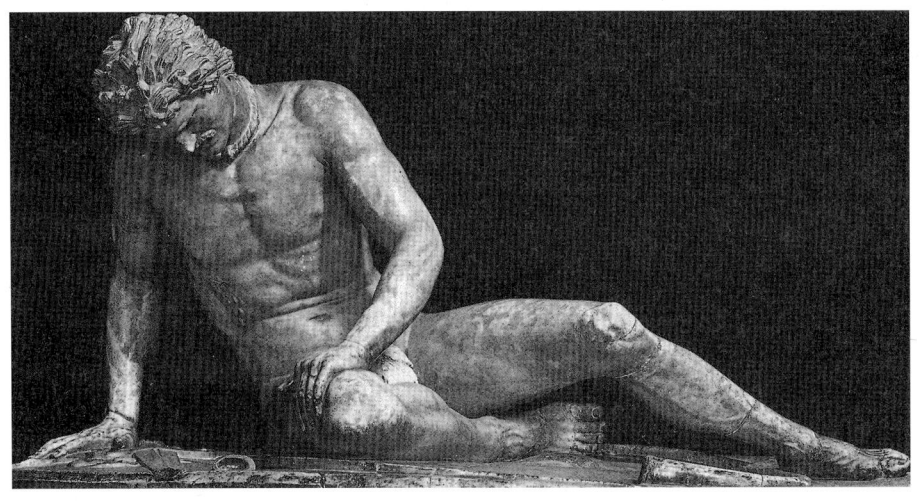

7.38 **죽어가는 갈리아인.**
터키 페르가몬에서 나온 청동 원작의 로마 시대 복제품. 대리석. 등신상. 로마 카피톨리누스 박물관.

7.40 **제우스의 대제단.** 터키 페르가몬. 기원전 180년경. 베를린 국립박물관.

7.41 **신들과 거인들의 싸움.** 제우스 대제단의 일부. 높이 2.34m. 베를린 국립박물관.

친 채 여신은 바람을 맞아들이고 하늘거리는 옷주름은 바람에 쓸려 대각선으로 포개져서 우리의 시선은 불안하게 표면을 이곳저곳 떠돈다. 움직이는 한 편의 시라는 찬사를 받았던 이 작품은 바람과 바다라는 충만한 공간에서 순간과 연결된 동작 모두를 잘 전달하고 있다.

경이를 자아내는 〈제우스의 대제단〉(7.40)은 선친의 군사적 승리를 기념하기 위해 아탈로스 1세의 아들이 지었다. 이오니아 땅이었던 만큼 이오니아 양식으로 지어졌지만 고전 이오니아 양식의 섬세함은 찾아보기 힘들다. 바닥의 길이가 30.5미터였던 이 거대한 제단은 사람들에게 감동을 주기보다는 위압감을 주려고 세운 것이다. 기단을 둘러싼 대형 프리즈(7.41)는 길이가 122미터, 세로가 2.34미터에 이른다. 이 프리즈는 실제로 일어난 역사적 사건을 신화적 분위기로 재현하는 그리스 특유의 전통에 충실하기 때문에 극적 감동을 안겨준다. 여기서는 거인들의 세계가 육체적으로도 감정적으로도 과장되게 묘사되었지만 파르테논의 프리즈(7.27)에 뒤떨어지지 않는 완성도를 보여준다. 두 프리즈를 비교하면 고전 양식과 헬레니즘 양식의 현격한 차이가 드러난다. 고전 양식의 바탕에 자신만만한 낙관주의가 깔려 있다면 헬레니즘 양식의 밑바탕에는 생존을 위해 끝없는 투쟁해야 하는 현실이 있었다.

제우스의 대제단만큼 극적으로 묘사되었고 규모도 어마어마하게 컸던 헬레니즘의 공공 건물들은 고전적 절제와 조화로운 비례보다는 규모를 앞세웠다. 올림포스의 제우스 신전은 지금은 겨우 흔적만 남아 있지만 그래도 높이 17미터의 기둥이 무려 104개나 들어서 있던 거대한 신전의 위용을 능히 짐작할 수 있다. 전부 대리석만 써서 코린토스 양식으로 지은 이 신전은 가로 40미터, 세로 104미터였다.

반면 파르테논 신전은 가로 31미터, 세로 70미터다. 남아 있는 기둥은 몇 안 되지만 기단은 그대로 있어 신전이 엄청난 규모였음을 짐작케 한다. 화려한 코린토스 양식을 로마인이 선호했다는 사실을 입증하듯 이 신전은 이탈리아인 건축가에 의해 설계되었고 로마의 하드리아누스 황제에 의해 완성되었다.

〈라오콘과 두 아들〉(7.42)은 트로이의 신관이었던 라오콘의 운명을 극적으로 재현했다. 그리스인들이 놓고 간 목마를 성 안에 들여놓아서는 안 된다고 트로이 사람들에게 경고했기 때문에 포세이돈의 바다 뱀들에게 벌을 받는 이 세 명의 트로이인은 공포에 질린 얼굴로 온몸을 비틀고 발버둥을 치고 있다. 불거진 근육에도 불구하고 라

7.42 라오콘과 두 아들.
서기 1세기. 대리석.
높이 2.44m. 로마 바티칸 박물관.

제7장 그리스 예술

7. 그리스 예술 **273**

오콘은 신의 저주를 벗어나지 못한다. 1506년에 발견되었을 때 이 작품의 놀라운 기교는 미켈란젤로를 비롯한 르네상스 예술가들에게 충격을 안겨주었다. 로마인들은 로마가 성립하기 전에 벌어진 중요한 사건을 재현한 이 조각을 그리스에서 수입한 것으로 보인다. 제관이 처벌받는 것을 보고 트로이가 멸망하리라는 것을 직감한 아이네이스는 트로이 시를 탈출하여 로마를 세웠다는 전설이 있다.

음악

음악은 고대 그리스에서 원만한 삶을 살아가는 데 필수불가결한 것이었다. 아테네 젊은이들의 음악 교육은 음악의 윤리적 특성에 대한 폭넓은 강의를 듣고 거기다가 음악 실기에도 거의 똑같은 시간을 쏟아부어야만 비로소 완성되었다. 음악에 들이는 시간과 노력에 못지않게 체육 교육도 소홀히 해서는 곤란했다. 건강한 몸에 건전한 마음이 깃든다는 이상을 실현하기 위해서는 음악과 체육을 균형 있게 다루어야 했다. 플라톤은 체육에만 너무 많은 시간을 쏟으면 "너무 잔인해져서 바람직하지 못하고" 반대로 음악에만 너무 많은 시간을 쏟으면 "너무 유약해서 못 쓴다"고 말했다.

균형 잡힌 섭생이라는 생각을 처음 내놓은 사람은 피타고라스다. 그는 사람의 몸과 마음을 잘 조율된 현의 진동에 비유했다. 적당히 잡아당겨서 뜯거나 켜면 현은 연주자가 의도하는 음을 정확히 낼 것이다. 너무 세게 잡아당기면 현은 툭 끊어질 것이고 너무 약하게 잡아당기면 현은 제대로 반응을 못할 것이다. 같은 이치로 마음(소리)과 몸(현)은 서로 조화를 이룰 때만 제 구실을 완벽하게 해낸다.

음악은 그리스어로 '모우시케'라고 하는데 이것은 '뮤즈의'라는 뜻이다. 뮤즈는 예술, 문학, 과학을 관할하는 아홉 명의 여신을 말한다. 따라서 음악은 아주 포괄적인 개념이었지만 우리가 이해하는 음악은 그리스인의 일상 생활에서도 서로 뚜렷이 구분되는 네 가지 뜻으로 쓰였다.

7.43 리라 연주자.
기원전 470–450년경. 3면 대리석 부조. 중앙 높이 96.5cm. 보스턴 미술관. 리라는 보통 앉은 자세로 연주했다.

7.44 아울로스 연주자.
기원전 460년경. 대리석. 높이 1.2m. 로마 국립박물관. 고전 시대의 여인 나상은 아주 드문데 이 사랑스러운 작품의 느긋하고 자연스러운 자세는 퍽 인상적이다. 아울로스는 서서도 앉아서도 연주할 수 있었다.

1. 노래를 부르고 악기를 연주하는 기술. 시와 음악은 공생 관계에 있었다. 한쪽만 있으면 불구나 다름없었다.

2. 교육 과정에서 다루는 음악. 다시 말해서 덕과 '맑은 영혼'을 주입하는 윤리적 훈련에서 빼놓을 수 없는 것이 음악을 연주하고 음악을 듣는 것이었다.

3. 음악의 과학적 기초에 대한 연구. 음향학과 수학.

4. 우주의 조화를 이해하는 데 꼭 필요한 음악과 수학의 관계. 피타고라스가 말하는 '천체의 음악'.

아테네 시민이라면 누구나 음악을 공연하고 감상하고 음악 교육을 받았다. 플라톤, 아리스토텔레스 같은 철학자들은 뮤즈에서부터 수학, 형이상학에 이르기까지 음악의 다양한 측면들을 다루었다.

악기

주로 쓰인 악기는 리라, 리라보다 큰 키타라, 그리고 아울로스였다. 신화에 따르면 제우스의 아들인 어린 헤르메스는 거북을 죽이고 빈 껍질에다 소의 창자를 현처럼 묶었다. 그 창자는 형 아폴로의 소를 훔쳐서 얻은 것이었기 때문에 문제가 복잡해졌다. 영리한 헤르메스는 자기가 만든 리라를 아폴로가 연주하게 허락함으로써 화를 면했다. 전설의 리라는 이렇게 탄생했고 아폴로 의식에서 리라를 연주하는 전통도 여기서 생겨났다(7.43).

아폴로 의식의 중심지는 처음에는 델로스 섬이었다가 나중에 델피로 옮겨졌다. 그리스 신화는 이민족의 영향을 받지 않고 그리스 본토에서 처음부터 독자적으로 발달한 음악 문화의 우수성을 입에 침이 마르도록 자랑한다. 영웅들과 오르페우스, 암피온 같은 타고난 음악가들의 위업은 존경심을 불러일으켰다. 그런데 이 음악가들의 이름은 그리스 본토 북방에 살았던 고대 부족들의 이름과 연관이 있다. 이 부족들은 이동하면서 악기도 함께 가지고 왔다. 도리스인은 스파르타를 거쳐 남쪽으로 크레테까지 움직였고 아이올로스인은 에게해 동부에 정착했으며 이오니아인은 본토 서부에서 동부로 이동하여 소아시아까지 진출했다.

이오니아인은 자신들의 민족 악기인 리라와 함께 이동했다. 오리엔트 문화의 요소가 보태지면서 여기서 종합된 음악 문화는 그리스 고전 음악, 시, 무용의 기틀이 되었다. 신화에서는 오르페우스가 우연히 떨어뜨린 리라가 동쪽으로 떠돌다가 에게해를 건너 유명한 음악시인 사포의 고향 레스보스 섬까지 흘러들어갔다는 설명으로 이오니아인의 이동을 묘사한다.

근동 지방에서는 또 하나의 민족 악기인 갈대피리 즉 아울로스를 만들었다(7.44). 이 가슴을 파고드는 악기(지금의 오보에와 비슷하다)의 발명자들은 소아시아의 프리지아에서 왔다. 아울로스는 프리지아 양식과 디오니소스 의식과 깊은 관련이 있었고 리라는 도리스 양식과 아폴로 의식과 깊은 관련이 있었다. 두 문화는 심한 갈등을 빚었다. 아울로스의 날카로운 떨림음에 익숙해 있던 그리스 동부 사람들은 리라를 흔쾌히 받아들이지 않았다. 리라 연주의 달인이었던 리키아 사람 올렌과 아울로스의 대가였던 프리지아 사람 올림포스가 맞대결을 벌였다는 전설도 있다. 이 시합의 결과가 밝혀지지 않은 것으로 보아 두 악기는 호각지세에 있었던 것으로 보인다. 그리스의 음악 문화는 이처럼 아폴로의 리라와 디오니소스의 아울로스가, 지성과 정념이 팽팽한 세력 균형을 이루고 있었다고 결론지을 수 있다.

음악가들

초기의 음악가들은 호메로스의 서사시를 연주한 눈먼 가수들이었던 것 같다. 그리스 전설에는 자부심이 지나쳐 신에게까지 맞선 가수들의 이야기가 많이 나온다. 타미리스는 자기 실력을 뻐기다가 뮤즈들의 분노를 사 장님이 되었다. 소포클레스의 《오이디푸스》에 등장하는 맹인 가수 테이레시아스도 인간이 알아서는 안 되는 것을 드러냈다가 같은 운명을 겪었다.[03] 미세니스는 바다의 신들에게 음악으

---

[03] 테이레시아스는 남자면서 동시에 여자였기 때문에 제우스는 테이레시아스에게 누가 성을 더 즐기느냐고 물었다. 여자가 더 즐긴다고 대답하자 비밀이 탄로났다고 여긴 헤라는 이 음악시인을 장님으로 만들어버렸다. 미안한 마음을 덜기 위해 제우스는 테이레시아스에게 예언할 수 있는 능력을 주었다.

로 도전했다가 패배하고 바다에 던져졌다. 사티로스였던 마르시아스는 거물급들과 겨루다가 졌다. 먼저 그는 아테나가 자신의 연주 모습이 마음에 들지 않는다면서 버렸던 아울로스를 주워서 썼다. 아테나는 건방진 마르시아스를 된통 얻어맞게 했다. 그래도 정신을 못 차린 마르시아스는 이번에는 아폴로에게 실력을 겨뤄보자고 나섰다가 산 채로 가죽이 벗겨졌다.

가장 유명한 가수시인은 아폴로와 칼리오페 사이에서 태어난 아들이라는 설이 있는 오르페우스였다. 오르페우스 음악의 힘에 대한 사람들의 믿음은 어마어마한 것이었다. 아내 에우리디케를 구하기 위해 오르페우스는 지하세계를 자신의 리라 연주로 홀린다. 오르페우스의 마법에 넘어가지 않는 자연물은 없었다. 시의 운율과 심지어는 알파벳까지도 오르페우스가 만들었다고 믿는 사람들이 있었다. 후자에 대한 믿음이 생긴 것은 그리스의 악보가 그리스어 알파벳에 바탕을 두었기 때문이었을 것이다.

전설상의 존재가 아니라 역사적 실존 인물로서 가장 먼저 이름을 날린 음악가는 키타라 연주자였던 레스보스의 테르판데르였다. 그의 음악은 어찌나 위력이 컸던지 델피의 신탁이 그를 스파르타로 보내 그 나라의 분쟁을 가라앉혀야 한다고 충고할 정도였다. 테르판데르는 그리스 고전 음악의 틀을 세운 음악가로 평가받는다.

시와 음악

대부분의 그리스 음악가들은 오르페우스처럼 반주에 맞춰서 자신이 지은 시를 노래로 불렀던 가수시인이었다. 최초의 서정시인은 파로스의 아르킬로코스였다. 그는 그리스 음악의 중요한 혁신가였다. 그 전까지만 하더라도 노래의 한 음 한 음은 단어와 긴밀히 엮여 있었다. 그는 노랫가락과 일치하지 않는 반주음을 덧붙이고 연과 연 사이에 즉흥적으로 꾸밈음을 넣었다. 간단히 말해서 리라를 노래에 전적으로 의존하지 않으면서 독주도 가능한 악기로 만들었다. 아르킬로코스에게 음악은 부업이었다. 그의 본업은 용병이었고 결국은 이름도 모르는 어느 전쟁터에서 죽었다. 그러나 사포, 시모니데스 같은 후배 음악시인들은 예술에만 전념하면서 살아갈 수 있었다.

걸출한 음악시인 사포는 에게해의 레스보스 섬에서 태어나 평생을 그곳에서 살았다. 솔론이 아테네에서 개혁을 추진하고 예레미아가 팔레스타인에서 예언을 하고 있을 때 그녀는 명성을 한껏 누리고 있었고 자신도 그 점을 충분히 의식하고 있었다.

뮤즈들은 내게 행복을 주고
세상의 부러움을 안겼으니,
죽은 다음에도
나는 영원토록 기억되리.

그리스와 로마에서 모두 찬사를 받았던 사포의 시는 서기 3세기까지만 하더라도 알렉산드리아의 편집자들에 의해 보존되고 있었지만 그 후 그리스도교 광신도들에 의해 이른바 이교도 문헌들과 함께 불살라졌다. 남아 있는 세 편의 시와 수많은 단편(斷篇)들은 리라의 섬세한 선율에 맞춰 불려졌던 그녀의 서정시가 얼마나 아름다웠는지를 증명한다.

사포의 시는 관능적 정념과 질투를 주로 다루었지만 두 형제와 딸 클레이스에 대한 언급도 보인다. 그녀의 개인사에 대한 기록은 단편적으로만 남아 있지만 사포는 가정에서도 사회에서도 틀림없이 자유롭게 살았던 것 같다. 그리스 사회에서 많이 배운 여자들은 남자들과 스스럼없이 어울릴 수 있었다. 이오니아의 여자들처럼 눌려 지내지도 않았고 스파르타의 도리스 여자들처럼 힘겨운 군사 훈련을 받을 필요도 없었기 때문에 아이올로스 여자들은 시, 음악, 무용 같은 예술에 전념할 수 있었다.

무용

 인간은 언제나 춤을 즐겼던 것 같다. 그렇지만 고대 그리스인들처럼 춤을 소중히 여겼던 민족도 드물다. 그리스의 무용은 일종의 예배, 제례, 마법, 요술, 다산을 기원하는 의식과 결부된 성적 상징으로 시작되었을 것이다. 플라톤은 무용은 감정의 자연스러운 표현이며 그것은 몸짓으로 말을 흉내내려는 노력에서 시작되었을 것이라고 말했다.

 스텝과 동작에 대한 우리의 지식은 도기에 새겨진 형상이나 건축물의 프리즈, 그리고 부분적으로는 무용에 대한 다양한 기록들에 바탕을 둔 것이다. 그리스 미술에 나타난 춤을 추는 인물들은 다양한 몸짓과 양식을 보여주지만 오랜 세기가 흘러도 거듭해서 나타나는 몸짓이 있다. 팔 동작은 어깨부터 손가락 끝까지 뻗은 직선을 기본으로 삼거나 팔을 구부렸을 때 팔꿈치에서 생기는 직각을 기본으로 삼았다. 팔꿈치의 각을 약간 키우거나 손목을 구부리거나 이것을 동시에 하면 두 기본 자세에 곡선미를 줄 수 있었다.

 그러나 근본 자세는 변함없이 유지되었다. 직선과 곡선은 보통 경쾌하고 섬세한 아폴로 무용에서 애용되었고 각도가 살아 있는 동작은 드라마틱한 디오니소스 무용에서 사랑받았다. 디오니소스 무용은 늘 감정에 의지했고 광란으로 치달을 때도 많았다. 무용수들은 디오니소스 의식에 쓰이는 황소, 사슴, 염소, 여우, 표범의 가죽을 쓰고 춤을 추었다. 거친 산악 지방의 무용에서는 뱀까지 동원되었다. 해마다 두 번 열렸던 디오니소스 축제에서는 춤, 희생물을 바치는 행렬, 잔치, 시인들로 구성된 합창대, 비극과 희극을 즐길 수 있었다. 특히 연극은 누구나 학수고대하던 축제의 꽃이었다.

애석하게도 그리스의 고전 음악이 실제로 어떻게 연주되었는지 우리는 잘 모른다. 헬레니즘 시대 이후로도 몇 안 되는 작품이 그나마 단편적으로 남아 있을 뿐이다. 그러나 소아시아의 한 묘석에서 발견된 〈세이콜로스의 노래〉는 고대 그리스 음악에 가까운 소리를 제시한다. 거기 새겨진 비문은 지금도 사람의 심금을 울린다. "괴로워하기보다는 살아 있을 때 인생을 즐기시게. 인생은 짧고 그 시간은 어김없이 오는 법."

문헌 4 사포의 시

신의 아름다운 딸
사포(기원전 6세기 경)

아래의 이 시는 온전히 전해지는 시로, 이 시에서 사포는 자신에게 마음을 열지 않는 한 여자의 사랑을 얻을 수 있게 도와 달라고 아프로디테에게 호소하고 있다. 아프로디테의 반응은 온화하지만 짜증이 섞인 투다. 전에도 사포가 이런 비슷한 부탁을 했었고, 앞으로도 그럴 것이기 때문이다. 더 나아가 아프로디테는 오늘은 그녀가 너를 뿌리치지만 내일은 네가 그녀를 뿌리칠 것이라고 지적하고 있다.

신의 매혹적인 딸, 영원히 죽지 않을 아프로디테여,
심원한 광채를 발하는 당신의 옥좌는 조각된 경외,
여신이여, 내 심장을 길들이기 위해
숨막힐 듯한 그 빛으로 나의 고집 센 눈을 무디게 하지 마소서.

그러나 나에게 내려오소서, 전에도 그랬듯이
내가 울부짖을 때, 그 소리를 듣고 내려오셨듯이
황금으로 된 당신 아버지의 신전을 떠나
늘 그랬듯이 지금 내려오소서

재갈 물리고 고삐에 매인 참새들이 끄는 전차를 타고,
순식간에 날아서, 잠깐 보일 듯 말 듯 흔들리며,
아름답고 높이. 새들이 이끄는 대로 공중을 가로질러
검은 대지로 내려왔었죠.

참 빨리도 왔구나, 널 지나쳤네. 오,
오, 들떠 있는 마음이여, 네 얼굴엔 웃음이 가득하구나,
묻노니, 이번에는 무슨 문제로, 왜 또
나를 불러 내려오라 하는가?

묻노니, 흥분에 찬 마음이여, 이번에는 누굴

가져야만 하는가? 매혹해서 함께 하고자 하는,
사랑의 속박에 빠뜨리고자 하는 그녀는 누구인가?
사포, 누가 네게 못되게 군단 말인가?

그녀가 뒷걸음질친다면, 내가 약속하지, 곧 너를 따를 것이며,
그녀가 너의 선물을 뿌리친다면, 이제 그녀가 선물을 할 것이요.
그녀가 너를 사랑하지 않는다면, 그녀가 사랑하게 되리라,
어찌할 수 없이, 사랑하게 되리라.

그럼, 오소서, 나를 잔인함에서 풀어 주소서.
사슬로 묶인 나의 심장을 욕망으로 가득 채워 주소서.
채워 주소서, 그리고, 오셔서, 나의 방패와 함께 당신의 방패로
성벽을 에워싸서 나를 보호하소서.

그는 신일 것이다

사포

이 시 역시 번역가가 첨부한 마지막 몇 단어(괄호)를 제외하고는 온전히 내려온 시이다. 시의 주제는 질투, 즉 사랑하는 사람(여자)이 어떤 남자와 얘길 나누는 상황 때문에 빚어진 육체적 고통을 읊고 있다. 감정은 강하지만, 세심한 단어들을 구사함으로써 그런 감정이 차분하게 절제되어 표현되고 있다. 카투룰스가 라틴어로 번역했는데, 플루타르크는 이 시를 "정열적인 사랑의 시들 중 걸작"이라고 극찬했다.

그는 신일 것이다, 그 남자
당신을 마주 보고서, 가까이 몸을 기울여
미소 짓고, 한시도 눈을 떼지 않고, 즐거워하며,
당신의 달콤한 목소리에 귀 기울이며

당신의 웃음에 성급히 사랑을 느끼네.

내 가슴을 찌르고, 심장을 뒤흔들지,
그 충격적 장면을 보는 것만으로도.
나는 한마디 말도 못하리,

나의 혀는 메마른 입에 달라붙고,
나의 살갗 밑으로 엷은 불길이 퍼지고,
나의 두 눈은 아무것도 볼 수가 없고, 아리는 귀는
미로 같은 귓구멍 속에서 노호하네.

서늘한 땀이 온몸에 흘러내리고,
와들와들 떨며, 난 풀보다 더 퍼렇게 변하네.
나는 산 것도 죽은 것도 아닌 채,
삶과 죽음 그 좁은 언저리에서 울부짖고 있네.

그러나 참으리라, (사랑의 이 슬픔) 조차도.

청년 플라톤은 시 짓기를 즐겨했는데, 다음은 어떤 시인에게 보낸 헌사이다.

어떤 이들은 아홉 뮤즈만을 말한다. 그러나 그게 아니란다.
열 번째가 있단다. 보라, 레스보스 여성 사포란다.

제3부

로마 :
국제적인 문화

로마 (기원전 753년~서기 476년)

	주요연대	사람과 사건	문학	예술과 건축	종교, 과학, 철
기원전 600	753 로마 창건	606-509 에트루리아 시대(타르퀴니우스 왕조)			
500	509-27 로마 공화정	509 타르퀴니우스 전복		500 〈암늑대〉	
400	450 로마의 이탈리아 식민화				
300	343-290 삼니움 전쟁. 로마의 이탈리아 지배	390 갈리아 로마 침공	테오크리토스 시인 310?-250 플라우투스 254?-184 극작가		에피쿠로스 341-270 제논 335?-263?
200	264-241 1차 포에니 전쟁. 시칠리아, 코르시카, 사르디니아 점령 218-201 2차 포에니 전쟁. 로마의 서부 지중해 정복 214-146 마케도니아 전쟁. 로마의 그리스 지배 200-133 근동 정복	287 호르텐시우스 법으로 귀족-평민 갈등 봉합 216 한니발의 이탈리아 침공. 로마 패배 202 스키피오 아프리카누스의 아프리카 침공	폴리비우스 205-133 역사가		
100	149-146 3차 포에니 전쟁. 카르타고 멸망	146 코린토스 파괴	테렌티우스 190?-159 극작가 키케로 106-43 카이사르 102-44 〈갈리아 전기〉		
0	88-82 내란(술라/마리우스) 80-43 키케로 시대 60 1차 삼두정 49 카이사르의 루비콘강 도하 44 카이사르 암살 43 2차 삼두정 42-서기 17 아우구스투스 황금기 31 악티움 해전	82-79 술라 독재관 73-71 스파르타쿠스의 난 63 키케로 집정관 59 카이사르 집정관 58-51 카이사르 갈리아 정복 48-45 카이사르 소아시아, 이집트, 스페인 원정 27-서기 14 카이사르 아우구스투스 통치 기원전 4? 예수 탄생	살루스트 86-34 역사가 카툴루스 84-54 시인 베르길리우스 70-19 〈아이네이스〉 호라티우스 65-8 〈송가〉 리비우스 59-서기 17 〈로마사〉 오비디우스 43-17 〈변신〉 젊은 세네카 3-서기 65 극작가	비트루비우스 50?-AD 10? 〈건축에 대하여〉 50?- 수수께끼의 별장(폼페이) 27- 로마 포룸, 아그리파 욕장, 마르켈루스 극장 20 〈프리마포르타의 아우구스투스〉 20-10 가르교(橋), 님 54 잉글랜드의 로마 욕장 72-80 콜로세움	루크레티우스 96?-55 〈사물의 본성에 관하여〉 서기 29? 예수 서거 64? 베드로 서거 67? 바울로 서거 에픽테투스 60?-110 스토아
서기 100	27-서기 476 로마 제국 27-서기 180 '팍스 로마나' 70 티투스의 예루살렘, 솔로몬 신전 파괴 79 베수비우스 화산 폭발(폼페이 멸망) 96-180 "선한 황제들"	14-37 티베리우스 통치 37-41 칼리굴라 41-54 클라우디우스 54-68 네로 69 갈바, 오토, 비텔리우스 69-79 베스파시아누스 71-81 티투스 81-96 도미티아누스, 안토니우스 96-98 네르바 98-117 트라야누스	늙은 플리니우스 23-79 박물학자 퀸틸리아누스 35-100? 웅변가 루카누스 39-65 시인 마르티알리스 40-104 풍자시인 플루타르크 46-120 역사가 타키투스 55-120 역사가 유베날리우스 60-140 〈풍자집〉 젊은 플리니우스 62-114 작가 수에토니우스 70?-160 전기작가		
200	180-476 몰락기	117-138 하드리아누스 138-161 안토니우스 피우스 161-180 마르쿠스 아우렐리우스 180-192 코모두스 193-211 셉티미우스 세베루스 211-217 카라칼라	루키아누스 117?-180 그리스의 풍자가	106-113 트라야누스 광장, 욕장 118-125 판테온 135-139 하드리아누스 무덤과 별장 161-180 마르쿠스 아우렐리우스의 승마상 212? 카라칼라 욕장	마르쿠스 아우렐리우스 〈명상록〉 프톨레마이오스 126?-151 천문학자 갈렌 130?-200의사 플로티노스 205-270 신플라톤주의
300		222-235 알렉산드로스 세베루스 235-284 '병영 황제'(26명 중 25명 암살) 284-305 디오클레티아누스 307-337 콘스탄티누스 1세 337-361 콘스탄티우스		298-306 디오클레티아누스 욕장 312-315 콘스탄티누스 아치 330 〈콘스탄티누스 대제〉	성 히에로니무스 340-420
400	313 밀라노 칙령. 신앙의 자유 330 동로마 제국(콘스탄티누스) 395 그리스도교의 국교화(테오도시우스)	361-363 율리아누스 363-364 요비아누스 364-378 발렌티우스 379-395 테오도시우스 1세 395-403 호노리우스			성 암브로시우스 340-397 성 아우구스티누스 354-43

제8장
천년 제국 로마

로마의 전설과 가치관

"로마인이 우뚝 서기까지 흘린 땀은 엄청나다." 베르길리우스는 그렇게 썼다. 전설에 따르면 로마는 전쟁의 신 마르스와 누미토르 왕의 딸 레아 실비아 사이에서 쌍둥이로 태어난 로물루스와 레무스와 함께 시작되었다. 누미토르의 사악한 동생 아물리우스는 왕위를 찬탈하고 조카를 베스타 여신의 제녀로 만들어 순결을 강요했다. 레아가 마르스 신과 관계하여 쌍둥이를 낳자 아물리우스는 훗날 자신의 왕위가 위협받을까봐 아기들을 초라한 바구니에 태워 티베르 강에 띄워 보내라고 명령했다. 아기들은 뒤에 로마의 상징이 되는 암늑대에게 구조되어 젖을 먹고 크다가 다시 목동 부부에게 발견되어 건장한 청년으로 자랐다.

자신들의 정체를 알게 된 로물루스와 레무스는 직선적인 로마인의 기질에 걸맞게 아물리우스를 당장 죽이고 누미토르를 왕좌에 도로 앉혔다. 로물루스가 로마를 세우리라는 예언이 있었지만 두 형제는 그것을 의식하지 않고 자신들의 운명을 단호히 개척하기 시작했다. 그들은 티베르 강가의 일곱 언덕 위에 거대한 도시를 세웠다. 진지한 로물루스와 명랑한 레무스는 자꾸만 충돌을 빚었다. 결국 로물루스가 쌓아올린 성벽을 레무스가 뛰어넘자 로물루스는 자기 분을 못 이겨 레무스를 죽이고 말았다. 로물루스는 군대를 모은 다음 병사들에게 사비니 여자들을 안겨주었다. 간단히 말해서 로마는 예정대로 기원전 753년에 건국되었다. 모세가 산에서 십계를 받았던 것처럼 로물루스는 신들로부터 최초의 헌법을 받고 최초의 로마 왕이 되면서 자신의 지배권을 확립했다.

첫 단계는 로마 공화국을 세우는 일이었다. 로마 제국의 기원도 그 나름의 전설을 가지고 있는데 베르길리우스가 〈아이네이스〉라는 서사시에서 바로 그것을 다루었다. 로마의 시인 오비디우스는 "용감하게 행동하고 견디는 것은 로마인의 본성"이라고 말했지만 아이네아스는 금욕적이던 로마 영웅의 표본이었다.

아가멤논이 이끄는 그리스 군에게 트로이가 함락되자 아이네아스는 한 무리의 충성스러운 트로이 전사들을 이끌고 적군을 피해 서쪽으로 항해에 나서면서 자신들의 새로운 운명을 맞이한다. 거센 폭풍우에 휩쓸리다가 북아프리카 해안에 내던져진 그들은 부근에 있는 카르타고로 향한다. 카르타고의 디도 여왕은 일행을 극진히 맞아주었고 첫눈에 아이네아스를 사랑하게 된다. 아이네아스도 왕비에게 사

제8장 천년 제국 로마

랑을 느끼지만 로마의 건설이라는 신성한 사명을 위해서는 그녀를 버리고 떠나야 한다는 사실을 깨닫는다. 절망에 빠진 디도는 자살을 택하고 그녀가 화장을 위한 장작더미에 누워서까지도 마지막 구원의 희망을 버리지 못하는 동안 아이네아스는 단호하게 시칠리아로 떠나 결국 티베르 강가에 도착한다. 그곳에서 그는 투르누스를 격파하고 라티누스 왕의 어여쁜 딸 라비나와 결혼한 다음 '도시들 중에서 으뜸가고 신들의 고향인 황금의 로마'(아우소니우스)를 건설한다.

로마는 운명적으로 전사들의 도시, 숭고와 영광의 도시가 될 수밖에 없었다. 로물루스와 레무스의 전설, 아이네아스의 전설은 사실상 자기 실현의 예언이었다. 로물루스는 전쟁의 신의 자손이었고 아이네아스는 목마로 잔꾀를 부렸던 교활한 그리스인들을 정복함으로써 트로이의 명예를 회복하게 될 난공불락의 도시를 세운 주인공이었다. 로마는 암늑대로 상징되는 자연의 힘에서 자양분을 얻었고 쌍둥이를 키웠던 목동 부부처럼 흙을 믿고 살았던 선한 사람들의 힘으로 성장했다. 로마는 사비니 땅과 여자들을 정복하여 자신의 주도권을 확립했고 신으로부터 받은 헌법으로 자신의 정당성을 확보했다.

로마인들은 세계를 다스리게 될 자신들의 운명을 알고 있었다. 키케로는 말했다. "우리는 우리의 동포와 하나가 되고 인류 공동체에 참여하기 위하여 태어났다." 로마인은 근검, 정직, 신의, 노동에 대한 헌신 같은 가치를 미덕으로 알았던 건실하고 실용적인 사람들이었기 때문에 결국 승리를 거두었다. 추상이나 이론에는 전혀 관심이 없었던 로마인이 물었던 두 가지 질문은 "효력이 있는가?"와 "어떻게 하면 그 일을 해낼 수 있는가?"였다. 레무스가 알아차린 것처럼 위풍당당한 도시를 건설하는 작업은 장난기로 할 수 있는 일이 아니었다. 도시에 대한 의무는 그 어떤 것보다도 앞섰다. 사랑의 정열도 그 앞에서는 맥을 못추었다. 비운의 카르타고 여왕은 그 점을 깨닫지 못했던 것이다. 찬란한 로마에 대한 사명감은 가장 숭고한 미덕이었다.

에트루리아의 영향

아이네아스 전설은 기원전 9세기 북부 이탈리아에 등장한 수수께끼의 민족 에트루리아인에 뿌리를 두었을 가능성이 높다. 헤르도토스에 따르면 에트루리아인은 소아시아 서부(트로이 일대)의 리디아 왕국에서 선진 문화를 가지고 온 민족이었는데 오늘날의 역사학자들도 대체로 이 점에 동의한다. 에트루리아인은 의고 시대의 그리스어 문자에서 유래한 문자를 썼지만 그들의 언어는 리디아는 물론 그 어떤 지방의 언어와도 달랐다. 그들은 엄청난 양의 예술 작품을 남겼다. 부분적으로 해독된 비문도 있고 해독이 안 된 문헌도 있지만 그들의 기원은 여전히 오리무중에 싸여 있다.

에트루리아인은 이탈리아 중부와 북부 대부분을 정복하고 기원전 6세기에는 한때 로마를 지배하기도 했다. 기원전 308년 바디몬 호수에서 벌어진 전투를 고비로 에트루리아의 정치적 군사적 힘은 꺾였지만 문화적 영향은 뿌리깊게 남았다. 로마는 에트루리아 문명으로부터 도시 설계, 전승 행진의 관습, 검투사의 싸움, 돌로 된 아치의 축조술, 중요한 기술적 혁신을 받아들였다. 에트루리아는 인구 밀도가 높았고 생활 수준도 높은 편이었다. 거대한 도시를 시장과 마을, 비옥한 농경지가 에워싸고 있었다. 에트루리아인은 지중해 세계에서 가장 정교하고 위생적인 토목 건축 기술로 자신들의 풍요한 생활 양식을 뒷받침했다. 로마가 토목과 건축 분야에서 놀라운 업적을 남긴 것은 피정복민으로부터 전수받은 고도의 기술이 밑바탕이 되었다.

그러나 로마가 에트루리아의 모든 것을 받아들인 것은 아니었다. 사후의 삶이라든가 화려한 무덤, 특히 사치스러운 생활은 소박한 로마인의 기질에는 맞지 않았다. 쾌락의 추구는 사명감에 불타던 엄숙한 로마인에게 충격을 주었다. 뿐만 아니라 에트루리아에서는 여자와 남자가 동등한 권리와 자유를 누렸던 반면 로마에서는 여자가 거의 자유를 누릴 수 없었다.

에트루리아의 무덤에는 여자들이 남자들과 함께 술을 마시는 모습이 그려져 있었지만 로마의 여자들은 남자들과 술을 마신다는 것은 상상도 할 수 없었고 한 자리에서 어울릴 수조차 없었다. 에트루리아 여자들의 높은 지위에 격분한 로마인들은 에트루리아 여자들은 신전에서도 몸을 파는 음탕한 족속이라고 비난했지만 여기서 우리는 에트루리아인의 윤리 의식보다는 오히려 로마인의 독선에 대해서 더 많은 걸 알게 된다. 다른 민족들에 대한 우월감이 강했던 그리스인도 로마인 못지않게 에트루리아 사회를 강하게 비판했다.

그리스의 영향

로마는 아주 일찍부터 그러니까 그리스 이민자들이 마그나그라이키아라고 불리던 남부 이탈리아와 시칠리아 일대에 식민지를 건설한 기원전 8세기부터 그리스의 영향을 받았다. 시라쿠사, 나폴리, 파이스툼, 엘레아, 피타고라스 학파의 크로토나, 향락의 도시 시바리스는 그리스인에 대해서 늘 복잡한 감정을 품었던 로마인의 험상궂은 시선을 받으면서 성장했다. 로마는 그리스의 뛰어난 문명에 깜짝 놀라면서도 적대감을 가졌다. 도시적이고 예술적이고 지적이고 세련되고 항상 쾌적한 삶을 추구했던 그리스 문화는 로마인의 가치관과는 정반대였기 때문이다. 그것은 남성적 가치, 육체적 용맹성, 국가에 대한 의무를 중시했던 엄숙하고 딱딱하고 독선적인 사회에서 나올 수 있는 자연스러운 적개심이었다. 로마인의 시각에서 보면 그리스인은 모두 방탕하고 타락한 존재였다.

공화국 – 기원전 509~27년

> 로마는 하루 아침에 이루어지지 않았다.   – 존 헤이우드

또 다른 로마의 전통에 따르면 공화국은 기원전 509년에 거만한 에트루리아의 왕 타르퀴니우스가 축출되면서 시작되었다. 사변이나 정치 이론에는 관심이 없었던 로마인은 왕이 없는 국가를 담담히 받아들이고 필요하면 수정을 했다. 한번 해보고 효력이 있는지 기다려 보자는 식의 지극히 실용적인 통치 철학을 로마인은 가지고 있었다.

타르퀴니우스의 때이른 축출은 과두 정치(소수가 이끄는 정부)를 유산으로 남겼는데 이것이 새로운 국가의 바탕이 되었다(플라톤은 과두 정치를 '부자가 권력을 갖고 빈자는 권력을 박탈당하는 재산의 평가에 입각한 체제'라고 정의했다). 과두들, 즉 토지를 소유한 귀족들은 자기들만 시민권을 갖는 귀족 중심의 공화국을 세웠다. 나머지 90퍼센트에 이르는 평민들은 공직을 맡을 수도 없었고 귀족 계급과 결혼을 할 수도 없었다. 하지만 그들은 돈을 벌 수 있었기 때문에 정치적 개혁은 곧 이루어질 수밖에 없었다.

귀족과 평민

국가 행정의 수반이었던 두 명의 집정관은 귀족 계급에서 배출되었다. 집정관의 임기는 1년이었는데 전권을 휘둘렀으며 서로에 대해 거부권을 행사할 수 있었다. 원로원 의원을 겸했던 집정관은 300명

으로 구성된 종신직의 원로원 의원들을 임명할 수 있는 권한이 있었다. 또 하나의 입법 기구였던 민회는 원로원보다는 권한이 약했지만 여기서 집정관을 뽑았고 집정관이나 원로원에 의해 제출된 법안도 여기서 통과시켰다. 민회는 원로원을 지낸 사람 중에서 두 명의 감찰관을 선출했다. 감찰관은 군에 복무할 수 있는 자격을 심사했으며 원로원 후보자들의 윤리적 자질도 검증했다.

집정관들은 군의 통수권자이기도 했는데 전쟁이 벌어졌을 때 두 사람의 의견이 일치하지 않으면 국가가 위기에 빠질 수도 있었다. 로마는 이런 문제를 해결하기 위해 독재관이라는 자리를 만들었다. 독재관은 군의 최고사령관으로서 헌법에 의해 권한을 부여받았으며 6개월 임기가 끝나면 물러났다. 율리우스 카이사르가 자신을 종신 독재관으로 임명했을 때 그의 적수들이 가장 우려했던 일이 현실로 나타났다. 로마의 과두들은 평민을 도저히 참을 수 없는 상황으로 몰아넣었지만 평민은 경제력을 등에 업고 원로원으로 하여금 평민의 권리를 보호하는 호민관 자리를 신설하도록 압력을 넣었다. 5세기 후반으로 접어들면서 평민들은 재판관들이 성문화된 법이 없는 것을 악용하여 직책을 남용한다고 비난했다. 그러자 예상치 못한 반응이 나왔다. 원로원은 솔론의 개혁법 체계를 시찰하기 위한 위원회를 아테네로 파견했다. 로마로 돌아온 위원회는 12표법을 제정했는데 이 무렵 로마의 보수파들은 다시 목소리를 높였다. 새로운 법은 솔론의 인도주의적 법이 몰아냈던 두 세기 전의 드라콘의 지독한 법보다 더 엄격했다.

경제와 군사력

로마인들은 실용주의적이었지만 토지 소유의 문제만큼은 해결하지 못했다. 로마 제국이 나중에 몰락한 것도 이 문제와 무관하지 않다. 로마 공화국이 들어섰을 때부터 이미 부재 지주들은 농업 시장의 태반을 장악했고 손바닥만한 땅을 가진 농민들은 뼈빠지게 일해도 먹고 살기가 힘들었다. 대지주들과 경쟁을 벌여야 하는 데다가 가뭄과 전염병까지 돌자 농민들은 빚더미에 올라앉았고 결국 가혹한 12표법에 따라 노예로 전락했다. 전쟁 포로를 노예로 사용할 수 있었던 대지주들은 별로 돈 안 들이고 농사를 지을 수 있었기 때문에 더욱 많은 땅을 갖게 되었다. 경쟁이 없어질 때 농업은 파산하고 만다(남북전쟁이 벌어지기 전 미국의 남부도 이와 비슷한 딜레마에 봉착해 있었다).

빚을 못 갚아도 노예가 될 수 없게 하는 개혁이 이루어지고 토지를 다시 분배하려는 시도가 이루어졌지만 수많은 농민들은 결국 도시빈민으로 전락했다. 그들에게는 땅도 일자리도 없었다. 조상들이 대대로 농사를 지었던 땅도 없었고 그렇다고 주로 노예 노동에 의존한 도시에서 마땅한 일자리도 구할 수 없었던 그들을 로마 정부는 항구적으로 먹여 살릴 수밖에 없었다. 기원전 1세기에 벌써 로마 인구의 80퍼센트는 노예 아니면 '빵과 서커스'만으로 살아가는 무위도식자들이었다. 복지 정책은 실패로 돌아갔다. 플루타르크가 말한 대로 "로마 사람들을 애당초 망쳐놓은 사람은 그들에게 선물과 향응을 베푼 사람"이었다.

로마인의 조직력은 놀라운 군사 조직에서 유감없이 발휘되었다. 8,000명의 굼뜬 보병 부대 단위를 창과 짧은 로마 검으로 무장한

3,600명으로 줄여서 27킬로그램의 배낭을 진 병사들이 다섯 시간 안에 39킬로미터를 주파할 수 있는 기동력이 뛰어난 타격 부대로 재편했다. 강철 같은 군기는 냉정하고 감투 정신이 뛰어난 전쟁 기계로 병사들을 단련시켰다.

공화국 시대에 로마의 정복은 그 자체가 목적이었다. 로마가 정복 전쟁에 신중을 기하기 시작한 것은 카르타고와의 포에니 전쟁(기원전 264-146년)이 끝나면서부터인 것으로 보인다.

1차 포에니 전쟁은 페니키아인이 북아프리카에 건설한 막강한 식민지 카르타고가 동부 시칠리아까지 무역권을 확대하려고 나서면서 시작되었다. 그리스 동맹국들의 호소에 부응하여 로마군은 카르타고 해군과 맞서게 되었다. 함대를 급조한 로마군은 카르타고를 간신히 물리쳤지만 적군의 공격에 의해서라기보다는 미숙한 전술 운영으로 더 많은 배를 잃었다.

2세기 동안이나 로마의 통치에 저항한 스페인은 2차 포에니 전쟁(기원전 218-201년)에 나선 카르타고의 전초 기지가 되었다. "길을 못 찾으면 뚫기라도 하겠다"고 호언장담한 한니발 장군은 코끼리를 앞세우고 알프스 산맥을 넘어 로마의 후위를 덮쳤다. 한니발의 뛰어난 전술에 번번히 농락당한 로마는 이판사판으로 방어가 허술한 카르타고의 심장부를 공격하여 간신히 카르타고의 서부 지중해 제패를 막을 수 있었다. 그러나 3차 포에니 전쟁은 조금 다른 양상을 띠었다.

마르쿠스 포르키우스 카토는 원로원 의원, 집정관, 감찰관, 작가이면서 카르타고에 대한 마지막 파상 공세를 펼칠 것을 앞장서서 부르짖은 인물이었다. 소박, 정직, 용기, 인내력, 절제된 성 윤리, 국가와 가정에 대한 충성이라고 하는 로마의 이상을 누구보다도 신봉했던 카토는 사치와 세련된 예술, 모든 형태의 방종을 질타했다. 그는 그리스인을 미워했다. 아들은 아버지가 집에서 가르쳐야 한다고 믿었던 카토는 자기 아들에게 읽기, 로마의 법과 역사를 가르치고 창술, 승마, 검술, 권투, 수영 같은 기예를 연마시키는 것을 자랑스럽게 여겼다.

2차 포에니 전쟁의 피해를 복구한 지 오래였지만 군사적으로는 로마를 위협할 수 없게 된 카르타고는 카토와 토지에 굶주린 로마인들의 만만한 표적이었다. 그들은 카르타고의 기름진 땅과 풍부한 수확물에 군침을 삼켰다. 카르타고의 정세를 살피고 돌아온 카토는 회생하는 적에 대하여 원로원에서 감동적인 연설을 한 다음 연설과 글에서 항상 그랬던 것처럼 무기를 들자고 호소했다. "타도하자 카르타고!" 기원전 149년 로마는 방어 태세를 갖추지 못한 카르타고를 전격 침공했다.

로마는 카르타고와의 전쟁을 예방전이라고 둘러댔지만 무장 약탈이라는 표현이 사실은 더 옳다. 카르타고는 점령당하고 파괴당했으며 들판에는 소금이 뿌려졌다. 로마군은 남자는 죽이고 여자와 아이는 노예로 팔았다. 오죽했으면 타키투스도 "그들은 사막을 만들고 그것을 평화라 부른다"고 썼겠는가. 카르타고가 멸망한 운명의 해 기원전 146년은 또 한 무리의 탐욕스러운 로마군이 그리스에서 가장 부유했던 코린토스를 카르타고와 똑같이 유린한 해이기도 했다. 오비디우스는 "전리품은 승자가 챙기는 법"이라고 했지만 세네카는 탄식을 금치 못했다. "우리는 개인도 국가도 미쳤다. 우리는 개별적으로 자행되는 살인을 저지한다. 하지만 민족 전체를 도살해버리고 기염을 토하는 그놈의 전쟁 범죄는 어찌해야 한단 말인가?"

내란의 길

 청부업자, 상인, 대지주, 총독, 장군처럼 전쟁에서 이득을 얻어 새로운 부를 거머쥔 계급이 솟아올랐다. 이 '기사 계급'은 군대 중에서도 가장 돈이 많이 들었던 기병대의 장비를 구입할 수 있는 경제적 여유가 있었다. 도시는 약탈과 노예, 점점 불어나는 땅과 일자리 없는 로마인으로 날로 팽창했다. 개혁은 오래전에 이루어졌어야 했다. 기원전 130년대와 기원전 120년대 동안에 귀족 출신의 티베리우스와 가이우스 그라쿠스 형제가 무산자를 대변하여 목소리를 높였다. 당시에는 아무도 깨닫지 못한 사실이지만 그것은 원로원이 국가의 통합성을 유지해나갈 수 있었던 마지막 기회였다. 어리석은 원로원은 티베리우스를 죽이고 가이우스를 자살로 몰아넣어 일인 지배를 위한 발판을 마련해놓은 셈이 되어버렸다.

 장군으로서는 맨 먼저 권력을 잡은 마리우스는 북아프리카와 켈트의 여러 부족을 상대로 승리를 거두었다. 그는 로마군의 편제를 근본적으로 뜯어고쳤다. 지금까지는 농사를 짓던 일반인들이 장비까지 자기 돈으로 사서 전쟁에 나섰지만 이제는 1년 365일 복무하는 직업 군인들이 국가가 제공하는 전투 장비로 국방을 전담하게 되었다. 기원전 88년 로마가 폰투스의 미트라다스 왕과 전쟁을 벌이면서 마리우스는 옛 부하들에 의해 사령관으로 추대되었다. 그러나 원로원은 술라를 선택했고 피비린내나는 내란이 벌어졌다. 기원전 84년 술라가 소아시아에서 미트라다스 왕을 격파하면서 내란도 종식되었다. 술라의 원정대에 가담했던 군인 출신의 오만하고 무자비한 폼페이우스가 술라의 뒤를 이어 권좌에 올랐고 이것이 폼페이우스, 크라수스, 율리우스 카이사르의 3두 정치로 이어졌다.

최초의 카이사르

가이우스 율리우스 카이사르(기원전 102-44년)는 휘청거리는 공화국을 구할 수 있는 사람은 자기밖에 없다고 생각했다. 그 당시도 그랬지만 지금도 모든 사람이 카이사르를 좋아하는 것은 아니다. 카이사르는 역사상 가장 논란을 불러일으키는 인물의 하나로 남아 있다. 엄청나게 정력적이었고 야심만만했던 그가 국가 권력을 장악한 과정은 후세 사람들이 그대로 모방하고픈 욕심을 느낄 정도로 용의주도하고 치밀했다. 그는 군인으로서도 정치인으로서도 웅변가로서도 눈부신 성공을 거두었다. 카이사르가 쓴 《갈리아 전기》의 간결하고 명료한 라틴어는 그를 작가로서도 사회적으로 존경받게 만들었다. 그를 싫어했던 키케로도 카이사르와 대화를 나누며 보내는 저녁 시간이 가장 값질 것이라고 말했을 정도였으니까.

전통을 중시하는 로마에서 집안 배경은 무시할 수 없었다. 그 점에서 카이사르는 유리한 입장이었다. 율리우스 집안은 로마에서 가장 뼈대있고 권세를 누리던 가문의 하나였다. 카이사르는 귀족이었지만 자기 이익을 챙기는 데만 급급하여 민심을 잃은 귀족 정치에 대해 불만의 목소리가 높다는 사실을 간파하고 민주주의를 요구하는 평민들의 편에 섰다.

그는 요직들을 빠르게 거치면서 빛나는 연설을 했고 반역 음모자의 법적 권리를 과감하게 옹호하고 나서면서 원로원의 불구대천지원수가 되었지만 단번에 서민들의 지지를 얻었다. 카이사르는 스페인에서 공직을 맡으면서 더욱 인기를 쌓는 한편 적재적소에 뇌물을 먹이면서 생긴 막대한 빚을 줄여나갔다. 그는 또 당시 가장 잘 나가던 장군이었던 폼페이우스에게 딸을 시집 보냈고 로마 제일의 갑부였던 크라수스를 자기편으로 끌어들여 누구도 넘볼 수 없는 완벽한 권력의 기틀을 닦았다. 그 다음 순서는 명약관화했다. 카이사르, 폼페이우스, 크라수스는 3두 정치라는 집단 지배 체제를 이끌었다. 그러나 3두 정치는 오래가지 못했다. 루카누스가 지적한 대로 "위대한 인물은 다른 인물의 위대함을 고약하게 여기는 것이 자연의 법칙이기 때문이다."

카이사르의 집권 계획은 아직은 완전하지 못했다. 정치적 실권을 잡으려면 무엇보다도 군부를 장악해야 했기 때문이다. 갈리아의 정복된 지역을 다스리는 총독으로 임명된 카이사르는 아직 정복되지 않은 지역의 갈리아인들에게는 감히 넘볼 수 없는 무적의 군대였다. 군인으로서 명성이 쌓이면서 그는 역사상 가장 유능한 장군의 반열에 오르게 되었다. 타키투스가 말한 대로 "그 로마인의 이름은 바로 공포였다." 그도 그럴 것이 "정복자가 정복당한 사람들을 자기 입맛대로 다루는 것은 전쟁의 당연한 권리"라는 말도 카이사르의 입에서 나왔던 것이다. 갈리아인들은 카이사르의 군사적 역량을 잘 알고 있었지만 정작 로마인의 지지는 아직은 부족한 편이었다. 그는 《갈리아 전기》라는 뛰어난 전쟁 보고서를 펴냄으로써 그 문제를 해결했다. 《갈리아 전기》는 로마 전역에 소개되면서 명실상부한 베스트셀러가 되었다.

주사위는 던져졌다

기원전 49년 갈리아는 카이사르의 손안에 들어와 있었고 크라수스는 파르티아에서 전사했으며 폼페이우스는 원로원 쪽으로 돌아서 있었고 카이사르와 그의 충성스러운 부대는 북부 이탈리아의 루비콘

강을 앞에 두고 있었다. 불안을 느낀 원로원은 별도의 지시가 없는 한 야전 사령관들은 휘하 부대를 거느리지 말고 로마로 돌아와야 한다는 규정을 카이사르에게 상기시켰다. 우유부단함과는 거리가 멀었던 카이사르는 "주사위는 던져졌다"고 선언하고 공격을 가하여 7주일 만에 이탈리아 전역을 점령했다.

원로원과 귀족 계급만 빼놓고 로마 시민의 열렬한 환호 속에 로마로 돌아온 카이사르는 곧이어 스페인 원정을 승리로 이끌었고 정적 폼페이우스를 그리스에서 무찔렀다. 뿐만 아니라 이집트 원정에 나서 자신의 권력을 공고히 다졌고 경제적 안정을 도모했다.

이집트에서 카이사르는 클레오파트라 여왕의 통치 질서를 안정된 궤도에 올려놓았고 여왕과의 사이에서 아들까지 얻었다. 이집트에서 거둬들인 세금은 거의 다 카이사르의 개인 금고로 들어갔다. 루비콘 강을 건넌 지 불과 4년 만에 율리우스 카이사르는 이탈리아, 스페인, 그리스, 시리아, 이집트, 북아프리카를 정복했다. 그가 발을 내디딜 때마다 로마 제국은 강해졌고 튼튼해졌다. 기원전 45년 다시 로마로 돌아왔을 때 카이사르는 명실상부한 로마 제국의 지배자가 되었으며 그 시대에 이미 살아 있는 전설이 되었다. 그로부터 불과 1년도 채 못 되어 그는 원로원의 폼페이우스상 바로 앞에서 칼에 23번이나 찔려서 죽었다. 모두 60명에 가까운 자객이 동원되었다.

암살 동기는 헌법의 파괴에 대한 애국적 우려감부터 명백한 시기심에 이르기까지 다양했다. 카이사르의 개혁은 오만한 귀족 정치의 부패한 관행에도 칼을 댔기 때문에 귀족들의 입장에서는 카이사르가 눈엣가시였을 것이고 그만큼 없애고 싶었을 것이다. 반면에 유성처럼 빛났다가 사라진 카이사르를 한결같이 지지했던 서민들은 그를 귀족 정치의 게걸스러운 탐욕에 희생된 순교자로 여겼다. 카이사르는 암살 모의를 알고 있었지만 자신을 방어하지 않았다.

카이사르의 어마어마한 재산은 그가 남긴 유언장에 따라 옥타비아누스에게 상속되었다. 카이사르는 먼 친척 손자뻘인 옥타비아누스를 양자로 삼았다. 그러나 옥타비아누스가 받은 진정한 유산은 로마를 장악할 수 있는 기회를 부여잡은 것이었다. 카이사르가 죽었을 때 옥타비아누스는 겨우 18세였지만(당시에는 유언장의 내용도 모르고 있었다) 노련한 정치인 뺨치게 상황에 능숙하게 대처했다. 그는 마르쿠스 안토니우스, 레피두스와 함께 2차 3두정을 결성하고 반대파를 잔인하게 억눌렀다. 안토니우스는 전비를 조달하기 위해서는 죽이겠다는 위협도 서슴지 않았다. 마르쿠스 안토니우스가 키케로를 죽이지 못하도록 중간에서 가로막지 못한 것은 두고두고 안토니우스의 불명예로 남게 되었다.

그는 카이사르를 죽인 브루투스와 카시우스를 마케도니아에서 격파하여 결국 자살로 몰아넣음으로써 카이사르의 원수를 갚았다(셰익스피어의 작품에 나오는 "카이사르를 덜 사랑해서가 아니라 로마를 더 사랑했기 때문에 그를 죽였다"는 브루투스의 대사는 유명하다). 옥타비아누스가 레피두스를 3두정에서 몰아낸 뒤 안토니우스와 클레오파트라는 카이사르의 아들인 프톨레마이오스 15세를 앞세워 제국을 장악하려고 노력했다. 음모와 모반이 꾸며졌지만 최후의 승부는 싱겁게 끝났다. 옥타비아누스는 그리스 북서부의 악티움에서 벌어진 해전을 승리로 이끌었고 안토니우스는 이집트로 패주하여 자살했다. 클레오파트라는 옥타비아누스를 유혹하려던 마지막 시도가 실패로 돌아가자 1년 뒤 안토니우스의 뒤를 따라 자살했다.

제8장 천년 제국 로마

법, 역사, 철학에 대한 키케로의 생각

사람들의 선이 최고법이다.
그는 찻잔 안에 태풍을 일으켰다.
범죄에 상응하는 처벌을 하라.
《법에 대하여》

역사는 시간의 덧없음을 알리는 증인이다. 역사는 현실을 밝히고 기억에 생기를 불어넣으며 일상 생활의 지침을 제시하고 과거의 소식을 우리에게 전한다. 《웅변에 대하여》

터무니없는 것 치고 철학자가 이미 말하지 않은 것은 없다.
《예언에 대하여》

나는 이런 사람들[피타고라스 학파]을 맞추느니 차라리 플라톤을 어기고 말겠다. 소크라테스는 철학을 하늘에서 도시로 끌어내리고 심지어 안방까지 끌고 들어가서 철학이 인생과 규범, 선과 악을 탐구하도록 몰아붙인 최초의 인물이다. 《투스쿨룸 강론》

제국 -기원전 27년~서기 476년

옥타비아누스(카이사르 아우구스투스)

옥타비아누스를 로마 제국의 첫 황제로 여기는 로마인들이 많았지만 사실 그는 두번째 황제였다. 카이사르가 등장하면서 공화정은 사실상 막을 내렸기 때문이었다. 옥타비아누스는 겉으로는 공화정을 복원하려는 듯한 인상을 주기 위해 애썼지만 제국을 일사불란하게 통치하기 위해 삐걱거리던 정부 기구를 재편하는 데 힘을 결집시켰다.

지도 8.1 로마 제국. 서기 180년.

그는 황제라는 칭호는 기를 쓰고 피했고 대신 원로원이 부여한 '아우구스투스'(존경받는 사람)와 '프린켑스'(제1시민)라는 칭호로 불려지기를 원했다. 비록 간접적으로 다스렸지만 아우구스투스는 어떤 황제보다도 강력한 통치권을 행사했다.

아우구스투스는 중요한 개혁을 많이 했다. 능력 본위로 공무원을 임용한 것, 자신의 금고에 있는 돈(이집트에서 거둬들인 세금이 주 수입원이었다)으로 퇴역 군인에게 연금을 지급한 것, 부가세를 도입한 것, 로마를 재건한 것("나는 벽돌로 지어진 로마를 대리석으로 바꾸어놓았다"), 경찰과 소방대를 창설한 것, 군사력을 정비한 것, 제국 곳곳에서 벌어진 건축 공사에 군대를 동원한 것 등을 꼽을 수 있다. 그는 선하기만 하고 능력은 그저 그렇거나 형편없는 사람이 황제가 되어도 로마 제국이 잘 굴러갈 수 있도록 관료제의 기틀을 잡아놓았다. 덕분에 칼리굴라, 네로, 코모두스, 카라칼라 같은 잔혹한 황제 밑에서도 로마는 무너지지 않았다.

팍스 로마나

'팍스 로마나'(로마의 평화)는 기원전 27년 카이사르 아우구스투스와 함께 시작되었다가 서기 180년 마르쿠스 아우렐리우스의 죽음으로 막을 내렸다(지도 8.1). 로마가 지배하던 세계는 두 세기 동안 이렇다 할 큰 전쟁 없이 비교적 평화롭게 유지되었다. 서유럽 전체에 역사상 처음으로 안정과 질서가 깃들었다. 사람들은 번성하는 로마 제국의 도로나 뱃길을 따라 안전하게 여행했다. 로마의 주화는 '아테나의 올빼미'가 새겨진 그리스 주화를 몰아내고 국제 통화로

당당히 자리잡았다. 모든 것이 장밋빛이었지만 로마의 풍자시인이었던 유베날리스의 지적은 날카로웠다. "우리는 기나긴 평화의 해독을 경험하고 있다. 전쟁보다 더 암적인 사치가 도시를 덮으면서 정복된 세계에 복수를 하고 있다."

쇠락과 몰락

아무도 한 순간에 타락하지 않는다. —유베날리스, 《풍자시》

마르쿠스 아우렐리우스 이후 황제라는 직위는 대개 직업군에 의해 결정되었다. 군인들은 군대에 가장 큰 이득을 안겨주는 장군을 무조건 지원했다. 모든 황제는 똑같은 문제에 봉착했다. 군사비 지출의 부담이 늘어나고 이탈리아 인구가 줄어들고 로마를 벗어난 다른 도시들에서는 공직을 맡지 않으려는 경향이 날로 심화되고(중앙 정부에 각 도시의 세금을 납부하는 책임은 해당 도시의 행정 책임자에게 있었는데 농촌이 피폐해지면서 섣불리 공직을 맡았다가 파산하는 것을 누구도 원하지 않았다) 제국의 변방에서 일어나는 반란이 잦아지면서 국가는 점점 빚더미에 올라앉았다.

북쪽과 동쪽으로부터 대규모의 인구 이동이 이루어지면서 게르만족, 고트족, 반달족은 서쪽으로 남쪽으로 밀려나 이탈리아, 스페인까지 오게 되었다. 디오클레티아누스의 개혁으로 상황은 잠시 호전되는가 싶었지만 코모두스에서 디오클레티아누스까지 이어진 쇠락의 세기는 종말의 시작이었다. 그리스도교의 성장은 또 하나의 부담으로 다가왔지만 콘스탄티누스 황제는 여기에 발빠르게 대응하여 밀라노 칙령(313년)으로 로마 제국에서 신앙의 자유를 인정했다. 콘스탄티누스는 또 제국을 동서로 양분하고 동로마 제국의 수도를 그리스의 옛 식민지 비잔티움 자리에 새롭게 건설한 콘스탄티노플로 삼았다.

테오도시우스는 그리스도교를 로마 제국의 국교로 선포했는데 이때부터 그리스도 교도들은 다른 종교를 맹렬하게 탄압하기 시작했다. 이민족들의 침입이 거세지자 서로마 황제 호노리우스는 라벤나로 거처를 옮겼고 교황은 알아서 로마를 지킬 수밖에 없었다. 로마는 410년에, 다시 455년에 이민족에게 짓밟혔다. 476년에는 사상 처음으로 비로마인이 황제에 오르면서 로마는 역사의 뒤안으로 사라졌다. 고통스러울 만큼 길었던 로마의 몰락을 보면서 에머슨은 이렇게 말했다. "로마 제국을 무너뜨린 야만족들은 단 하루도 빨리 온 것이 아니다."

불타는 로마

서기 64년 로마의 상당 부분을 파괴한 대화재는 여섯 날 일곱 밤 동안 계속되었다. 당시의 역사가들은 이 불이 네로 황제의 지시로 이루어진 방화였다고 이구동성으로 지적했다. 네로는 로마가 화염에 휩싸여 있는 동안 해변에서 휴가를 즐기고 있었다. 동기가 무엇이었을까에 대해서는 의견이 분분한데 아마 권태와 황제의 거주 공간을 더 늘리려는 욕심이 복합적으로 작용하지 않았나 싶다. 불타는 궁전으로 돌아온 네로는 정원의 높은 탑에서 불구경을 하면서 감탄사를 연발했다고 한다. 그런 다음 비극배우의 의상을 입고 자기가 직접 연주하는 리라 반주에 맞추어 〈트로이 함락〉에 나오는 노래를 불렀다는 것이다.

네로는 화재로 주인을 잃은 물건들을 자신이 독차지할 생각으로 아무도 화재 현장에 손을 못 대게 했으며 궁전을 새로 지으면서 입구에 높이가 37미터나 되는 거대한 황제의 상을 올렸다. 이 궁전의 기둥 달린 회랑의 길이는 무려 1.6킬로미터에 달했다. 궁전으로 들어가면서 그는 "이제 좀 사람답게 살겠구나"라고 말했다. 그로부터 4년 뒤 네로는 자살하는데 숨을 거두는 순간 이렇게 탄식했다. "아까운 예술가 한 명이 이 세상에서 사라지는구나!"

로마의 종교와 철학

이교도의 세상

공화정 초기에 로마의 종교는 집안의 수호신과 농부의 소박한 생활에 걸맞은 대지의 정령을 모두 담고 있었다. 땅에 의존해서 살아가는 사람들에게 이 전통 종교는 호소력이 있었다. 하지만 날로 팽창하는 제국의 도시 생활에서 이런 농경 신앙은 점점 설자리를 잃었다. 로마는 다시 그리스에서 괜찮은 전범을 찾게 되었다. 그리스의 판테온이 그렇게 해서 도입되었고 여기에 로마식 이름이 붙여졌다. 물론 성격은 조금씩 달라졌지만 기본적으로는 큰 차이가 없었다. 미와 사랑의 즐거움을 대변했던 명랑한 아프로디테는 아이네아스를 낳았고 행운과 승리를 안겨주며 여성의 순결을 보호하는 베누스가 되었다. 지혜를 상징하고 예술을 후원하던 아테나는 배움과 수공예의 여신 미네르바로 탈바꿈했다. 강력한 지진과 바다의 신이었던 포세이돈은 물의 신 넵투누스가 되었다.

주피터는 가장 막강하고 위대한 존재로 불리긴 했지만 제우스 같은 우주의 최고 조정자요 세계의 통치자는 결코 아니었다. 제우스는 올림포스 산 꼭대기에서 군림했지만 주피터는 야트막해서 쉽게 접근할 수 있는 언덕에서 다스렸다. 제우스는 찬란한 대기의 공간에 머물렀지만 로마인이 생각한 주피터는 하늘만이 아니라 땅에도

---

01 로버트 페인 등, 《고대 로마 Horizon Book of Ancient Rome》.

머물러 있었다. 제우스는 자유로웠지만 주피터는 엄격했다. 두 신을 비교하면서 우리는 그리스인의 상상력과 로마인의 상상력을 비교하게 된다. 그들은 공통점이 거의 없었다.[01]

로마인들의 실용주의적 사고는 종교를 바라보는 시각에서도 드러났다. 현실적인 오비디우스는 "신들이 있는 세상은 편리하다. 편리하기 때문에 우리 모두 신들이 있다고 생각하자"고 말했다. 효율성을 높이고 국가의 위신을 높이기 위해 로마인은 판테온이라는 호화스러운 건물 하나에 일곱 신을 모셔놓았다(9.18 참조). 로마는 황제가 살아 있는 동안 그를 신에 버금가는 존재로 승격시킴으로써 애국심을 고취시켰다. 카이사르 아우구스투스 이후로 원로원은 대부분의 황제를 신격화시켰다. 황제 숭배는 로마 제국의 공식 종교나 다를 바 없었다. "종교는 보통사람들에게는 참으로 여겨지고 지혜로운 사람들에게는 거짓으로 여겨지며 통치자들에게는 유용한 것으로 여겨진다"는 세네카의 말은 정곡을 찌른 표현이었다. 황제 숭배는 국가에는 기여한 바가 컸을지 모르지만 보통사람들의 영적 요구에는 거의 부응하지 못했다. 그런 영적 요구를 채워주기 위해서 제국 안으로 다양한 문화에 뿌리를 둔 다양한 종교들이 수입되었다.

이시스와 키벨레

이집트는 호루스의 어머니이며 이시리스의 아내인 이시스를 수출했다. 이 부지런한 여신은 남편을 저승 세계로부터 일으켜세웠다. 이시스는 디아나, 미네르바보다 로마의 여성들을 사로잡았다. 이시스는 건강, 아름다움, 지혜, 사랑을 모두 주는 여신이었고 무엇보다도 제관과 제녀가 모두 섬겨야 하는 여신이었기 때문이다.

소아시아 지방의 프리지아 지역에서 유래한 키벨레는 대모신(大母神)으로서 한니발과의 2차 포에니 전쟁 동안에 로마로 들어왔다. 전설에 따르면 키벨레는 아티스라는 훌륭한 남자를 사랑했는데 아티스도 오시리스처럼 죽었다가 살아났다(이것은 다산을 희구하던 종교에서 빠지지 않고 등장하는 주제다). 아티스가 죽자 비통에 빠져 있던 키벨레는 사랑하던 남자가 다시 살아나자 환희에 빠지지만 아티스가 얼마 뒤 바람을 피우자 그를 거세한다. 이 드라마틱한 상황은 키벨레를 섬기던 사람들의 피가 난무하는(자기 거세도 서슴지 않았다) 격정적인 의식에서 고스란히 재현되었다. 로마는 이 어지러운 의식에 당황한 나머지 주기적으로 이것을 규제하려고 나섰다.

신비 종교와 미트라 신앙

엘레우시스 신비의식과 디오니소스 의식은 모두 그리스에서 유래했지만 로마에서도 많은 추종자들을 거느렸다. 그러나 두 종파에서 요구한 침묵의 서약이 얼마나 철저했는지 우리는 이 두 종교에 대해 남아 있는 기록은 거의 볼 수 없다. 디오니소스 의식은 비이성적인 것을 찬양했지만 세부적으로 들어가면 모르는 것 투성이다. 엘레우시스 신비의식은 유난히 흥미로운데 이 의식에 참가한 사람들은 죽음의 공포를 극복할 수 있었던 것으로 보이기 때문이다. 그리스도 교도들은 결국 엘레우시스 의식을 금지시켰다. 인간의 뿌리 깊은 공포심을 정복하는 종교가 그리스도 교인들에게는 달가울 리 없었다.

페르시아에서 수입된 미트라 숭배도 빼놓을 수 없다. 미트라는 생명과 빛의 신이었던 아후라-마즈다와 죽음과 어둠의 신이었던 아흐리만 사이의 정복되지 않은 중재자였다. 미트라는 인간성의 수호자였으며 미트라를 믿는 사람들은 용감하고 도덕적으로 순수해야 했다. 군인들은 이 남성 지향적 종교에 강하게 끌렸다. 미트라교는 3세기 무렵 그리스도교의 가장 강력한 경쟁 상대였다.

그리스도교

황제 숭배라는 국교는 하고많은 종교 중에서도 유독 일신교였던 그리스도교(와 유대교)를 껄끄럽게 여겼다. 그리스도 교도들은 황제를 자신들이 섬기는 신보다 높은 자리에 올려놓기를 거부했기 때문에 국가의 입장에서는 반역자나 다름없었다. 처음에 로마의 귀족들은 그리스도 교도를 별볼일없는 어중이떠중이라고 보아 업신여겼고 평민들은 과격한 언동을 일삼는 말썽꾼으로 그들을 두려워했다. 로마의 역사가 타키투스는 그들을 범죄자로 불렀다. 로마의 국법을 기준으로 보자면 과히 틀린 말은 아니었다.

서기 64년에 벌써 그리스도교는 로마에 불을 지른 것은 그리스도교 광신도들이라는 말이 네로의 입에서 나올 만큼 세력이 커져 있었다. 그러나 그리스도 교도에 대한 조직적 탄압은 서기 249년 데키우스 황제에 의해 시작되었다. 그리스도 교도들이 박해라고 부른 것을 로마 정부는 체제 수호를 위해서는 어쩔 수 없다고 정당화했다. 물론 그리스도 교도를 만만한 속죄양으로 삼았던 네로는 그런 말을 할 자격이 없었다. 아주 산발적이긴 했지만 그런 식의 공격이 가해지자 수많은 그리스도 교도들이 순교했고 교회는 수세에 몰렸다. 로마를 벗어난 곳에서 문자 그대로 카타콤의 지하 세계로 쫓겨 들어간 그리스도 교인들은 강력한 신앙 공동체로 결속되었다. 오랜 기간에 걸친 관용 내지 무관심은 로마 사회에 수많은 개종자를 낳았고 체제를 수호하려는 로마의 노력은 도리어 교회를 결속시켰다.

점성술과 마술

수없이 많은 사람들이 별들을 우러러보면서 주피터, 이시스, 키벨레에 버금가는 강력한 신적 존재로 여겼다. 천체의 운동이 사람의 인생을 결정한다고 믿었던 사람들이 부지기수였던 시대에 점성술은 가장 각광을 받았던 미신이었다. 바빌로니아에서 생겨난 점성술은 이미 플라톤도 알고 있었지만(플라톤은 그것을 흥미롭게 받아들였다) 이 짜임새 있는 엉터리 학문이 그리스 세계에 침투하여 결국 로마 전체까지도 휘어잡을 수 있는 계기를 마련한 것은 알렉산드로스의 중동 정복이었다.

로마인들은 신분에 따라서 각각 다른 동방의 종교에 끌렸지만 점성술만큼은 노예부터 황제까지 신분 고하를 막론하고 누구나 빠져들었다. 그리스의 회의론자들은 각각 다른 시간에 죽어야 하는 운명을 타고난 사람들이 어떻게 같은 난파선에서 가라앉을 수 있으며 인류의 12분의 1이 어떻게 염소자리의 기본 성격을 나누어 가질 수 있느냐고 따졌지만 이런 합리적 의문은 점성술 신봉자들을 따분하게 만들었다(사실 지구의 회전축 자체도 회전을 하는데—천문학자들이 세차운동이라고 말하는 것—그동안의 회전을 감안한다면 턱없이 시대에 뒤떨어진 점성술의 기호들은 현재 3주나 빠르게 잡혀 있다는 계산이 나온다). 허튼 짓을 용납하지 못하는 성격이었던 아우구스투스와 티베리우스는 로마에서 점성술을 금지시켰다. 별점을 앞세운 경쟁자들이 권좌를 넘보는 일을 좌시할 수 없었기 때문이다. 마술사도 잘 나가는 직업이었다. 엄청난 사기가 일상적으로 저질러지면서 주문, 부적, 액막이, 호부, 주물 같은 것이 어리숙한 로마인들에게 끝없이 팔려나갔다.

에피쿠로스주의

기원전 3세기 아테네의 양대 철학이었던 에피쿠로스주의와 스토아 철학은 불안하고 험한 세상에서 개인이 안정감을 느낄 수 있도록 돕는 윤리 체계를 발전시켰다. 유물론적이고 현실적이었던 두 철학은 분쟁과 악덕, 부패에 물든 사회에서 윤리적으로 살아가는 문제를 심각하게 고민하던 사려깊은 로마의 지식 계급에게 좋은 길잡이가 되었다.

데모크리토스의 유물론에 바탕을 둔 에피쿠로스주의는 마음의 평정을 가장 중시했다. 에피쿠로스는 쾌락은 궁극적으로 좋다고 믿었고 그런 관점에서 나오는 결과들을 놀라울 만큼 일관성 있게 고수했다. "쾌락은 축복받은 삶의 시작이요 끝"이라고 그는 말했다. 아울러 "사랑의 쾌락과 보고 듣는 것의 쾌락으로부터 물러나서 어떻게 선을 생각할 수 있는지 나는 모르겠다. 모든 선의 시작과 뿌리는 위장의 쾌락이다. 지혜도 문화도 이걸 깨달아야 한다." 몸의 쾌락을 가만히 응시하는 것이 마음의 쾌락이다. 소크라테스와 플라톤은 당연히 펄쩍 뛰겠지만 두 사람은 에피쿠로스처럼 험난한 시대를 살지 않았다. 에피쿠로스는 덕은 "쾌락을 추구하는 분별력"에서 나온다고 보았다. 정의도 덕은 아니었다. 그것은 고통을 막으려는 방어 기제였다. 남들의 두려움과 원망을 낳지 않고 행동하는 현실적 문제였다.

모든 유물론 철학이 그런 것처럼 에피쿠로스주의에도 육체적 쾌락을 강하게 추구하는 요소가 들어 있다. 하지만 에피쿠로스는 지적 쾌락이 관능적 희열보다 우위에 있다고 주장했고 격렬한 기쁨보다는 조용한 즐거움을 항상 선호했다. 소화불량이 안 되도록 적당히 먹고 다음날 아침 숙취로 고생하지 않도록 술을 알맞게 마셔라, 정치와 사랑처럼 감정을 어지럽히는 것은 피하라, 결혼해서 자식을 가짐으로써 재물의 노예가 되어서는 안 된다, 무엇보다도 두려움에서 벗어나라고 그는 가르쳤다. 공직을 맡으면 두려움이 커지기 마련이었다. 권력을 가지면 가진 만큼 그것을 시샘하는 사람들이 늘어나기 때문이었다. "현명한 사람은 적을 안 만들기 위해 은둔자로 살아가는 법이다."

사람에게 가장 큰 두려움의 원천은 종교와 죽음이라고 에피쿠로스는 갈파했다. 그는 만약 신들이 존재한다 하더라도 그들은 인간사에는 절대로 끼어들지 않으며 정신은 육체와 함께 소멸한다고 믿었다. 종교는 자연에 초자연적으로 개입하면서 사람을 위로하는 것이 아니라 오히려 위협했다. 고통으로부터의 해방을 불가능하게 만드는 영생을 주장한다는 점에서 종교는 더욱 공포스러웠다. 에피쿠로스에게 죽음은 소멸이자 해방이었기 때문이다.

〈사물의 본성에 대하여〉라는 시에서 로마의 시인이며 철학자인 루크레티우스는 에피쿠로스주의자들이 바라본 세계의 원리를 설명했다. 그것은 사물의 유래에 대한 합리적이고 유물론적인 해석이었다.

같은 로마 시인 호라티우스는 에피쿠로스와 같은 삶을 몸소 실천에 옮기고 그 윤리적 결과를 작품에 담아냈다. 그는 가난은 불편을 준다고 말했지만 모든 것에서 절도를 지켜야 한다고 가르쳤다. 특히 공직은 무조건 피해야 했다. 벼락은 가장 높은 나무, 가장 높은 산에 떨어지기 때문이었다. 교육을 많이 받은 소수자들의 생활 신조로서 에피쿠로스주의는 비록 열의는 조금씩 약해졌지만 600년 동안이나 살아남았다.

스토아 철학

스토아 철학은 페니키아 출신으로 아테네에서 살면서 제자들을 가르쳤던 제논의 철학이다. 그는 오직 상식만을 믿었는데 그리스에서 상식은 곧 유물론을 뜻했다. 자신의 감각만을 믿었던 제논은 형이상학적 사변을 견디지 못했다. 회의론자들이 제논에게 현실 세계가 무슨 뜻이냐고 물었을 때 제논은 "이 책상처럼 단단한 물질이오"라고 대답했다. "그럼 신은? 영혼은?" 하고 회의론자가 다그치자 제논은 "이 책상보다 더 단단한 것"이라고 대답했다. 계속되는 질문에 제논은 덕과 정의를 단단한 것의 목록에다 추가로 집어넣었다. 마르쿠스 아우렐리우스 황제 같은 후기 스토아주의자들은 유물론은 포기했지만 윤리적 원칙의 기본틀은 그대로 받아들였다. 스토아 철학은 감정을 등한시하고 다소 광신적이었다는 점에서 다른 그리스의 철학과는 차이가 있었다. 더욱이 스토아 철학의 냉정한 금욕성에는 그리스인들이 만들어내기도 어렵고 찬성하기도 어려워 보이는 종교적 요소가 담겨 있었다. 요컨대 그것은 로마인들에게 딱 어울리는 철학이었다.

스토아 철학의 중심에 깔린 이론은 우주적 결정론과 인간의 자유였다. "우연 따위는 존재하지 않는다. 자연의 행로는 자연의 법칙에 의해서 결정된다"고 제논은 말했다. 자연계는 신이라고도 불리고 제우스라고도 불리고 주피터라고도 불리는 세계의 영혼이며 최고의 힘을 가진 입법자에 의해서 만들어진 것이다. 개인은 자기 안에 성스러운 불꽃의 일부를 가지고 있다. 만물은 자연이라고 불리는 단일한 체계의 부분이며 개인의 삶은 자연과 조화를 이룰 때 행복해진다. 사람은 자연의 법칙을 어길 수 없기 때문에 어차피 자연에 순응할 수밖에 없다고도 볼 수 있겠지만 스토아 철학에서 말하는 덕은 개인의 의지가 자연에 합치되는 목적으로 향해 있을 때 이루어진다고 볼 수 있다. 사악한 사람들은 전차수에게 휘둘리는 말들처럼 신의 법칙을 억지로 따라간다.

개인의 삶에서 유일하게 좋은 것이 있다면 그것은 덕이다. 건강, 행복, 소유는 중요하지 않다. 덕은 의지력에서 나오기 때문에 사람의 인생에서 좋거나 나쁜 것은 모두 그 사람에게 달려 있다. 사람은 가난해도 덕이 있을 수 있고 스토아 철학자들이 수호 성자로 여겼던 소크라테스처럼 사형 언도를 받을 수도 있다. 밖에 있는 것을 좌지우지할 수 있는 힘을 가진 사람들도 있지만 유일하게 참다운 선이라 할 수 있는 덕은 안에 있는 것이다. 세속의 욕망에서 벗어나면 사람은 누구나 완전한 자유를 누릴 수 있다. 그리스 철학답지 않게 냉정한 스토아 철학은 나쁜 정념만 부정하는 게 아니라 모든 정념을 부정한다. 스토아 철학자는 아내와 자식을 잃어도 상심하지 않는다. 그의 덕에는 흔들림이 없기 때문이다. 우정은 좋은 것이지만 친구의 불행이 나의 초연한 평정을 흔들게 놓아두어서는 안 된다. 정치에 참여하는 건 괜찮지만 남을 돕는 것은 결코 덕을 쌓는 게 아니다.

스토아 철학에는 적어도 두 가지의 논리적 허점이 있다. 덕이 유일하게 좋은 것이라면 거룩한 입법자는 덕을 장려해야 마땅한데 왜 이 세상에는 성자보다 죄인이 더 많은가? 또 만약 스토아주의자들이 말하고 싶어하는 것처럼 불의는 스토아 철학자에게 더 많이 인내하고 따라서 더 덕을 쌓을 수 있는 기회를 제공하는 것이라면 불의가 왜 나쁜가?

로마인들은 주로 키케로의 글을 통해서 스토아 철학을 알게 되었지만 로마의 스토아주의자들 중에서 영향력이 높았던 세 사람은 각각 관료, 노예, 황제였던 세네카, 에픽테투스, 마르쿠스 아우렐리우스였다. 네로를 가르쳤던 세네카는 갑부였다. 그는 네로의 암살을 획책했다는 모함을 받고 자살하라는 명령을 받았다. 슬퍼하는 가족들에게 세네카는 이런 말을 남겼다. "눈물을 거두어라. 이 세상 그 어떤 재물보다도 값진 덕스러운 삶의 본보기를 너희에게 남기고 떠나지 않느냐."

에픽테투스는 그리스 출신의 노예였는데 나중에는 자유를 얻었다. 노예 에픽테투스와 황제 마르쿠스 아우렐리우스는 판이하게 다른 인생을 살았지만 스토아 철학에 바탕을 둔 두 사람의 인생관은 거의 일치했다. 마르쿠스 아우렐리우스가 스토아 철학에 몰입한 것은 그가 황제로 재위하는 동안 흑사병과 폭동, 전쟁, 지진 같은 재난이 끝없이 일어났기 때문이었다고도 볼 수 있다. 양심적인 통치자였던 그는 황제로서 성공을 거두지는 못했고 좌절감을 느꼈음이 분명하다. 황제의 권위를 인정하지 않는 그리스도 교도들이 그렇지 않아도 위태로운 로마 제국을 더욱 위기에 빠뜨리고 있다고 판단한 그는 그리스도교를 뿌리뽑으려고 애썼지만 그의 노력은 수포로 돌아갔다. 에픽테투스는 파란만장한 삶을 살지도 않았고 비교적 일찍 죽었지만 그의 가르침은 특히 초기 그리스도교에 깊은 영향을 주었다. 가령 다음과 같은 글귀는 그리스도 교도를 매료시켰다.

우리는 이승의 육체에 갇혀 있는 수인들이다.
신은 만인의 아버지이며 우리는 모두 형제다.
노예도 다른 사람과 똑같다. 신 앞에서 사람은 누구나 같기 때문이다.
선한 시민이 법에 복종하듯이 우리는 신에게 복종해야 한다.
병사는 황제보다 높은 사람을 받들어 모시지 않겠다고 맹세하지만 우리는 무엇보다도 우리 자신을 받들어 모셔야 한다.
우리는 적을 사랑해야 한다.

후기 스토아 철학은 에픽테투스와 마르쿠스 아우렐리우스의 글에 나타나는 것처럼 모든 인간은 형제라는 사실을 강조했다. 모든 사람의 내면에는 위대한 지성(거룩한 불꽃)이 있고 모든 개인은 이 세상의 합리적 틀에 꼭 필요한 부분이므로 이 끝없이 변하는 우주에서 모든 사람은 형제라는 것이다. 로마법은 이것을 법 앞에서는 누구나 평등하다는 원리로 해석했다.

신플라톤주의

스토아 철학보다 종교적 색채가 짙었던 신플라톤주의도 그리스에서 로마로 유입된 철학이었다. 신플라톤주의에서 제시한 내세는 이 세상에서 이렇다 할 만족을 얻지 못한 사람이나 자기실현을 못했던 사람들에게 위안을 주었다. 플라톤의 이론에 바탕을 둔 신플라톤주의는 플라톤이 아테네에 세웠고 여전히 번창하던 아카데미를 통해 로마로 들어왔다.

    신플라톤주의자들은 플라톤이 참다운 실재라고 강조한 이데아를 조금 다르게 해석했다. 그들은 순수한 형태의 이데아는 알 수 없는 것이라고 말했다. 예를 들어 우리는 아름다운 사람이라든가 아름다운 경치나 그림에 나타난 아름다움을 감상할 수는 있지만 이런 것들에서 떨어져나온 순수한 아름다움은 상상할 수 없다. 또 우리는 순수한 마음을 상상할 수는 없고 사람들이 자신들의 마음이 명령하는 대로 행동하는 것을 보면서 마음에 대한 지식에 접근할 수 있을 뿐이다. 다시 말해서 실재가 아니라 마음의 증거가 작용하는 것이다. 우리의 목표는 이 세상에서 사는 동안 실재에 조금이라도 가깝게 다가서는 것이다. 그래야만 죽은 다음에도 선의 나라에 들어갈 자격이 있고 거기서 참다운 실재를 성찰할 수 있다. 신플라톤주의는 참다운 지혜를 얻으려는 일념으로 인생을 성찰하면서 살았던 사람들은 구원받을 수 있고 영생을 얻을 수 있다고 설파했다. 이런 생각은 그리스도교에 강한 영향을 미쳤다. 젊었을 때 신플라톤주의에 심취했던 성 아우구스티누스는 《신국》이라는 불후의 저서에서 초기 그리스도교 교회의 원칙을 위한 기초를 깔아놓았다.

로마의 업적

법과 정부

로마가 서양 문명에 가장 크게 지속적으로 기여한 것은 법률 체계였다. 즉 법을 운용하는 기술과 법학이라는 학문이었다. 사법 기구는 기술이었고 법학은 정의와 불의를 정의했다. 로마인이 사변보다는 사실을 선호했다는 것은 로마법에서 극명하게 드러난다. 키케로가 말한 대로 로마법은 '이론이 아니라 본성에' 바탕을 두고 만든 법이다. 정의는 개념이 아니라 절차였고 일상 생활에서 불거지는 문제들을 처리하는 방법이었다.

"법은 정직한 것을 명하고 그 반대되는 것을 금하는 신들에게서 받은 영감으로부터 올바른 원리를 끌어낸 것에 지나지 않는다."(키케로) 매수와 강탈은 "강자가 모든 것을 자기 마음대로 할 수 없도록" (오비디우스) 국가가 규제해야 할 인간의 본성이었다. 버트런드 러셀은 자기가 생각하는 이상 사회는 모든 사람이 정직하고 나만 도둑인 사회라고 익살을 떨었지만 로마의 법은 우리 모두의 속마음에 있는 도둑을 경계했다. 로마는 제국 운영의 경험을 기초로 변화무쌍한 환경에서 일관성 있는 인간의 행동에 대한 합리적 평가에 바탕을 둔 국제법을 만들었다.

법률 제도가 마련되어 있었다고 해서 정부가 비교적 효율적으로 운영되었다는 소리는 아니다. 지금까지의 연구를 보면 로마인들은 정부를 잘 운영하지 못했다. 카이사르 아우구스투스가 집권하기 전까지만 하더라도 정부는 부패와 비효율의 어지러운 복마전이었다. 잘 굴러가던 공화정이 갑자기 거대한 제국을 통치하는 데서 어려움을 겪은 게 아니라 원래부터 불공평했고 주먹구구식이었다. 아우구스투스가 부분적으로 개혁책을 내놓았지만 그것은 근본적 쇄신이 아니라 미봉책에 지나지 않았다. 디오클레티아누스가 새로운 효율적 제도를 수립했지만 그것은 이미 망가져버린 전차에다 팔팔한 말들을 비끄러맨 격이었다.

속주의 통치도 두고두고 골치거리로 남았다. 사실 통치라고 할 만한 것도 없었다. 총독의 일차적 의무는 로마로 돈을 보내는 일이었다. "카이사르의 것을 카이사르에게 돌리기 위해" 총독은 갖은 명목으로 세금을 매겨서 주민들을 쥐어짤 대로 쥐어짰다. 로마는 속주들의 문화에 마치 커다란 관용을 베푼 것처럼 자랑했지만 그것은 도량이 넓어서라기보다는 이해 타산이 더 많이 작용한 결과였다. 정복된 영토에서 주민들이 세금 납부를 거부하게 만들 위험성이 있는 정책을 로마는 절대로 펴지 않았다. 로마는 모든 이민족들의 문화에 똑같이 무관심했다.

과학

로마의 과학은 철저하게 경험적 자료만을 다루었다. 이론 과학은 그리스인의 몫이었다. 알렉산드리아에 거주하던 그리스인 에라토스테네스는 이성과 경험적 자료, 수학만으로 지구가 둥글다는 것을 증명했고 지구의 둘레를 불과 몇 킬로미터의 오차로 측정했다. 플리니우스는 해안으로 다가오는 배가 처음에는 돛대만 보이다가 나중에

선체가 드러나는 것으로 보아 이 세상의 표면은 곡선이라는 추론을 내렸다. 로마의 의학은 전쟁터에서 야전 병원을 세우려는 그들의 열정과 타고난 조직력이 결합되면서 상당한 수준으로 발전했다.

공공 건축물

8만킬로미터에 이르는 포장도로망이 로마를 제국의 구석구석까지 이어주었다. 모든 길은 로마로 통했다. 원래는 군사도로로 설계되었지만 우편물과 상품도 이곳으로 운반되었다. 여행안내서, 16킬로미터마다 설치된 초소, 48킬로미터마다 들어선 여관은 19세기 말 이전의 그 어떤 도로보다도 여행을 쾌적하고 안전하게 만들어주었다. 도널드 힐에 따르면,

고대부터 19세기까지 서아시아와 유럽의 모든 사회 중에서 오직 로마인만이 적절한 부대 시설과 배수 시설을 완비한 신중하게 설계된 도로 체계를 만들어냈다.

로마인은 또 탁월한 공학 기술을 발휘하여 수도를 깔았다. 수도는 화려한 공중 욕장과 수세식 화장실을 썼던 부유한 가정들에 엄청난 양의 물을 공급했다. 스페인의 세고비나에서는 아직도 로마 시대에 가설된 상수도 시설이 쓰이고 있으며 판테온, 폼페이, 바트에서는 부분적으로 남은 수도관이 여전히 제구실을 하고 있다. 그렇지만 북부 사하라의 옥토에 물을 대던 거대한 관개 시설과 로마에 물을 공급하던 483킬로미터의 수로는 모두 사라져버렸다.

제8장 천년 제국 로마

 도시화가 진전되면서 농경 사회는 밀려나고 도시 건물을 짓는 데 새로운 전문 기술이 필요해졌다. 5층이나 6층으로 된 아파트형 건물이 주거 단지로 대거 지어졌는데 이 안에는 육아원, 상점, 식당이 들어섰다. 로마를 비롯한 대도시에는 드넓은 포럼이 마련되었는데 이것은 시민 생활의 중심지로서 요즘의 상가처럼 시장이 형성되어 있었다. 하지만 로마는 깔끔하고 질서 정연한 도시는 아니었다. 몇 개의 대로를 빼놓고는 86.4킬로미터에 이르는 도로에 변변한 이름 하나 붙어 있지 않았고 번지수 같은 것도 없었다. (가령 이런 식의 대화가 오고갔다. "판테온 뒤편에 있는 가죽 상점에서 마리우스를 보기로 했어. 그 친구가 자네 친구 세풀비우스가 사는 곳을 알거든.") 대기 오염도 있었다. ("번영하는 로마의 연기와 재물과 소음을 찬양하는 일은 이제 그만두어라."—호라티우스)

 도시 시설에서 빼놓을 수 없는 것이 공중 욕장이었다. 욕장은 로마에서 사람들이 가장 붐비는 시설이었다. 키케로는 공중 욕장이 문을 여는 시간을 알리는 징소리는 "학교에서 듣는 철학자들의 목소리보다 더 감미롭다"고 어디선가 썼다. 황제들은 시민들의 환심을 사기 위해 거대한 공중 욕장을 앞다투어 지었다. 목욕은 남녀가 섞여서 하게 되어 있었지만 하드리아누스 황제 때부터는 남탕과 여탕을 분리했다. 이 쾌락의 신전에는 실내 수영장과 실외 수영장, 체육관, 도서관, 휴게실, 식당, 술집, 정원, 때로는 유곽까지도 마련되어 시민을 유혹했다. 공화정 초기만 해도 욕장은 그저 몸을 청결히하는 곳으로 이용되었지만 키케로가 말한 징소리가 상징하듯이 쾌적한 삶을 추구하는 사람들이 모여드는 공공 시설로 발전했다.

 욕장에서 맛보는 즐거움은 개인적 차원의 기쁨이었지만 대중을 위한 화려한 볼거리도 로마의 자랑이었다. 콜로세움 같은 커다란 원형

경기장이 도시 한복판에 버티고 서 있었는데 이곳에서는 검투사들의 시합이 자주 벌어졌다. 그밖에도 야생 동물 사냥, 해전 같은 오락거리가 있었고 검투사 혼자 코끼리를 상대로 싸우기도 했다. 코끼리를 죽이면 그는 자유의 몸이 되었다.

로마가 서양 세계에 남긴 유산은 법으로 보장되는 정의, 군사 정벌, 라틴어, 그리스 문화가 복잡하게 뒤얽힌 것이다. 시민의 헌법적 권리를 인정한 로마법에서 법은 지배당하는 사람들의 동의를 필요로 한다는 생각이 이미 싹트고 있었다. 군사 정벌은 부끄러운 유산이었다. "조국을 위해서 죽는 것은 달콤하고도 영광스럽다"는 호라티우스의 경건한 발언도 과히 자랑스러운 유산은 아니다.

로마가 서양 문명에 전해준 유산 중에서 가장 중요한 것은 법과 그리스 문화라고 할 수 있다. 그리스의 신전 양식은 주로 장식성이 강한 코린토스 양식이 수용되었다. 그리스의 조각을 모방하는 것은 로마에서는 너무나 일상화되어 있었다. 오늘날 우리가 아는 그리스 조각도 로마 시대에 만들어진 모조품이 대부분이다. 그리스 예술가들의 작품은 로마인의 입맛에 맞게 다듬어져서 주택과 공공 건물의 프레스코, 벽화, 모자이크에 남아 있다.

그리스 출신의 노예들은 아이들에게 그리스어와 호메로스, 헤시오도스, 아이스킬로스, 소포클레스, 메난드로스 같은 고전 작품을 가르쳤다. 로마인 여행자들은 고색창연한 아크로폴리스의 경이를 감상하고 델피의 신탁에서 조언을 얻기 위해 그리스로 순례 여행을 떠나곤 했다. 로마가 전한 언어, 조직, 법 위에서 로마 교회와 중세 문명이 세워졌지만 한편으로 로마는 그리스의 인본주의를 보존하고 전승하여 르네상스와 화려한 계몽 시대의 문을 열었다. 마이클 그랜트는 《고전 시대의 역사가 산책》이라는 책에서 이렇게 말했다.

제8장 천년 제국 로마

그리스와 로마의 고전 시대는 두 가지 이유에서 신중한 연구를 할 만한 가치가 있다. 첫째, 이루 말할 수 없이 풍성하고 귀중한 예사롭지 않은 이야기가 있다. 둘째, 이 시대는 서양의 정치적 사회적 문화적 경제적 종교적 전통의 선조이기 때문에 이 때를 모르면 우리는 미래를 어떻게 가꾸어나가야 할지 갈피를 못 잡고 방황하게 된다.

그리스와 로마의 가치관

그리스와 로마를 함께 묶어서 말할 때 우리는 기원전 480년경부터 서기 180년경까지 전성기를 맞았던 고전 그리스 로마 문명의 문학적, 합리적, 세속적 측면에 주안점을 둔다. 하지만 그리스와 로마를 따로 떼어놓고 보면 교육과 운동에서 이 두 문화가 얼마나 달랐는가를 쉽게 알 수 있다.

교육

로마에서는 직접 가르쳤건 가정교사를 두었건 아이들의 교육을 부모가 맡았다. 앞서 말한 대로 카토는 자기 아들에게 읽기와 로마의 법과 역사를 가르치고 창술, 말타기, 수영, 무술을 직접 가르치는 것을 자랑스럽게 여겼다. 글쓰기와 간단한 산수, 그리스와 로마의 문학 수업, 이것이 일반 로마인들이 자녀들에게 가르친 내용이었다. 이것은 시민과 병사로서 국가에 기여할 수 있는 로마인을 양성하기 위한 실용적 과목이었다. 로마인은 교육을 중시했기 때문에 로마인이건 외국이건 배우지 못한 사람들은 경멸했다. 무지는 이 가난에 찌든 영혼들을 '현재라는 압제'에서 벗어나지 못하게 만들었다고 키케로는 썼다. 아직 노예 신분이던 시절에 에픽투테스는 "배운 사람만이 자유롭다"고 주장했다.

자녀 교육에 대한 책임은 그리스 부모에게도 있었다. 모든 시민은 읽기와 쓰기, 산수, 미술, 시 낭송, 음악, 무용, 체육을 배웠다. 재능 있는 학생들은 수학, 수사학(웅변술), 철학을 더욱 깊이 있게 공부했다. 윤리 교육은 에토스의 원리에 따라 예외없이 누구나 받았다. 그리스 교육은 상상력, 창조력, 특히 사고력을 강조했다. 그것은 시민 개개인의 출중한 능력을 살리는 데 역점을 두었던 자유분방한 교육이었다. 플라톤은 어떤 재능이든지 그것을 발견하고 북돋워주어야 한다고 강조하면서 교사들에게 이렇게 충고했다. "아이들은 일종의 놀이를 하듯이 가르쳐라. 그러면 아이들의 자연스러운 성향을 더 잘 찾아낼 수 있을 것이다."

법과 역사는 로마의 교육 과정에서는 반드시 이수해야 하는 필수 과목이었다. 둘 다 상상력과 독창적 사고를 크게 요구하는 공부가 아니었다. 그리스와 로마의 교육은 각자의 문화가 중요시하던 덕목을 키우는 데 주안점을 두었다. 국가가 중심이었던 로마에서는 의무, 순응, 규율, 용기 같은 실용적 가치가 으뜸가는 덕목이었다. 반면 개인의 출중함이 강조되었던 그리스 사회에서는 개성, 언어 능력, 창조성, 독창성, 상상력을 무엇보다도 강조했다. 그러나 여성은 동등한 교육의 혜택을 누리지 못했다. 교육을 받은 여성은 그리스에서도 로마에서도 극소수에 지나지 않았다. 아리스토텔레스는 그리스 교육의 이상을 이렇게 간추렸다. "산 사람이 죽은 사람보다 우위에 있는 것처럼 교육받은 사람은 교육을 못 받은 사람보다 우위에 있다."

운동

그리스와 로마의 차이는 운동 경기에서 더욱 뚜렷하게 나타난다.

올림픽 경기와 검투사의 결투는 둘 다 운동 시합이긴 했지만 올림픽은 '게임'이라고 불러도 검투사의 결투를 그렇게 부르지는 않는다. 먼저 우리는 그리스인들이 즐겼던 운동을 소개하고 그 다음 로마의 운동을 알아보겠다. 체육에 대한 굉장히 상반된 접근 방식을 보면서 독자는 두 문화의 차이점을 좀더 깊이 이해할 수 있을 것이다.

올림픽 경기

그리스 축제는 연극, 음악, 시, 운동에서 경연을 벌였는데 특히 운동 시합이 인기를 끌었다. 스파르타, 엘리스, 피사 같은 도시들은 늘 티격태격 부딪쳤지만 그들은 전쟁으로 문제를 해결하기보다는 육상 시합을 벌여 승자를 가리기로 결정했다. 이 방법은 상당한 효과를 거두었고 기원전 776년에는 헬레니즘 세계의 거의 모든 국가가 올림피아 성지에서 대규모로 열린 육상을 비롯한 각종 경연 대회에 참여하게 되었다. 기원전 776년이 갖는 각별한 의미는 그리스인들이 이 해를 기준으로 자신들의 역사를 서술했다는 데서도 잘 나타난다. 이 올림피아드 대회는 4년마다 열렸다. 기원전 776년에는 제1회 올림피아드 대회가 열렸고, 기원전 772년에는 제2회 대회가 열렸다. 이런 식으로 해서 서기 392년까지 1,168년 동안 그리스에서 모두 320번의 대회가 열린 것이다.

올림픽 게임에서 처음부터 중시되었던 요소는 휴전이었다. 조건은 간단했다. 엘리스(올림픽 개최지)에서는 무장이 금지되었고 그리스 세계 어디에서건 엘리스로 오는 선수와 관중은 안전을 보장받았으며 10개월에다가 시합을 위해 오가는 시간을 더한 기간만큼은 그리스 전역에서 모든 전투가 중지되었다. 격식을 중시하던 그리스인들은 명예를 걸고 이 규칙을 준수하겠다고 서약했다. 스파르타가 휴전 약속을 어기자 그리스어권 전체가 들고 일어났고 그 다음부터는 이 약속이 철저하게 지켜졌다.

운동 경기는 그리스 각지에서 치러졌지만 올림피아에서 벌어지는 시합이 가장 성대했다. 그것은 경쟁이 치열해서라기보다는 올림피아가 평화를 상징하는 곳이었기 때문이다. 스포츠맨십과 형제애는 올림픽 경기의 근본 정신이었다. 속임수는 용서받지 못했다. 선수들은 경기를 시작하기 전에 정정당당하게 승부를 겨루겠다고 다짐했다. 지위, 계급, 출신 도시와는 상관없이 그리스인의 후예라면 누구나 참여할 수 있는 올림픽 경기를 통해 그리스인들은 결속력을 다졌다. 그러나 형제애는 보편적이라기보다는 민족적이었다. 이민족(외국인)은 올림픽에 출전할 수 없었다. 올림픽 경기를 이끌어간 정신은 모든 그리스 문화에서 공통적으로 나타나는 '미와 선'이었다.

경쟁을 통해 각 도시에서 뽑힌 선수들은 축제가 벌어지기 열 달 전부터 훈련을 시작했다. 부당한 이익을 누리는 경기자는 없었다. 성지에서는 훈련을 못하게 되어 있었으므로 선수들은 엘리스에서 마무리 훈련을 하다가 제우스와 헤라를 위해 건설된 올림피아로 이동해서 닷새 동안 열전을 벌였다. 올림피아드는 그리스에서 가장 중요한 행사였기 때문에 날씨가 가장 좋고 관중도 가장 많이 모여들 수 있는 날로 특별히 신경 써서 대회 기간을 잡았다. 그래서 여름의 세번째 보름달(7월이나 8월)에 경기가 시작되었는데 이때는 곡식과 올리브의 추수가 끝나고 가을 파종이 시작되기 전이라 사람들도 그만큼 여유가 있었다.

가장 중요한 종목은 육상이었다. 그리스인들은 육상의 속도감과 힘을 즐겼다.[02] 그들은 올림피아 스타디움의 길이를 거리 단위(스타데)

로 삼았는데 1스타데는 약 183미터였다. 짧게는 1스타데, 2스타데부터 길게는 4.8킬로미터까지 여러 종목이 있었다. 우승자만 가렸지 2등과 3등은 없었다. 우승자에게는 올리브 화환이 주어졌다. 올리브 잎은 금세 시들어 떨어졌지만 우승자의 이름은 기록으로 남았기 때문에 올리브 화환은 최고의 영예였다.[03] 후손들은 올림픽에서 우승한 선조를 자랑스럽게 기억했다.

근대 올림픽에서는 반칙으로 실격당하지 않는 한 기록이 가장 좋은 선수가 우승을 차지하지만 그리스인들은 더 아기자기하고 짜임새가 있었다. 최종 기록의 비중은 50퍼센트에 불과했다. 나머지 절반은 기품, 자세, 리듬, 그러니까 한마디로 우리가 스타일이라고 말하는 것을 평가하는 심판들에 의해서 따로 점수가 매겨졌다.[04] 스타일에 해당하는 그리스어는 '아레테'였는데 이것은 기량, 우아한 기품, 좀더 정확하게는 출중함을 추구하려는 열의로 번역될 수 있다. 그리스인들은 전통을 존중했지만 과거에 속박되지는 않았고 현재를 열심히 사는 것이 더 중요하다고 생각했다. 그들은 올림피아드의 기록을 꼼꼼히 챙겼지만 우승자의 거리나 성적은 기록하지 않았다. 선수들은 과거의 기록이 아니라 자기들끼리 경쟁을 벌였다.

전차 경주를 제외하면 고대 올림픽의 종목은 근대 올림픽에서도 그대로 계승되었다. 그래서 육상, 멀리뛰기, 원반던지기, 창던지기,

---

[02] 크로스 컨트리는 고대 올림픽에서 정식 종목이 아니었다. 페르시아와의 전쟁에서 거둔 승전보를 마라톤 평야에서 아테네까지 뛰어서 알린 피디피데스의 쾌거를 기념한 마라톤은 1896년 아테네에서 근대 올림픽이 처음 열렸을 때 채택되었다.
[03] 델피에서는 월계수를, 코린트에서는 솔을 우승자에게 주었다. 올림픽 경기의 올리브 가지는 이제 거의 모든 세계에서 평화의 상징으로 뿌리내렸다.
[04] 심판들이 선수들의 기량을 잘 판정할 수 있도록 선수들은 알몸으로 시합에 임해야 했다. 여자들은 죽음을 각오하지 않고서는 대회에 참가할 수 없었는데 그것은 종교적 이유에서였지 알몸이라는 것과는 무관했다. 그리스인들에게 알몸은 아무런 문제가 되지 않았다. 그들은 사람들 앞에서 거리낌없이 옷을 벗을 수 있는 것이 야만인들과 자신들이 다른 점 중 하나라고 생각했다.

권투, 레슬링은 아직도 남아 있다. 여러 종목을 합한 10종 경기에서 우리는 여러 분야를 골고루 잘하는 개인을 높이 평가한 그리스인의 개성을 볼 수 있다. 로마인이 전문가를 존중했다면 그리스인은 팔방미인을 존경했다.

페리클레스 시대는 그리스 문화의 절정기였던 만큼 1,168년 동안 이어진 올림픽 경기도 이때 전성기를 맞이했다. 그 후 조금씩 경기의 질과 순수성이 떨어지기 시작하더니 카르타고와 코린토스가 무너지고 로마군이 올림피아로 진주한 기원전 146년부터 올림픽 대회는 급격히 기울어갔다. 자기가 참가한 전 종목에서 우승자임을 선언한 네로의 행동은 로마인의 특성을 보여주었다. 올림픽 경기는 서기 392년 테오디시우스 황제가 그리스도교를 내걸고 '이교도의 잘못된 신들을 섬기도록 고무하는' 대회를 금지하는 칙령을 발표하면서 320회 대회를 끝으로 막을 내렸다. 황제는 올림픽 대회가 상징하던 고대의 휴전 정신에 대해서는 아무런 언급도 없이 신상과 신전을 파괴하라는 명령을 내려 자신의 의도를 끝까지 관철시켰다. 평화롭던 올림피아의 거룩한 숲에서 '기(技)와 미와 선'은 사라지고 말았다.

로마의 장관

로마의 경기는 독창적으로 고안되었고 신들을 드높이기 위해 만들어졌지만 제정 시대로 들어오면 개인들이 신들보다는 자기를 드높이기 위해 화려한 공연에 돈을 퍼부었다. 로마에서도 운동 경기는 자주 벌어졌지만 일반 시민들은 콜로세움 같은 거대한 경기장에서 벌어지는 장대한 행사에 훨씬 더 매료되었다. 로마인들이 좋아하던 '놀이'는 크게 다섯 가지였다. 그것은 전차 경주, 검투사의 시합, 야생 짐승 사냥, 해전, 신화를 주제로 한 무언극이었다. 이런 '놀이'는 스타일이나 미적 효과에는 신경을 쓰지 않았고 수많은 군중에게 즐거움을 주기 위해 만들어졌다. 로마인은 대중 오락을 발명했다.

로마인들은 전차 경주도 즐겼지만 검투사 시합이라면 사족을 못 썼다. 로마 문명에서만 볼 수 있는 전차 경주는 로마인의 가치관을 그대로 반영했다. 고결함과 용기, 정직성 같은 로마인의 미덕은 엄숙한 공화정 시대의 유산이고 로마의 이름에 먹칠을 한 잔인성과 타락은 제정 시대에 나타난 것이라는 해석이 나폴레옹 이후로 정설처럼 자리잡았지만 잔인한 검투사 시합을 기원전 264년에 처음 시작한 것도 공화정이었고 기원전 146년 카르타고와 코린토스를 쑥밭으로 만든 것도 공화정이었다.

죽음으로 승부가 판가름나는 이 의식은 검투사들이 경기장으로 줄지어 들어서면서 귀빈석을 향해 "카이사르 만세, 우리는 죽음을 앞에 두고 당신에게 경의를 표합니다"라고 우렁차게 외치면서 시작되었다. 제비뽑기를 하고 무기를 검사한 다음 시합이 벌어졌는데 대체로 용맹성으로 유명한 트라키아 전사의 복장을 한 검투사와 '호플로마키' 검투사가 대결을 벌였다. 트라키아 검투사는 무거운 투구에 가죽과 쇠로 된 갑옷을 입었고 작은 방패와 구부러진 단도를 들었다. 거의 벌거벗은 '호플로마키' 검투사는 무거운 투구에 커다란 타원형의 방패와 로마검으로 무장했다.

검투사들은 다양한 무장과 의상으로 가벼운 부상을 피할 수 있었다. 군중은 실력 있고 용맹무쌍한 검투사들이 한 치의 우열을 가릴 수 없을 만큼 팽팽하게 맞설 때 환호성을 질렀다. 멋진 승부가 연출되면 군중은 감동을 받았고 엄지손가락이 위로 올라가기를 원했다. 엄지손가락이 위로 올라가면 패자에게는 다음날 다시 싸울 수 있는

제8장 천년 제국 로마

기회가 주어졌다. 하지만 엄지손가락을 올릴 수 있는 권한은 그날의 시합을 주관한 사람에게 있었다. 아무리 감동적인 승부가 연출되었어도 엄지손가락은 밑으로 내려가기 일쑤였다. 그러면 군중은 패자가 자기의 목을 승자의 칼끝에 맡겨 제대로 훈련받은 전사임을 입증하기를 원했다. 그것은 피와 신음이 난무하는 끔찍한 장면이었을 테지만 로마인은 한술 더 떠서 신의 복장으로 차려입은 배우로 하여금 뜨겁게 달군 꼬챙이를 쓰러진 검투사의 몸에 쑤셔넣어 확실히 죽게 만들었다. 걸레가 된 시체는 말 뒤에 묶여 질질 끌려나갔고 경기장에는 향수가 뿌려졌다. 흡족해진 관중은 다음 공연을 기다렸다.

군중을 가장 즐겁게 한 공연은 '레티아리우스'와 '세쿠토르'의 맞대결이었다. 투구도 안 쓰고 방패도 들지 않은 '레티아리우스'는 허리에 단검을 차고 한손에는 그물을 한손에는 삼지창을 들었다. 그와 겨루는 '세쿠토르'는 투구를 쓰고 길다란 직사각형 방패를 들었고 칼과 단검으로 무장했다. 요리조리 달아나는 인간 사냥감을 그물로 붙잡아 죽이려면 '레티아리우스'는 날쌔게 움직여야 했다.

이 두 쌍의 검투사들은 웬만한 공연에서는 단골로 등장했다. 그밖에 전차 싸움, 난장이 검투사, 여자 검투사도 군중의 갈채를 받았다. 이런 공연을 한번 연출하는 데는 막대한 비용이 들었기 때문에 정부는 검투사 양성소를 운영할 책임이 있었다. 로마에서만 2,000명의 검투사들이 이런 양성소에서 숙식을 하면서 훈련을 받았다. 원형경기장에서는 일 년에 몇 차례밖에 공연을 할 수 없었기 때문에 그나마 비용을 줄일 수 있었다. 뿐만 아니라 한 번 공연에 600쌍의 검투사가 등장했고 군중의 기대 수준은 날로 높아지는 상황에서 공연 횟수의 제한은 불가피한 것이었다.

정교하게 연출된 모의 사냥도 인기를 모았다. 아프리카의 정글처럼 꾸며진 콜로세움에서 사냥꾼들은 사자와 호랑이의 무리와 숨바꼭질을 벌였지만 겁에 질린 맹수들이 이렇다 할 대응을 했으리라고 상상하기는 어렵다. 수없이 많은 야생 동물들이 이런 식으로 도살당했고 심지어는 멸종당한 동물도 생겼다. 특별히 주문 제작된 거대한 수조 안에서 공연된 해전은 로마군이 바다를 주름잡던 시절에 치렀던 피비린내나는 유명한 전쟁을 재현한 것이었다.

마지막으로 신화에 나오는 이야기에 바탕을 둔 무언극이 있었다. 여기서는 유죄 판결을 받은 범죄자들이 그들의 처음이자 마지막 연기를 했다. 관객은 신화가 눈앞에서 살아 움직이는 것을 보았다. 헤라클레스는 불길에 휩싸여 죽었고 디르케는 미친 황소에 묶여 질질 끌려다녔으며 날개가 불에 탄 이카로스는 맹수들 속으로 떨어졌다. 그리고 로마의 위대함을 자랑하는 장면이 이어졌다. 로마는 효율성이 지배하는 사회고 민중을 즐겁게 하는 사회고 정의가 구현된 사회라는 것을 과시하는 내용이었다.

로마의 놀이가 그렇게 소름끼치도록 잔인할 수밖에 없었던 것은 언제 폭도로 돌변할지 모르는 민중을 오락으로 달래기 위해서였다면서 이 선혈이 낭자한 놀이를 정당화하려고 애쓰는 옹호론자도 있다. 또 어떤 사람들은 교육받은 로마인들은 이런 제도를 탐탁치않게 여겼다는 증거를 찾아내려고 안간힘을 쓴다. 하지만 그런 노력은 헛수고로 끝날 것이다. 로마인은 계급이나 지위 고하를 막론하고 이 놀이를 관람하고 즐겼기 때문이다. 공연은 404년 호노리우스 황제에 의해 금지될 때까지 콜로세움에서 줄기차게 이루어졌다. 세네카와 젊은 플리니우스라면 혹시 모를까 콜로세움에서 벌어지는 사건에 대해서 인도적 차원에서건 그 어떤 차원에서건 우려를 표명한 로마인을 우리는 단 한 명도 알지 못한다. 고대 세계에서 죽음은 특히 죽는 사람이 힘없는 약자일 때 권력을 가진 사람에게는 이렇다 할 관심을 끌지 못했다. 필립 아리에스와 조르주 뒤비에 따르면,

> 사람의 탈을 쓰고 어떻게 그런 장면을 지켜볼 수 있을까 하고 우리는 반감을 품게 되지만 로마인은 결코 그런 생각을 하지 않았다. 철학자도 예외는 아니었다. 검투사들은 로마에 가학적 쾌감을 흠뻑 안겨주었고 사람들은 좋아라고 그것을 받아들였다. 그것은 시체를 보고 죽어가는 사람을 보면서 느끼는 쾌감이었다.

정작 지탄을 받았던 것은 검투 시합이 끝나고 나서 관객들에게 준 사은품이었다. 관람석 하단의 상류층이 서둘러 공연장을 빠져나가는 동안 회전팔이 달린 기계가 경기장 안으로 들어와서 점토판이나 나무판을 관람석 상단을 향해 마구잡이로 던졌다. 관객은 그 판대기에 적힌 상품을 물소 한 마리건, 타조 깃털 10킬로그램이건, 코끼리 한 마리건, 다음번 공연의 일등석 두 자리건, 그대로 받을 수 있었다. "나는 그런 우매한 무리를 증오하며 가까이 하지 않는다"고 쓴 호라티우스는 역시 상류층의 대변자였다.

로마의 이상

로마가 예술적으로도 창조적으로도 전성기에 오른 것은 카이사르 아우구스투스의 '황금 시대' 동안이었다. 아우구스투스는 오랜 내전에서 마침내 승리를 거두고 전란에 찌든 공화국에 평화를 정착시켰

다. 전쟁의 혼란을 딛고 강대한 로마 제국이 떠올랐다. 로마를 재건하는 동안 아우구스투스는 번쩍거리는 대리석으로 도시를 꾸미는 것보다는 문학 작품에 더 관심을 쏟았다. 세계를 지배하도록 운명지워진 로마의 역사를 그린 베르길리우스의 서사시 《아이네이스》는 그렇게 탄생했다.

아이네이스

아우구스투스는 로마의 위대함을 노래할 시인으로 베르길리우스를 뽑았다. 그리고 아우구스투스가 악티움 해전에서 기원전 31년 거둔 승리를 서사시에 담아 마르쿠스 안토니우스와 클레오파트라가 이끌던 어둠의 세력을 정복한 고귀한 존재로 황제를 묘사하도록 주문했다. 베르길리우스가 완성한 작품은 예상을 뒤엎는 내용이었지만 뛰어나기 그지없었다. 베르길리우스는 아테네의 위대함은 호메로스의 《일리아드》와 《오디세이》에서 제시된 전통에 젖줄을 대고 있다는 사실에 착안했다. 호메로스의 서사시에 정통했던 베르길리우스는 자신의 시를 호메로스의 시와 비슷한 구성으로 꾸며서 그리스인들이 누렸던 것과 똑같은 찬란한 과거를 로마에 주고자 했고 위대하고 고귀한 역사를 창조할 수 있는 영감을 불어넣어주고자 했다.

아이네아스가 트로이를 탈출하여 방랑하는 내용을 그린 《아이네이스》의 1-6권은 《오디세이》에 바탕을 둔 것이다. 《일리아드》에 기초를 둔 7-12권은 아이네아스가 자신의 운명을 따르면서 이탈리아에서 치르는 전쟁과 죽음을 그렸다. 베르길리우스의 뛰어난 점은 단순한 모험담을 쓴 것이 아니라 제국의 창건이라는 고귀한 주제와 씨름

했다는 것이었다. 로마인에게 현실은 곧 국가였다. 따라서 모든 문학은 애국심을 고취하는 데 일차적 목적이 있었다. 《아이네이스》는 문학이었지만 한편으로는 위대한 국가를 만방에 알리는 선전 수단이었다.

베르길리우스는 아이네아스를 호메로스의 영웅이자 로마인으로, 고대인이자 당대인으로, 아킬레우스와 오디세우스의 동시대인이자 아우구스투스 시대의 진정한 로마인으로 창조했다. 생각이 많고 거드름까지 피우는 아이네아스는 명예심에 죽고살았던 아킬레스와 헥토르에 미치지 못했고 머리도 오디세우스만큼 잘 돌아가지는 않았던 것이 사실이다. 아이네아스 안에서 호메로스의 영웅들은 자기 한 몸 안에 과거와 현재, 미래를 써넣으면서 하나의 문명을 세울 수 있는 사람으로 새롭게 정의된다. 아이네아스의 영웅성은 할 수 있는 일이 있었고 할 수 없는 일이 있었다는 데 있었다. 실존 인물이건 가공 인물이건 고결한 로마인의 남다른 기질을 아이네아스만큼 잘 드러낸 사람은 없었다.

중년의 나이로 접어든 아이네아스는 원숙한 지혜를 보여준다. 그는 모든 영웅적 행위의 밑바탕에는 일종의 슬픔이 깔려 있으며 사람들이 하는 행동은 외부의 힘에 좌우될 때가 많다는 사실을 자각한다. 호메로스와 비교할 때 베르길리우스는 저돌성이 부족하지만 베르길리우스가 제시하는 것은 비애를 아는 사람의 지혜다.

스토아 철학처럼 《아이네이스》는 의무에 대한 헌신을 가장 숭고한 인간의 덕목으로 꼽는다. 안키세스가 아들 아이네아스에게 던지는 말에서 베르길리우스는 로마인에게 가장 소중한 교훈을 주었다.

다른 사람들은 그들의 숨쉬는 모습을

청동으로 더 우아하게 담아낼 것이고
대리석으로 더 생생하게 빚어낼 것이라고
당연히 나는 믿는다.
너는 더 명료하게 논증을 하고 조준자를 써서
천체의 경로를 정확히 추적하여
떠오르는 별들을 정확히 예측하거라.
너의 힘으로 지상의 민족들을 다스려야 한다는
사실을 너는 잊어서는 안 된다.
너의 장기는 반란을 추스리고 법으로 지배하고
피정복민들을 아우르는 데 있으니
교만한 자들을 쳐부수어라.

이것이 로마의 가장 드높은 이상이었다. 로마 시대로 들어와서 인간의 가치는 상당히 훼손되었고 상상력과 즐거움은 비방을 받았지만 로마인은 자기들 나름의 고귀한 행동 원칙을 창안하고 고수했다.

그리스와 로마 / 유럽과 미국

스스로 만든 고급 문화가 거의 없었던 로마는 자신이 정복한 땅의 지적 예술적 유산을 흡수했다. 그리고 시인 호라티우스가 지적한 대로 거꾸로 그 문화에 정복당했다. 로마와 라틴어도 후세에 많은 유산을 남겼지만 로마의 고급 문화는 어디까지나 그리스에서 유래한 것이다. 이것을 미국과 유럽의 관계와 비교하면 어떨까. 로마에서도 미국처럼 이것은 갈등을 낳았다. 문화를 제외하고는 거의 모든 점에서 로마인은 그리스인과 기질이 판이하게 달랐기 때문이다. 마찬가지로 미국도 유럽 문화를 계승하긴 했지만 미국인과 유럽인은 많이 다르다.

문헌 5 명상록(2권)

마르쿠스 아우렐리우스(121-180)

1. 아침에 일어나면 우선 자신에게 타일러라. 나는 오늘도 남의 일에 간섭하기를 좋아하는 사람, 은혜를 모르는 사람, 건방진 사람, 신의가 없는 사람, 질투심이 많은 사람, 이기적인 사람들을 만나게 될 것이라고. 그들은 선과 악이 무엇인지를 모르기 때문에 그와 같은 행동을 하는 사람들이다.

그런데 나의 경우는 어떠한가? 나는 이미 오래 전부터 선의 본질은 고귀하며 악의 본질은 천하다는 것을 알고 있다. 또한 나는 잘못을 저지르는 사람의 본성도 결국은 그렇지 않은 사람의 본성과 마찬가지이며 서로 형제라는 사실을 알고 있다. 그들이 나의 형제인 까닭은 나와 피가 같거나 씨가 같아서가 아니라 나처럼 이성이 있고 나처럼 신성의 일부를 지녔기 때문이다. 그러므로 다른 사람들의 오만함, 질투심, 쓸데없는 간섭, 배은망덕 따위가 나의 마음에 상처를 줄 수는 없다. 어느 누구도 내가 스스로 원하지 않는 한 나를 추악한 일에 끌어들일 수 없기 때문이다. 내가 형제들에게 화를 내서도 안 되고 그들을 미워해서도 안 된다. 그들과 나는 다투기 위해서가 아니라 서로 돕기 위해 세상에 태어났다. 우리는 두 손처럼, 두 발처럼, 두 눈꺼풀처럼, 윗입술과 아랫입술처럼 도우면서 살아야 한다. 그러므로 형제에게 화를 내거나 미워하거나 불쾌감을 주는 것은 자연의 법칙에 어긋나는 행동이다.

2. 보잘것없는 육체와 호흡, 그리고 모든 것을 지배하는 이성, 이것이 나 자신이다. 너의 치부책 따위는 잊어버려라. 더이상 그것 때문에 속을 끓이지 말아라. 네가 추구해야 할 것은 재물을 모으는 일이 아니다. 육체에 관해서는 신경 쓸 것 없다. 육체란 피와 뼈와 신경, 동맥과 정맥으로 되어 있을 뿐이다. 호흡은 어떤가? 역시 중요하지 않다. 호흡이란 결국 공기에 지나지 않는다. 하지만 이성은 중요하다. 인간의 고귀함은 이성에서 나온다. 유념하여라. 너는 이미 어린아이가 아니다. 더이상 이성을 노예의 자리에다 방치해서는 안 된다. 더이상 사리사욕의 꼭두각시가 되어 움직여서는 안 된다. 지금 네가 가진 것에 불만을 품지도 말고 오지도 않은 미래 앞에서 움츠러들지도 말아라.

5. 언제나 로마인으로서, 그리고 한 인간으로서, 품위와 애정과 독립심과 정의로써 너의 의무를 완수하여라. 쓸데없는 것은 마음에 담아두지 말아라. 그리고 어떤 일을 하든 다시는 그 일을 할 기회가 없는 것처럼 생각하고 행동한다면, 또는 경솔한 생각이나 이성의 명령에 어긋나는 위선, 자만심, 불만 같은 감정을 제거한다면, 그 일이 어떤 일이든 너는 언제나 자유로울 수 있다. 평온하고 경건한 삶을 위해 네가 극복해야 할 일은 사실 많지 않다. 이 몇 가지 교훈을 따르는 것만으로도 충분하다. 신은 너에게 그 이상의 것을 요구하지는 않는다.

9. 대자연의 본성은 무엇이며 나의 본성은 무엇인가, 그리고 나의 본성과 대자연의 본성은 어떤 관계가 있는가를 깊이 생각하라. 물론 나의 본성은 대자연의 본성에 비하면 극히 작은 부분에 지나지 않는다. 하지만 나의 본성이 대자연의 본성에 따라 말하고 행동하는 것을 방해하는 것은 아무것도 없다는 사실을 명심하라.

11. 어떤 일을 하든지 마치 내일 이 세상을 하직하는 사람처럼 행동하여라. 신이 존재한다면 죽는다는 것은 조금도 두려울 바 없다. 신은 결코 너를 나쁘게 이끌지는 않을 테니까. 신이 존재하지 않거나 인간의 일 따위에는 관심이 없다면 그런 세상에서 살아간다는 게 무슨 뜻이 있을까? 하지만 신은 존재한다. 또 신은 인간의 일에도 깊은 관심을 갖고 있다. 신은 너에게 악에 빠져들지 않는 능력을 주었다. 그리고 그밖의 것에 대해서도, 만일 악이라는 게 있다면 신은 그것을 피할 수 있는 능력을 사람이 가질 수 있도록 충분한 대비책을 마련해놓았을 것이다. 사람을 나쁘게 만들지 않는 신이 어떻게 인간의 삶을 악하게 만들 수 있었겠는가?

신이 무지 때문에 이런 악을 보지 못했다는 것은 있을 수 없으며 또 그것을 알고 있었으면서도 어찌할 능력이 없다는 것 역시 있을 수 없다. 우리의 삶에는 분명히 죽음과 삶, 명예와 불명예, 고통과 즐거움, 부와 빈곤 따위가 존재한다. 그런 것들을 잘 살펴보라. 그것들이 우리를 더 훌륭하게 또는 더 나쁘게 만들 수 있는가? 그것들은 선한 사람이나 악한 사람을 가리지 않는다. 따라서 그런 것들은 선도 아니고 악도 아니다.

14. 인간이 3천 년을 산다고 하더라도, 아니 3만 년을 산다고 하더라도, 우리는 현재의 순간이 아닌 삶을 누릴 수는 없다. 그 누구건 있지도 않은 과거나 미래를 상실할 수는 없다. 따라서 가장 긴 삶이거나 가장 짧은 삶이거나 결국은 마찬가지다. 현재는 만인에게 공평하게 주어져 있으며 그 누구도 현재 이외의 삶을 소유할 수는 없기 때문이다. 그러므로 다음의 두 가지 사실을 늘 명심하여라. 첫째, 이 세상 모든 것은 아득한 옛날부터 언제나 똑같은 모양으로 반복되어 왔다. 따라서 인간이 결국은 같은 것들을 100년이나 200년 동안, 아니 영원히 본다 하더라도 본질적으로는 아무런 차이가 없다. 둘째, 가장 오래 산 사람이나 태어나자마자 죽은 사람이나 잃어버린 것은 결국 동일하다. 현재만이 우리가 소유할 수 있는 유일한 것이며 그 누구도 지금 가지고 있지 않은 것을 상실할 수는 없기 때문이다. 그러므로 가장 중요한 것은 현재를 어떻게 살아가는가이다.

17. 인생은 순간이며 그 실체는 끊임없는 흐름이다. 지각은 혼탁할 뿐이고 육체는 결국 썩어 없어지며 영혼은 회오리바람이다. 운명은 예측할 수 없으며 명예는 다만 허상일 뿐이

다. 육체에 속하는 것은 모두 흐르는 물과 같고 영혼에 속하는 것은 꿈이요 연기다. 삶은 투쟁이요 나그네의 일시적 체류이며 후세의 명성은 망각이다. 그렇다면 이 속에서 우리를 인도하고 보호하는 것은 무엇일까? 그것은 오직 철학뿐이다. 인간의 마음속에 있는 신성을 모독하거나 상처를 입히지 않으며 고통과 쾌락을 초월하며 목적 없이는 어떤 일도 하지 않으며 매사에 신중하고 허위와 위선을 멀리하여 다른 사람의 일에 쓸데없이 간섭하지 않으며 어떤 일이 일어나더라도 모든 것은 같은 근원으로부터 나오는 것임을 깨닫고 기꺼이 받아들이며 죽음이란 다만 모든 생물을 구성하고 있는 최초의 원소로 분해되는 것에 지나지 않는다는 사실을 깨닫고 그리하여 즐거운 마음으로 죽음을 맞이할 수 있게 해주는 것, 이것이 바로 철학이다.

끊임없이 다른 것으로 바뀌는 원소들이 그 자체가 악이 아니라면 왜 너는 모든 것이 변하고 분해되는 것을 두려워하는가? 변화와 죽음은 자연의 한 진행 과정일 뿐이다. 그리고 자연이 하는 일에는 악이 존재할 수 없다.

제9장
로마의 미술과 건축 :
대도시의 예술

에트루리아 문명

　에트루리아인은 북부 이탈리아를 약 400년 동안 지배하면서 한 세기 가까이 로마를 다스린 적도 있었다. 그들이 로마 문명에 끼친 영향은 크지만 거꾸로 로마가 준 것은 거의 없다. 에트루리아인은 로마에는 감동을 받지 못했지만 그리스의 조각, 그림, 도자기에는 매료당했다. 에트루리아의 무덤에서는 특히 그리스 도자기가 많이 나오고 있다.

피톤을 죽이는 아폴로(부분). 폼페이 출토.

지도 9.1 에트루리아와 로마.

9.1 에트루리아 석관. 케르베테리 출토. 기원전 510년경. 채색 테라코타.

그리스의 영향을 많이 받긴 했어도 에트루리아인은 자기 색깔이 뚜렷한 미술을 발전시켰다. 지방색이 농후했고 때로는 촌스러워 보이기도 했지만 걸작도 심심치않게 섞여 있었다. 로마인 정복자들은 에트루리아 미술의 현세적 생명력에 깊은 감동을 받았다. 사실 우리는 에트루리아 미술에 대해서 훨씬 많이 알지 에트루리아 문명 전반에 대해서는 잘 모른다. 아직 문자가 해독되지 않았고 언덕 꼭대기에 들어섰던 요새 도시에서 지금 남은 것이라곤 거대한 돌벽뿐이라서 에트루리아 문화에 대한 우리의 짧은 지식은 중부 이탈리아 곳곳에서 발견된 수천 기의 무덤(지도 9.1)에서 나온 내용물에 거의 다 의존한다.

에트루리아인은 특히 거친 점토를 빚어서 불에 굽는 테라코타 제작 실력이 뛰어났는데 로마 북서쪽의 케르베테리 외곽에 마련된 '네크로폴리스'(그리스어로 '죽은 사람들의 도시'라는 뜻으로 공동묘지와 비슷)에서 발견된 이 장례용 조상(9.1)이 좋은 예다. 죽은 부부는 긴 의자에 팔꿈치를 괸 느긋한 자세로 마치 성대한 연회를 즐기는 것처럼 묘사되었다. 부드러운 육체와 땋은 머리, 그리스풍의 고전적 미소는 에트루리아 조각에서 전형적으로 나타나는 요소였다. 이 작품에서 특히 눈길을 끄는 것은 부부의 애정이 따스하게 그려졌다는 것과 이목구비에서 개성이 느껴진다는 것이다. 에트루리아 미술에서 흔히 접하는 이런 연회 장면의 의미가 무엇인지는 정확히 모르지만 저승

9.2 **아레초의 키메라.**
에트루리아 양식. 기원전 380-360년경. 청동.

9.3 **에트루리아의 황금 원반.** 기원전 6세기 후반. 지름 4.4cm.

에 가서도 잘 살기를 기원하는 표현이었을 것이다.

이 주목할 만한 〈키메라〉(9.2)는 에트루리아 미술 특유의 생동감을 내뿜는다. 그리스 신화에서 키메라는 머리는 사자에 몸집은 염소, 꼬리는 뱀처럼 생긴 불을 토하는 괴물이었다. 머리와 꼬리는 원래의 모습 그대로지만 몸통은 염소보다는 사자에 가까우며 등뼈의 휘어진 선은 용을 연상시킨다. 이 네 발 달린 잡종 동물을 더욱 복잡하게 만드는 것은 등에서 쑥 튀어나온 염소의 머리다(염소의 뿔이 뱀의 주둥이에 물린 것처럼 보이지만 이것은 원형을 복원하는 과정에서 뱀의 머리를 너무 낮게 잡은 데서 생긴 실수다. 뱀이 위협하려는 대상은 염소가 아니라 감상자였다). 여기서는 그리스의 영향력이 느껴지지 않는다. 그리스인은 괴물을 그려도 거친 가장자리 선을 부드럽게 순화했지만 에트루리아인은 저승에서 죽은 사람에게 겁을 주던 괴물의 모습을 실감나게 표현했다. 이것은 헤로도토스가 주장하는 대로 에트루리아인의 뿌리가 아시아에 있었기 때문인지도 모르겠다. 이 동물은 이집트의 스핑크스, 아시리아의 사람의 얼굴을 한 날개 달린 황소 같은 선조를 두고 있다. 에트루리아인은 뛰어난 금은 세공품과 〈키메라〉 같은 청동상이 보여주듯이 손재주가 많은 민족이었다. 9.3의 황금 원반은 에트루리아 금세공술의 극치를 보여준다. 알갱이와 선 하나하나가 너무나 정교해서 제대로 작품을 감상하려면 돋보기로 들여다보아야 할 정도다.

위작

예술품의 위조는 잠재적 구매자를 속이기 위한 것으로 작품의 수집만큼이나 오래 전부터 성행했다. 우리가 확인할 수 있는 가장 오래된 기록은 로마 시대의 것이다. 그리스 본토를 정복한 뒤로 그리스 미술이 유입되면서 그리스의 그림과 조각에 대한 수요도 늘어났다. 그리스 미술품을 수집한다는 것은 높은 안목과 교양, 사회적 지위(그리고 재산)의 확실한 징표였기 때문에 약삭빠른 사기꾼들은 그리스의 가짜 미술, 특히 조각을 만들어 팔았다. 미론, 폴리클레이토스, 페이디아스, 프락시텔레스, 리시포스 같은 유명 조각가들의 작품이 주로 위조되었다. 이 고대의 사기술은 현대의 전문가들도 일부 그리스 조각의 진품 여부를 판가름하는 데 애를 먹을 만큼 뛰어난 수준이었다.

제9장 로마의 미술과 건축 — 대도시의 예술

로마의 미술 -기원전 753~서기 476년

엄숙한 로마인들에게 미술은 사람들, 특히 공화정을 이끌어가는 시민-병사의 윤리 의식에 악영향을 미칠 수 있는 껄끄러운 존재였다. 플루타르크에 의하면 기원전 3세기까지도 로마는 세련미라고는 전혀 없고 포로와 전리품과 흉칙한 무기와 여봐란 듯이 쌓아올린 전승탑만 눈에 띄는 삭막한 도시였다.

그리스 문화, 특히 그리스 미술의 유입은 서서히 이루어지다가 로마가 그리스의 영토를 차지하면서 가속도가 붙었다. 기원전 212년 마그나그라이키아(남부 이탈리아)의 도시들을 정복했을 때 어떤 장군은 그리스의 조각과 그림을 가득 싣고 로마로 귀환했고 또 어떤 장군은 금은 보석 같은 '알짜'만을 모아서 오기도 했다. 기원전 146년 그리스 본토를 로마가 완전히 정복한 뒤에는 징발해온 미술품이 로마를 뒤덮어 그리스에 대한 뿌리깊은 적개심을 무색케 만들었고 이때부터 로마는 헬레니즘 예술 전통의 으뜸가는 후견인이 되었다.

우리가 로마 예술이라고 말하는 것의 상당수는 그리스 예술을 모방한 것이거나 그리스 예술가들에 의해 만들어진 것이지만 로마인들도 사실적 흉상과 풍경화, 무엇보다도 건축을 통해 독보적 영역을 개척했다. 제국 시대의 웅장한 건축물만이 아니라 문명 생활의 '기술'을 발전시킨 것도 로마인의 공적이다. 공화정 초기만 하더라도 군사 주둔지를 효율적으로 세우는 데만 관심을 두었지 로마를 비롯하여 나날이 팽창하던 도시들을 계획적으로 설계한다는 건 상상도 할 수 없었다. 하지만 소박한 농경 사회에서 풍요한 도시 사회로 넘어가면서 로마인들은 도시 계획을 짜지 않을 수 없었다. 에트루리아의 언덕에 들어선 도시들을 참고하면서 그들은 성벽, 도로, 다리, 수도, 하수로, 공동주택, 연립주택, 위락시설, 상가, 광장 등 도시 생활에 필요한 기반 시설을 차근차근 설계하고 지어나갔다.

폼페이

공화정 초기의 그림 중에서 지금껏 남아 있는 것은 하나도 없고 건축물도 거의 없지만 우리는 공화정 시대의 도시 중 유일하게 남아 있는 폼페이를 통해서 로마의 예술을 연구한다. 서기 79년에 일어난

9.4 **폼페이 포룸의 서쪽 주랑.**

9. 로마의 건축과 예술 : 대도시의 예술

베수비우스 화산의 폭발로 폼페이는 화산재 아래 묻혔고 이 도시는 사실상 로마 문명의 박물관 역할을 하게 되었다. 기원전 6세기 무렵에 세워진 것으로 보이는 폼페이에는 기원전 80년경 로마에 정복될 때까지 이탈리아의 오스크인과 삼니움인 사이에 그리스인이 섞여 살고 있었다.

9.5 **폼페이의 아트리움.** 서기 1세기.

도시 계획

 현존하는 가장 오래된 원형경기장과 공중 목욕탕이 있는 폼페이는 로마시 바깥에 있는 것으로는 가장 중요한 초기 포룸을 중심으로 바둑판 같은 그리스의 도시 설계를 약간 변형시켜 건설한 도시였다. 이 도시는 에트루리아, 그리스, 이탈리아 요소들이 어지럽게 뒤섞여 있었다. 그래서 이 건물이 그리스 양식이다 하고 딱 부러지게 말하기는 불가능하다.

 널찍한 포룸 즉 시민 광장의 동쪽과 서쪽은 2층으로 쌓아올린 주랑으로 바깥과 구분되었다. 광장을 따라서 앞으로 가면 신전으로 들어가는 두 개의 아치가 나왔다. 사진 9.4에 아치 하나와 신전 기초의 일부가 보인다(뒤에 보이는 것이 베수비우스 화산이다). 종교적 상업적 공공적 기능을 두루 맡았던 포룸은 모든 로마 도시의 중심지였다. 중앙집권적 권위와 통제를 중시했던 로마인의 기질은 이런 포룸에도 반영되어 있다.

토착 건축 양식

 도시 한복판의 포룸에서는 마차 통행이 금지되었기 때문에 도로망은 도시 외곽부터 시작되어 교외로 뻗어나갔다. 이탈리아의 유서 깊은 도시들은 지금도 그렇지만 폼페이도 포룸에서 가까운 길들은 상점들이 늘어서 있었고 그 사이사이에 집들이 끼어 있었다. 단독주택은 창이 달려 있지 않은 대문을 통해 들어갈 수 있었다. 이런 대문은 사생활을 보호하고 도시의 소음과 먼지를 막아주었다.

 저택이나 교외의 우아한 별장들은 대문을 열고 들어가면 아트리움이라는 로마의 전형적 현관이 나타났다(9.5). 이 네모난 공간에는 창이 뚫려 있지 않아 더위를 막을 수 있었으며 천장은 뻥 뚫려 있어 햇볕과 공기가 잘 통했다. 안으로 비스듬하게 기울어진 지붕은 빗물을 아래쪽의 웅덩이로 모아주었고 이 물은 다시 관을 통해 흘러나갔다. 부엌과 거실처럼 일상 생활을 위한 공간은 아트리움을 중심으로 배치되었다. 아트리움을 지나면 침실이 나왔는데 침실 앞의 안뜰은 도리스 양식의 기둥들이 늘어선 주랑으로 에워싸여 있었다.

로마의 가옥들이 일반적으로 그렇지만 폼페이에도 맨벽을 밝게 칠하거나 벽화로 장식한 집들이 많았다. 로마식 아트리움과 그리스식 주랑으로 둘러싸인 안뜰은 기원전 2세기에 각광을 받았던 복합적 건축 양식으로 지중해의 뜨거운 여름을 이겨내기에는 안성맞춤이었다.

제9장 로마의 미술과 건축 — 대도시의 예술

폼페이

서기 79년 8월 24일은 새벽부터 찜통 더위가 시작되었다. 늙은 플리니우스와 그의 조카였던 젊은 플리니우스는 바람을 쐬려고 나폴리 만이 내려다보이는 저택 발코니로 나왔다. 갑자기 바다 저편의 베수비우스 산에서 시커먼 구름이 치솟았다. 젊은 플리니우스는 나중에 타키투스에게 이렇게 썼다.

"그것은 어마어마하게 굵은 나무 줄기처럼 공중으로 솟아오르더니 때로는 하얗고 때로는 시커멓고 얼룩덜룩한 가지들을 사방으로 내뻗더군요."

몇 초 뒤 그들은 요란한 폭발음을 들었고 땅이 심하게 흔들리는 것을 느꼈다. 겁에 질린 젊은 플리니우스와 어머니는 황급히 집을 떠나 화산재로 가득 찬 대기로부터 벗어나려는 사람들의 피난 대열에 합류했다. 이제 화산 위에는 "돌발적인 폭발들로 인해 찢겨나간 시커먼 구름이 뱀처럼 또아리를 틀었고 그 사이로 번개보다 더 큰 불꽃이 번쩍거렸다." 재는 무서운 속도로 떨어져내렸기 때문에 그것에 파묻히지 않으려면 부지런히 움직여야 했다.

그렇게 몇 시간이나 계속해서 땅이 흔들리고 하늘에서는 돌과 재가 사정없이 떨어졌다. 어둠이 차차 밝아오면서 꼭대기가 아예 통째로 날아간 베수비우스 화산이 눈에 들어왔다.

한때는 농장, 포도밭, 폼페이시, 헤르쿨라네움시, 스타비아에시가 서 있던 곳이 지금은 화산재의 검은 융단에 덮여 침묵하고 있었다. 작가이며 법률가였지만 뛰어난 박물학자이기도 했던 늙은 플리니우스는 뜯어말리는 누이와 조카를 뒤로 하고 이 믿기지 않은 자연의 경이를 조금이라도 더 가까이에서 지켜보려고 배를 타고 가다가 유황불에 갇혀 죽고 말았다.

건축과 공학

로마의 신전

로마에 있는 아우구스투스의 신전들은 온전하게 남은 것이 없지만 카레 저택이라는 별명이 붙은 놀라우리만큼 잘 보존된 신전은 아우구스투스 황제가 옹호한 가치들을 구현한 건물이다(9.6). 그리스 신전과는 달리 로마 신전은 높은 토대 위에 올라섰고 계단이 정면에만 나 있고 그곳으로만 신전에 들어갈 수 있었다. 동서남북에 모두 3층의 계단이 있었던 그리스 신전의 개방된 형식은 공간을 감싸는 밀폐된 형식으로 바뀌었다.

이 신전은 대부분의 로마 건축가들이 선호한 화려한 코린트 양식(9.7)으로 지어졌고 켈라에 부속된 기둥들은 공화정 이래의 장식적 기법을 도입했다. 가로 18미터, 세로 35.7미터에 높이가 9.2미터로,

9.6 **카레 저택.** 프랑스 님. 기원전 1세기.

9.7 코린트 양식의 주두.

규모는 작았지만 카레 저택은 숭고한 황제를 기리는 신전의 표본으로 받아들여졌다. 미국에 있는 토머스 제퍼슨 기념관도 다분히 이 신전을 의식하고 지어진 건물이다.

로마의 아치

로마의 건축가들은 둥근 아치를 쌓아올리는 기술을 발전시켰다. 오래 전부터 소아시아와 그리스에서 문, 하치장, 복도, 하수도처럼 비중이 크지 않은 구조물에 사용되었던 아치를 로마인은 대규모 건물에 사용했다. 아치는 공간을 잇거나 감싸는 데 안성맞춤이었다. 그래서 다리, 수로교, 욕장, 공회당처럼 로마 도시들이 원활하게 움직이는 데 반드시 필요한 세속 건물에 아치가 이용되었다.

각주 사이의 공간을 석재를 깎거나 벽돌을 모르타르로 발라서 반원형으로 이었던 아치는 기둥에 들보를 올리는 것보다 로마의 건축에서는 여러 모로 요긴하게 쓰였다. 들보는 무거운 하중을 이겨낼 수 없었으므로 커다란 공간을 잇기에는 적당하지 않았다. 무거운 하중을 이겨내려면 기둥과 기둥 사이를 좁혀야 했다. 반면에 아치는 쐐기처럼 생긴 홍예석들이 중앙의 이맛돌과 단단히 맞물려 있어서 튼튼하고 안전했다. 이맛돌이 밀어내는 힘은 홍예

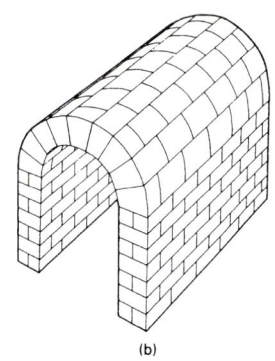

9.8 (a) 반원형의 아치 아케이드.
(b) 통 또는 터널 모양의 볼트.

제 9 장 로마의 미술과 건축―대도시의 예술

석들을 거쳐 각주 바닥까지 전달되었다. 아치와 아치를 나란히 붙이면 아케이드가 되었고 아치를 앞뒤로 길게 뻗으면 통이나 터널 모양의 볼트가 되었다(9.15 참조).

수로교

로마의 공학적 역량을 상징하는 수로교는 제국을 거미줄처럼 연결한 수로망이자 도로망으로서 언제 어디서든지 한눈에 확 띄었다. 아우구스투스 황제의 보좌관이던 아그리파에 의해서 세워진 가르교는 높이 54.9미터에 현재 남은 부분의 길이가 275미터에 이른다(3부 첫머리 참조). 가르교는 40킬로미터 떨어진 산악 지방에서 끌어온 물을 가르강 골짜기를 가로질러 님에까지 운반했다. 24미터의 공간을 잇는 거대한 아치 하나 위에는 비슷한 크기의 아치가 또 하나 올려졌고 다시 그 위에 세 개의 작은 아치가 세워졌다. 물은 1센티미터의 기울기로 중력에 의해 흘러갔다. 각각 6톤까지 나가는 돌덩어리들을 모르타르 없이 붙여놓은 맨 아랫단의 아케이드는 2,000년 동안 줄곧 사용되었다.

조각, 그림, 소품

로마인들은 자기 집안에 대한 자부심이 강했기 때문에 선조들의 얼굴을 밀랍으로 뜬 마스크에 담아 보존했다. 얼굴을 잘 알아보려면 사실적으로 묘사하는 것이 중요했으므로 로마에서는 대리석 흉상도 대단히 사실적으로 만드는 전통이 오래전부터 있었다. 율리우스 카이사르의 흉상도 그렇다(9.9). 전란에 시달리던 로마 공화정에 사망

선고를 내린 카이사르는 역사에 기록된 것처럼 도도하고 냉정하고 카리스마가 넘치는 인물로 묘사되었다. 실질을 중요하게 여겼던 로마인들은 사마귀, 여드름, 주름, 검버섯 하나하나까지 세세하게 드러내야 한다고 주장했다. 이 흉상은 아마 살아 있는 카이사르를 앞에 두고 만들어졌을 것이고 만일 그랬다면 카이사르는 이 작품을 마음에 들어했을 것이다. 특히 자신만만하게 약간 기울어진 머리를 좋아했을 것이다.

9.9 **율리우스 카이사르의 흉상**. 기원전 1세기. 대리석.

카이사르 아우구스투스(기원전 63년–서기 14년)

프리마포르타의 황제 별장에 있는 아우구스투스의 위풍당당한 상에는 검버섯이 없다(9.10). 고귀한 지도자의 이상화된 모습을 그리스 양식에 담고 있다. 당당한 자세는 근동 예술에서 영향을 받은 것으로 보이지만 기본적으로는 〈창을 든 사람〉(7.17)에 바탕을 둔 이 조각이 공식적인 황제상이었다. 아우구스투스의 모습은 로마의 주화에도 새겨져 있었고 이런 흉상이 제국 전역에 수없이 많이 퍼져 있었기 때문에 막강한 로마 제국의 상징처럼 받아들여졌다.

아우구스투스의 신성한 혈통은 비너스 여신의 상징이었던 큐피드와 돌고래로 표현되었다. 베르길리우스에 따르면 비너스는 아이네아스의 어머니였고 아우구스투스 황제는 아이네아스의 후손이었다. 갑

9.10 **프리마포르타의 아우구스투스.**
기원전 20년경. 대리석.

옷에 새겨진 부조는 아우구스투스가 권좌에 오르기까지의 과정을 담은 것이다. 그리스인은 하찮게 여겼고 로마인은 소중히 여겼던 사실감이 이 조각에서는 가죽, 금속, 옷감에서만 느껴진다. 왕이나 황제, 전제 군주의 권위를 묘사하는 조각가들이 두고두고 전범으로 삼았던 이 작품은 선전 예술의 뛰어난 본보기다.

그림

〈아르카디아에서 어린 텔레포스를 발견하는 헤라클레스〉라는 그림(9.11)에서 우리는 고전적 주제에 대한 꾸준한 관심을 볼 수 있는데 그리스와 로마의 문화를 이어준 가교는 바로 이런 관심이었다. 우람

9.11 아르카디아에서 어린 텔레포스를 발견하는 헤라클레스. 헤라쿨라네움시 출토, 기원전 2세기 헬레니즘 시대에 그려진 원작을 서기 70년쯤 로마에서 베낀 것. 벽화.

한 헤라클레스가 사람과 자연이 평화롭게 공존하며 살았다던 전설의 아르카디아를 상징하는 고전적 여인 앞에 서 있다. 사자는 약간 인상파적으로 그려졌지만 왼쪽 아래에 보이는 암사슴은 가볍고 우아하다. 여기 나오는 형상들은 내적 연결성이나 그림의 통일성과는 아무 상관 없이 이미 존재하던 공간 속에 뿔뿔이 흩어져 있는 듯한 느낌을 준다. 하지만 로마의 그림이 대부분 그런 것처럼 이 작품도 빛과 선, 모습을 처리하고 삼차원의 입체감을 주는 솜씨가 만만치 않다.

소품

공화정 시대의 시민들은 시각 예술과 보석 같은 사치품을 경멸했기 때문에 지금 남아 있는 예는 극히 드물다. 그러나 기원전 27년

9.12 **로마의 보석.** 귀고리, 개 모양의 브로치, 머리장식, 펜던트, 목걸이. 서기 1-4세기. 석류석, 사파이어, 에메랄드, 진주에 황금.

제정이 들어섰을 무렵 그런 엄숙주의는 이미 빠르게 사라지고 있었다. 로마의 가옥, 신전, 욕장, 기타 건물의 바닥은 모자이크로 장식되었다. 로마가 헬레니즘 세계를 병합하면서 풍요한 문화도 같이 흘러들어왔다. 서기 2세기에 만들어진 목걸이(9.12)를 보면 금과 에메랄드가 번갈아 이어진다. 머리 장식은 가장자리에 진주가 있고 가운데에 에메랄드가 박혀 있다. 머리 장식에 달린 펜던트는 두 진주 사이에 사파이어가 있다. 특히 머리 장식과 펜던트는 제정 전성기의 기품을 상징한다.

그리스의 이론과 로마의 현실

〈헤라클레스〉(9.11)와 〈창을 든 사람〉(7.17)에 나타난 시각 이미지의 배합을 비교하면 그리스 문화와 로마 문화의 근본적 차이가 드러난다. 이론보다는 현실에 관심이 많았던 로마인은 개념화하기보다는 구체화하는 데 힘썼다. 〈헤라클레스〉는 헤라클레스가 아들을 아카디아에서 발견한다고 하는 구체적 사건에 대한 일종의 시각적 카탈로그라고 할 수 있다. 〈창을 든 사람〉은 구체적 인물이 아니라 운동 선수의 이상적 모습을 표현한 것이다. 로마인은 사람들을 있는 그대로 그렸고 그리스인은 바람직한 모습으로 그렸다. 로마인은 현실적이었고 그리스인은 이론적이었다.

로마인이 그리스인을 바라보는 시선에는 외경과 경멸, 질투와 의혹이 깔려 있었다. 로마인은 불완전한 세계를 있는 그대로 받아들였지만 그리스인은 더 나은 세계를 원했다. 옥신각신하던 그리스의 도시국가들은 알렉산드로스에 의해 무력으로 통일되었고 로마는 세계를 정복했다. 로마인은 그리스 문화가 전반적으로 우월하다는 사실을 인정하고 로마 문명을 엮어나가는 기본 가닥을 그리스 문학, 미술, 건축으로 잡았다. 로마 제국은 사실상 두 개의 언어, 즉 지배자 로마인이 쓰던 라틴어와 피지배자 헬레네스인이 쓰던 그리스어로 운영되었다(나폴레옹이 프랑스 제국을 프랑스어와 독일어로 통치했다고 상상해보라).

그리스와 로마는 인구 규모도 판이하게 달랐다. 황금기 아테네의 인구는 10만 명 정도였지만 제정기 로마의 인구는 그보다 훨씬 많았고 경제력도 비교할 수 없을 정도로 컸다. 하지만 덩치가 큰 만큼 문제 또한 끝없이 터져나왔다.

제국의 수도

사진 9.13은 거리 이름은 없었지만 도로의 길이가 80킬로미터가 넘었고 서기 2세기의 인구가 120만 명에 이르렀던 로마시의 중심지 일부를 모형으로 나타낸 것이다. 이 구역은 대부분 플라비아누스 왕조의 황제들(재위 69-96년)에 의해 건설되었다. 거대한 기념 건축

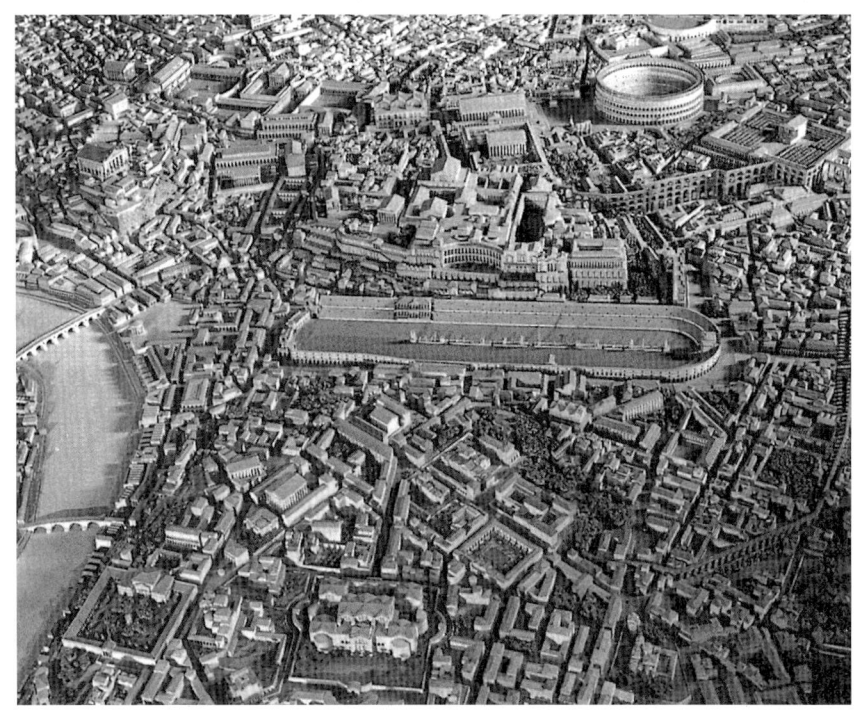

9.13 서기 4세기의 로마 시가지를 복원한 모형. 국립 로마박물관.

물은 네르바, 트라야누스, 하드리아누스 황제(76-138년)에 의해 지어졌다. 모형의 왼쪽 상단에 있는 것이 트라야누스 욕장이다. 열탕, 운동실, 탈의실을 완비한 종합 위락 시설이었던 이곳은 훗날 세워진 로마 욕장들의 원형이 되었다.

막시무스 대경기장은 전차 경주장과 로마 시민의 집회장으로 사용되었다. 서기 329년에 완공된 이 경기장의 경주로는 가로 201.3미터 세로 594.8미터였다. 15만 명의 관객이 들어갈 수 있었던 이 경기장에서는 1년에 240일은 경주 대회가 열려 연인원 800만 명이 입장했다. 이것은 로마의 전형적인 대중 오락 공연장이었다. 대경기장 위에는 포럼이 있었고 로마의 일곱 개 언덕 중에서 가장 높았고 귀

제9장 로마의 미술과 건축―대도시의 예술

전차 경주

전차 경주는 모두 여섯 군데의 경기장에서 열렸다. 전차 경주는 로마인을 흥분의 도가니로 몰아넣었던 위험한 스포츠였다. 승자가 모든 것을 챙긴다는 유일한 원칙 아래 울퉁불퉁한 타원형의 경주로를 네 마리 말이 끄는 마차로 달리는 것을 스포츠라고 부를 수 있다면 말이다. 여기에는 어마어마한 상금이 걸려 있었다. 우승자는 떼돈을 벌었고 지금의 프로 야구 스타와 카레이스 챔피언을 합친 것보다 더 큰 인기를 누렸다.

로마의 막시무스 대경주장에서 펼쳐진 경기는 스포츠이면서 도박이면서 공동체의 축제였다. 둘레가 610미터인 경주로에서 15만 명의 관중이 광적인 응원을 보내는 가운데 청, 녹, 백, 적의 네 팀이 열띤 각축전을 벌이는 모습을 상상해보라. 심지어는 누가 경기 도중에 죽을 것인지를 놓고 내기를 하는 사람들도 있었다.

족들이 많이 살았던 팔라티노 구릉까지 이어진 클라우디우스 수로교가 있었다. 오른쪽 위에 보이는 콜로세움은 예나 지금이나 로마 제국을 대표하는 건물이다.

콜로세움

동물과 검투사의 다양한 싸움이 벌어졌던 콜로세움은 가로 47.6

미터 세로 78.7미터의 경기장 주위로 5만 명이 앉을 수 있었던 원형경기장이었다. 검투사, 동물, 기술자가 다니는 지하 통로에다 관객에게 즐거움을 주기 위한 정교한 무대 장비까지 갖춘 콜로세움은 그야말로 완벽한 공연장이었다. 외벽은 모두 네 개의 층으로 구성되어 있었다. 맨 아래층 기둥은 도리아식이었고 위로 올라가면서 이오니아식, 코린트식, 붙임기둥이라고 불리는 평평한 코린트식 각주로 바뀌었다. 벽 꼭대기에는 깃발을 꼽을 수 있는 구멍이 있었고 바람과 햇빛을 막아주는 차양 시설이 마련되어 있었다. 외벽의 특징은 로마식 아치와 그리스식 기둥을 결합한 것이다.

　콜로세움의 구조는 로마의 건축가들이 그리스의 극장 설계를 참고하면서 창안한 것이다. 뛰어난 설계와 시공을 자랑하는 콜로세움은 기원전 1세기의 로마 건축가 비트루비우스가 우수한 설계의 3대 요

9.14 **콜로세움.**

건으로 꼽았던 견고성, 유용성, 쾌적성을 모두 보여준다. 구조적으로 튼튼한 콜로세움은 입장과 퇴장이 원활히 이루어지도록 입구가 여덟 개나 되었고 관람석도 편했으며 어느 자리에 앉아도 공연을 잘 볼 수 있었다.

플라비아누스 왕조의 황제들에 의해 건립되었기 때문에 플라비아누스 경기장이라고도 하는 콜로세움을 실제로 지은 사람들은 로마가 유대 전쟁에서 예루살렘을 정복하고 솔로몬 신전을 파괴한 다음에 끌고 온 유대인 포로들이었다. 서기 80년 티투스 황제 때 완공된 콜로세움의 개관 기념 축하 행사는 무려 100일 동안이나 계속되었는데 당시의 기록에 따르면 대성공을 거두었다. 이때 모두 9,000마리의 동물과 2,000명의 검투사가 희생되었다고 한다.

9.15 **티투스 개선문**. 서기 81년. 대리석.

개선문

율리우스 카이사르는 정복한 민족을 다스리는 가장 확실한 방법은 그 민족의 씨를 말리는 것이라고 말했다. 이런 절멸책의 현실적 대안으로 떠오른 것이 전쟁 포로들을 노예로 만들어 마음껏 부려먹는 것이었다. 노예라는 사실을 뚜렷이 인식시키는 가장 효과적인 선전 도구가 바로 개선문이었다. 개선문은 멍에의 상징적 표현이었다. 승리를 거둔 장군들은 로마의 위력을 극적으로 드러내는 의식을 꾸미면서 서둘러 지은 개선문들을 통해 전쟁 나팔과 북소리에 맞추어 포로들을 행진시켰다. 로마의 개선 의식은 관람자들에게는 경외심을 안겨주고 포로들에게는 굴욕감을 맛보이기 위해 연출된 행사였고 또 실제로 의도했던 성과를 거두었다.

서기 70년에 있었던 티투스 황제의 예루살렘 정복을 기념하기 위해 도미티아누스는 로마의 포룸에 개선문을 지었다(제정기가 끝나갈 무렵 로마에는 60개가 넘는 개선문이 있었고 제국 전체로 따지면 더 많은 개선문이 곳곳에 들어서 있었다). 속은 콘크리트로 채우고 표면을 대리석으로 덮은 티투스 개선문(9.15)은 콜로세움과 비슷한 로마식 아치를 도입했다. 거대한 각주와 벽을 등진 기둥들은 두툼한 로마식 볼트를 위한 기둥과 들보의 틀을 제공했다. 개선문 상단은 티투스의 성공적인 유대 원정을 묘사한 부조로 장식되었다.

트라야누스 기둥

서기 96년 도미티아누스의 암살로 플라비아누스 왕조는 막을 내리고 이른바 오현제 시대(서기 96-180년)가 열렸다. 오현제로 일컬어진 황제들은 네르바, 트라야누스, 하드리아누스, 안토니우스 피우스, 마르쿠스 아우렐리우스였다. 비이탈리아인으로서는 처음으로 황제의 자리에 오른 스페인 출신의 지장 트라야누스가 재위하는 동안 로마 제국의 영토는 가장 넓어졌다. 그의 찬란한 업적을 기리는 기념물의 하나가 바로 당시로서는 획기적인 발상이었던 트라야누스 기둥이었다(9.16). 150개의 장면을 저부조로 새긴 이 200미터 길이의 프리즈는 두 번에 걸친 트라야누스의 다키아(지금의 루마니아와 헝가리) 원정 가운데 중요한 대목을 서술하면서 기둥을 감돌아 올라갔다. 이 이야기를 '읽기' 위해서는 기둥 주위를 빙빙 돌아야 했지만 조금 지나면 쌍안경 없이는 읽을 수가 없었다. 이 이야기가 어떻게 읽혔는지, 또 과연 읽히기는 했는지는 한 번도 충분하게 설명된 적이 없다.

　이런 독특한 기념물을 짓게 된 동기는 밝혀지지 않았지만 이것이 트라야누스의 라틴어 도서관과 그리스어 도서관 사이에 위치하고 있

9.16 **트라야누스 기둥.**
서기 106-113년경. 대리석. 높이 38미터.

다는 사실은 자못 의미심장하다. 이 기둥은 두 개의 추로 둘둘 말게 되어 있던 당시의 두루마리 서적과 아주 비슷한 모양이다. 그러나 여기서 우리가 더 주목해야 할 사실은 그리스의 '동시 서술' 기법과는 구별되는 로마 특유의 '연속 서술' 기법이 도입되었다는 것이다. 파르테논의 프리즈(7.29)에서 볼 수 있었던 시간, 장소, 행동의 통일성은 하루하루 제국을 쌓아올린 업적을 표현하기에는 적당하지 않았다.

트라야누스 기둥에는 전기와 역사에 대한 로마인의 관심이 반영되어 있다. 차례차례 전개되는 역사적 장면들에서 트라야누스 황제의 지도력이 어떻게 발휘되었는가를 통일성 있게 보여주려는 것이 이 기념물의 중심 의도다. 한 명의 예술가에 의해서 새겨진 프리즈는 〈프리마포르타의 아우구스투스〉(9.10)의 전통을 계승한 선전 예술의 걸작이다. 기둥 꼭대기에는 원래 트라야누스 상이 얹혀 있었지만 중세 때 파괴되고 16세기에 성 베드로의 상이 그 자리를 대신 차지했다. 로마에 교회가 거둔 승리를 상징하는 이 초대 교황은 두 번에 걸친 로마의 피비린내나는 원정을 시각적으로 재현한 그림 위에 서 있다.

하드리아누스 (서기 76년–138년)

로마의 황제들 중 가장 학식이 높았고 보편주의를 가장 적극적으로 내세웠던 하드리아누스 황제는 제국의 정치적 국경을 확대하는 것보다는 로마인의 문화 생활을 향상시키는 데 더 관심이 많았다. 하드리아누스는 영국, 남부 프랑스, 스페인, 모로코, 소아시아, 그리스, 튀니지, 시리아, 팔레스타인, 이집트 등지를 옮겨 다니며 집무를 보았다. 10년만에 귀환해서는 로마 근교의 티볼리라는 곳에 하드리아누스 별장을 지었다. 그리스 문화의 열렬한 옹호자였던 그는 로마의 상업적 풍토에서 벌어지는 일보다는 그리스와 비슷한 지적 생활을 장려하는 데 관심이 컸다. 하지만 건물의 내부 공간을 설계할 때는 로마 건축의 발달된 기법을 적극적으로 살려나갔다.

판테온

지금까지 지어진 건물 중 가장 혁명적이고 권위 있는 건축물로 평가받는 판테온(9.17)은 고대 로마부터 지금까지 모든 시대의 건축에 영향을 미쳤다. 프리즈에 새겨진 "3대 집정관 루키우스의 아들 아그리파가 이것을 지었다"는 글귀는 판테온을 가리키는 것이 아니라 기원전 27-25년에 아우구스투스의 사위 아그리파에 의해 세워진 옛날 건축물을 가리킨다. 원래 건물에는 욕장과 판테온이라는 신전이 있었기 때문에 하드리아누스는 로마역사에 대한 자신의 해박한 지식을 과시하듯 새로운 신전에 옛날 비문을 다시 새겨넣었다. 현관 높이 18미터, 내부 높이와 지름 43.2미터인 판테온은 어마어마하게 큰 돔을 지붕으로 얹고 있었다(유명한 성 베드로 성당의 돔 지름은 42.5미터). 돔의 바깥 가장자리 두께는 6.1미터였지만 안으로 갈수록 얇아져서 한가운데는 1.5미터였다. 여덟 개의 거대한 각주 위에 얹혀져 채광을 위해 한가운데에 지름 8.5미터의 구멍이 뚫려 있던 돔은 구조적 안정성을 유지하면서도 무게를 줄이기 위해 소란반자처럼 움푹움푹 팠다. 빗물은 지금도 요긴하게 쓰이는 배수관을 통해 몇 분 안에 흘려보냈다.

판테온은 아주 일찍부터 그리스도교 교회로 쓰였기 때문에 로마의 건물 중에서 가장 보존 상태가 양호하다. 판테온의 내부는 건축 역사상 가장 놀라운 공간적 위업의 하나로 손꼽히는데 현대의 그 어떤 사진보다도 조반니 파니니의 그림(9.18)에서 그 웅장한 자태가 생생

9.17 판테온. 118-125년경. 대리석, 벽돌, 콘크리트.

9.18 판테온 내부. 복원도. 캔버스에 유화.

하게 드러난다. 원래는 파란색으로 칠해져 있던 콘크리트의 반구를 소란반자 하나하나에 금박을 입힌 청동의 장미 무늬를 넣어 부각시켰다. 부드럽게 칠해진 기둥들은 대리석판, 붙임기둥, 벽감과 번갈아 나타나면서 자족적이고 거칠것없는 단일한 공간 안에서 조화롭게 녹아 있다. 달, 태양, 화성, 수성, 목성, 금성, 토성의 일곱 행성을 관장하는 일곱 신을 모신 판테온은 하늘 자체, 곧 천체라고 하는 돔을 인간의 차원으로 변형시킨 놀라운 건축물이다.

마르쿠스 아우렐리우스

마르쿠스 아우렐리우스는 뛰어난 장군이면서 스토아 철학자라는 희귀한 개성을 가진 인물이었다. 로마인답지 않게 전쟁을 혐오했던 그는 야만족의 내습에 맞서서 국경선을 방어하기 위한 활동만으로 군사 행동을 제한시켰다. 이 철인왕이 스토아 철학의 의무를 충실히 따르다가 전사한 곳도 바로 먼 변방의 발칸 반도 지역이었다.

고대 세계의 것으로 유일하게 전해지는 그의 기마상(9.19)에서도 알 수 있듯이 마르쿠스 아우렐리우스 황제는 하드리아누스가 처음 길렀던 그리스풍의 수염을 기르고 있었다. 군대를 지휘하는 장군처럼 한 손을 내뻗고 있지만 위엄을 갖추고 있었으면서도 자기의 책임을 완수하는 데는 소극적이었다. 넘치는 기운을 주체하지

9.19 **마르쿠스 아우렐리우스 기마상.**
서기 161-180년경. 청동에 금박.

못하는 원기왕성한 군마는 말에 대한 조각가의 지식이 상당히 깊었음을 보여준다. 이 청동상이 살아남은 것은 그리스도 교도들이 이 인물상을 그리스도교에 우호적이었던 콘스탄티누스 황제로 잘못 파악했던 덕분이었다.

로마의 쇠락

180년 마르쿠스 아우렐리우스가 죽은 뒤로 로마 제국은 서서히 기울어갔다. 235년부터 284년까지는 군부의 다양한 파벌이 내세운 '병영 황제들'이 무려 스물여섯 명이나 등극했다. 284년에 황제로 등극한 디오클레티아누스는 엄격한 전제 정치로 무정부 상태

9.20 **콘스탄티누스 개선문.** 서기 312-315년.

를 극복했다. 이미 하루살이 같은 처지로 전락해 있던 로마의 원로원은 디오클레티아누스의 전제 정치 아래 허울뿐이던 권력마저 잃어버렸다. 고통과 절망만을 안겨주는 어지러운 세상에서 허무에 빠진 사람들이 늘어나면서 영적 구원을 약속하는 신비주의 종파들이 판을 쳤다. 로마는 최악의 시기를 맞이하고 있었다.

콘스탄티누스

콘스탄티누스는 외부로부터의 침략과 내부의 부패와 타락으로 인해 멸망의 길을 치닫고 있던 제국에서 황제의 권위를 마지막으로 세워본 인물이었다.[01] 그가 동로마와 서로마의 유일한 황제로 등극한 것을 축하하기 위해 세워진 콘스탄티누스 개선문(9.20)은 과거의 유산에 전적으로 의존하여 만든 기념물이다. 영광스러웠던 과거를 되살리기 위해 셉티무스 세베루스의 개선문에서 세 개의 아치 형식을 따왔고 도미티아누스 시대에 만들어진 여덟 개의 코린트식 기둥을 그대로 가져왔다. 콘스탄티누스와 닮아 보이도록 머리를 다시 손질한 세 개의 독립 인물상은 트라야누스, 하드리아누스, 마르쿠스 아우렐리우스의 개

9.21 **콘스탄티누스 대제의 거대한 두상.**
콘스탄티누스 공회당. 서기 330년경.
대리석. 머리높이 2.6m.

---

01 콘스탄티누스의 일생은 타락한 로마의 축소판이다. 그는 두 번 결혼했고 첫부인과의 사이에서 얻은 아들 크리스푸스를 죽였다. 재혼한 부인은 목욕탕에 빠뜨려 죽였고 반드시 안전을 보장하겠다고 서약까지 한 다음 열한 살 난 조카와 사위를 죽였다. 그는 동로마와 서로마의 유일한 황제가 되기 위해 공동 황제였던 리키니우스까지 죽였다.

9. 로마의 건축과 예술 : 대도시의 예술 **375**

선문으로부터 들어올린 것이다. 구조를 모방하고 기둥과 인물상을 고스란히 옮겨왔는데도 헬레니즘의 전통은 거의 남아 있지 않다.

부조의 예술적 수준이 떨어진 것은 실력 있는 예술가들이 부족한 것에서 원인을 찾을 수 있을 것이다. 로마는 한 세기 가까이나 공공건물에 부조 장식을 못 하고 있었다. 기법상으로는 부적절했을지 모르지만 고전 양식으로부터 새로운 콘스탄티누스 양식으로 나가려고 의도한 흔적이 엿보인다. 가령 〈프리마포르타의 아우구스투스〉(9.10)에 나타난 고전 양식과 콘스탄티누스 대제의 두상(9.21)을 비교해보자. 두드러진 양식상의 차이말고도 제국의 위엄과 정신적 우월성을 부각시키려는 의도가 후자에서는 강하게 느껴진다.

그의 이름이 붙은 공회당의 일부로서 만들어진 이 거대한 두상은 헬레니즘 전통을 분명히 의식하고는 있지만 눈만은 예외다. 각막에 반사된 빛까지도 대리석의 얼룩으로 묘사된 이 눈은 보통사람의 눈이 아니다. 이것은 남다른 권위와 통찰력을 가진 고귀한 존재의 눈이며 신처럼 무한을 응시하는 눈이다. 때로는 거룩함을 때로는 비속함을 상징하면서 이 거대한 눈은 초기 그리스도교와 비잔틴 미술에서 하나의 기법으로 자리잡았다.

보에티우스

콘스탄티누스의 거대한 두상에 비해 규모는 비교가 안 될 정도로 작지만 〈보에티우스 집정관의 글씨판〉(9.22)은 보에티우스라는 인물의 육체적 사실성을 부정하고 그의 권위와 정신을 강조했다는 점에서 황제의 두상과 일맥 상통한다. 옷과 몸, 공간은 현실을 재현하기보다는 감정을 환기하는 데 알맞은 양식화된 선들로 환원되었다.

마지막 로마 집정관 가운데 한 사람이었으며 《철학의 위안》을 쓴 보에티우스의 탈속성(脫俗性)을 〈프리마포르타의 아우구스투스〉의 육체적 현실성과 비교해보라. 권위의 상징처럼 둘 다 팔을 위엄 있게 치켜들었지만 그 점을 제외하고는 모든 게 바뀌었다. 〈아우구스투스〉에서 우리는 최고의 권위를 가진 인간을 보지만 〈보에티우스〉에는 인간의 몸을 잠시 빌려서 나타나는 최고의 권위가 묘사되어 있다.

9.22 **보에티우스 집정관의 글씨판.**
486년경. 상아.

스파르타쿠스

로마는 전쟁 포로 노예들이 한눈을 팔지 못하도록 혹독하게 다스렸지만 세 번의 대규모 노예 반란이 일어났다. 로마인들은 예상치 못했던 두 번의 반란은 그 전말을 기를 쓰고 숨겼다. 그렇지만 기원전 73년 트라키아 출신의 스파르타쿠스라는 검투사가 일으킨 반란은 더이상 감출 수가 없었다. 스파르타가 이끌던 9만 명의 노예군은 남부 이탈리아를 유린하면서 로마군과의 전투에서 모두 일곱 차례나 승리를 거두었다. 크라수스, 폼페이우스가 이끄는 로마의 정예 부대와 싸우다가 스파르타쿠스가 전사한 기원전 71년에 들어서야 겨우 반란은 진압되었다.

로마군은 다시는 반란을 일으키지 못하도록 반란군 중에서 6,000여 명을 십자가에 못박았다. 카푸아에서 로마까지 193킬로미터에 이르는 길이 이 십자가들로 이어졌다. 승리한 로마군은 스파르타쿠스의 진지에서 3,000명의 멀쩡한 로마군 포로가 갇혀 있는 것을 발견했다.

제4부

유대교와 기독교

유대교와 초기 그리스도교 (기원전1900년~서기500년)

주요 연대	사람과 사건	종교	철학과 신학	예술과 문학
기원전1900	1900 이후. 아브라함과 이스라엘 민족, 우르를 떠나 가나안으로 이주			
1600	이스라엘 민족, 요셉을 따라 이집트행	1230년경 여호수아, 예리코 점령		
1300	1300/1200 모세, 이스라엘 민족을 데리고 이집트 탈출			
1100	1165-1050 이스라엘인, 가나안인과 전쟁	1020-1000 사울, 펠리시테 격파 1000-960 다윗왕		
1000		960-933 솔로몬왕		
900	933-722 이스라엘 왕국	722- '이스라엘 부족의 소멸'	예언자:엘리야 예언자:아모스, 호세아 이사야 I, 미카.	
800	933-586 유다 왕국	586-538 바빌론 유수	예언자:예레미야	
700	722 아시리아, 이스라엘 왕국 정복		예언자:에제키엘, 이사야II	
600	586 네부카드네자르 2세 유다 왕국 정복			550년경 구약과 비슷한 신성한 글들
500	539-332 팔레스타인, 페르시아의 속국으로			
300	322-63 팔레스타인, 알렉산드로스와 이집트의 속국으로			100년경 구약, 지금의 형태
100				
0	기원전 63 로마, 팔레스타인 점령 기원전 4-서기 29 예수	37-4 유데아 왕 헤롯 27-서기 14 아우구스투스 통치	필로 유다에우스 ?30 서기 50 헬레니즘 유대 철학자	베르길리우스 70-19 〈아이
서기 100	50-300 교황제 성립	64 네로, 그리스도교 박해 70 로마, 예루살렘 파괴, 유대인 이산 93 도미티아누스, 그리스도교 박해	55 코린트인들에게 쓰는 편지(바울로) 60 사도행전 70 마르코 복음서 80-85 마태오, 누가 복음서 93 계시 100-120 요한 복음서	에피테투스 ?60-110 스토아 철학자	
200	180-476 로마 몰락기	111 트라야누스, 그리스도교도를 역적으로 규정	165? 유스티노스 순교 200년경 신약, 그리스도교 정전화	테르툴리아누스 160?-240? 교부	
300		250 데키우스의 그리스도교 박해		오리게네스 185?-254? 교부 플로티노스 205-270 신플라톤주의	250년경 최초의 교회(시리아-에우로포스);〈선한 목자〉, 카타콤
400	300- 수도원 발전	302 디오클레티아누스의 그리스도교 박해	330?-379 성 바실리우스, 그리스 교회와 수도원 규칙		313?- 성 요한 라테라노 교회
	313 콘스탄티누스의 밀라노 칙령으로 그리스도교 합법화	306-335 콘스탄티누스 재위	374-379 성 암브로시우스, 밀라노 주교	성 아우구스티누스 354-430	330?- 옛 성 베드로 교회 359?- 유니우스 바수스의
	325 1차 니케아 공의회, 아리우스파 이단시	314-335 교황 실베스터 1세			386- 바실리카 성당, 로마
	330 콘스탄티노플을 새 수도로	379-395 테오도시우스 1세 재위; 동로마와 서로마 분리; 비그리스도교인 박해 개시			397 아우구스티누스 〈고백
	375-500 이민족의 로마 침입				
	395 테오도시우스, 그리스도교를 로마의 국교로				
500	402 라벤나, 서로마의 새로운 수도로	400-600 앵글로 색슨 잉글랜드 침입	400년경 성 히에로니모스 〈라틴 성서〉		425-450 갈라 플라키디아 묘(라벤나)
	410;455 비시고트족, 반달족 로마 침공	440-461 교황 레오 1세; 아틸라의 훈족으로부터 로마 구출	413-425 아우구스티누스 〈신국〉		430 〈십자가상〉 산타사비나(로마)
	451 아틸라의 훈족, 살롱 전투에서 패퇴	성 베네딕투스 480-543			440- 산타마리아 교회(로마
	476 마지막 로마 황제 폐위				
	493?-527 테오도리크와 동고트 왕국; 수도 라벤나		보에티우스 480?-524? 〈철학의 위안〉		

"들어라, 이스라엘아"를 뜻하는 히브리어

제10장
별과 십자가

    로마 제국이 기울어가자 비관주의나 미혹에 빠지는 사람도 늘어났다. 에피쿠로스주의는 비관주의가 밑바탕에 깔려 있었고 스토아 철학은 악이 횡행하는 세상에서 기껏해야 체념의 미덕을 가르친 것이었으며 사교와 신비 종교에서 느끼는 만족감은 오래 가지 못했다. 이런 불안감은 귀족과 지식인도 느끼고 있었지만 특히 일반 서민들 사이에서 널리 퍼져 있었다. 로마에서 흔히 볼 수 있었던 묘비문은 당시의 우울한 정서를 대변한다.

    나는 내가 아니었고
    지금도 아니지만
    상관하지 않는다

이보다 더 세상일에 무심하기도 어려울 것이다.

이 시기에는 두 가지 풍조가 두드러지게 나타났는데 하나는 종교에 대한 불신, 특히 낡아빠진 올림포스 신들에 대한 불신감이 팽배했다. 또 하나는 비록 일시적 유행이기는 했지만 미트라교, 이시스 숭배, 키벨레 의식처럼 대개 동방에서 유래한 신비주의 종파가 사람들에게 역설적으로 먹혀들었다. 사회의 상층부 사람들이 아무리 코방귀를 뀌고 허무맹랑하게 여겼던 것일지라도 가난하고 못 배운 사람들은 자신들의 불안과 두려움을 덜어줄 수 있는 감정적 호소력을 주기만 하면 어떤 종교에든지 매달리려고 했다.

그리스 로마의 문화는 이성에 따라서 살아가는 삶을 옹호했다. 그래서 영혼보다는 지성을 중시했다. 아리스토텔레스나 키케로 같은 사람에게는 이런 삶이 가치 있고 만족스러웠겠지만 그런 능력을 가진 사람은 어느 시대에나 소수에 지나지 않았고 또 그런 사람 중에는 따뜻한 인간미가 부족한 사람이 적지 않았다. 아리스토텔레스가 완전한 존재로서 발견한 신도 사람들이 살아가는 세상으로부터 너무나 동떨어져 있었다. 고상할지는 몰라도 너무나 초연하고 냉정한 존재였다. 이성은 중요하지만 사람이 이성만으로 살아가는 것은 아니다. 영혼이라고 불러도 좋고 감정, 믿음, 신앙이라고 불러도 좋지만 아무튼 이성이라는 범주만으로 묶어둘 수 없는 무언가가 사람에게는 있다. 사랑하는 사람을 사랑하는 여섯 가지의 이유를 만족스럽게 댈 수 있는 사람은 이 세상에 없다. 사랑은 이성의 정반대편에 있는 건 아니지만 '이성적'이지는 않기 때문이다. 사랑은 그저 다른 차원으로 움직일 뿐이다. 이성을 넘어서는 그 '무언가'가 바로 영혼을 채우려는 갈망 내지는 윤리적 이상을 향한 충동일 것이다. 어떤 사람에게서는 그런 충동이 더 많이 나타나기는 하지만 그런 충동을 느끼지 않고 사는 사람은 거의 없다. 그리스와 로마의 지적 전통이 채워주지 못한 것이 바로 그런 폭넓은 인간 경험이었다.

합리주의에 바탕을 둔 그리스 로마 문화가 발전하는 동안 팔레스타인에서는 성격이 전혀 다른 사회가 빠르게 부상하고 있었다. 지성에 뿌리를 둔 엄청난 양의 전통적 지혜가 유대교의 발전에 영향을 주긴 했지만 유대교의 핵심은 신앙이다. 신앙은 이성에 배치되는 건 아니지만 이성과는 엄연히 다르다. 유대교는 그리스도교를 통해 광범위한 영향력을 행사하면서 우리가 서양 문명이라고 말하는 거대한 합성물을 짜나갔다.

선택받은 민족

유대교라는 남다른 종교가 없었더라면 유대인은 인구도 보잘것없고 예술이나 발명에 이렇다 할 소질도 없는 근동의 그렇고 그런 부족 가운데 하나로 남았을 것이다. 다른 문명들은 속절없이 사라져갔지만 유대인은 4,000년 동안이나 자신의 문화를 온전하게 유지할 수 있었다. 유대인은 원래 히브리인(하비루 또는 이브리에서 온 말인데 '이방인, 떠돌이, 유목민'이라는 뜻이었다)이라고 불렸는데 이것은 적들이 부르는 호칭이었고 지금도 성서에 나오는 유대인을 가리키는 데 쓰인다. 그러나 성서가 씌어지기 까마득히 오래 전부터 이 사막의 유목민들은 원래는 야곱이라고 불렸고 나중에는 이스라엘이라고 불렸던 아브라함의 후손으로 자처했다.

초기의 유대인

성서에 따르면 기원전 1900년 무렵 유대인은 아브라함을 따라 수메르의 우르라는 곳에서 유프라테스강 북서쪽으로 이주했다. 거기서 정착 생활을 하다가 다시 가나안 땅으로 근거지를 옮겼다. 이곳은 나중에 펠리시테인들이 정착하면서 팔레스타인으로 불리게 되었다. 기원전 1600년 이후 기근에 시달린 것으로 보이는 수많은 유대인들이 요셉을 따라 이집트로 들어갔다. 그곳에서 그들은 요셉과 함께 번영을 누렸고 요셉은 상당히 높은 자리에까지 올랐다. 세월이 흐르면서 '요셉을 모르는' 새로운 파라오가 나타났다고 성서는 기록한다. 유대인들은 노예로 전락하지만 모세라는 이름을 가진 한 유대인 덕분

지도 10.1 기원전 900년 무렵의 팔레스타인.

에 속박에서 풀려났다. 기원전 1300년경 유대인을 이끌고 이집트를 벗어나 시나이에 정착한 모세는 유대인에게 야훼라는 단일 부족신의 개념과, 출애굽기에 따르면 그가 산에서 가지고 내려왔다는 신과의 약속, 곧 십계명을 내놓았다. 모세가 죽고 나서 광야에서 40년을 지내다가 유대인들은 젖과 꿀이 흐르던 약속의 땅을 차지했고 중심 도시였던 예리코도 기원전 1230년 여호수아가 점령했다. 기원전 1020년 열두 부족이 통일되어 사울을 수장으로 하는 왕국이 탄생했다. 끈질긴 펠리시테인을 마침내 진압한 것도 사울의 영도력이었다.

유대국은 다윗 왕과 솔로몬 왕 때 국력이 제일 강성했다. 강제 노역과 무거운 세금으로 불만이 쌓여가던 중 솔로몬이 죽자 북쪽의 열 개 부족은 자기들끼리 따로 떨어져나와 이스라엘 왕국을 세웠다. 남부에 있던 유다 부족과 벤야민 부족이 세운 유다 왕국은 수도 예루살렘을 거느리고는 있었지만 힘이 별로 없었다(지도 10.1).

이스라엘은 독립 왕국으로 오래 살아남지 못하고 아시리아인에게 무너졌다. 무자비한 아시리아인에 의해 이스라엘 왕국은 철저히 유린당했고 이스라엘의 열 부족은 영원히 흩어지고 말았다. 유다 왕국은 간신히 버티다가 기원전 586년 네부카드네자르 2세에게 정복당했다. 이때 유대인 대부분은 바빌론으로 끌려가야 했는데 후세의 역사에서는 이를 바빌론 유수(기원전 586-538년)라고 했다. 그 후 페르시아가 바빌론을 정복하자 유대인은 자유의 몸이 되었고 일부는 예루살렘으로 돌아와 솔로몬 신전을 재건했다. 옛날처럼 연방을 이루지 않았던 유대인들은 이 지역을 잇따라 점령한 페르시아(기원전 538-332년), 알렉산드로스 대왕과 이집트의 프톨레마이오스 왕조(기원전 332-63년), 로마 제국에게 호락호락 굴복하지 않았다. 로마인은 유대인을 다스리기 위해 갖은 묘책을 써보았지만 아무 효과가 없었다.

기원전 63년 팔레스타인을 점령한 로마는 이곳을 보호령으로 삼아 특수한 지위를 부여했다. 유대인은 여러 가지 특권을 누렸지만 특히 군역을 면제받았고 종교의 자유를 누렸다. 하지만 유대인의 저항은 누그러지지 않았다. 서기 66년 유대인들은 로마를 상대로 대규모 반란을 일으켰다. 서기 70년 예루살렘은 완전히 파괴되었고 대부분의 유대인은 죽거나 팔레스타인 밖으로 쫓겨났다. 이것이 바로 1948년 이스라엘 국가가 들어서기까지 계속되었던 유대인의 디아스포라(이산)다.

유대교의 네 가지 특색

유대인의 저항 의식과 생존력은 그들의 종교인 유대교에 뿌리를 두고 있었는데 유대교는 근동 지역의 다른 종교들과 네 가지 점에서 결정적으로 달랐다.
1. 일신교 : 신은 오직 하나이며 보편성을 갖는다.
2. 계약 : 신은 유대인을 자신의 백성으로 선택했고 유대인은 그를 자신들의 신으로 받든다.
3. 신상의 금지 : 신의 모습을 표현하는 것은 엄격히 금지된다.
4. 신의 이름('존재하게 하는 이', '창조주'라는 뜻을 갖는 야훼)을 쓸데없이 함부로 들먹여서는 안 된다.

이 네 가지 성격을 차근차근 검토해보자. 모세 시절부터 야훼는 많은 신들 중에서도 으뜸가는 신이었다. "너희는 내 앞에서 다른 신을 모시지 못한다."(출애굽기 20:3) 이런 생각에서 서서히 이스라엘의 유일신이라는 관념이 싹텄고 이것이 다시 보편성을 갖는 단일신 개념으로 발전했다. 단일신을 처음으로 주장한 유대인은 이것이 가장 큰 힘의 원천이라는 것을 역사 속에서 거듭 확인하게 된다.

계약은 유대인이 자신들의 자유 의지로 신과 맺은 약속이었다. 모세는 산으로 올라가서 신의 의지를 알고 돌아왔다. 그것이 석판에 새겨진 '10계명'이었고 이것을 바탕으로 유대인의 성전 토라가 형성된다. 좁은 의미의 토라는 구약에 실려 있는 이른바 모세 5경 곧 창세기, 출애굽기, 레위기, 민수기, 신명기를 가리킨다. 토라는 '율법'을 뜻하지만 '가르침'이나 '길잡이'라는 뜻도 있다. 넓은 의미의 토라는 이스라엘을 통해 이루어지는 신의 끝없는 계시를 모두 가리킨다.

다양한 방식으로 신의 모습을 표현했던 고대의 다른 종교들과는 달리 유대교에서는 신상이나 성화를 만들 수 없었다. 이런 엄격한 제재가 있었던 탓에 유대인은 미술을 발전시킬 수가 없었다.

함부로 신의 이름을 입에 올리지 말라는 엄명은 고대의 다른 종교들에서는 좀처럼 찾아보기 힘든 외경심을 보여준다. 한마디로 유대교는 한 민족이 신과 맺은 계약이었고 책이었으며(히브리 성경) 인생관이었고 신앙에 바탕을 둔 희망이었다.

사해 문서

1947년 요르단의 사해 부근 동굴에서 처음 발견된 이 문서들은 금세기 최대의 역사적, 학문적 발견이다. 히브리어, 아랍어, 그리스어로 적힌 이 문서들의 작성 연대는 기원전 1세기부터 서기 50년까지로 추정되는데 쿰란 공동체에서 간직하던 문서로 보인다. 일부 학자들은 쿰란 공동체는 유대교에서도 엄격한 교리와 금욕 생활을 중요시했던 에세네파가 세웠을 것으로 짐작한다.

문서들은 대개 단편적이지만 어려운 복원 작업 끝에 이 중에는 상당수의 구약 관련 내용(이사야서의 수기 원고도 두 벌이나 포함되어 있다), 신약의 일부, 그리고 성서에 실려 있지 않은 많은 유대교 문헌이 섞여 있다는 사실이 밝혀졌다. 구약 관련 자료는 기존의 어떤 문헌보다도 오래된 내용이다. 쿰란 문서와 신약의 내용이 일부 일치한다는 사실에서 예수와 세례 요한은 에세네파였다는 주장이 제기되기도 했지만 이것은 많은 논란을 불러일으켰다. 이 문서의 일부 내용이 성서의 신빙성을 위태롭게 만들 것이라는 우려는 아직까지는 검증되지 않았다.

10.1 **이사야서 문서**. 쿰란 동굴 출토. 기원전 100년경. 양피지.

예언

기원전 8세기부터 5세기까지 등장한 유대교의 예언자들은 꿈이나 점, 무아경을 통해 신의 뜻을 헤아리고 미래를 내다보았던 점술가와 선지자의 전통에 뿌리를 두고 있다. 이 사람들은 결국 '가짜 예언자들'로 배척을 받았고 야훼의 뜻을 대변한다고 자처하던 설교자, 신비가, 도덕가, 시인들이 그 자리를 메꾸었다.

의로움과 정의를 강조하던 아모스와 이사야 같은 예언자들은 영감을 불러일으키는 이스라엘의 정신적 유산을 보존하고 되살리는 역할을 해냈다. 사회의 다양한 계층이 이들의 가르침을 언제나 받아들인 건 아니었지만 이들은 야훼가 유일신이며 가장 높은 윤리적 기준을 요구한다는 숭고한 원칙을 일관되게 부르짖었다.

아모스

기원전 8세기의 예언자 중에서도 가장 중요한 사람으로 손꼽히는 아모스는 사치와 부패, 이기심에 경종을 울리면서 이타심과 더 높은 종교적 원칙을 설파했다.

> 너희가 힘없는 자를 마구 짓밟으며
> 그들이 지은 곡식을 거둬 가는구나.
> 너희는 돌을 다듬어 집을 지어도
> 거기에서 살지 못하고
> 포도원을 탐스럽게 가꾸고도
> 거기에서 난 포도주를 마시지 못하리라.

너희가 나를 거슬러 얼마나
엄청난 죄를 지었는지
나는 모두 알고 있다.
죄 없는 사람을 학대하며
뇌물을 받고 성문 앞에서 가난한 사람을 물리치는 자들아!
너무도 세상이 악해져서
뜻 있는 사람이 입을 다무는 시대가 되었구나.
살고 싶으냐?
악을 버리고 선을 행하여라.
너희의 말대로 만군의 하느님 야훼께서 너희와 함께 계시리라.
악을 미워하고 선을 사랑하여라.
성문 앞에서 법을 세워라.
그래야 만군의 하느님 야훼께서
일부 살아남은 요셉의 후손을 불쌍히 보아주시리라.
— 아모스 5:11-15

이사야

기원전 740년부터 700년까지 활동했던 이사야는 신의 섭리에 대한 한결같은 믿음을 요구했던 신앙의 예언자였다. 다른 예언자들처럼 멸망을 경고했던 이사야는 더 따사롭고 사랑이 넘치는 세상에서 영적으로 성숙해지기 위해서는 악의 일소가 필요하다고 보았다. 그는 다윗의 후손 중에서 평화의 왕 메시아(기름부음을 받은 자)가 나타나 다툼이 없는 평화로운 세상을 다스리게 될 거라고 예언했다.

제10장 별과 십자가

이새의 그루터기에서 햇순이 나오고
그 뿌리에서 새싹이 돋아난다.
야훼의 영이 그 위에 내린다.
지혜와 슬기를 주는 영,
경륜과 용기를 주는 영,
야훼를 알게 하고 그를 두려워하게 하는 영이 내린다.
그는 야훼를 두려워하는 것으로 기쁨을 삼아
겉만 보고 재판하지 아니하고
말만 듣고 시비를 가리지 아니하리라.
가난한 자들의 재판을 정당하게 해주고
흙에 묻혀 사는 천민의 시비를 바로 가려주리라.
그의 말은 몽치가 되어 잔인한 자를 치고
그의 입김은 무도한 자를 죽이리라.
그는 정의로 허리를 동이고
성실로 띠를 띠리라.
늑대가 새끼양과 어울리고
표범이 숫염소와 함께 뒹굴며
새끼사자와 송아지가 함께 풀을 뜯으리니
어린아이가 그들을 몰고 다니리라.
암소와 곰이 친구가 되어
그 새끼들이 함께 뒹굴고
사자가 소처럼 여물을 먹으리라.
젖먹이가 살모사의 굴에서 장난하고
젖뗀 어린 아기가 독사의 굴에 겁없이 손을 넣으리라.
나의 거룩한 산 어디를 가나

서로 해치거나 죽이는 일이 다시는 없으리라.
바다에 물이 넘실거리듯
땅에는 야훼를 아는 지식이 차고 넘치리라.
　　　　　　　　　　 - 이사야 11:1-9

우리를 위하여 태어날 한 아기,
우리에게 주시는 아드님,
그 어깨에는 주권이 메어지겠고
그 이름은 탁월한 경륜가, 용사이신 하느님,
영원한 아버지, 평화의 왕이라 불릴 것입니다.
　　　　　　　　　　 - 이사야 9:6

에제키엘

바빌론 유수를 당하여 백성은 이역만리로 끌려가고 도시와 신전은 무너져내렸을 때 에제키엘은 유대교 신앙의 보편성과 유대인 한 사람 한 사람이 신과 맺은 개인적 관계를 강조했다. 사람은 누구나 악에 앞서서 선을 행하고 악으로 물든 길에서 등을 돌려 의로운 삶으로 나아가는 길을 선택할 수 있다고 그는 설교했다.

　너희는 이 야훼가 하는 일을 부당하다고 한다마는, 이스라엘 족속아, 들어라. 너희가 하는 일이 부당하지 내가 하는 일이 부당하냐? 옳게 살던 자라도 그 옳은 길을 버리고 악하게 살다가 죽는다면 그것은 자기가 악하게 산 탓으로 죽는 것이다. 못된 행실을 하다가도 그 못된 행실을 털어버리고 돌아와서 바르게 살면 그는 자기 목숨을 건지는 것이다. 두려운 생각으로, 거역하며 저지르던 모든 죄악을 버리고 돌아오기만 하면 죽지 않고 살리라.

　너희는 내가 하는 일을 부당하다고 한다마는, 이스라엘 족속아, 너희가 하는 일이 부당하지 내가 하는 일이 부당하냐? 나는 너희 하나하나를 너희의 행실대로 다스리리라. 주 야훼가 하는 말이다. 이스라엘 족속아, 너희의 행실을 고쳐라. 거역하며 저지르던 죄악을 모두 버리고 마음을 돌려라. 그래야 올가미에 걸려 망하지 아니할 것이다. 거역하며 저지르던 죄악을 다 벗어버리고 새 마음을 먹고 새 뜻을 품어라.

　이스라엘 족속아, 너희가 죽다니 될 말이냐? 죽을 죄를 지은 사람이라도 사람이 죽는 것은 나의 마음에 언짢다. 주 야훼가 하는 말이다. 살려느냐? 마음을 고쳐라.

― 에제키엘 18:25-32

이사야

　유배간 땅에서 이름을 날렸으며 제2의 이사야로 알려졌던 이 무명의 예언자는 유대인의 일신교 사상을 확립한 위대한 인물이었다. 예언자들의 전통은 그에게서 절정에 이르렀다. 그의 윤리적, 종교적 통찰력은 유대인의 수난을 궁극적으로 이 세상 전부가 신에 의해 구원되리라는 거대한 그림 속에 집어넣었다. 그는 하느님의 영적인 존재를 사람 됨됨이와 살아가는 모습을 통해 증명하도록 선택된 민족이 유대인이라고 보았다. "뭇 민족에게 던지는 한 줄기 빛"(이사야 42:1)이었기에 유대인의 수난은 결코 헛된 것이 아니었다. 세상은 이스라엘을 두고 이렇게 말할 것이라고 그는 예언했다.

그는 사람들에게 멸시를 당하고 박대를 받았다.
그는 고통을 겪고 병고를 아는 사람,
사람들이 얼굴을 가리고 피해갈 만큼
멸시만 당하였으므로 우리도 덩달아 그를 업신여겼다.
그런데 실상 그는 우리가 앓을 병을 앓아주었으며
우리가 받을 고통을 겪어주었구나.
우리는 그가 천벌을 받은 줄로만 알았고
하느님께 매를 맞아 학대받는 줄로만 여겼다.
그를 찌른 것은 우리의 죄악이었고
그를 으스러뜨린 것은 우리의 악행이었다.
그 몸에 채찍을 맞음으로 우리를 성하게 해주었고
그 몸에 상처를 입음으로 우리의 병을 고쳐주었구나.
우리 모두 양처럼 길을 잃고 헤매며
제멋대로들 놀아났지만,
야훼께서 우리 모두의 죄악을
그에게 지우셨구나.

— 이사야 53:3-6

  그들은 새로운 예루살렘으로 돌아갈 것이고 그들의 구원은 온 세상에 본보기가 될 것이다.

위로하여라, 나의 백성을 위로하여라,
너희의 하느님께서 말씀하신다.
예루살렘 시민에게 다정스레 일러라.

제10장 별과 십자가

이제 복역 기간이 끝났다고,
그만하면 벌을 받을 만큼 받았다고,
야훼의 손에서 죄벌을 곱절이나 받았다고 외쳐라.
한 소리 있어 외친다.
"야훼께서 오신다.
사막에 길을 내어라.
우리의 하느님께서 오신다.
벌판에 큰 길을 훤히 닦아라.
모든 골짜기를 메우고 산과 언덕을 깎아내려라.
고르지 못한 땅은 다듬고 험한 땅은 평야로 만들어라.
야훼의 영광이 나타나리니
모든 사람이 그 영화를 뵈리라.
야훼께서 친히 이렇게 약속하였다."
한 소리 있어 말씀하신다. "외쳐라!"
"무엇을 외칠까요?" 하고 나는 여쭈었다.
"모든 인생은 한낱 풀포기,
그 영화는 들에 핀 꽃과 같다!
풀은 시들고 꽃은 진다,
스쳐 지나가는 야훼의 입김에.
백성이란 실로 풀과 같은 존재이다.
풀은 시들고 꽃은 지지만
우리 하느님의 말씀은 영원히 서 있으리라."
너, 시온아,
높은 산에 올라 기쁜 소식을 전하여라.
너, 예루살렘아,

힘껏 외쳐 기쁜 소식을 전하여라.
두려워말고 소리를 질러라.
유다의 모든 도시에 알려라.
"너희의 하느님께서 저기 오신다!"

— 이사야 40:1-9

   제2의 이사야의 심오한 통찰은 유대교의 발전에도 깊은 영향을 미쳤지만 초기 그리스도교에서는 더욱 의미심장하게 받아들여졌다. 메시아의 왕림을 기대하던 사람들은 이사야가 남긴 글을 꼼꼼히 읽으면서 그 뜻을 헤아렸다. 특히 이스라엘 민족이 당하는 수난 이야기(이사야 53:3-6)는 너무나 구체적이고 개인적이어서 후세 사람들은 이사야가 자신의 수난을 통해 이 세상을 구원하러 올 메시아를 지목하고 있다고 믿기에 이르렀다. 초창기의 그리스도교 신자들은 나자렛 예수가 그 메시아라고 믿었다.

그리스도교

예수의 가르침

예수는 기원전 4년에 태어난 것으로 추정된다. 예수가 전하는 희망과 사랑의 설교를 받아들일 수 있는 사회적 조건은 이미 충분히 무르익어 있었다. 예수는 겨우 3년 동안 활동했지만 그 후 2,000년이 넘도록 예수의 가르침을 따랐건 안 따랐건 예수의 가르침대로 살았건 안 살았건 우리가 '그리스도교권'이라고 부르는 세계의 사람들은 예수의 가르침을 늘 들으면서 살아가고 있다.

예수가 준 가장 중요한 가르침들은 다음과 같다. 유일신(추상적 이상이나 원칙이 아니라 인격을 가진 혼)은 창조주일 뿐 아니라 인류를 사랑하는 아버지다, 그러므로 모든 사람은 신의 아이들이며 모든 남자와 여자는 형제, 자매와 같다, 신의 아이들로서 인간은 누구나 지금보다 더 나은 삶을 살아갈 수 있다, 인간의 미비함, 불완전함, 결함은 뉘우치기만 하면 용서받을 수 있다, 생명은 영원하며 죽음은 소멸이 아니다, '모든 법과 예언들'은 '너희의 신을 사랑하고 이웃을 네 몸처럼 사랑하라'라는 율법으로 귀결된다, 겉으로 드러난 행위—사람의 행동—보다는 의도—마음의 행동—가 훨씬 더 값지다.

그리스도교가 그토록 짧은 시간 안에 사람들의 마음을 파고들 수 있었던 것은 죄갚음을 대신 해주는 대속자 그리스도의 존재가 사람들에게 희망과 기쁨을 주었기 때문이다. 신학적으로는 여러 가지 해석이 가능하지만 가령 이런 식의 해석도 있을 수 있다. 아담이 저지른 죄로 인해 인간은 원죄의 굴레에서 헤어나올 수 없다. 그것은 일종의 도덕적 전염병이다. 그러나 만인을 사랑하는 신은 사람들을 구원하려 애썼다. 구원은 신이 인간으로 된 수육(受肉)이라는 신비한 과정을 통해 이루어졌다. 신은 이렇게 해서 인간이 저지른 죄를 몸소 받아들였다. 인간으로 나타난 그리스도가 죽음으로써 속죄가 이루어졌으며 인간은 원죄에서 벗어나게 되었다. 이제 구원과 영생의 가능성은 개개인의 앞에 놓이게 되었다. 악으로 물든 고달픈 후기 로마 제국의 세상에서 그런 가능성은 믿음을 가진 사람에게 희망과 기쁨을 안겨주었다.

이 모든 가르침은 지금 이곳의 세상에 영향을 미친다. 그리스도교는 '사회적' 종교이기 때문이다. 이것의 여파는 사회에서 살아가는 사람들의 일상 행동에서 나타난다. 그리스도교 신자 중에는 사회를 등지고 고독한 묵상을 통해 개인적 구원을 추구한 사람도 있지만 그리스도교는 반드시 그런 종교는 아니었다. 대부분의 그리스도교 신자들에게 신앙은 자연스럽게 참여와 개입을 동반했다. 사랑은 신앙인으로 하여금 내적 변화의 증거로서 사랑과 자비, 동정의 행위를 실천에 옮길 것을 요구한다. 예수가 베드로에게 던진 말은 그런 가르침을 잘 요약한다. "나의 양들을 먹이라."

초기 그리스도교

예수는 책을 쓰지도 않았고 예수와 같은 시대를 살았던 사람이 예수의 행적을 눈으로 보고 남긴 기록도 존재하지 않는다. 예수의 언행을 모아놓은 아람어(옛 시리아·팔레스티나 등의 셈계 언어)로 된 기록은 서기 60년 이전에 사라져버렸다. 학자들은 사해 문서에 나타난 예수에 대한 언급을 놓고 아직도 논란을 벌이고 있다. 예수의 삶, 예수의 인격과 남긴 말은 희망과 기쁨을 불러일으켰지만 새로운 종교가 뿌리를 내리기 위해서는 확실한 기록이 어느 정도는 필요했다. 그리스도교는 무엇보다도 신이 인간에게 내린 계시에 초점을 맞춘다. 새로운 신앙을 전파할 수 있는 단단한 기초로서 체계적 신학을 세우는 과업은 예수의 추종자들 몫으로 남겨졌다.

예수가 눈을 감은 지 몇십 년 뒤부터 그리스어로 된 기록이 나타나기 시작했다. 바울로의 코린토인들에게 보낸 편지(서기 55년경), 사도행전(서기 60년경), 예수의 행적을 전하는 네 복음서, 즉 마르코 복음서(서기 70년경), 마태오 복음서와 루가 복음서(서기 80-85년경), 요한 복음서(서기 100-120년경)가 잇따라 씌어졌다. 서기 200년쯤 이 책들은 알렉산드리아에서 수정을 거쳐 그리스도교의 정전으로 자리잡았다.

바울로

정통 유대교를 신봉하던 상류층 가문에서 태어난 바울로는 처음에는 그리스도교 신도들을 박해하다가 나중에 가장 열렬한 그리스도교의 전도자가 되었다. 헬레니즘의 세례를 받은 유대인이었던 바울로는 "유대인도 없고 그리스인도 없다"는 입장을 고수했다. 베드로는 그리스도교의 복음은 유대인과 개종한 이교도에게만 적용된다고 주장하면서 여기에 반대했다. 하지만 바울로는 구약의 율법은 심지어 유대인에게도 실효성을 잃었으며 사람들로 하여금 새로운 구세주 그리스도와 새로운 계약을 맺고 그리스도에게 의지해야 한다는 사실을 일깨워주는 역할만을 할 수 있다고 맞섰고 나중에는 베드로도 이 생각을 받아들였다. 유대교의 의식과 관습을 거부한 '이교도를 위한 사도' 바울로는 그리스도를 믿으면 구원받을 수 있다는 복음을 동부 지중해와 로마까지 널리 전했다.

열성적인 교사이며 조직가이며 실무 행정가였던 바울로는 신학자도 아니었고 논리학자도 아니었다. 다마스쿠스로 가는 길에 회심을 하고 그리스도교에 귀의한 바울로는 신앙은 하느님이 주신 은총이라고 믿었다. 그리스도 교도들은 교회의 원칙을 받아들여 조용하고 경건하고 굳건한 신앙인의 길을 걸어가면 된다고 그는 가르쳤다.

여성과 초기 그리스도교

그리스도교가 처음 발전하는 과정에서 여성이 맡았던 역할은 최근에 와서야 조명되고 있다. 예수가 죽은 뒤 여성들은 전도사로, 집사로, 목사로 활발한 선교 활동을 폈다. 사도행전에는 마케도니아에서 바울로에 의해 처음으로 그리스도교로 개종한 리디아라는 여성과 전도 활동에 뛰어든 프리스카라는 여성의 이름이 등장한다. 사도 바울로가 보낸 수많은 편지에서도 여성들의 노력이 언급된다. 로마서에서 바울로는 페베, 마리아, 유니아 같은 여성들을 '동지'라고 불렀다. 필립보인들에게 보낸 편지에서는 유오디아와 신디케를 '복음을 전하기 위해 나와 함께 애쓴 사람들'로 소개했다.

4세기에 활동한 초기 그리스도교 작가 에피파니우스가 여자들이 세례를 하거나 성직을 맡지 못하게 해야 한다고 주장한 것으로 보아 여자들이 분명히 그런 일을 했었던 것 같다. 신학, 교리, 의식이 점점 복잡해지고 교회가 형식화되면서 여자들의 역할은 점점 위축되었다. 3세기와 5세기 사이에 여자들은 공식적인 교회 의식에서 점점 뒷전으로 밀려났다. 신학자 테르툴리아누스(?160~230)와 요한 크리소스톰(347?~407)은 여자가 교회일을 맡는 데 격렬히 반대했고 이들의 글은 로마 교회가 그 뒤 15세기 동안 고수해온 입장을 강화시켜주었다.

로고스와 요한

유대교와 그리스 사상이 가미된 그리스도교 신학은 사도 요한의 책에서도 독자적으로 전개되었다. 네번째 복음서인 요한 복음서는 이렇게 시작된다.

> 태초에 말씀이 계셨다. 말씀은 하느님과 함께 계셨고 하느님과 똑같은 분이셨다. 말씀은 태초부터 하느님과 함께 계셨다. 모든 것은 말씀을 통하여 생겨났고 이 말씀 없이 생겨난 것은 하나도 없다. 생겨난 모든 것이 그에게서 생명을 얻었으며 그 생명은 사람들의 빛이었다. 그 빛이 어둠 속에서 비치고 있다. 그러나 어둠이 빛을 이겨본 적이 없다.
>
> — 요한 복음서 1:1-5

그리스어로 적힌 신약에 보면 '말씀'은 '로고스'였는데 이 로고스는 그리스어에서 가장 오래전부터 쓰인 말 가운데 하나다. 기원전 5세기에 헤라클레이토스에 의해 처음 소개된 이 말은 우주 해석의 원리였다. 끊임없이 변화하는 우주는 로고스라는 매개자에 의해서 끊임없이 질서가 유지되는 총체적 과정이었다. 혼돈을 피하기 위해서는 변화는 정해진 틀에 순응해야만 했다. 따라서 로고스는 변화에 질서를 부여하는 지혜를 가진 영원한 매개자였다.

플라톤과 아리스토텔레스의 철학에서 로고스는 모호하고 불확실하게 규정되었지만 스토아 철학자들은 모든 인간에게 존재하는 거룩한 요소를 가리키는 데 로고스라는 말을 썼다. 알렉산드리아의 필로 유다에우스는 스토아 철학을 넘어 히브리 철학과 헬레니즘 철학을 의식적으로 종합했다. 그는 로고스는 인간과 신의 매개자이며 히브리어의 '지혜'를 옮긴 말이라고 보았다. 이 세계를 창조한 신의 인격적 매개자로서의 로고스는 신과 동일하지 않으며 신과는 분명히 구분되는 것이었다.

　요한이 말한 것은 결국 창조의 이야기다. 예수는 이 세계에 앞서 존재하는 거룩한 존재다. 신과 불완전한 세계는 로고스를 매개로 관계를 맺는다. 예수 그리스도는 "말씀이 사람이 되셔서 우리와 함께 계셨는데 그분에게는 은총과 진리가 충만하였다."(요한 복음서 1:14) 헤라클레이토스와 제2의 이사야는 요한에 이르러 하나가 되었다고 말할 수 있다. 상반되는 두 문명이 그리스도교의 역사 철학으로 종합되었던 것이다.

그리스도교의 영향

역사적 예수와 그의 삶과 죽음에 대한 사실을 객관적으로 연구해도 근본적으로 풀리지 않는 몇 가지 문제가 있다. 그는 메시아였을까, '신의 아들'이었을까, '사람의 아들'이었을까, 종교 개혁자였을까, 예언자였을까? 인도주의자였을까? 영감을 얻은 스승이었을까? 아니면 그는 유대인 비판자들이 공격한 대로 신성 모독자였을까? 사기꾼이었을까? 현재 입수할 수 있는 자료만으로는 이 문제를 해결할 수 없으며 그리스도교 신앙의 다양성(로마 가톨릭, 정교, 수많은 개신교들)은 같은 증거라도 얼마든지 다르게 해석될 수 있다는 사실을 보여준다.

그렇지만 사람의 인격에 더 비중을 두었던 그리스도교는 철학자들의 사변보다 더 무거운 종교적 제재를 담고 있다. 개인의 영혼이 갖는 가치와 위엄, 그리고 거기에 수반하는 책임은 서양 사상에 강한 흔적을 남겼다. 앞에서도 말했지만 현실은 그리스인에게는 개인이었고 로마인에게는 국가였다. 두 문화가 공통적으로 가지고 있었던 것은 세속적 세계관이었다. 그리스인도 로마인도 종교나 종교적 믿음을 배척하지는 않았다. 실제로 다양한 종교가 있었고 수많은 신앙인이 있었다. 그러나 종교는 그리스 로마 세계에서는 중심적 역할을 맡지 않았다. 궁극적 현실은 신이라고 보는 그리스도교가 부상하면서 세속적 세계관에서 종교적 세계관으로 거대한 변화가 일어났다. 이 새로운 현실관은 사람들의 가치관에도 많은 변화를 낳았는데 그 문제는 다른 장들에서 검토하겠다.

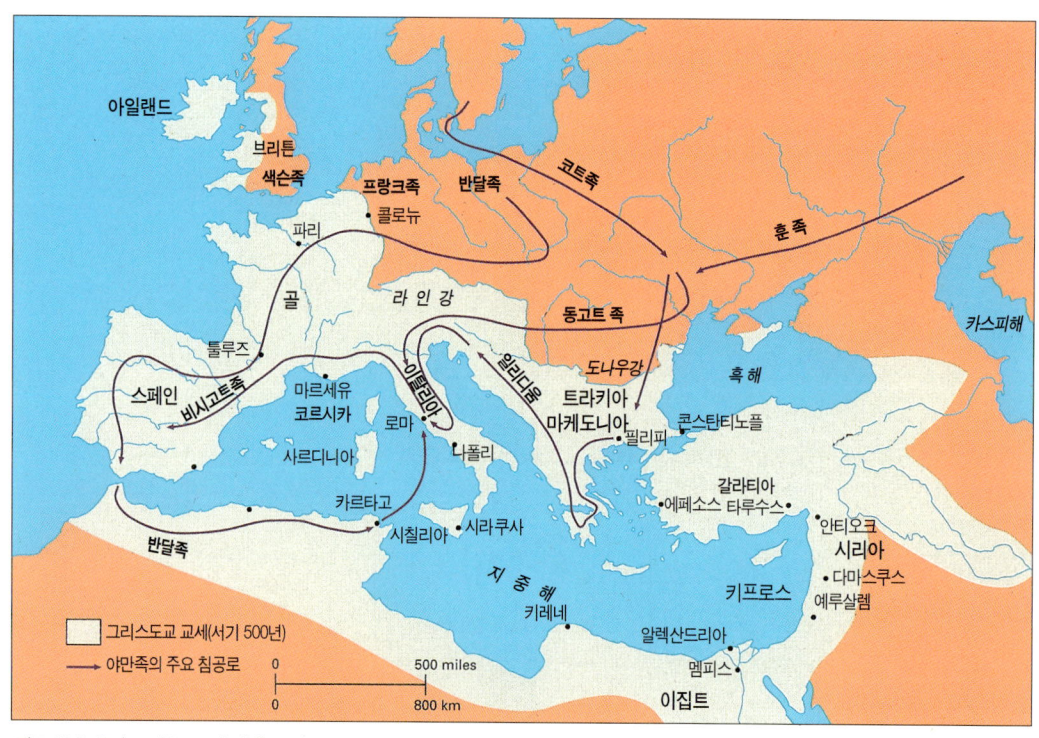

지도 10.2 초기 그리스도교의 세계.

　　로마 제국이 몰락하는 데 반비례하여 그리스도교는 팽창 일로를 걸었다. 로마의 이름없는 변방에서 탄생한 종교가 그 당시에 알려져 있던 모든 세계로 걷잡을 수 없이 퍼져나갔다. 몰락하는 제국에서 가혹한 정의만을 보고 들었던 사람들은 희망과 기쁨, 구원을 약속하고 자비롭고 어진 신을 앞세운 그리스도교의 복음을 열광적으로 받아들였다(지도 10.2). 그리스도교는 그리스 사상의 정수를 받아들였을 뿐 아니라 로마의 탁월한 조직 체계와 법 체계도 받아들였다. 시간이 흐르면서 그리스도교는 샤르트르 대성당 같은 아름답고 우아한 건축물, 마녀 재판과 이단 심문의 공포를 함께 낳았다. 그리스도교는 서양 세계에 지울 수 없는 흔적을 남겼다.

제11장
그리스도교 예술

처음 두 세기 동안 그리스도교는 어떤 형식이 되었건 예술의 필요성을 거의 느끼지 못했다. 가정집에서 소규모로 모였던 초기 그리스도 교도들은 빵을 먹고 포도주를 마시는 성찬식을 통해 예수가 십자가에 못박힌 일을 기념했다.

지금까지 알려진 교회 건물 중에서 가장 먼저 들어선 것은 250년경 시리아의 두라-에우로포스라는 곳에 그리스 양식으로 지어진 건물이었다. 예순 명 정도가 모임을 갖기에 딱 알맞았던 이 교회는 가정집을 예배 장소로 개조한 것이라서 별다른 장식도 없었고 건물 자체도 이렇다 할 특징이 없었다. 처음 두 세기 동안의 그리스도교 예

기도하는 여인상. 로마의 카타콤. 3세기. 프레스코 천장화.

술은 남아 있는 것이 없고 3세기의 것도 아주 드물다. 그나마도 대부분이 로마의 카타콤에 있는 것이다.

로마의 카타콤

처음 두 세기 동안 그리스도교인들은 로마의 일반 공동묘지에 묻혔다. 육신의 부활을 믿었기 때문에 일반 로마인들같이 화장을 하지 않았고 지표면에 시신을 계속 묻었지만 로마, 나폴리, 시라쿠사의 변두리에서는 구멍이 숭숭 뚫린 돌이 많아 땅을 파내기 쉬웠으므로 땅속 깊이 무덤을 만들었다.

2세기 후반으로 접어들면서 그리스도교 신자들은 죽은 사람을 위해 자기들만의 의식을 거행할 수 있고 도굴꾼들로부터도 무덤을 안전하게 지키기 위해 별도의 공간을 확보하는 데 점차 관심을 기울였다. 로마의 법은 시 구역 안에서 이루어지는 매장을 금지했기 때문에 그리스도교도들은 로마로 통하는 주요 도로 주변의 땅을 사들였다. 그곳에는 돈많은 로마인들이 지어놓은 장례용 건물이 이미 들어서 있었다. 지상의 예배당과 지하의 통로를 이용하면 그리스도교인들은 안전하게 격리된 묘지에서 자기들만의 예배를 볼 수 있었다. 이 지하 묘지는 6세기 이후에는 쓰이지 않다가 16세기에 와서야 다시 발견되었다.

로마의 카타콤은 지하에 모두 다섯 층까지 만들어졌고 각 층에는 석관이 여덟 개에서 열 개까지 안치되었다. 카타콤에는 장례 예배와 추모 예배를 볼 수 있는 작은 예배당이 붙어 있었다. 예배당과 가끔은 시체 안치소에서도 그리스도교 조형 미술의 초기 형태가 발견된다. 어둡고 눅눅하고 악취가 진동했을 열악한 상황과 흐릿한 등잔불 밑에서 그려진 그림이라서 표현도 단순하고 시간에 쫓긴 흔적이 역력하고 미학적인 면에는 전혀 신경을 쓰지 않았다. 그리스도교도들은 자신들의 신앙 공동체가 이해하고 있던 복음과 기도의 내용을 그림으로 전달하고 싶었던 것이다.

기도하는 여인상

카타콤에서 가장 많이 그려진 것은 〈기도하는 여인상〉이었다. 기도하듯이 혹은 탄원하듯이 두 팔을 쳐든 여인을 정면에서 그린 그림이었다. 기도하는 여인상은 구원을 갈구하는 죽은 사람의 넋을 상징하는 듯하다. 뿐만 아니라 부활이나 구원 같은 추상적 주제를 사람의 모습으로 구체화시킨 데서는 헬레니즘의 영향을 받은 흔적도 엿보인다.

선한 목자

〈선한 목자〉(11.1)로 그려진 예수의 모습은 여러 세기 동안 화가들이 즐겨 그렸는데 카타콤의 프레스코 벽화에도 자주 등장한다. 놀라운 일은 아니지만 '선한 목자' 라는 모티프 자체는 양치는 일이 중요했던 대부분의 문화에서 공통적으로 발견된다. 가령 그리스 조각에서도 〈송아지를 든 사람〉(7.4)이 등장하고 히브리 전통에서도 골리

앗을 죽인 다윗 왕은 양치는 목동이었다. 선한 목자 예수는 신자들의 수호자임을 상징하지만 예수 자신도 팔레스타인에서 양을 돌보았던 다윗의 후손이었다.

11.1 **선한 목자**. 로마의 카타콤. 250년경. 프레스코 천장화.

그리스도교의 상징

새로운 종교에 담긴 관념을 예술적으로 표현하려던 화가들은 이집트, 그리스, 로마의 예술가들은 상상조차 못했던 어려움에 봉착했다. 예를 들어 그리스의 예술가들은 신들을 사람처럼 그렸기 때문에 거룩한 신성을 예술적으로 쉽게 표현할 수 있었다. 벼락을 때리는 제우스는 힘의 원리를 상징했고 포세이돈은 삼지창을 들었으며 아프로디테는 사랑의 여신이었다. 하지만 삼위일체(성부, 성자, 성령), 성찬식, 구원, 대속(代贖), 불멸 같은 추상적 관념을 어떻게 묘사할 수 있단 말인가?

시간이 흐르면서 예술가들은 성서에 나오는 이야기, 우화, 상징을 통해 다양한 표현 방법을 개발했다. 가령 불멸성은 성서에 나오는 구원의 장면들로 나타냈다. 모세가 백성을 이끌고 이집트를 떠나는 모습이라든가 요나가 고래 뱃속에서 나오는 모습이라든가 다니엘이 사자 굴에서 탈출하는 모습이라든가 나사로가 무덤에서 일어나는 모습을 그렸다. 닻은 희망을 상징했고 비둘기는 평화나 성령이었고 종려는 순교를 통한 승리를 뜻했다. 그리스도는 카이로라는 약자로 나타냈다.

그리스도를 뜻하는 그리스어 크리스토스의 앞 글자 두 개를 겹친 (☧)로 나타냈다. 그리스어 알파벳의 첫 글자와 끝 글자인 알파(A)와 오메가(Ω)는 예수도 "나는 알파요 오메가이며 시작이요 끝이다"라고 말한 것처럼 무한성을 상징한다. 물고기는 수많은 것을 상징한다. 그것은 (1) 최후의 만찬을 뜻하고 (2) 예수가 어부들에게 "사람들의 어부"가 되기를 권하는 대목처럼 그리스도교의 복음을 뜻하고 (3) 그리스어 '이키투스'('물고기', 11.2)의 글자를 조합해서 만든 표어로도 사용되었다.

십자가에 못박힌 예수의 모습은 카타콤에서 찾아볼 수 없다. 로마인이 고안한 가장 수치스럽고 잔혹한 처형 방법이었던 십자가 처형은 악랄하고 흉악한 범죄를 저지른 죄인들에게 가한 형벌이었다. 로마인들은 그리스도교도를 '국가의 적'으로 못박고 처형했다. 반역죄는 가장 무거운 죄였다. 초기의 그리스도교도들에게 십자가라고 하는 단순한 기하학 형태는 예수의 수난을 상징하기에 충분했다. 공공장소에 그려진 것으로 지금까지 남아 있는 그림 중에서 가장 오래된 것은 산타사비나 교회의 문에 새겨진 작은 저부조다(11.3). 화려한 목판 부조들 틈에다 이 소박한 목판을 끼워넣은 것은 십자가 처형의 처참함을 누그러뜨리려는 의도였을 것이다.

11.2 '예수 그리스도, 신의 아들, 구세주'를 뜻하는 그리스어의 머리글자를 조합한 단어.

11.3 십자가상. 산타사비나 교회(로마). 430년경. 나무에 부조. 28 40cm.

제11장 그리스도교 예술

십자가

십자가는 역사가 아주 오래 되었으며 사실상 보편화된 기호라 할 수 있다. 문자가 아직 쓰이지 않던 사회에서 십자가의 수직선과 수평선은 정신적인 것과 세속적인 것, 천상의 것과 지상의 것, 능동적인 것과 수동적인 것, 긍정적인 것과 부정적인 것처럼 일련의 상반된 특성들을 나타냈다. 또 십자가의 네 점은 흙, 공기, 불, 물을 가리켰고 높이, 길이, 너비, 깊이 같은 공간적 차원을 상징했다. 만(卍)자 모양의 십자(1)은 산스크리트어에서 행운을 의미하는 스와스티카로 불렸는데 고대 아시아, 유럽, 콜럼버스 이전의 아메리카에서 널리 사용되었다. 콜럼버스 이전의 아메리카에서 이것은 인생의 수레바퀴를 나타냈으며 힌두교에서는 모든 것을 버린 영혼의 상징이었다. 불교도들은 이것이 부처의 마음을 상징한다고 믿었다. 왼쪽 방향으로 도는 이 고대의 십자를 독일의 나치가 아리아인의 상징으로 잘못 도입했던 오른쪽 방향으로 도는 나치의 문양과 혼동해서는 안 된다.

그리스도교에서 쓰이던 십자 모양은 50가지가 넘었는데 그 중에서 중요한 것들은 다음과 같다. 라틴 십자(2)는 서양 그리스도교의 으뜸 가는 상징이며 그리스 십자(3)는 그리스정교의 중요한 상징이다. 윤두(輪頭) 십자(4)는 고대 이집트에서 생명의 상징이었는데 이것이 나중에 그리스도교의 십자가로 발전했다. T자 모양의 십자(5)는 그리스 문자에서 왔는데 전설에 따르면 이스라엘 민족은 이집트를 탈출하기 전날 쉽게 분간할 수 있도록 야훼를 섬긴다는 표시로 대문 앞에 어린양의 피로 T자를 써놓았다고 한다. 몰타 십자(6)는 몰타의 십자군 기사단과 관련이 있으며 독일 군대에서 철십자 훈장으로 사용되었다. 켈트 십자(7)는 중세 아일랜드와 스코틀랜드에서 쓰였으며 성 안드레아 십자(8)는 스코틀랜드의 수호 성인이었던 안드레아가 이런 모양의 십자가에 박혀 죽은 데서 유래했다. 로렌 십자가(9)는 흔히 교황, 대주교를 연상시키지만 2차 대전 동안에는 샤를 드 골이 이끌었던 자유 프랑스 진영의 상징물이었다.

그리스도교 조각

초기 그리스도교도들은 입체상, 특히 등신대의 조각은 만들지 않았다. 종교적 보수주의자들은 신의 모습을 새기지 말라는 계율을 액면 그대로 받아들였다. 그렇지만 초기의 교부들은 그림이 갖는 교육적 가치를 인정하고 승인했다. 그레고리우스 교황(재위 590-604년)은 그런 입장을 이렇게 간추렸다. "교회에서는 글을 모르는 사람이 그냥 벽만 바라보아도 책에서는 읽을 수 없었던 것을 읽어낼 수 있도록 그림을 사용한다." 이런 현실론을 뒷받침한 것은 예수 그리스도는 피와 살을 가지고 사람들 속에서 살았던 분이기 때문에 그 분의 모습과 본성을 예술로 얼마든지 표현할 수 있다는 신학적 논증이었다. 보수주의자들은 아직도 자유로운 입상에서 이교도들이 떠받드는 우상을 연상했다. 로마가 멸망한 다음부터 종교 미술에 대한 새로운 움직임이 태동하는 10세기 무렵까지 유럽에서 이렇다 할 기념상을 좀처럼 찾아보기 힘든 이유는 바로 여기에 있다.

4세기에 로마에서 만들어진 그리스도교 조각은 아주 드물지만 다행히 두 점이 남아 있다. 고전적 자세를 취하고 있으며 11.1의 카타콤 벽화를 연상시키는 〈선한 목자〉(11.4)는 정교한 헬레니즘 시대의 조각처럼 세부 묘사가 뛰어나다. 이 작품의 양식은 1,000년 전 그리스 시대에 만들어진 〈송아지를

11.4 **선한 목자.**
350년경. 대리석.
높이 99cm.
로마 바티칸 박물관.

든 사람〉(7.4)과 여전히 비슷하다. 〈옥좌에 앉은 그리스도〉(11.5)에서 예수는 수염을 깔끔하게 민 젊은 철학자의 모습으로 묘사되었다. 이목구비, 옷, 몸짓은 고전풍이며 부드럽게 이상화된 얼굴도 역시 그렇다. 지금은 보편적 이미지로 정착되었지만 수염을 기른 예수의 모습은 뒤늦게야 가서야 받아들여졌다. 영혼을 그리자는 것이지 육체를 그리자는 게 아니었으므로 사실적 묘사에 얽매이지 않았다. 이것은 하느님의 아들이었던 예수의 상징적 모습이다.

부조는 석관을 장식하는 수단으로서 그리스도교 시대에 비교적 일찍부터 등장했다. 3세기 중엽에 교회의 유력한 지도자들이 죽으면 이런 석관에 시신을 넣어 매장했지만 이런 관습이 널리 퍼진 것은 4세기에 들어가 그리스도교가 합법화된 다음이었다. 처음에는 구약에서 주제를 끌어왔지만 4세기 중반부터 유니우스 바수스의 석관(11.6)에서 볼 수 있는 것처럼 신약에 나오는 장면을 강조하기 시작했다.

여기 소개된 석관의 앞면은 열 개의 부조가 2층으로 구분되어 있다. 2층에는 (1) 이삭의 희생 (2) 성 베드로의 체포 (3) 성 베드로와 성 바울로 사이에 앉은 예수 (4-5) 빌라도 앞의 예수가 새겨져 있고 1층에는 (1) 욥의 수난 (2) 타락한 아담과 이브 (3) 예루살렘으로 들어서는 예수 (4) 사자 굴 속의 다니엘 (5) 형장으로 끌려가는 성 바울로의 모습이 그려져 있다. 이 일련의 장면들을 해석하는 방법은 얼마든지 다양할 수 있다. 하느님의 명령에 따라 이루어지는 이삭의 희생은 욥에

11.5 **옥좌에 앉은 그리스도**. 350-360년경. 대리석. 로마 국립박물관.

제11장 그리스도교 예술

대한 시험과도 일맥 상통한다. 다니엘, 아브라함, 욥은 구원을 상징한다. 아담과 이브의 타락은 그리스도의 희생으로 대속되는 인간의 조건을 표현한다. 예루살렘으로 당당히 입성하는 장면은 바로 위에 있는 부활한 예수의 영원한 승리를 예고한다.

왜 이런 장면들을 선택했는지 현대인은 납득이 잘 안 될지 모르지만 초기 그리스도교도들은 땅에서 살았던 예수의 삶보다는 그의 신성을 강조했다. 예수의 수난과 죽음은 빌라도 앞에 있는 장면이라든가 성 바울로가 끌려가는 장면을 통해 살짝 암시되는 선에서 그친다. 모든 부조에서 어떤 초연함과 절제감 같은 것이 느껴진다. 고전 양식은 기울어갔지만 아직도 영향력을 분명히 행사하고 있었다. 구약과 신약에 나오는 인물들은 당시의 로마인처럼 묘사되었다. 그뿐인가, 2층 한가운데의 부조에서 예수가 발을 올려놓고 있는 창공을 지탱한 것은 로마의 하늘신 카엘루스였다.

11.6 유니우스 바수스의 석관. 로마 성 베드로 교회. 359년경. 대리석. 1.7 2.44m.

제11장 그리스도교 예술

콥트 미술

토착 이집트 교회는 알렉산드리아와 콘스탄티노플의 경쟁에서 나왔고 이집트 민족주의와 비잔틴 제국주의의 대립에서 나왔다. 로마가 통치하던 시대에 그려지긴 했지만 대부분의 콥트 미술은 그리스의 고전적 전통과 그리스도교 신앙의 영성 사이의 밀고 당기는 힘을 드러낸다. 그림 11.7의 성화는 그리스의 현세성과 그리스도교의 신성을 솜씨 좋게 종합했다는 점에서 콥트 미술의 걸작으로 손꼽힌다.

두 인물의 사실적 얼굴 표정은 누가 누구를 보호하는지를 확연히 알게 해준다. 드리워진 옷 밑에 가려진 육체는 아주 현실적이지만 몸에 비해 머리를 의도적으로 크게 그린 것은 지성을 중시했던 헬레니즘 전통의 특성을 드러낸다. 두 사람의 눈을 모두 크게 그리고 예수를 더 크게 그린 것은 비잔틴 양식의 전형이었다. 예수와 메나 대수도원장의 머리를 둘러싼 황금빛 후광은 그리스도교 미술에서는 5세기에 처음 나타났지만 인도와 이집트에서는 오래 전부터 쓰이던 기법이었다.

11.7 그리스도의 보호를 받는 메나 대수도원장. 이집트 출토. 콥트 양식. 5세기. 채색 철화(鐵畵). 파리 루브르 박물관.

콘스탄티노플 시대

그리스도교는 밀라노 칙령에서 콘스탄티누스 황제가 종교의 자유를 선포한 다음부터 비약적으로 교세가 확대되었다.

우리 콘스탄티누스 아우구스투스와 리키니우스 아우구스투스 두 사람은 밀라노에서 머리를 맞대고 국가의 안전과 이익에 관련된 제반 문제를 숙의한 끝에…… 하늘에 있는 모든 거룩한 것이 우리에게, 또 우리의 통치 아래 있는 모든 이에게 보탬을 주고 호의를 베풀 수 있도록 그리스도교도를 비롯한 만인에게 자신이 선택한 종교를 믿을 수 있는 권리를 승인하기로 결정하였다.
– 313년 6월 13일 니코메디아에서 리키니우스가 발표한 포고령

바로 직전, 그러니까 249-251년에는 데키우스가 303-305년에는 디오클레티아누스가 그리스도교를 대대적으로 탄압했음에도 불구하고 종교의 자유를 허용한 밀라노 칙령이 발표되자마자 그리스도교는 무서운 기세로 교회를 세우면서 단숨에 로마 제국의 주역으로 떠올랐다.

바실리카

오래 전부터 로마인들은 바실리카라는 건물을 지어서 회의장으로, 상품거래소로, 재판소로 다양하게 이용했다. 바실리카는 그리스도교

도들이 예배를 보는 데 필요한 늠름하고 기품 있는 건물의 원형으로 자리잡았다.

콘스탄티누스 시대에 로마에 지어진 거대한 바실리카풍의 교회 중에서 원형 그대로 남아 있는 것은 하나도 없다. 옛 성 베드로 교회는 지금의 교회로 바뀌었고 성 요한 루테라노 교회도 수많은 복원을 거쳤기 때문에 원래의 모습은 거의 남지 않았다. 성 베드로 교회는 1823년 불에 타 허물어졌지만 1854년 거의 원형에 가깝게 복구되었다. 이 교회의 원래 모습은 피라네시의 그림(11.8)에서 볼 수 있는데 피라네시는 중세 때 주류를 이루었던 서양 교회의 기본 구조를 뚜렷하게 잡아냈다.

바실리카는 길다란 통로의 좌우에서 들어갈 수 있게 되어 있었지만 그리스도교도들은 입구를 서쪽 끝의 좁은 면으로 이동시켰다. 그래서 건물은 길다란 축을 중심으로 펼쳐졌다. 내부 공간에는 우선 커다란 본당이 가운데를 차지했는데 본당 양쪽에 통로가 두 개씩 나 있었다. 본당의 좌우에는 본당과 수직을 이루면서 날개격에 해당하는 수랑(袖廊)이 있었다. 본당과 수랑은 십자가 모양을 이루었다. 나중에 세워진 교회들은 수랑을 더욱 길게 만들어서 밖에서 보아도 건물이 십자가처럼 보이게 만들었는데 이것이 서양 교회 건축에서 가장 흔히 볼 수 있는 모습이었다. 수랑 뒤에는 후진(後陣)이 있었다. 제단은 이 후진의 약간 올라간 단 위에 만들어졌다. 본당은 A자 모양의 지붕으로 덮여 있었다. 본당 벽 위쪽에는 채광창들을 만들어 실내를 밝혔다.

본당의 아치와 아치가 이어진 아케이드는 코린트 양식의 기둥들이 받쳐주었고 아케이드 윗부분은 채색화나 모자이크화로 장식되었다. 다시 그 위로는 채광창들이 나 있었다. 미학적으로 볼 때 바실리카의 내부는 복잡하면서도 흥미롭다. 공간 전체를 한 눈에 파악할 수 있는 지점이 이 안에 없기 때문이다. 강한 율동감을 주는 본당 아케이드는 바실리카의 동쪽 끝, 그러니까 이 건물의 핵심부라 할 수 있고 성스러운 의식이 거행되는 제단을 감싸고 있는 개선문을 향해 거침없이 행진하는 듯하다.

그리스도교도들은 바실리카를 당연히 선택할 수밖에 없었을 것이다. 바실리카는 그리스도교의 승리에 어울리는 위엄을 가지고 있었고 수많은 신자가 예배를 볼 수 있는 넓은 내부 공간을 제공했기 때문이다. 옛 성 베드로 교회에는 무려 4만 명이 들어갈 수 있었다고 한다. 내부 공간 말고도 성 바울로 교회나 옛 성 베드로 교회는 앞에 아트리움이라는 널찍한 뜰이 있었고 이 뜰의 3면은 지붕이 덮인 아케이드로 둘러싸여 있었다. 아트리움을 지나가면 교회 정문이 나왔다. 로마의 주택 구조에서 받아들인 이 아트리움은 나중에 수도원 교회의 남쪽으로 옮겨졌다가 중세의 수도원으로 발전했다.

11.8 잠바티스타 피라네시가 그린 〈성 베드로 교회의 내부〉. 1749년. 에칭.

라벤나와 비잔틴 세계

로마인과 동고트족, 비잔틴 제국의 수도로서의 역할을 잠깐잠깐씩 맡았던 라벤나의 지리적 조건은 전혀 수도답지 않았다. 광활한 늪지의 한복판에 자리잡은 베니스 남쪽에 위치한 라벤나 항은 서로마 황제들이 외적을 방어하기에는 더없이 유리한 지형이었다. 이보다 더 중요한 사실은 워낙 과거의 명성이 높아서 이제는 모든 이민족의 만만한 공격 목표가 된 로마보다 지명도가 낮아서 눈에 잘 띄지 않았다는 점이었다. 404년 호노리우스 황제에 의해 서로마 제국의 수도가 된 라벤나는 476년 오도아케르에게 함락되었지만 테오도리크 왕 치하에서 동고트 왕국(489-526년)의 수도로 부활했다가 유스티니

지도 11.1 유스티니아누스 치하의 비잔틴 세계(565년).

11.9 **선한 목자**. 갈라 플라키디아의 대능묘. 이탈리아 라벤나. 425-450년경. 모자이크.

아누스 황제가 이끌던 비잔틴 제국에서 서로마의 수도로서 화려한 경력을 마감했다(527-565년, 지도 11.1 참조). 지금도 라벤나에는 이곳을 거쳐간 여러 제국들의 뛰어난 예술품들이 남아 있다.

호노리우스의 배다른 누이였던 갈라 플라키디아 여제가 자기 가족을 위해 지은 대능묘에는 보존 상태가 양호한 5세기의 뛰어난 모자이크화들이 있다. 천장이 둥그런 방의 반월형 채광창을 장식한 〈선한 목자〉 모자이크(11.9)는 주인에게 온통 시선이 쏠린 여섯 마리의 양을 돌보는 예수의 온후한 모습을 그렸다. 한쪽에 세 마리씩 배치된 양들은 예수와 균형을 이루면서 피라미드 모양을 연출하는데 이 것은 삼위일체의 원리를 상징한다. 양을 먹이는 예수의 오른손이 나선을 그리면서 빙글 돌아 십자가를 붙은 오른손으로 상승하고 이 십자가는 왕들 중의 왕이 지상에서 죽었음을 상징한다. 헬레니즘 계열의 고전 회화에서 형태들은 3차원의 부피감을 주면서 현실 공간 속에서 나타난다. 특히 눈길을 끄는 것은 울퉁불퉁한 바위산의 정경이다. 점점 양식화되기는 했지만 이 바위산은 비잔틴 시대는 물론 중세 후반의 조토 같은 화가들의 그림에서까지도 일관되게 나타난 요소였다.

비잔틴 양식이 정말로 처음 시작된 것은 유스티니아누스 황제의 재위 기간(527-565년)이었다. 유스티니아누스 법전이 이 시대에 만들어졌고 많은 예술 작품이 제작되었으며 플라톤이 아테네에 세웠던 아카데미가 1000년의 역사를 뒤로 하고 마침내 문을 닫았다. 동로마의 콘스탄티노플과 서로마의 라벤나에서 집무를 한 유스티니아누스는 로마의 전통에 따른 황제이면서 동시에 훗날 비잔틴 제국으로 성장하는 동양적 군주 국가의 우두머리였다. 콘스탄티노플에 있는 일부 건축물을 제외하면 1204년 이전에 만들어진 비잔틴 예술은 대부분 라벤나에서 볼 수 있다. 4차 십자군 원정(1204년)으로 콘스탄티노플의 건물과 예술품은 거의 다 파괴되었고 1261년에야 다시 라틴족으로부터 이 도시를 탈환할 수 있었다.

산비탈레 교회당

수없이 많은 라벤나의 종교 건축물 중에서 비잔틴 양식이 가장 두드러지게 나타난 건물을 들라면 누가 뭐래도 팔각형의 돔형 지붕을 가진 산비탈레 교회당(11. 10)이 꼽힐 것이다. 바실리카 구조가 로마 가톨릭 교회의 기본틀로 자리잡은 것처럼 산비탈레 교회당도 동방 정교 교회의 원형으로 인식되었다. 벽돌로 쌓아올린 외벽은 각을 이룬 형태들이 중심부와 복잡하고 섬세하게 조화를 이루고 있다. 내부

11.12 돔을 얹는 두 가지 방법. (a) 스퀸치 (b) 펜던티브.

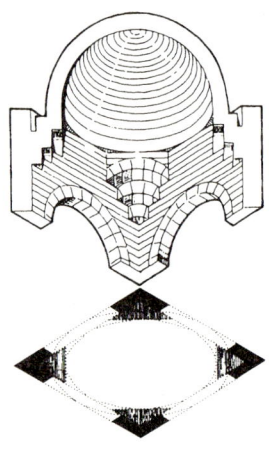

(a)

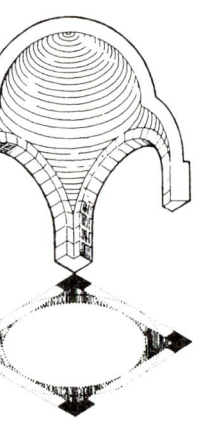

(b)

11.10 산비탈레 교회. 라벤나. 526–547년경.

11.11 산비탈레 교회. 라벤나. 내부.

공간(11.11)은 영락없는 보석함이다. 다채로운 색상의 대리석 벽, 구멍이 뚫린 대리석 칸막이, 수백 개의 장식 모자이크, 바닥의 대리석 모자이크, 조각이 새겨진 줄무늬대리석 기둥은 화려함의 극치다.

산비탈레 교회당은 팔각형의 벽체 위에다 원형의 돔을 얹어놓은 모양이다. 팔각형의 벽체와 원형의 돔을 바로 이을 수는 없었기 때문에 그 사이에 스퀸치라는 돌 받침대를 팔각형의 벽체가 이루는 모서리 위에 비스듬히 얹어놓았다(11.12). 오붓하고 편안한 산비탈레의 공간은 화려한 극장의 축소판이었다. 수직을 강조한 것은 동로마 교회의 좀더 엄격한 위계 질서에 대한 공간적 은유라고도 볼 수 있을 것이다. 이 교회당 안에서는 직위와 남녀에 따라 앉는 자리가 구별되어 있었다.

제단 맞은편에는 유스티니아누스 황제(11.13)와 테오도라 황후(11.14)의 수려한 모자이크가 버티고 있다. 대대적으로 복원된 그림이기는 하지만 이 기념화들은 초기 비잔틴 모자이크의 뛰어난 수준을 유감없이 보여준다. 인물들은 하나같이 발이 작고 키는 늘씬하며 엄숙한 얼굴에 눈은 달걀만하게 큰데 이것은 비잔틴 양식의 새로운 이상을 드러낸다.

시간 속에서 얼어붙은 듯 요지부동으로 서 있는 이 엄숙한 군상은 모두 정면을 보고 있고 아주 정형화된 모습이지만 지위 같은 개인적 차이는 분명히 드러나 있다. 열두 명의 사도를 암시하는 열두 명의 수행원들을 거느리고 한가운데에 선 유스티니아누스는 미사에 쓸 빵을 들고 있다. 왕관이 얹혀진 그의 머리 뒤에는 후광까지 보이는데 이것은 교회의 정신적 힘과 국가의 세속적 힘이 통일되어 있음을 뜻한다. 유스티니아누스의 왼쪽에는 막시미아누스 주교가 서 있다. 막시미아누스는 산비탈레 교회당을 완성한 사람으로 머리 위에 이름을

제11장 그리스도교 예술

써서 그가 비중 있는 인물임을 나타냈다. 이 작품의 구도는 제국을 주도적으로 이끌어간 세 집단을 보여준다. 여섯 명의 군인은 군대를, 세 명의 신하는 국가를, 세 명의 성직자는 교회를 상징한다. 군인 중에서 한 명은 카이로가 새겨진 방패를 들고 있는데 이 카이로는 예수의 이름을 상징하기도 하지만 십자가와 끝이 구부러진 양치기의 지팡이를 포개놓은 것으로 이해하면 이것은 예수의 죽음과 예수의 목자로서의 사명을 동시에 나타낸 것이라고도 볼 수 있다.

황제와는 달리 테오도라 황후가 있는 곳은 좀더 구체적으로 묘사되었는데 이곳은 산비탈레 교회당의 정문과 본당 사이의 공간으로 추정된다. 고대 교회에서 이 공간은 참회자나 세례 희망자 등 아직 본당 출입이 허용되지 않은 사람들을 위한 자리였다. 따라서 이 모자이크화는 황후의 높은 신분과 여자의 열등한 지위를 동시에 보여준다. 한 시녀가 휘장을 젖힌 문으로 황후가 들어서기 직전의 순간

11.13 **유스티니아누스 황제와 수행원들.** 산비탈레 교회. 라벤나. 547년경. 모자이크.

을 담았는데 황후가 들고 있는 보석이 박힌 황금 성배 안에는 포도주가 들어 있다.

커다란 왕관과 진주 장신구로 치장하고 왕족만이 입을 수 있는 자주색의 화려한 제례용 가운을 입은 테오도라는 역사에 기록된 대로 강한 의지에다 재색까지 겸비한 인물로 묘사되었다. 곡마단 배우로서 불우하게 보냈던 소녀 시절의 모습은 흔적조차 찾을 수 없다. 황후가 입은 가운에 그려진 인물은 아기 예수에게 드릴 봉헌물을 가지고 가는 동방 박사들로서 황후 자신이 하는 행위도 그 연장선상에 있음을 암시한다. 이 모자이크화들이 시원스럽고 뚜렷한 인상을 주는 것은 머리를 똑같은 높이에 두는 그리스 미술의 전통을 받아들인 사실과도 무관하지 않다. 아울러 동방 정교에서는 남녀 유별이 엄격히 고수되었다는 사실도 이 그림들을 통해 짐작할 수 있다.

제11장 그리스도교 예술

11.14 **테오도라 황후와 시종들**. 산비탈레 교회. 라벤나. 547년경. 모자이크.

콘스탄티노플

서기 330년 콘스탄티누스에 의해 '새로운 로마'로 헌정된 콘스탄티노플은 빠르게 지명도를 높이면서 1,000년이 넘도록 비잔틴 문명의 찬란한 중심지로 자리잡았다. 이 도시를 지배한 것은 독실한 정교 신앙이었지만 교회를 건설했고 콘스탄티노플 총대주교를 임명할 수 있는 권한을 가졌던 황제의 권위는 누구도 넘볼 수 없었다.

유스티니아누스가 콘스탄티노플에 많은 건물을 지은 것은 그럴 만한 사정이 있었다. 532년 서로 경쟁 관계에 있던 전차 경주 세력 청색파와 녹색파가 힘을 합쳐 유스티니아누스와 테오도라의 통치에 반기를 들었다. 반란은 황제군이 반군을 3만 명 가량 죽인 다음 겨우 진압되었지만 그 과정에서 하기아소피아(성스러운 지혜의 교회)를 비롯한 수많은 공공 건물이 파괴되었다. 유스티니아누스가 도망가지 않고 버틸 수 있었던 것은 테오도라의 독려 덕분이었다. 유스티니아누스의 통치는 사실상 테오도라에게 많이 의존했기 때문에 테오도라가 국가 정책과 관리들의 임용에 미치던 영향력은 절대적이었다.

하기아소피아

건축가에게 공사를 맡기는 관행을 무시하고 유스티니아누스는 유명한 수학자였던 트랄레스의 안테미우스에게 새로운 하기아소피아 예배당의 설계를 맡겼다. 밀레투스의 이시도루스의 도움과 어쩌면 유

11.15 **하기아소피아 교당**(트랄레스의 안테미우스와 밀레투스의 이시도루스가 설계. 회교 사원 탑은 나중에 추가되었음). 콘스탄티노플(이스탄불). 532–537년.

스티니아누스 황제의 조언까지 얻어가면서 안테미우스는 로마 세계와 비잔틴 세계의 그 어떤 건축물과도 달랐던 새로운 혁명적 구조를 발명했다(11.15). 바실리카의 직선 구조에다 중앙의 둥근 돔 하나와 동서 양쪽에 붙은 반원형의 돔들을 결합시킨 하기아소피아 교당은 탄복을 금할 수 없는 아름답고 장엄한 건물이었다. 이 교당을 헌당하기 위해 건물 안으로 들어간 유스티니아누스 황제가 "오, 솔로몬이여, 나는 당신을 능가했습니다!"라고 외쳤을 만도 했다.

하기아소피아 교당의 내부(11.16)에 들어가면 숨이 막힐 듯하다. 마흔 개의 창들이 촘촘히 원형으로 둘러서 있고 돔이 마치 그 창들을 통해 들어오는 빛 위에 두둥실 떠 있는 듯한 착각이 든다. 빛이 연출하는 이런 마술적 효과는 화려한 모자이크를 더욱 돋보이게 만들

제11장 그리스도교 예술

11.16 하기아소피아 교당 내부.

지만 훗날 투르크인이 이 교당을 모스크 사원으로 쓰면서 모자이크 부분을 석고로 발라버렸다. 내부의 가로 세로가 71미터, 77미터, 돔의 지름이 34미터에 바닥에서 천장까지의 높이가 55미터인 이 건물만한 내부 공간을 가진 건물은 금세기 이전까지만 하더라도 찾아보기 힘들었다. 돔 밑의 한 변이 30.5미터인 정사각형 귀퉁이에는 다시 각주가 육중한 아치를 버텨주고 있다. 이것은 다시 펜던티브라고 하는 삼각형의 궁륭으로 연결되는데 펜던티브는 정방형의 기초와 둥그스름한 돔의 둘레를 부드럽게 이어주는 역할을 한다. 볼록한 삼각형 모양의 네 펜던티브 중에서 두 개가 그림 11.16에 보인다. 펜던티브는 스퀸치보다 정방형의 기초와 원형의 돔을 더 부드럽게 이어주기도 하지만 바닥 면적도 넓혀준다. 펜던티브의 유래는 잘 알려져 있지 않지만 아무튼 이것이 하기아소피아 교당 같은 거대한 건물에 쓰인 것은 전례가 없는 일이었다. 펜던티브는 나중에 비잔틴 건물 대부분에 쓰였으며 르네상스부터 오늘날에 이르기까지도 이것을 활용한 건물이 수없이 지어졌다.

독창성이 뛰어난 건물에서 가끔 볼 수 있는 일이지만 약간의 기술적 문제도 없지 않았다. 그래서 완공된 지 25년 만에 돔이 무너지는 중대한 사고가 일어났다. 이 문제는 지금처럼 아치를 더 높게 만들어 해결할 수 있었다. 하기아소피아를 능가하는 건물은 비잔틴 문명에는 없었다. 지금도 콘스탄티노플(지금은 이스탄불)에는 이와 비슷한 건물이 많이 있지만 하기아소피아의 개성은 여전히 독보적이다. 하기아소피아는 처음에는 교회로, 그 다음에는 이슬람 사원으로 쓰이다가 지금은 박물관이 되었다.

성상 파괴 논쟁

비잔틴 세계의 1차 황금 시대를 무자비하게 유린한 성상 파괴 논쟁은 726년부터 843년까지 가장 치열하게 벌어졌다. 레오 3세는 우상 숭배를 금지하는 황제 포고령을 발표하면서 예수 그리스도, 성자, 예언자의 모습이 그려진 모든 그림과 조각을 파괴하라고 지시했다. 이 포고령으로 하기아소피아에 있던 모자이크를 비롯하여 유스티니아누스 시대에 제작된 찬란한 예술 유산이 된서리를 맞았다. 성상 파괴를 막으려는 사람들은 처형시키기까지 했다. 표면적으로는 신의 모습을 나타내지 말라는 계율에 바탕을 둔 종교적 문제처럼 보였지만 사실 그 밑바닥에는 교회와 국가의 해묵은 갈등이 도사리고 있었다. 수도원 운동을 통해 교회가 엄청난 재산과 권력을 끌어모으고 신자들이 교회를 하늘처럼 떠받드는 것을 보면서 황제는 대경실색했다. 더욱이 수도원은 나랏돈을 끌어다 쓰면서 세금은 거의 내지 않았다. 성상이 가장 많이 모셔져 있던 수도원은 공격을 당했고 때로는 몰수당하기까지 했으며 수도사들이 처형당하는 일도 비일비재했다.

 반면 성상을 받들던 서로마의 수도사들은 아무런 탄압을 받지 않았다. 나중에 테오도라 황후는 843년에 성상을 다시 허용했지만 동로마와 서로마의 그리스도교는 이미 다른 길을 걸어가고 있었고 결국 1054년에 완전히 갈라서고 말았다. 그리고 그 앙금은 아직도 치유되지 않고 있다. 값진 예술품이 수없이 훼손되긴 했지만 한편으로는 이런 논란을 겪으면서 세속 예술과 후기 고전주의적 주제에 대한 관심이 되살아났고 이것이 서기 900-1100년까지 비잔틴의 2차 황금 시대가 열릴 수 있는 밑바탕을 마련해준 것도 사실이다.

2차 황금 시대

이 시대의 교회 중에서 가장 규모가 크고 화려한 장식이 돋보이는 베네치아의 성 마르코 교회는 대단히 야심만만한 건축물이었다. 성 마르코 교회는 한가운데에 돔이 있고 십자가의 네 가장자리가 완전한 돔으로 덮여 있어 그리스 양식의 십자가가 뚜렷이 나타나 있다는 점에서 하기아소피아 교당과는 사뭇 다르다. 밖에서, 특히 공중에서 바라본 성 마르코 교회의 모습(11.17)은 다섯 개의 돔 하나하나가 금박 처리된 나무 안에 감싸여 있고 돔 위는 다시 찬란한 채광창으로 덮여 있어 베네치아 공화국의 뻗어나가는 국력을 상징하는 듯했다. 베네치아로 귀환하는 모든 배의 선장은 이 교회의 건축이나 장식에 쓰일 수 있는 값나가는 물건을 법에 따라서 의무적으로 내놓아야 했

11.17 **성 마르코 교회**. 베네치아.

11.18 지혜와 예언의 화신 사이에 있는 다윗. 마케도니아 왕조기의 비잔틴 양식 소품. 〈바티칸 시편〉에 수록. 10세기. 양피지에 템페라. 33×24.1cm. 로마 바티칸 박물관.

다. 1204년 콘스탄티노플에서 약탈한 수많은 재보들이 베네치아로 흘러들어 왔다. 로마네스크와 고딕 요소가 섞여 있음에도 불구하고 성 마르코 교회는 십자가 모양의 배치, 여러 개의 돔, 뛰어난 실내조명, 화려한 모자이크로 비잔틴 건축의 걸작으로 손꼽히고 있다.

성 마르코 교회에서 가장 눈에 띄는 예술품의 하나는 천사장 성 미카엘의 호사스러운 장식판이다(4부 첫머리 참조) 이 장식판 가장자리는 다듬었지만 깎아내지는 않은 보석들이 둥근 메달 사이사이에 박혀 있다. 나머지 부분은 구리에 색을 입혀서 망치로 두드려 편 곳도 있지만 금이 압도적으로 많다. 위에 있는 예수의 메달 양옆에는 두 교황이 있었다. 비잔틴 양식의 정수를 담고 있다고 말할 수 있을 정도로 이 작품은 뛰어나다.

비잔틴 예술은 특히 10세기와 11세기의 마케도니아 왕조 밑에서 찬란하게 발전했다. 성상 파괴 운동이 끝난 다음에 나타난 고전적 이상의 부활은 이 시기에 그려진 규모가 작은 그림에서 두드러지게 나타난다(11.18). 〈바티칸 시편〉의 일부였던 이 그림의 양식은 비잔틴 문명이 계승한 헬레니즘의 뿌리로 돌아가려는 움직임을 보여준다. 산 비탈레 교회의 모자이크(11.13과 11.14)와 비교하면 이 그림에 나타난 고전 시대의 영향력이 얼마나 큰지를 확연히 느낄 수 있다. 비잔틴 양식의 특성은 판에 박히긴 했지만 우아한 옷주름, 인물들의 점잖은 거동, 황금색과 밝은 색들의 조화에서 느껴진다.

회화, 건축, 장식예술 분야에서 비잔틴 양식은 발칸 반도에서 러시아까지 퍼졌고 서쪽으로는 시칠리아까지 영향을 미쳤다. 비잔틴 양식은 중세에 들어가서도 서양 예술에 일정한 영향을 주었고 특히 동유럽에서는 비잔틴 제국이 터키에게 멸망한 1453년 이후에도 지속적으로 영향을 미쳤다.

제11장 그리스도교 예술